GRAMMAIRE

DE

LA CURIOSITÉ

(L'ART INTIME ET LE GOUT EN FRANCE)

par

SPIRE BLONDEL

Auteur de l'Histoire des Éventails, du Dictionnaire des Arts décoratifs,
Collaborateur à la Gazette des Beaux-Arts,
au Dictionnaire de l'Industrie et des Arts Industriels, etc.

Illustrations de

MM. Arents, Bourdin, Fraipont, Genilloud, Grivaz,
Húmbert, Lenoir, Monchablon,
Mikel, Er. Rouveyre, Scott, Walker.

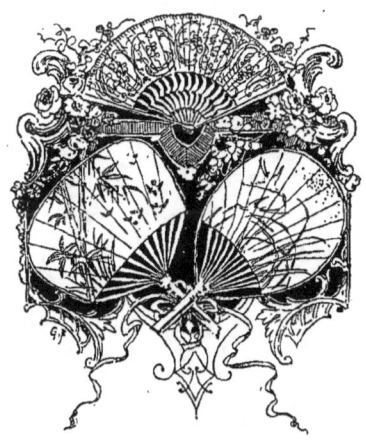

PARIS

C. MARPON ET E. FLAMMARION

IMPRIMEURS-ÉDITEURS

Rue Racine, 26, près l'Odéon.

Tous droits réservés.

GRAMMAIRE

DE

LA CURIOSITÉ

L'ART INTIME
ET
LE GOUT EN FRANCE
(GRAMMAIRE DE LA CURIOSITÉ)

PAR SPIRE BLONDEL

AVERTISSEMENT DES ÉDITEURS

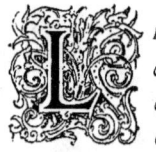E succès de L'Art dans la Maison, succès exceptionnel, dû au nombreux public d'élite que passionnent les grandes questions d'art, nous engage à publier un second ouvrage, corollaire du premier en quelque sorte, et indispensable aux amateurs, aux collectionneurs et aux curieux.

Aujourd'hui que chacun, à quelque rang qu'il appartienne, cherche, dans le calme du foyer, à se reposer des fatigues du travail et des efforts consacrés aux nécessités de l'existence, le chez-soi a cessé d'être l'habitation monotone et bourgeoise du temps jadis. Dans cette vie assise au coin du feu, renfermée, sédentaire, comme l'a si bien exprimé un de nos brillants écrivains contemporains, la créature humaine, et la première venue, a été poussée à vouloir les quatre murs de son home agréables, plaisants, amusants aux yeux; et cet entour et ce décor de son intérieur, elle l'a cherché et trouvé naturellement dans l'objet d'art pur ou dans l'objet d'art industriel, plus accessible à tous [1].

Grâce au développement général du goût, grâce surtout à « l'éducation de l'œil des gens du XIXe siècle », cette manifestation du luxe intérieur a donné naissance à ce que nous appellerons L'Art intime, c'est-à-dire la réunion de ces mille et un objets d'art et de curiosité, qui complètent l'ameublement, lui servent de parure, l'éclairent et l'égayent d'une façon charmante.

Mais si quelques amateurs, exceptionnellement bien doués, possèdent une finesse d'observation et une délicatesse de sentiment suffisantes pour apprécier sainement tous ces objets, et goûter en sybarites le plaisir intellectuel que procure leur possession, d'autres, moins raffinés,

---

1. Edmond de Goncourt, *La Maison d'un Artiste*.

quoique fort éclairés d'ailleurs, éprouvent, au contraire, un embarras pénible à les choisir, à les grouper et à les fusionner, pour ainsi dire, autour d'eux, dans un ensemble harmonieux et savant. De là, ces erreurs regrettables, ces fautes de goût déjà signalées, dont on a malheureusement que trop souvent à déplorer les fâcheux exemples.

Nous avons donc cru utile, tandis que l'art se multiplie sous toutes les formes, qu'il entre partout, qu'il attire, intéresse et convertit tout le monde, lorsque tant de gens intelligents s'entourent de curiosités de toutes sortes, nous avons cru utile de publier L'Art intime et le Goût en France, ouvrage destiné à servir de guide à ceux qui, pour se délasser des exigences matérielles de la vie, veulent en jouir par son côté paisible et agréable.

M. Spire Blondel a complété son travail par une « Grammaire de la curiosité », qui sera un guide sûr et une source de connaissances indispensables aux amateurs et aux gens du monde.

En ce qui concerne l'exécution matérielle de L'Art intime et le Goût en France, nous nous sommes assuré le concours d'artistes spéciaux, dont le talent est à la hauteur de la tâche qui leur incombe.

Paris, 31 janvier 1884.

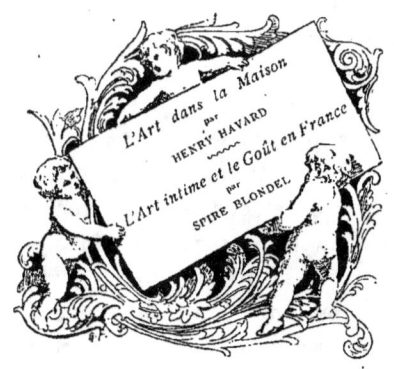

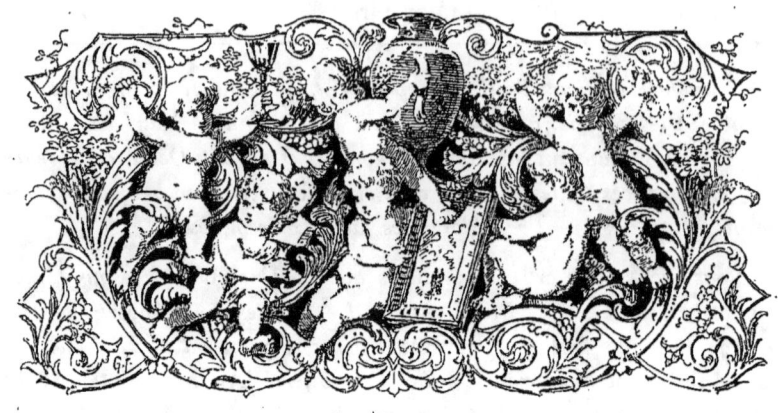

I.

LE GOÛT APPLIQUÉ A L'ART INTIME.

A chaque instant on rencontre dans la vie, des natures ingrates qui demeurent insensibles aux charmes des belles choses. Plusieurs, très braves gens du reste, dit Topffer voient tout, ici-bas, comme l'arbre voit le ciel, comme le mouton voit le pré ; ils n'ont pas conscience de ce qui leur manque et se moquent ingénument des jouissances qu'ils ne peuvent comprendre.

Mais il en est d'autres par bonheur, — et c'est le plus grand nombre, — que pénètre la secrète intuition du beau, et qui éprouvent une véritable jouissance intellectuelle à s'entourer des productions de l'art intime. C'est pour ceux-là que nous avons écrit ce livre. Les jeunes gens désireux de s'instruire et qui débutent dans la vie y trouveront d'utiles renseignements ; les personnes de l'âge mûr y renoueront leur commerce avec la littérature et les arts, et les vieillards eux-mêmes y rencontreront d'aimables souvenirs. Tous, en un mot, en le méditant à loisir, apprendront à cultiver leur esprit et à développer leur goût.

« Le goût, selon Jean-Jacques Rousseau, est en quelque sorte le microscope du jugement; c'est lui qui met les petits objets à sa portée. Il faut donc, pour cultiver le goût, s'exercer à voir, ainsi qu'à sentir, et à juger du beau par inspection, comme du bon par sentiment ».

Cette jolie définition montre que le goût, c'est-à-dire le sentiment prompt d'un esprit bien fait, est un don de nature qui se perfectionne par l'étude et l'exercice. Une fois le goût formé, l'œil s'habitue à voir juste, l'esprit juge avec plus de rectitude.

C'est seulement alors que l'initié commence à acquérir de véritables connaissances, que la contemplation raisonnée des belles choses développe et élève particulièrement son aptitude intuitive. Pour en arriver là, il est absolument nécessaire qu'il ne voie que de beaux ouvrages. Autrement, entraîné par sa passion naissante à admirer, acheter et réunir une foule d'objets d'origine et de valeur contestables, cette passion le dominerait au point de lui fermer les yeux sur leurs imperfections, comme la passion d'Ovide les lui fermait, selon son ingénieux aveu, sur celles de toutes les femmes, il trouverait charmants tous les objets, quelque médiocres qu'ils fussent, pour peu qu'il pût y découvrir un point louable, qui ne manquerait jamais de l'aveugler sur le reste. Aussi, moins clairvoyant encore sur les productions de l'art qu'Ovide sur le beau sexe, serait-il plus en droit de dire :

Centum sunt causæ, cur ego semper amen!
Pour aimer tout cela, j'ai mille et un prétextes!

Mais peu à peu, la vue du débutant s'éclaircit ; il remarque quelques objets de choix qui lui servent de comparaison. Il distingue le laid du médiocre, le médiocre du beau. Il apprend à se modérer et à se contenir. La recherche patiente, habilement dirigée, devient une de ses qualités. « A chaque nouvelle étape, explique un *curieux* distingué [1], son goût s'épure, il ne veut plus que des objets parfaits, typiques, intacts. Il préfère la qualité à la quantité, et révisant sans cesse sa collection, il en chasse sans pitié tout ce qui est douteux ou incomplet. Arrivé ainsi à une appréciation prompte et sûre des belles choses, il n'achète plus qu'avec mesure et discernement, se rappelant que le médiocre est toujours cher et que le vrai beau n'a pas de prix.

« Tous ces objets, pour être dignes d'être mis en évidence, doivent être intacts, parfaits, avoir la fraîcheur, l'éclat des premiers jours,

---

[1]. M. le baron Boyer de Sainte-Suzanne, *Lettres à un curieux de curiosités*. — Au XVIIe siècle, tout galant homme adonné aux raffinements intellectuels était un disciple de la curiosité et se faisait honneur du titre de *curieux*. Le mot s'est maintenu avec sa signification spéciale jusqu'à la fin du XVIIIe siècle. On l'emploie encore aujourd'hui, mais rarement.

avoir tous les signes distinctifs de leur origine, non qu'il faille accorder trop d'importance à une marque, à une signature, car ce qu'il faut rechercher avant tout, c'est le caractère général de l'époque, le style de l'école, la manière du maître. Telle pièce signée peut être médiocre et telle autre non signée chante bien haut le nom du grand artiste qui l'a produite dans un moment d'heureuse inspiration. La contrefaçon, si répandue de nos jours, par suite des prix élevés de toutes les curiosités, imitera les marques, les signatures, de manière à tromper le prétendu connaisseur qui s'attachera exclusivement à ces preuves matérielles, elle ne trompera jamais le véritable curieux ».

Savoir choisir, voilà le goût.

a dit Béranger, dans un vers fin et concis, d'une vérité limpide. Ce mélange du goût acquis et du goût naturel, est la perfection de tous les deux.

L'art intime se modifie et se transforme suivant les aptitudes morales et intellectuelles de chacun, et comporte des nuances infinies. Tout dépend des préférences. L'un couvrira ses murs de tableaux, d'aquarelles, de dessins originaux et d'estampes ; l'autre peuplera son logis de figurines, de bustes, de groupes et de bas-reliefs, bronzes, marbres ou terres cuites ; un troisième entassera sur des dressoirs les plus rares spécimens de la céramique, faïences, porcelaines ou biscuits ; le dernier enfin, choisissant le domaine de la curiosité, domaine aussi varié que la fantaisie et le caprice, remplira son cabinet d'objets de petites dimensions, comme les émaux, les miniatures, les boîtes, les éventails, etc., qui, sous leurs formes multiples, le charment et lui procurent l'exquise familiarité du beau.

Mais, à côté des objets exposés devra se trouver une bibliothèque spéciale, comprenant les ouvrages qui traitent des sciences ou des arts auxquels ils se rattachent ; il serait même prudent de commencer par la formation de cette bibliothèque, car les livres peuvent donner de sages conseils, prémunir contre des erreurs coûteuses, et, dès le début, donner une bonne direction au goût.

Les amateurs éclairés apprécient d'ailleurs beaucoup les livres : à ceux qui sont utiles sans être rares, ils demandent les connaissances et les enseignements nécessaires pour comprendre les chefs-d'œuvre des arts libéraux et des arts industriels ; parmi ceux qui sont devenus rares, ils choisissent les ouvrages qui peuvent les guider dans leurs investigations. Les anciens catalogues, par exemple, tels que ceux des xviie et xviiie siècles, contiennent des appréciations pleines de goût et d'érudition sur les objets dont ils annonçaient la vente. Aussi sont-ils très recherchés des collectionneurs, qui souvent sont d'ardents et passionnés bibliophiles.

Avec les catalogues anciens, — ceux d'aujourd'hui sont pour la plupart d'une sécheresse rebutante et se bornent à la description sommaire des objets, — les livres sur l'antiquité et les beaux-arts composeront la bibliothèque de tout amateur sérieux. C'est la source où il puisera des connaissances variées et que plus tard il saura mettre à profit.

L'étude, en effet, exerce toujours une influence salutaire sur le moral des individus. Celle de l'art intime, pour les intelligences supérieures, amène à la pratique de l'esthétique, de l'archéologie et parfois même des sciences naturelles ; l'esthétique qui formule les règles du beau, l'archéologie qui fait l'histoire par les monuments, la science qui pénètre les secrets mystérieux de la nature.

C'est ainsi que le véritable amateur, surtout celui qui fait profession d'éclectisme, c'est-à-dire qui ne se borne pas à admirer les chefs-d'œuvre d'une école ou d'une époque, et qui sait admirer sans réserve toute œuvre révélant une pensée ou un travail d'artiste, agrandit le cercle de ses connaissances, et acquiert avec l'érudition la théorie du mécanisme des arts. Il apprend en même temps à faire valoir la beauté plastique des monuments qui sont l'objet de ses recherches, peut raconter leur histoire et expliquer les sujets qu'ils représentent.

Que d'études, pour arriver à posséder ce sens délicat, ce tact parfait, cette sûreté d'expérience acquise et de connaissances approfondies, en un mot cette intelligence complète de l'art intime ! C'est dire que celui qui s'y livre entièrement doit posséder quelques ressources, être bien portant, aimer le hasard des découvertes, joindre à de bonnes jambes le flair et l'œil exercé du chasseur aux aguets, savoir beaucoup de choses, avoir de la patience et surtout du temps.

De là cette émulation des amateurs, qui n'est pas sans causer de nombreuses rivalités parmi eux.

A la vente Debruge-Duménil, faite au commencement de l'année 1850, le célèbre collectionneur Sauvageot veillait la fameuse F dite de François Ier, en bois sculpté, travail microscopique et merveilleux d'un artiste inconnu ; et il y tenait d'autant plus que le musée du Louvre possédait déjà l'M de Marguerite de Valois, et qu'il se faisait une joie de réunir un jour les deux lettres, assurément sculptées pour le frère et la sœur. Mais M. Hope se trouvait là, et M. Hope était un concurrent déplorable ! Le millionnaire poussa la fameuse lettre de bois à des hauteurs de prix où Sauvageot ne pouvait atteindre..... Il en fut malade de chagrin. — Ah ! je la rattraperai un jour, s'écria-t-il, elle me viendra à la mort de ce millionnaire !

Et M. Hope étant mort en effet peu de temps après, Sauvageot conquit l'F si ardemment convoitée ; mais il la paya si cher que pendant longtemps il dut se priver presque du nécessaire pour réparer la brèche [1].

A propos de ce bijou, on trouve dans un article de M. Darcel, publié en 1859, les détails complémentaires suivants. « Citons la lettre F, le pendant de l'M du Louvre. Cette lettre, qui s'ouvre de manière à former deux F, adossées, renferme dans dix médaillons les images microscopiques des neuf preux et de Jésus-Christ. Ce vrai bijou de bois fut fait en même temps que l'M. Séparé de son compagnon, il appartenait dans le xviiie siècle au fameux amateur Jamet. Après une odyssée qui nous est inconnue, il est arrivé dans la collection Debruge. De là il était passé dans celle de M. Hope, où M. Charles Sauvageot est allé le payer au poids du diamant (2,500 fr.), afin de réunir un jour les deux œuvres si longtemps séparées » [2].

On rencontre des amateurs qui dissimulent le prix des objets pour en exagérer la valeur à côté de ceux qui veulent faire croire qu'ils ont acheté à vil prix des chefs-d'œuvre ; d'autres jouissent de leur collection en avares, en jaloux, et la cachent à tous les yeux. Mais nous en pourrions citer un grand nombre, de nature plus élevée, qui, loin de conserver leurs trésors pour eux seuls, se font un véritable plaisir de les faire voir à ceux qui leur en témoignent le désir. Le seuil de leur demeure n'est interdit à personne, si ce n'est aux importuns. Dès que l'on a été introduit dans le temple d'un de ces desservants de l'art et de la curiosité, après s'être reconnu un instant dans ce pêle-mêle de raretés et de chefs-d'œuvre, au milieu desquels on hésite à se mouvoir, l'amateur distingué dont nous parlons paraît et vous reçoit avec aménité. Sa physionomie agréable, bienveillante, dont les traits annoncent la pénétration d'esprit et l'intelligence développée, vous met tout de suite à l'aise. Il commence par attirer particulièrement vos regards sur un des objets les plus remarquables de sa collection ; il éprouve

---

1. Jules Lecomte, *Monde illustré*, 7 avril 1860.
2. Collection de M. Charles Sauvageot, dans les *Annales d'archéologie*, de Didron, année 1859.

une véritable satisfaction à en faire apprécier la valeur, et dire quelle en est la provenance. Il s'exprime simplement, en très bons termes, qui dénotent l'acquis du plus fin connaisseur ; c'est plaisir de l'entendre disserter sur tous les points douteux qui peuvent se présenter. Nullement systématique, il écoute volontiers les explications contraires aux siennes, et s'empresse de les admettre, pour peu qu'on lui donne des raisons concluantes ou des preuves. Dès que vous êtes parti, il poursuit avec ardeur tous les renseignements qui ont pu l'éclairer sur la nature, l'exécution, la provenance des objets tombés entre ses mains et n'oublie aucun détail, qu'il faille le chercher dans un livre, dans une peinture ou sur un monument.

Le regretté M. Philippe de Saint-Albin, dont on a sans doute reconnu le portrait, joignait à toutes ces qualités une certaine philosophie pratique et savait, comme Sauvageot, dominer dans l'occasion cette nature nerveuse, impressionnable, qui est le propre des tempéraments vraiment artistiques. Voici, sur ce dernier collectionneur, un petit événement, rapporté par Le Roux de Lincy, qui le tenait de M. Chabouillet, aujourd'hui conservateur du Cabinet des médailles à la Bibliothèque Nationale, et qui en fut le témoin oculaire. « Vous savez combien, dans les trois pièces de l'appartement que Sauvageot occupait rue du Faubourg-Poissonnière, les curiosités se trouvaient accumulées les unes sur les autres. Chaque fois que je rendais visite à notre ami, je mesurais avec le plus grand soin tous mes mouvements, afin de ne toucher aucune de ces curiosités, qui presque toutes étaient aussi fragiles que précieuses. Un jour, c'était un dimanche, je m'en souviens encore, je me trouvais assis sur ce canapé vert placé entre les deux fenêtres, au fond de la chambre à coucher ; Sauvageot était debout devant le beau meuble d'ébène qui me faisait face, à l'autre extrémité de la chambre. Le dessus, l'intérieur et le dessous de ce meuble étaient chargés d'une quantité de verres de Venise et de Bohême, d'une finesse et d'un travail exquis. Tout-à-coup un de ces verres, un des plus beaux, que le propriétaire avait voulu changer de place, lui échappe, tombe d'abord sur la manche de sa robe de chambre, ensuite frappe sur le meuble, et enfin s'éparpille en mille pièces sur le sol. Je vous le dirai franchement, je n'étais pas à mon aise ; je me cramponnais au canapé des deux mains, comme pour bien attester que ni de l'une ni de l'autre je n'avais pu toucher l'objet. Notre ami fut héroïque ; il ramassa les débris du verre, les enferma dans un papier, puis, ouvrant le double vitrail d'une des fenêtres, il jeta dans la rue les parcelles de ce précieux bijou. Je ne tardai pas à prendre congé. Jamais Sauvageot ne m'a parlé de cet accident; je ne lui en ai jamais parlé non plus »[1].

Cette anecdote montre que l'amateur doit non seulement bien choisir le milieu dans lequel sont disposés ses objets d'art, mais encore que l'arrangement de ces derniers exige une étude spéciale et attentive. Ecoutons les conseils d'un homme compétent en ces sortes de matières. « Les tentures et tapis, dit-il, doivent être d'une teinte calme et unie, les meubles, peu nombreux, d'un style simple et sévère, afin que l'ensemble du local serve de cadre aux objets d'art et de curiosité qui s'y trouvent. La lumière doit être distribuée avec ménagement, éclairant ce qui est sombre, laissant dans l'ombre ce qui est éclatant. A moins qu'on ne cherche et que l'on obtienne un contraste savant, — parfois un beau désordre est un effet de l'art, — il faut éviter l'entassement, le pêle-mêle, le contact de choses aux formes, aux couleurs disparates et qui hurlent de se trouver côte à côte. Il y a même des curiosités absorbantes qui ne souffrent aucun voisinage ; je vous citerai les tapisseries qui n'admettent ni tableaux, ni gravures et ne comportent qu'un ameublement assorti ; d'autres objets demandent à être isolés, placés sur des fonds et dans une perspective qui leur conviennent en faisant valoir le dessin, le coloris, la composition, le style ; tout, en un mot, doit concourir à donner aux curiosités le relief, la couleur, le caractère nécessaire, en maintenant l'aspect général qui convient à un musée, à une collection ou à un cabinet »[2].

Dans le même ordre d'idées, après avoir longuement médité sur les moyens de faire ressortir le mieux possible la collection de dessins anciens exposés dans son petit salon, M. Edmond de Goncourt est arrivé à la conviction qu'il n'y avait que le rouge mat et le noir brillant pour faire valoir ce genre d'œuvres d'art. Il a fait peindre les boiseries, les portes, les corniches en noir, toutefois au *poli*, en peinture employée pour les panneaux de voiture, qui dure trois mois par des ponçages successifs, mais qui a le mérite d'enfermer les choses dans des compartiments d'ébène. « Restait la tenture et la qualité de son rouge que je voulais mat : c'était là la difficulté. Je me rappelle un jour, sous le merveilleux plafond de Baudry, Mme de Païva me disant à propos de la tenture de son salon dont j'admirais la pourpre profonde :

---

1. Le Roux de Lincy, *Notice biographique*, dans le Catalogue des livres de Charles Sauvageot, 1860.
2. Baron de Boyer de Sainte-Suzanne, *Lettre à un Curieux de curiosités*.

« Oui... mais voilà l'histoire de ma tenture. J'ai dit au fabricant de Lyon qui me présentait son plus beau et son plus doux échantillon : Monsieur, il me faut une étoffe six fois plus épaisse que celle-ci, pesant six fois plus, vous m'entendez? — Et me faisant apporter un pèse-lettres, j'ai pesé son échantillon devant lui pour qu'il n'y eut pas d'erreur ».

— « Mais, Madame, jamais cela ne s'est fait. Et l'homme me regardait comme une folle ».

— « Eh bien, cela sera pour la première fois ! »

« Je pensais, continua-t-elle, que cette épaisseur qui ferait un cuir de l'étoffe, apporterait au tissu une qualité de couleur qu'il n'avait pas, et vous voyez que je ne me suis pas trompée ».

« En effet, Mme de Païva avait eu raison, mais la tenture coûta 800,000 francs, et moi je devais trouver quelque chose d'un peu moins cher. La soie, dans les conditions ordinaires, n'était pas mon affaire ; les étoffes de laine se mangent, deviennent facilement violettes, vineuses : il n'y a au fond que les étoffes de coton pour garder leur intense nuance de *géranium*. Et tout fut couvert d'andrinople. Je risquai même le plafond rouge, une audace ! mais qui m'a réussi, et qui, par l'enveloppement complet des dessins dans une coloration unie et chaude, en fait saillir les blancs et toutes les clartés laiteuses que tue un plafond de plâtre. Au fond, posons en principe qu'il n'y a d'appartements harmonieux que ceux où les objets mobiliers se détachent du contraste et de l'opposition de deux tonalités largement dominantes, et le rouge et le noir sont encore la plus heureuse combinaison qu'un tapissier ait trouvée comme repoussoir et mise en valeur de ce qui meuble une chambre.

« Les boiseries ainsi peintes, les murs ainsi tendus, on a refait avec du vieil or la toilette des cadres de chêne sculpté, et ce sont sur la rouge muraille, autour des dessins, ces élégants profils, ces délicats rangs de perles sculptées qui ne sont pas, comme dans les cadres modernes, un chapelet de boulettes de pâte enfilées dans une ficelle, et ces plates bordures aux jolies feuilles d'eau et surmontées d'un écusson, que surplombe tantôt une coquille au milieu d'une chute de fleurettes, tantôt un cartouche dans un nœud de rubans dont les deux bouts retombent de chaque côté.

« Là, dans ce petit salon est la plus grande partie de mes dessins, qui couvrent encore les parois du grand salon, montent et descendent l'escalier, remplissent les cartons dans cette chambre et cette autre, et se répandent ainsi par toute la maison. Cette collection est ma richesse et mon orgueil ».

Voilà bien le cri suprême du vrai connaisseur, de l'homme de goût qui cherche à jouir en paix des satisfactions intelligentes de l'art intime! Malheureusement il existe de prétendus amateurs qui achètent avec l'intention de revendre et spéculent ainsi sur la confiance des vendeurs et des acquéreurs. Selon le mot piquant d'un collectionneur de nos amis, M. Maze-Sencier, ce sont les proxénètes de la curiosité. Le véritable amateur, au contraire, ne possédât-il qu'une modeste fortune (*aurea mediocritas*), conserve religieusement toutes ses acquisitions. L'esprit de spéculation, ce fléau de notre époque, n'exerce jamais sur lui sa puissance. Toute sa vie, il résiste aux tentations mercantiles. Nous ne saurions trop faire ressortir vivement cette face honorable de son caractère, en contraste avec l'ardente soif du gain que possèdent certains riches agioteurs, faux enthousiastes de l'art, marchands sans patente qui prostituent les belles œuvres, quelles qu'elles soient, en les troquant sans urgente nécessité. Parmi ceux qui lui vendent ou cèdent en échange des pièces rares, il en est peut-être qui lui gardent rancune pour certains marchés où leur ignorance a été vaincue par la sagacité de l'acquéreur; mais nul ne peut lui refuser cette noblesse d'âme, ce désintéressement qui le distingue et lui fait voir dans chaque objet de sa collection patiemment formée un ami à conserver, quoiqu'il arrive.

Souvent l'amateur, digne de ce nom, montre à toute personne capable de les apprécier ses plus rares trésors; on lui offre parfois alors des prix élevés, exceptionnels, de plusieurs pièces qu'il possède seul; mais nul ne réussit à les lui ravir, quelle que soit son offre. Comme tous les collectionneurs, ses confrères, il savoure la joie des acquisitions à bon marché; mais jamais un objet ne quitte son cabinet, qu'à titre de double, d'une valeur artistique inférieure, et uniquement par voie d'échange. La mort seule peut faire passer en d'autres mains ces objets qu'il avait jugés dignes de sa constante affection. On se rappelle que l'impératrice Eugénie avait réuni à Trianon, lors de l'Exposition universelle de 1867, une exposition particulière de tous les objets à son usage. Léopold Double avait contribué à cette exposition. L'impératrice fit offrir par son bibliothécaire une somme de 30,000 francs à M. Double pour la cession des flambeaux de Gouthières, fabriqués et ciselés à l'occasion de la naissance du Dauphin. « Ces flambeaux m'ont coûté trois ou quatre cents francs, il y a vingt ans, répondit Léopold Double ; mais je ne les donnerais pas pour un million, si je les estime au taux du plaisir que j'ai à les posséder ».

En résumé, que l'on soit simplement amateur ou collectionneur émérite, le goût appliqué à l'art intime élève l'intelligence, développe le sens artistique et fait naître en nous la passion des belles choses. Il est donc bon d'exercer son goût à tout âge, puisque de lui dépendent nos plus exquises connaissances, nos plaisirs les plus purs et les meilleures de nos joies. N'est-ce pas à l'art intime que nous devons la gaieté de nos demeures, où souvent des chefs-d'œuvre, grands et petits, jettent tant de clartés rayonnantes et donnent tant de charme à l'atmosphère qui nous entoure ! Un bronze, une aquarelle, une terre cuite, un verre de Venise, un tableau de genre, sont, pris isolément, des choses d'une valeur relative ; mais réunissez-les, groupez-les adroitement dans un milieu ambiant qui leur serve de cadre et les aide à se faire mutuellement valoir, vous voyez aussitôt votre intérieur s'éclairer, les objets rendus plus familiers s'animent, pour ainsi dire, et attirent davantage vos regards, vous les considérez avec un plaisir tout nouveau. Bientôt même ils vous seront indispensables, ne vous quitteront plus jamais, vivront de votre vie, et comme de vieux amis, vous consoleront plus d'une fois des soucis et des amertumes de l'existence.

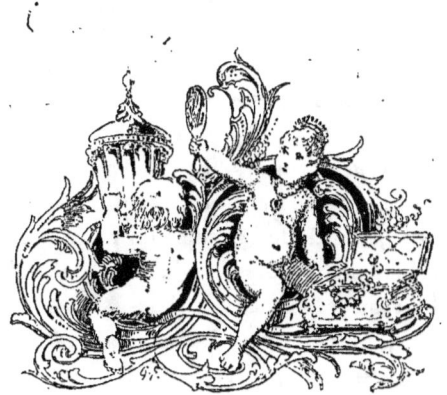

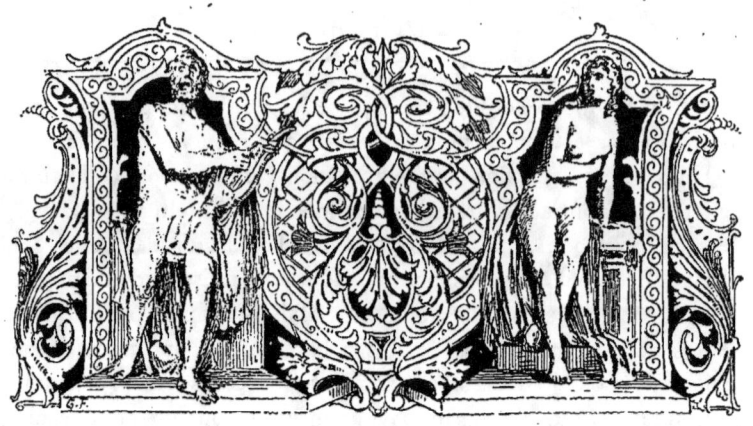

HOMÈRE, par Roland   Fig. 4.   PSYCHÉ, par Pajou
(Musée du Louvre)   (Musée du Louvre)

II.

LES MARBRES ET LES TERRES CUITES.

Bustes, Statuettes et Bas-reliefs.

De tout temps, la sculpture a été une des principales manifestations du luxe appliqué à la décoration intime. Il n'est pas nécessaire de remonter jusqu'aux époques antiques, pour voir des œuvres de dimension réduite admises dans les intérieurs, soit pour meubler et orner les galeries, soit pour garnir les étagères des curieux. La collection de Verrès, dont Cicéron nous a révélé les trésors, le prouverait suffisamment au besoin. Déjà, à l'époque du moyen âge et de la Renaissance, des bustes, des statuettes et des groupes de figurines en marbre ou en albâtre oriental, avec leur blancheur dorée ou bistrée, décoraient le dessus des meubles de luxe ou reposaient sur des socles en bois sculpté. De petits bas-reliefs, fouillés dans les mêmes matières et retenus dans des cadres de métal ouvragé, ornaient les tapisseries qui couvraient les murs. Quelques-unes de ces fines sculptures, parvenues intactes jusqu'à nous, sont délicatement coloriées et relevées de petits filets et ornements d'or, selon le goût italianisé de l'époque.

Mais vers le milieu du XVIᵉ siècle, la sculpture intime prit des formes nouvelles sous l'influence de Germain Pilon et de Jean Goujon, qui, tout en s'inspirant de l'antiquité, surent emprunter aux dames de la cour de François Ier et de Henri II l'élégance patricienne, le charme délicat des *Trois grâces*, de la *Diane* et des *Nymphes de la Seine*, dont les reproductions en tous genres ont été partout répandues. Germain Pilon, qui fut nommé le *Phidias français* et le *Corrège de la sculpture*, est également l'auteur d'un excellent groupe de *Tritons* et de *Néréides* jouant sur les eaux. « Où a-t-il pris ces corps charmants, dit Michelet, ces nymphes étranges, improbables, infiniment longues et flexibles ? sont-ce les peupliers de Fontaine-Belle-Eau, les joncs de son ruisseau, ou les vignes de Thomery dans leurs capricieux rameaux, qui ont revêtu la figure humaine ? »

Si de cette époque de rénovation nous passons au règne de Louis XIII, nous verrons les amateurs d'objets d'art faire le plus grand cas des compositions de François Duquesnoy, dit François Flamand, qui avait acquis à Rome une prodigieuse réputation avec ses petits bas-reliefs en marbre, en ivoire et en bois. Le cardinal de Richelieu avait vu plusieurs figurines d'enfants exécutés par François Flamand, et il en fut émerveillé.

Avec le siècle de Louis XIV, tandis que, selon La Bruyère, certains curieux vivaient dans la pauvreté plutôt que de se défaire de leurs garde-meubles chargés et embarrassés de bustes rares, « dont la vente les eût mis au large », une nouvelle transformation s'opéra sous le ciseau habile des Coysevox et des Coustou. En déshabillant le marbre, si l'on peut dire, de sa chaste nudité, ils rachetèrent le sensualisme de l'idée par les élégances raffinées de la forme, avec une souplesse de toucher extraordinaire ; ils donnèrent à la matière la morbidesse de la chair, le charme singulier des airs de tête, le laisser-aller savant du dessin, la grâce légère des draperies. Louis XIV aimait beaucoup Nicolas Coustou. Les critiques, en parlant de ses *Hébés*, de ses *Vénus*, de ses *Dianes*, disaient, avec quelque raison, que ce n'était pas le goût antique, tel qu'on le pratiquait autrefois. « C'est vrai, répliquait Louis XIV, qui s'y connaissait, mais c'est le goût français ».

Le goût français ! Guillaume Coustou, fils de Nicolas, le posséda également au suprême degré. Il devint le sculpteur ordinaire de Mme de Pompadour, et fut immortalisé par Piron.

A cet art de sensualité païenne, succédèrent la grâce coquette, la désinvolture abandonnée du xviiie siècle, siècle aimable par excellence, telles qu'elles se manifestent dans la *Vénus au bain*, d'Allegrain. Puis vient Falconet, dont il existe de nombreux petits chefs-d'œuvre d'art intime. Cet artiste s'était pénétré de bonne heure du génie des sculpteurs anciens, qui n'ont jamais rendu comme lui, dit La Dixmerie, dans les *Deux âges du goût et du génie français* (1769), « le sentiment des plis de la peau, la mollesse des chairs et la fluidité du sang. C'est peu, d'animer le marbre, ajoutait La Dixmerie; il paraît le faire sentir et penser, il exprime avec la même vérité les sentiments doux et tendres, les affections vives et fortes ».

Falconet, qui possédait en même temps le goût, la grâce et le charme, réussissait toujours dans les figures de petite dimension, où il cherchait à combiner le sentiment et l'expression avec les formes de l'antique. « Sur ma cheminée, entre la rocaille argentée de deux flambeaux à trois branches, raconte le plus raffiné des collectionneurs contemporains, luit, dans la blancheur polie du Paros, un petit marbre de Falconet; une baigneuse à moitié accroupie, à moitié agenouillée, et essuyant, de la torsade de ses cheveux ramenée et épandue sur sa poitrine, une goutte d'eau tombée au bout d'un de ses seins, dans un ramassement du torse, où apparaît, délicieusement tortillée, la grâce abattue, fluette, allongée de son petit corps. Une sculpture où il y a du Corrège dans une matière, pour ainsi dire, voluptueuse, et que la lumière pénètre presque comme de la chair vivante » [1].

N'oublions pas Pigalle, dont les compositions de moyenne grandeur établirent sa réputation de sculpteur ingénieux et habile : les statuettes de l'*Amour* et l'*Amitié*, faites pour Louis XV et données à la marquise de Pompadour ; l'*Enfant à la cage*, acheté par le financier Paris de Marmontel, et plusieurs beaux bustes eurent encore plus de succès que ses œuvres les plus imposantes. Lorsqu'il eût terminé son fameux *Mercure*, dont le marbre lui fut payé 10,000 livres, et qui fut l'origine de sa réputation et de sa fortune, cette belle statue attira dans son atelier une foule avide d'admirer ce chef-d'œuvre. « Jamais les anciens n'ont rien fait d'aussi beau ! s'écriait un étranger. — Monsieur, reprit Pigalle indigné, pour parler ainsi, avez-vous bien étudié les anciens ? — Et vous, répliqua l'étranger, qui ne le connaissait pas, avez-vous bien étudié cette figure-là ? »

La période actuelle ne le cède guère au siècle dernier en ouvrages remarquables. Pradier, surnommé le dernier des Grecs, fut le Philopœmen de la sculpture intime. Il a aimé dans la forme son expression la plus douce, il a choisi la Femme et l'a reproduite sous tous ses

---

[1]. Edmond de Goncourt, *La Maison d'un artiste*.

aspects. « Ce praticien charmant, qui pétrissait le marbre plutôt qu'il ne le taillait, connaissait et rendait avec une science infinie les attaches des membres, les finesses du poignet, les molles rondeurs du genou, l'exquise délicatesse des seins, les plis attrayants de l'épaule ; il donnait à ses statues de femme une grâce sensuelle qui les rendait adorables, témoin ses *Chloris*, ses *Phryné*, ses *Nyssia*, ses *Atalante*, ses *Vénus*, ses *Poésie légère* »[1].

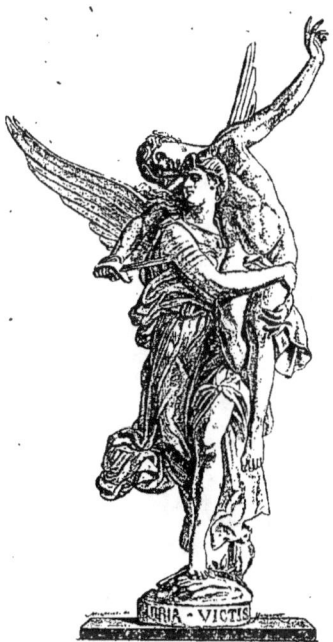

Fig. 5. GLORIA VICTIS, par Mercié.

Entre David d'Angers, et ses portraits-médaillons historiques si connus, et Clésinger, auteur de la superbe *Ariadne couchée sur une panthère*, il convient de placer Duret, dont le *Danseur napolitain*, un des chefs-d'œuvre de la sculpture moderne, a été vulgarisé par des reproductions innombrables. Figure vivace, élastique, saisie au vol de sa danse, sur la pointe du pied, entre deux élans ; tête naïvement heureuse, qui respire la joie de vivre et l'allégresse du mouvement. Une joie antique anime et enlève ce gamin folâtre. Sa physionomie et sa danse sont celles d'un jeune satyre déguisé en lazzarone.

Citons encore le *Jeune pêcheur napolitain*, par Carpeaux, les *Enfants à la coquille*, par Barrias, le *Chanteur florentin*, par Paul Dubois, le *Gloria victis*, par Mercié, et le *Vainqueur au combat de coqs*, par Falguières. La *Trouvaille de Pompéi*, de M. Moulin, a le même brio de jeunesse que le *Vainqueur* de M. Falguières, écrivait dès leur apparition Paul de Saint-Victor.

« C'est un jeune garçon, nu comme les faunes dont il descend, qui vient de déterrer, dans les ruines de la ville morte, la statuette d'un de ses ancêtres. Il s'élance, la bêche sur l'épaule, dans une pose ivre de joie ; sa main dresse en l'air la figurine qu'un *forestiere* lui payera au moins deux ducats. Comme l'enfant dont parle Henri Heine, qui,

---

[1]. Maxime du Camp, *Les Beaux-Arts à l'Exposition universelle de 1855.*

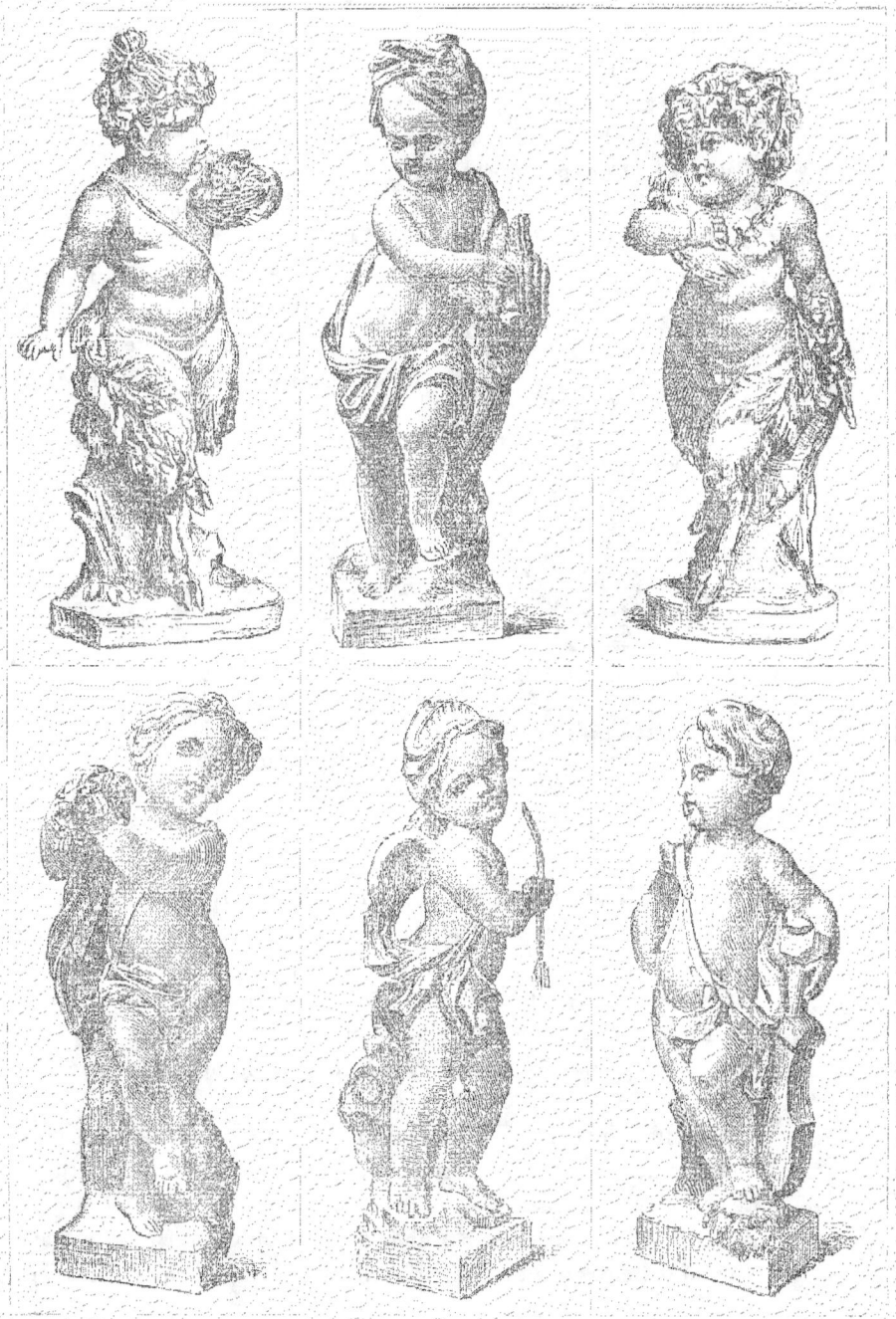

LES MARBRES ET TERRES CUITES

regardant à Dusseldorf la statue de l'Electeur, jadis fondue avec les couverts des bourgeois de la ville, calculait combien de cuillers d'argent avaient pu être jetées là-dedans, et combien de tourtes aux pommes on aurait pu se procurer pour le prix de toutes ces cuillers, le *ragazzo* de M. Moulin compte sans doute tout ce qu'il peut tenir de tranches de pastèque et d'écuelles de macaroni dans ce morceau de vieux bronze rouillé. Rien de svelte et de juvénile comme cette figure dansante, suspendue sur la pointe du pied. Son mouvement rythmique réveille dans la mémoire, par je ne sais quelle analogie de gaieté, les mélodies du *Barbier de Séville* ».

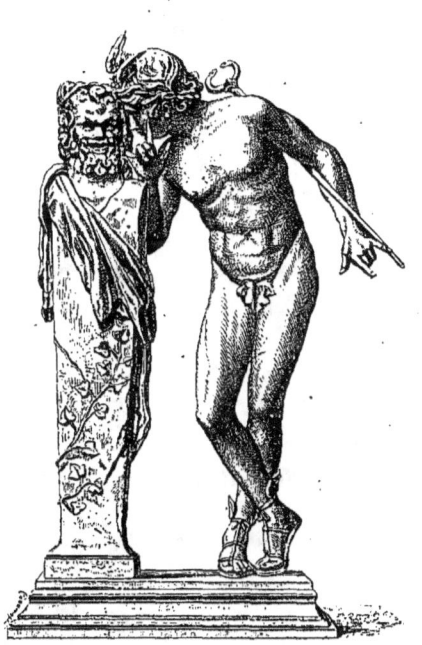

Fig. 6. Un Secret d'en-haut, par M. Moulin.

Voilà, sans nul doute, un sujet nouveau; et, trouver en sculpture un sujet qui soit à la fois spirituel et plastique, n'est point chose facile. Cependant M. Moulin est coutumier du fait. Le *Secret d'en-haut*, par le même artiste, n'est pas moins ingénieux comme pensée; si ce Mercure ne représente pas le grave Mercure hellénique, tel que le Mercure de M. Ludovic Durand, c'est du moins le joyeux Mercure gréco-romain que nous rencontrons, ironique et irrévérencieux, dans les dialogues de Lucien et les épigrammes de l'anthologie. La réduction en marbre du *Secret d'en-haut* peut donc être regardée comme un des morceaux les plus agréables de l'art contemporain. Non seulement la conception de l'œuvre est originale, mais on y retrouve avec plaisir cette facile harmonie des lignes et cette souplesse élégante des mouvements par lesquels cette remarquable figure surprend et enchante tous les regards.

Après les marbres, qui sont l'expression aristocratique de l'art, viennent les terres cuites, dont le sentiment est plus intime.

Les anciens nous ont laissé des modèles ravissants en ce genre, tels que les petites statuettes dites de la Cyrénaïque, dont la plupart portent encore des traces de couleur. Dans la riche collection du Louvre, toute une muette population de terres cuites où dominent en général la gaieté et le rire, nous fait connaître, suivant l'opinion de M. Rayet, la vie familière, les costumes et les attitudes d'une civilisation qui florissait quatre cents ans avant notre ère. De plus, elle nous montre le rôle important que les figurines en terre cuite trouvées à Tarse, en Cilicie, et à Tanagra, en Béotie, jouaient dans l'art intime de la Grèce et de l'Asie-Mineure. Comment rester indifférent devant la grâce et la délicatesse de ces divinités mignonnes, protectrices du foyer antique, que l'on posait dans l'intérieur des maisons pour charmer au passage l'œil distrait ou fatigué ! Un mouvement a conquis les artistes qui modelaient ces figurines, dit M. Philippe Burty : c'est celui de la danseuse qui s'élance, le buste légèrement renversé, les jambes en avant et faisant siffler les plis de sa robe; ou bien encore celui de la femme qui sort du bain et s'enveloppe frileusement d'une longue et fine couverture de laine.

« Telle de ces figures, avec son modelé fin, sa douce coloration, ajoute Albert Jacquemart, est aussi précieuse qu'une antique de marbre ou de bronze, aussi vivante que tout ce qu'anime le prestige de l'art ; quand, sous ces draperies rose ou bleu pâle, on suit les contours du sein d'Aphrodite, il semble le voir palpiter ; la tête inclinée dans une pénombre mystérieuse paraît s'animer d'un sourire divin ; on s'attend à voir remuer les membres au galbe simple et suave que la coloration de la terre rend semblables à une chair pleine, dorée par les rayons d'un soleil méridional. Puissance de l'art qui saisit vivement le dilettante et doit le rendre jaloux de posséder quelqu'un de ces merveilleux chefs-d'œuvre ! C'est de Tanagra même que proviennent ces figurines qui tirent leur principal caractère de la perfection artistique. Ces statuettes, irréprochables de proportion, ont une extrême élégance de mouvement et d'ajustement ; l'exécution est très poussée ; les têtes sont retouchées et les cheveux fouillés avec un soin particulier, en sorte que des figures sorties d'un même moule prennent, sous la main de l'artiste, une individualité évidente. Aucune n'est la redite de l'autre. On juge d'ailleurs de la confiance des modeleurs dans leur science par la tendance qu'ils ont à montrer les formes du corps sous les draperies, ou mieux encore, à découvrir les bras et parfois la poitrine. La coloration est douce ; sur les chairs pâles, se détache la tunique blanche ;

et les autres draperies, lorsqu'elles existent, sont d'un rose pâle ou d'un violet clair » [1].

La Renaissance italienne se passionna à son tour pour la sculpture en terre cuite. A côté des marbres inimitables des maîtres de cette époque, se placent les merveilleux bustes d'homme, dans le genre des terres cuites italiennes de MM. Dreyfus et Charles Davillier, ou bien encore l'adorable statuette de jeune femme florentine, exposée au Trocadéro, en 1878, par M. Charles André. « Elle est debout, les hanches emprisonnées dans une robe de damas broché qui porte des traces de dorure ; elle chante à pleine voix la musique dont elle tient la partition dans les mains. C'est l'œuvre d'un artiste de génie dont on ignore le nom et l'école, et c'est très probablement le portrait de quelque princesse de cette cour des ducs d'Urbin, si polie et si galante, si lettrée et si artiste » [2].

C'est au XVIIIe siècle que la terre obéissante, cédant à la spontanéité de l'inspiration et conservant les hardiesses du pouce et de l'ébauchoir, devint la matière préférée des sculpteurs, particulièrement des portraitistes.

Qui ne se rappelle les admirables bustes de *Marie Joseph de Saxe*, par Lemoyne, de *Louis XIV*, par Bouchardon, de Mme *Du Barry*, par Pajou, de *Molière*, de *Washington*, de *Franklin*, de *Diderot*, de *Joseph Chénier* et de *Mirabeau*, par Houdon, merveilleux ouvrages réunis pour la première fois à l'Exposition rétrospective organisée, en 1865, dans le Palais des Champs-Élysées, par les soins de l'Union Centrale ? Citons encore la superbe maquette du buste de Piron, par Caffieri. « Un fier travail et un grossissement de la glaise à rudes coups d'ébauchoir, que cette maquette, écrit son enthousiaste possesseur, où en dépit d'une perruque à l'état de copeaux et d'un menton qui n'est encore qu'une boulette de sculpteur, il y a une vie si spirituelle sous la broussaille des sourcils du Bourguignon, et presque des paroles dans la bouche entr'ouverte par une découpure si parlante ».

Houdon, Caffieri et Falconet, avaient mis en faveur la sculpture en terre cuite, dans laquelle on retrouvait, mieux que dans le plâtre et le marbre, le travail direct du maître et l'empreinte originale de ses inspirations.

La couleur même de la terre cuite avait plus de douceur et d'har-

---

[1]. Albert Jacquemart, *Histoire du Mobilier*.
[2]. Philippe Burty, *Chefs-d'œuvre des Arts industriels*.

monie dans l'expression de la figure humaine ; elle convenait aussi davantage au caractère des sujets gracieux.

Il y avait même une sorte d'analogie entre la peinture de Watteau, de Vanloo ou de Lancret et la sculpture en terre cuite, pour la décoration des appartements. La terre cuite était donc très appréciée par le monde des connaisseurs, qui payait fort cher les œuvres des petits maîtres, Boizot, Larue, Marin, Lévêque et Sigisber. Il y

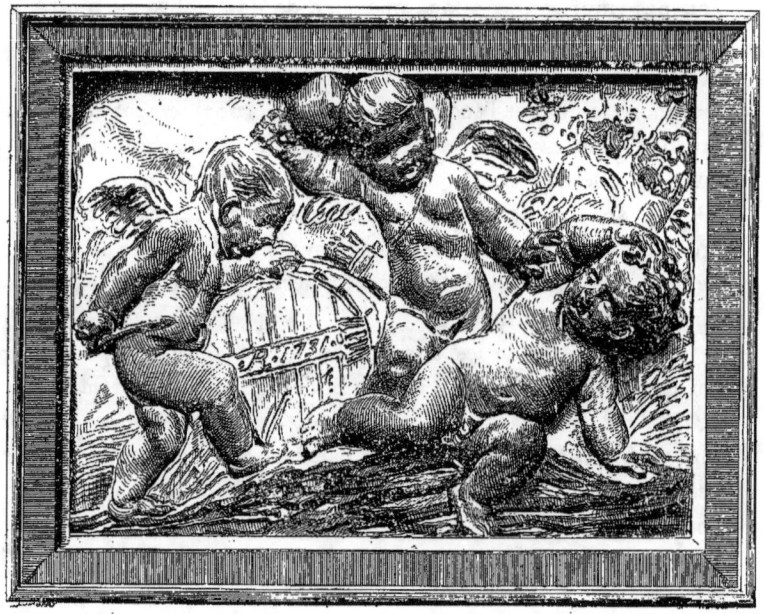

Fig. 7. Bas-relief en terre cuite. — XVIIIe siècle.
(Collection de M. Jadin.)

eut même un nommé Renaud, qui modelait en terre cuite, avec une finesse extraordinaire, des bas-reliefs pour orner les tabatières et les boîtes de poche [1].

Mais de tous les modeleurs en terre cuite, le plus habile, le plus fécond était encore « ce charmeur de Clodion, avec son art de sculpture pour les appartements, avec cet art où personne n'a su apporter comme lui la réduction du croquis, de l'esquisse, d'une chose, en un mot, qui n'a rien de la lourdeur de la glaise dans laquelle elle est faite, et qui est toute improvisation et tout esprit ; le seul artiste qui

[1]. Paul Lacroix, *Le dix-huitième Siècle*.

ait modelé les grâces menues et grassouillettes de la femme du xviii° siècle, avec un rien de réminiscence antique »[1].

L'imagination voluptueuse de Clodion le portait moins à imiter l'antique, qu'à renchérir sur l'art efféminé des peintres galants du xviii° siècle. Néanmoins, à la capricieuse élégance de Boucher, aux grâces mignonnes de Watteau, l'auteur de tant de délicieux groupes anacréontiques savait parfois allier un style nerveux non

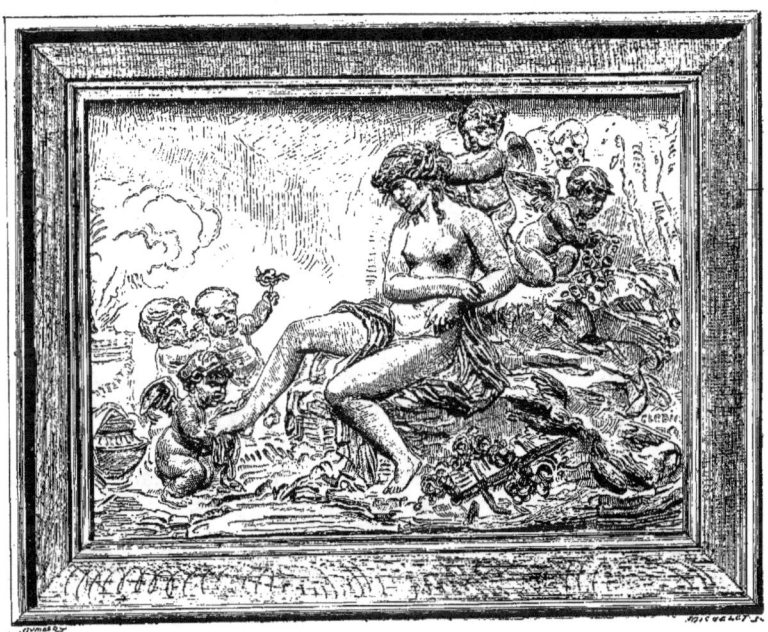

Fig. 8. La Toilette de Vénus, terre cuite de Clodion.
(Collection de M. Carrier-Belleuse.)

dénué de force. Parmi ses bibelots orientaux, M. Edmond de Goncourt a placé une merveille française, un bas-relief de Clodion.

« Un satyre agenouillé, un seul genou en terre, d'un bras nerveux entourant les deux jambes d'une bacchante nouées autour de son cou, est prêt à soulever la folle et jeune rieuse, qui, glissée au bas de ses reins et mollement renversée en arrière, s'appuie d'une main sur l'épaule d'un petit faunin, se haussant sur la pointe du pied.

« La jeunesse et la gracilité de la fille des bois et des vignes, le modelage de ses petits seins rigides et de son ventre douillet,

1. Edmond de Goncourt, *La Maison d'un Artiste.*

l'ingénu et le voluptueux abandon de son attitude, le rythmique agencement des lignes gracieuses, l'art délicat et spirituel d'esquisse de la sculpture, le parti tiré de la demi-ronde bosse et de ses amincissements gradués, la caresse dans la glaise des détails de la tête, des mains, des mignons petits pieds se raidissant, enfin la science de cette œuvre facile, qui pourra bien le dire ?

« Cette terre cuite est une de mes bonnes fortunes des ventes publiques. L'expert avait inséré dans son catalogue : « Tout ferait supposer que ce bas-relief est de Clodion s'il n'était pas signé Michel », et encore il ne disait pas avec une faute d'orthographe. L'expert ignorait que le vrai nom du sculpteur est Michel, et qu'il n'a jeté ce surnom de Clodion au bas de ses œuvres qu'à une certaine époque de sa vie » [1].

Les groupes de Clodion se payent aujourd'hui au poids de l'or. Rien n'est plus admirable que la suite variée que possède M. le baron Gustave de Rothschild. A ce propos, l'auteur de la *Maison d'un Artiste* raconte deux piquantes anecdotes.

« Je me rappelle avoir laissé échapper, en 1856, rue Bonaparte, pour une bien petite somme, un bas-relief de Clodion, une étude de femme tordant ses cheveux mouillés, une sculpture où deux petits seins et un genou seuls venaient en avant des formes fuyantes, du modelage effacé du reste du corps, comme lointain dans la terre rose. C'était à la fois la plus charmante et la plus sérieuse représentation d'un jeune corps féminin, dont la beauté des formes, à demi éclose, semble encore en bouton. Toutefois, ce n'est pas mon regret le plus complet.

« Je sortais du collège. J'avais 1,200 francs pour m'habiller et le reste. L'objet d'art de 50 francs était pour moi la commode d'un million pour M. de Rothschild. Dans ce temps, j'entrais un jour par hasard à l'hôtel de la rue des Jeûneurs. On venait de mettre, sur la table de vente, une grosse chose ronde, sur laquelle j'apercevais, en m'approchant d'un côté, une Renommée sonnant de la trompette, de l'autre, un Éole aux joues gonflées, autour de la sphère, des amours, des amours, des amours, dans toutes les suspensions, dans tous les renversements, dans toutes les dégringolades, montrant leurs petits culs nus et leurs dos ailés : des amours en train de tendre le filet d'une Montgolfière, sous laquelle d'autres amours entretenaient un

---

[1]. Edmond de Goncourt, *La Maison d'un Artiste.*

feu de gerbes de paille. C'est le plus extraordinaire Clodion que j'aie rencontré, un ouvrage où le sculpteur, prodigue de son talent, a, sans compter, laissé tomber de son ébauchoir tout un peuple d'enfants. La terre cuite était à 200 francs : Je la poussai, avec les émotions d'un homme qui ne sait pas comment il payera, à 500 francs.

« Il y eut une timide enchère, et j'eus la perception qu'à 520 francs la terre cuite était à moi ; mais que voulez-vous ? l'acheteur d'objet d'art à 50 francs prit peur et se détourna du clignement d'œil de Jean. Cette terre cuite, je la retrouvai à l'Exposition de 1867 : elle appartenait à M. Beurdeley qui, disait-on, en demandait 25,000 francs. Au jour d'aujourd'hui, ce n'est pas cher ».

Un autre artiste de grand talent, Jean-Baptiste Nini, italien venu vers 1760 s'établir à Chaumont-sur-Loire, près de Blois, s'est fait aussi une spécialité dans la sculpture en terre cuite. Attaché en qualité de graveur aux manufactures de verres et de poteries que M. Leray, intendant de l'Hôtel des Invalides, venait de faire construire sur ses domaines, il mourut le 3 mai 1786.

Comme on peut le voir par la réunion choisie qu'en possède un amateur distingué, M. Gariel, l'œuvre principale de Nini consiste en une collection de nombreux portraits-médaillons en terre cuite, dont l'exécution merveilleuse n'a jamais été égalée et place leur auteur au premier rang.

Nos artistes contemporains n'ont pas dédaigné la terre cuite. Citons, entre autres, un spécialiste, M. Charles Le Bourg. Son charmant groupe de *Joyeux devis*, remarquable par la verve et la gaieté du sujet, est une œuvre pittoresque qui a désormais sa place marquée parmi les productions de l'art intime.

Maintenant, s'il faut conclure ce chapitre sur les marbres et les terres cuites et résumer l'enseignement qui s'en dégage, on devra reconnaître que la sculpture en marbre est plutôt faite, en général, pour orner les galeries d'apparat, les cabinets de luxe et les salons somptueux, où la blancheur mate du Carrare et du Paros se détache admirablement, le jour, sur le fond sombre des draperies et des tentures, la nuit, à la flamme des girandoles et aux vives clartés des lustres.

La sculpture en terre cuite, au contraire, beaucoup plus discrète, convient davantage au logis familier de l'habitation. Dans cette atmosphère plus calme, plus tranquille, l'art a moins d'éclat peut-être, mais qu'il a de sérénité ! S'agit-il d'un buste, d'un groupe, d'un bas-relief de petite dimension, ou de quelqu'une de ces jolies figurines tanagréennes que les amateurs se disputent aujourd'hui au poids de l'or, rien ne relève mieux le velours grenat des vitrines ou l'acajou des meubles anciens, garnis de bronzes dorés, qui sont la merveille de l'ébénisterie du dix-huitième siècle. Aussi répèterons-nous avec M. Philippe Burty : « La terre a moins de rigueur que le bronze, moins d'uniformité que le marbre. Son ton est plus tiède et sa surface, imperceptiblement rugueuse, n'a pas ces reflets lumineux, qui n'ont leur grand effet que sur les grandes surfaces. C'est éminemment un objet d'intimité ».

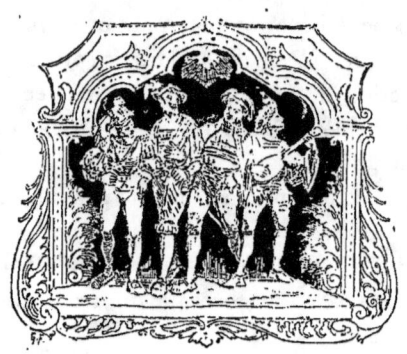

Fig. 9. Joyeux Devis, par Le Bourg.

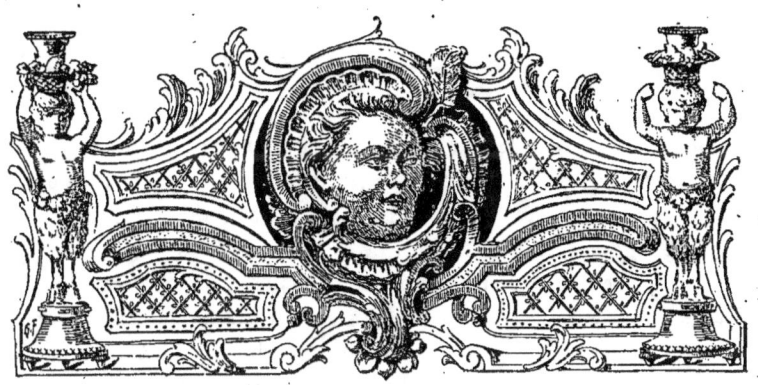

Fig. 10. Bronze époque Régence.

III.

LES BRONZES D'ART ET D'AMEUBLEMENT.

Le bronze a toujours été le plus puissant auxiliaire de la statuaire et des arts qui s'y rattachent. Il ne faut donc pas s'étonner de la place importante qu'il occupe dans le mobilier des gens de goût. Déjà, à l'époque lointaine où Myron employait surtout le bronze d'Egine pour ses statues, tandis que Polyclète préférait celui de Délos, et où les petites pièces signées de Bœthus ou de Mys passaient pour des merveilles de ciselure [1], les anciens avaient compris quelle magnificence donnent aux galeries, aux bibliothèques, aux intérieurs élégants, les bustes, les groupes, posés sur des piédestaux de granit ou de marbre, ainsi que les figurines placées sur les étagères, témoin cet amateur dont parle Sénèque, qui passait sa vie à prendre des petits bronzes de Corinthe sur les tablettes des marchands, à les remettre et à les changer de place sans pouvoir en acheter aucun. Il faut dire que les bronzes ciselés de Corinthe étaient tellement rares et recherchés que, de l'aveu de Pline, « leur valeur surpassait celle de l'argent et balançait le prix de l'or ».

Ajoutons à cela que les anciens savaient donner différentes couleurs

[1]. Quatremère de Quincy, *Le Jupiter Olympien*.

au bronze. Très versés dans l'art de combiner les métaux entre eux, ils possédaient le talent de faire produire à leurs alliages des teintes et des couleurs variées. Il paraît même que, sensibles au rapport qui pouvait exister entre certaines nuances du métal, et l'expression de certaines figures, ils surent tirer de cette analogie un effet à peu près dans le genre de ceux que donnent les couleurs du peintre.

C'est ainsi que dans la célèbre statue d'Athamas assis, après le meurtre de son fils Léarque précipité par lui du haut d'un rocher, le statuaire Aristonidas, voulant exprimer sur le visage de ce père dénaturé la confusion du repentir succédant à la fureur, imagina pour la tête, un métal composé de cuivre et de fer, dans l'intention qu'il s'opérât, par la dissolution des parties ferrugineuses à la superficie du métal, une teinte rubigineuse dont l'effet devait être d'exprimer sur le front de ce coupable père, la rougeur de la honte.

Le sophiste Callistrate a donné la description de quatorze statues antiques, faites par les maîtres les plus célèbres de la Grèce. Cinq de ces statues étaient de bronze. Les détails que nous en a conservés l'écrivain nous font connaître que certaines parties de leur métal avaient reçu, soit par les modifications de l'alliage, soit par d'autres procédés artificiels, des teintes propres à exprimer certaines affections de l'âme, dont la manifestation ne peut dépendre que de la couleur.

En décrivant un Cupidon en bronze de Praxitèle, Callistrate fait admirer sa pose, l'ajustement de ses cheveux, le sourire de sa bouche, le feu de ses yeux ; puis il ajoute : « Ce bronze était étonnant à voir : de l'extrémité de ses cheveux naissait sur tout son visage une rougeur éclatante ». Callistrate, qui ne fait cette description qu'avec cette sorte de sentiment qu'excitent les choses peu communes, s'étonne encore de ces effets dans une autre statue de bronze de l'Amour, dont les joues étaient ainsi colorées. Ce que la nature, dit-il, ne reçoit ni ne produit, l'art avait eu le pouvoir de le produire. Il communiquait la rougeur à ses joues. Chose étrange que le bronze produise de la rougeur !

La célèbre statue de *L'Occasion*, faite par Lysippe, sous la forme d'un jeune garçon, paraît avoir été en bronze nuancé de semblables teintes : « La beauté de sa couleur, dit Callistrate, annonçait par son éclat le ton fleuri d'une belle carnation. Il avait de l'air de Bacchus ; son front resplendissait de grâce ; ses joues étaient colorées d'un incarnat semblable à la rose. Nous étions, continue-t-il, frappé d'étonnément en voyant le bronze faire l'effet de la nature, et transgresser ses lois, car, tout bronze qu'il était, il rougissait ».

Il semble, dit Quatremère, que l'étonnement exprimé par l'auteur de voir le bronze simuler la rougeur, nous indique suffisamment que cette couleur procédait non point d'une teinte sur-appliquée, ce qui n'eût rien eu de si merveilleux, mais bien d'une propriété inhérente au métal même, et qui dût être celle des alliages dont nous avons parlé.

Enfin, suivant Callistrate, différentes couleurs se remarquaient à un Bacchus en bronze de Praxitèle. C'était un chef-d'œuvre de mollesse et de délicatesse. « Le métal rougissait, dit-il, quoique inanimé, et semblait prétendre à exprimer les apparences de la vie. Le lierre qui ornait son front semblait verdoyant; et la peau du chevreuil qu'il portait, sans être une peau naturelle comme celle qu'avait Bacchus, en contrefaisait la couleur. ».

Quant aux bronzes d'ameublement, on n'a qu'à visiter au Louvre la salle des bronzes antiques, pour être convaincu que les artistes anciens, absolument comme ceux de nos jours, ne craignaient pas de montrer la souplesse de leur talent en l'appliquant à des choses diverses, telles que des masques, des palmettes, des acanthes, modèles que les siècles se sont transmis en les reproduisant, et qui ne sont autres que des fragments exquis de chars, de sièges, de vases, des anses, des trépieds, des lampadaires, des candélabres, etc.

S'inspirant en cela des coutumes de l'antiquité, le moyen âge appliqua de bonne heure le travail du bronze aux usages domestiques. Mais relativement à la statuaire en bronze, il faut arriver jusqu'au XVIe siècle, pour retrouver un souvenir des merveilles grecques et romaines. Alors toute une pléiade de prodigieux talents étonnent les amateurs par la vigueur et l'expression qu'ils communiquent à leurs superbes bronzes. C'est l'époque où paraissent ces figurines élégantes, jetées en cire perdue par les inimitables fondeurs florentins de la Renaissance, procédé difficile et dispendieux puisque, pour répéter une statuette, il fallait que l'artiste en exécutât un nouveau modèle.

Nous indiquerons ici brièvement en quoi consiste le procédé de la fonte à cire perdue. Si le bronze doit être plein, le sculpteur modèle la figurine en pleine cire, laquelle donne par conséquent, en se détruisant à la fonte, une épreuve unique en bronze massif, très reconnaissable à la finesse de l'épiderme, si l'on peut ainsi parler ; si le bronze doit être creux, l'artiste établit d'abord un noyau en terre, qu'il garnit de cire et sur lequel il exécute son modèle, ce qui permet d'obtenir autant de bronzes creux et légers qu'il le désire. Il suffit, à chaque opération, de renouveler l'enveloppe du noyau, c'est-à-dire le modelage en cire détruit par la fonte précédente.

Dans les plus anciens spécimens, les statuettes sont souvent pleines, toujours lourdes et épaisses ; la patine noirâtre rappelle celle de certains bronzes antiques ; plus tard, la légèreté devient une des qualités du travail ; on arrive à des fontes excessivement minces, que le temps recouvre de cette oxydation puissante et chaude comme d'un vernis magnifique variant du bleu sombre au bleu turquoise et qui se trouve parfois associée à des accessoires dorés à l'or moulu.

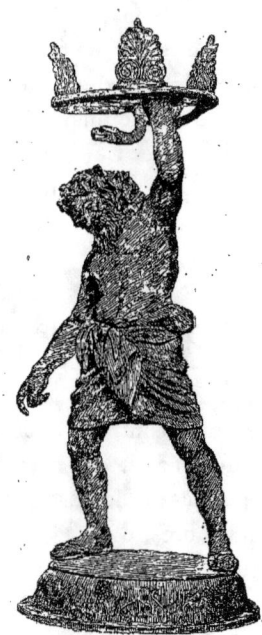

Fig. 11. Silène en bronze
(Musée de Naples).

Il n'est pas nécessaire d'insister sur la place que doivent occuper les bronzes dans l'art intime. Les somptueux salons de la famille de Rothschild, de MM. Ed. André, Dreyfus et les cabinets de plusieurs autres amateurs, font d'ailleurs comprendre tout ce qu'il y a de grandiose et de magistral dans ces figurines dignes de l'antique, et marquées au sceau du vrai génie. On en trouve un exemple dans le groupe de la *Vierge et de l'Enfant Jésus*, réduction en bronze du marbre de Michel-Ange qui fait partie de la riche collection léguée au Louvre par M. Thiers.

C'est surtout dans les sujets de petite dimension que les Florentins sont admirables, lorsque, guidés par le seul amour du beau et leur merveilleuse compréhension du style, ils créent des chefs-d'œuvre sans nombre en prenant pour motifs les scènes les plus simples. Telles cires perdues ont une perfection qui n'a été surpassée nulle part, si ce n'est chez les Orientaux ; telles figures ont un fini digne de l'orfèvrerie.

Mais le bronze ne se formule pas toujours en statuettes ou en bas-reliefs ; beaucoup d'artistes des xve et xvie siècles ne sont connus que par des œuvres minuscules. Dans les médaillons fondus en bronze et repris au burin avec la plus merveilleuse adresse, on retrouve non seulement les effigies intéressantes de toutes les célébrités contemporaines, mais encore l'expression de l'énergie surprenante des écoles nouvelles de l'Italie régénérée.

Un des plus anciens et des plus habiles médailleurs de ce temps, est le célèbre Pisanello (1439-1450), placé par ses contemporains au rang des plus illustres artistes de son siècle, et qui doit être rangé parmi les créateurs de génie qui ont posé les bornes du genre auquel ils ont donné naissance. Ses médaillons d'Arragon, roi de Naples, donnés par le regretté François Lenormant comme spécimens de la manière du maître, caractérisent parfaitement son genre de talent par la belle disposition de la tête dans le champ, l'imprévu, la grandeur et l'originalité du revers [1].

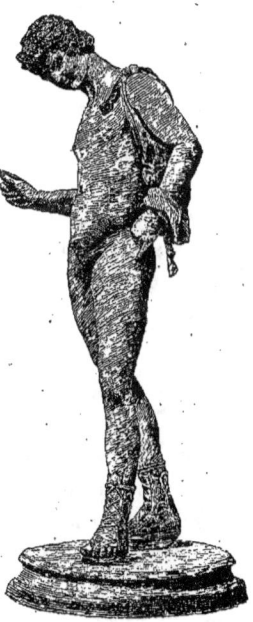

Fig. 12. Narcisse
(*Musée de Naples*).

Pisanello exécutait ses médailles en bronze et en plomb. Les amateurs du xve siècle recherchaient plus particulièrement ces dernières, auxquelles ils trouvaient plus de finesse. « Les contemporains, remarque M. Eugène Piot, paraissent avoir été très touchés par la vue de ces productions d'un art à la fois élevé et charmant. Nous pourrions citer trois ou quatre poèmes latins des plus célèbres humanistes du temps, Guarini, Basini, Porcelli, Strozzi, sans compter les prosateurs, écrits en l'honneur des portraits et des médailles de Pisanello. Par la facilité avec laquelle on pouvait les multiplier, celles-ci satisfaisaient, pour leur part, au besoin impérieux de savoir et de voir, au noble désir de gloire et de renommée qui est un des caractères de cette belle Renaissance italienne ».

Vers la fin du xve siècle, un artiste renommé de Milan, Ambrogio Foppa, dit Caradosso, se fit une grande réputation comme médailleur. On lui doit les médailles des derniers Sforza de Milan, et celles si connues des papes Alexandre VI et Jules II.

Un peu plus tard, Giovanni Gavino, surnommé le Padouan, rompit avec la tradition moderne et se borna à l'imitation de l'antique. Mais la place nous manque pour parler de tous les habiles artistes qui

---

1. Fr. Lenormant, *Monnaies et Médailles*.

suivirent ; on en trouvera la liste complète dans les belles et récentes études de M. Armand [1]. Qu'il nous suffise de citer les beaux ouvrages que les connaisseurs estiment et recherchent le plus, ceux de Giovanni, Maria Pomedello, de Leone Leoni, le sculpteur favori de Charles-Quint, de Jacopo Trezzo, de Benvenuto Cellini, etc.

« Le médaillon au xvie siècle en Italie, dit encore M. Eugène Piot, dont la connaissance de cette époque est si étendue et si sûre, était devenu une mode à laquelle nul ne se refusait, comme c'était la mode, au xviie siècle, de faire graver son portrait au burin. C'était aussi pour les artistes un moyen de se concilier la bienveillance des puissants personnages en position de faire exécuter de plus grands travaux, et je suis bien surpris que de nos jours nul n'ait suivi la même voie, tout en continuant la série des grands médaillons modernes, si brillamment inaugurée par David d'Angers il y a cinquante ans. Nous ne manquons pas de ministres qui seraient charmés d'entrer en aussi brillante compagnie, et si par hasard leur tête ne répondait pas toujours à l'idéal de l'artiste, il y a leurs femmes et leurs filles, en général, plus élégantes et plus belles.

« Aux époques de goût, la médaille n'appartient pas seulement aux grands hommes, c'est un objet d'art que tout le monde peut se permettre. Qui sait si un médaillon fait par un artiste distingué ne serait pas un chemin détourné pour arriver à cette perpétuité du souvenir dont le désir est au fond de chacun de nous? La galerie des belles italiennes du temps passé, dont les médaillons nous ont conservé le souvenir, est nombreuse, et nul n'y a contribué davantage que Pastorino de Sienne. Presque toutes ses médailles sont des portraits de femmes, qui forment la plus charmante collection de têtes, de coiffures et d'ajustements de corsages que l'on puisse voir. L'artiste se contentait de signer ses ouvrages de l'initiale P ; à laquelle il ajoutait souvent une date ; aussi est-il resté inconnu jusqu'à ces derniers temps. On oublie trop souvent, dans la grande histoire, les artistes qui mettent leur talent au service des mondanités de chaque jour, et l'on a tort. Ce sont les seuls qui donnent la véritable physionomie du temps où ils ont vécu. Un des meilleurs médaillons de Pastorino représente une dame de Ferrare, Geronima Sacrata, qui ne se distinguait probablement que par sa beauté. Mais la publicité s'en empare aujourd'hui, et chacun va la connaître. Sa mémoire aura trouvé un abri sous l'aile de l'artiste de talent qui nous a laissé son portrait.

---

1. *Les Médailleurs de la Renaissance.*

Les femmes devraient se rappeler plus souvent les vers du chantre d'Elvire ».

Mais laissons ces splendides spécimens de la sculpture italienne pour nous rapprocher des choses plus accessibles à nos goûts, plus applicables à nos mœurs, telles que ces candélabres fondus et ciselés sur les dessins de Raphaël et de Michel Ange [1], alors que l'Italie émerveillée, entrant dans la voie nouvelle qui devait montrer le bronze revêtu de toutes les élégances, lui donnait cette ornementation riche et puissante, où les plus gracieux enroulements, les épanouissements végétaux forment un encadrement naturel aux figures réelles ou chimériques qui décorent les torchères, les flambeaux, les chenets, tous les accessoires mobiliers enfin, qui se faisaient les rivaux des chefs-d'œuvre de l'art, groupes ou figures, dressés sur les meubles, enrichis eux-mêmes de sculptures fouillées dans la dernière perfection.

Nous avons parlé des chenets. Ces ustensiles, qui avaient fait place aux landiers du moyen âge et qui garnissaient les cheminées monumentales taillées dans la pierre ou le marbre, avaient conservé les proportions qui devaient les mettre en harmonie avec l'ensemble qu'ils complétaient. « Le plus souvent leur base à consoles et à volutes, ornée d'un mascaron, servait de piédestal à une statue de dimension moyenne, de grand style et d'une facture large et habile. C'était presque toujours à la mythologie que ces figures étaient empruntées ; Vénus, Mars, Apollon, Pluton, s'y rencontraient, et quelques-unes de ces figures séparées de leur base figurent aujourd'hui dans nos musées comme spécimens de la sculpture en bronze du xvie siècle ».[2]

Le bronze appliqué à l'ornementation mobilière prit chez nous, au xviie siècle, une importance capitale. A partir de cette époque, il concourt aux décorations somptueuses des palais et entre souvent en rivalité avec l'orfèvrerie monumentale alors en usage. Dès le règne de Louis XIV, les bronzes d'art se présentent en effet avec ce style quelque peu gourmé, mais plein de grandeur, dominé par les formes de l'architecture contemporaine, et par le génie de Le Brun. De là, cette abondance réfléchie, ces combinaisons ingénieuses qu'on retrouve dans les flambeaux, les candélabres, souvent armoriés, ainsi que dans les bas-reliefs en bronze doré, dont étaient garnis les meubles illustres de cette époque. Charles-André Boulle est le premier qui,

---

[1]. En quatre planches in-folio. Voir le *Catalogue des Livres de M. Guizot*, n° 31.
[2]. Albert Jacquemart, *Histoire du Mobilier.*

ait eu l'idée d'appliquer le bronze à la décoration intérieure, en le mariant sous des formes élégantes, avec le bois sculpté et les incrustations d'écaille et d'étain.

Une transformation absolue s'opère avec Louis XV et la Régence. Le mobilier intime voit commencer l'ère des chicorées et des rocailles, en même temps que la perfection de la ciselure. Parmi les promoteurs du genre il faut citer en première ligne Meissonnier, qui poussa le caprice jusqu'à l'exagération; Philippe Caffieri, qui imprima à ses bronzes d'ameublement un cachet de bon goût et de remarquable élégance; Cressent, rival parfois heureux de Caffieri, dont les bronzes sont également fort remarquables; Martincourt, et enfin Gallien, dont les contemporains appréciaient fort le mérite. « Il modela et exécuta pour le roi, dit M. Louis Courajod, différentes horloges de grand apparat et destinées à décorer certains appartements publics du palais de la couronne. C'est à lui que les intendants des menus commandèrent de dessiner, fondre et ciseler la superbe pendule de la cheminée du cabinet du Conseil, à Versailles, lors de la réfection de ce salon en 1756. Elle représentait la France gouvernée par la Sagesse et couronnée par la Victoire, qui accorde sa protection aux Arts. Elle fut payée 6,500 livres à son auteur. L'admiration qu'excita cet œuvre est constatée par le duc de Luynes dans ses mémoires ».

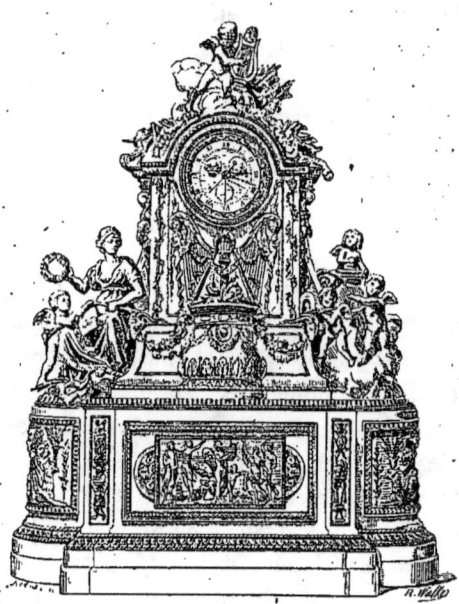

Fig. 13. Pendule en marbre blanc et bronze doré (époque Louis XVI).

Certes, dit avec raison Albert Jacquemart, on peut reprocher aux bronzes de la Régence et de Louis XV un caprice exagéré. L'abus des chicorées chantournées, des médaillons à collerettes frisées, des coquilles enroulées, s'y fait sentir; mais il y a dans les flambeaux et les candélabres, dans les bras porte-lumières, dans les chenets et

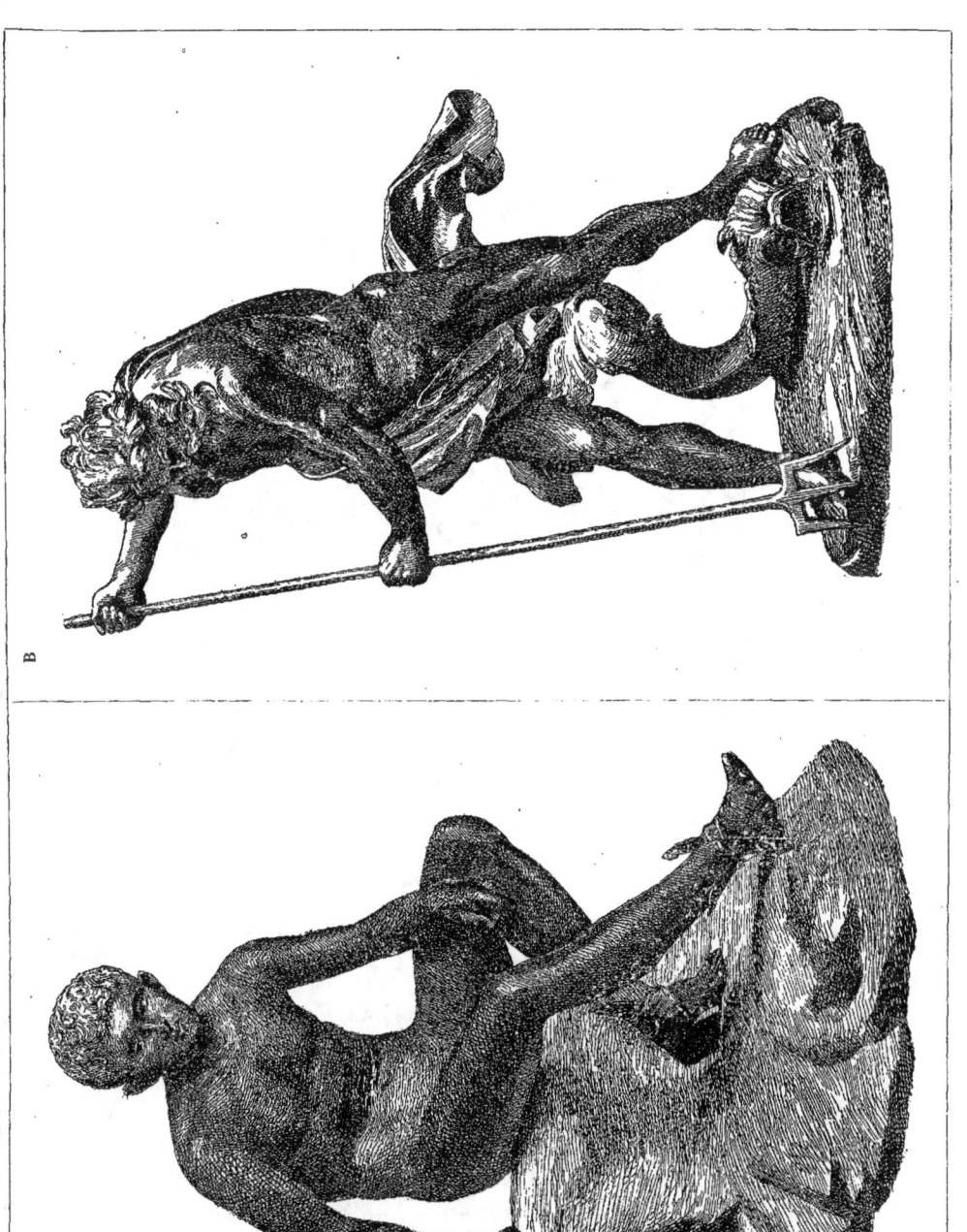

BRONZES D'ART ET D'AMEUBLEMENT.

garnitures de feu, un ensemble riche et des détails si heureusement traités et d'un caprice si spirituel, qu'on se sent subjugué. « Il arrive un moment d'ailleurs où tout cela se discipline et s'assagit ; déjà le rêve de l'*antique* tourmente Mme de Pompadour, et sous son impulsion apparaissent les premiers germes de la réforme qu'on va poursuivre sous Louis XVI ; le changement est assez notable pour qu'on cherche à le caractériser par un nom, et la favorite artiste a la pru-

Fig. 14. Face d'un bureau en bois d'ébène et bronze doré, exécuté par C. A. Boulle.

dence de choisir celui de *genre à la reine*. C'est là que se fait sentir l'influence de Martincourt et de son élève Gouthière, qui, demeurant en 1771, quai Pelletier, à la Boucle d'Or, prenait le titre de « ciseleur « et doreur du roy », sur une pendule de la collection de sir Richard Wallace ».

Ajoutons que son invention de la dorure au mat fit en Europe la fortune des bronzes français d'applique. Comme ciseleur, on l'a peut-être égalé, — car de nos jours, remarque M. Philippe Burty, il y a des artistes de la plus incroyable habileté — mais non comme inventeur de modèles et d'arrangements. Nous en donnons comme exemple un des plus brillants chefs-d'œuvre de Gouthière qui soit parvenu

L'ART INTIME. 5

intact jusqu'à nos jours. Il consiste en quatre immenses candélabres style Louis XVI, et une pendule merveilleuse, cadeau royal fait aux ancêtres du marquis de Pomereu, et qui décorent le salon de son hôtel, rue de Lille, à Paris.

Mais les bronzes Louis XVI, qui tiennent la place principale dans la production artistique de l'époque, ne se décrivent pas. Pardon ! M. Edmond de Goncourt va nous prouver le contraire. Sur les murs de peinture tissée de sa salle à manger, il ne souffre aucune décoration, si ce n'est « deux grands bras en bronze doré, mettant sur le panneau du fond leur riche serpentement contourné, et dressant leur feuillage de rocailles, d'où la bobèche sort et s'épanouit comme l'efflorescence vigoureuse jaillissant du resserrement et du nœud d'une branche. Un beau et libre travail de bronze doré, qui n'a dans sa perfection quoique ce soit du fini sec; du travail *perlé* moderne.

« Le merveilleux art industriel que l'art des Meissonnier, des Gouthière, et de tant de grands inconnus, pétrisseurs de bronze doré, fabricateurs de ces robustes et élégantes choses qui ont l'air de sculptures tournées dans un or malléable ! Quel assouplissement de la matière rebelle, et les habiles caresses des ciselets sur cette fonte qui perd sa rigidité et prend quelque chose de la mollesse de son modèle en cire ! Ces bronzes dorés, j'en possède quelques-uns qui sont de la large facture de Meissonnier, et de la facture précieuse des bronziers de la fin du siècle. J'ai dans mon antichambre, un portoir, un des plus purs spécimens de cette rocaille, au départ semblable au dos bombé et sinueux d'un coquillage, et qui se creuse, et se renfle, et ondule, et serpente, et se branche, et se termine en des tiges ornementales qui ont pour boutons de fleurs des perles si longues qu'on dirait les larmes de la sculpture. Et l'or de ce portoir, si tranquille et si reposé, en son éclat sourd, cet or qui a pour lui cette patine que le temps apporte aux vieux métaux ! »

Comme on le voit par cette magnifique description de styliste, jamais la grâce de la composition, la finesse de la ciselure et de la dorure n'ont été portées à un tel degré de perfection, et jamais on ne poussa le luxe des bronzes autant qu'à cette époque. La collection du duc d'Aumont ne contenait pas à elle seule moins de cinquante-et-une pièces importantes de la main du célèbre Gouthière, lequel mourut le 8 juin 1813, réclamant en vain au domaine le payement d'un mémoire de 756,000 livres que lui devait Mme Du Barry, pour les bronzes d'une richesse inouïe qu'elle avait commandés depuis la mort de Louis XV, sans se préoccuper de l'état de sa fortune [1].

N'oublions pas de mentionner la monture des fleurs en porcelaine, industrie toute spéciale née de l'invention de la porcelaine tendre française. « Ce goût désordonné (de la porcelaine) fit épanouir toute une flore. Des parterres entiers, avec toutes leurs variétés de plantes, sortirent des fours de Vincennes et vinrent s'animer dans la main d'habiles ouvriers qui forgèrent une végétation de bronze pour ces fleurs d'émail. Duvaux prit une part active à ce mouvement de la mode qui consistait à semer des bouquets de porcelaine sur les lustres, les bras, les girandoles, et à les introduire dans toutes les parties de l'ameublement. A voir les personnages qui lui faisaient monter des fleurs de Vincennes, et en examinant la description des pièces qu'il livrait, on peut affirmer que Duvaux était un des premiers parmi ceux qui fabriquaient ces branchages dorés d'or moulu ou *vernis au naturel*, ces plantes de cannetille, ces bouquets factices qui, pendant quelque temps, donnèrent aux appartements l'aspect de jardins ou de serres. Pour que l'illusion fût complète, rien ne manquait à ces bouquets, pas même le parfum qu'on savait leur communiquer artificiellement » [2].

Les bronzes d'art occupent aujourd'hui une large place dans l'ameublement. Delafontaine, qui travailla en 1790 dans l'atelier de David, et qui devint depuis ciseleur-doreur, rue de la Monnaie, où il vendait des médailles, notamment celle d'Andrieu sur le *Retour du Roi*, fut plus tard, pendant un temps, le seul bronzier qui produisît des œuvres d'art; c'est lui qui mit en évidence le *Danseur Napolitain* de Duret, lequel eut un succès de vogue. Mais, hâtons-nous de le dire, les sculpteurs de talent n'ont pas peu contribué à cette résurrection de la statuaire en métal. Pour ne pas les nommer tous, il suffira de citer *Une Heure de la Nuit*, d'après J. Pollet, le joli groupe de *Vénus coupant les ailes de l'Amour*, d'après Schœnwerck, et le *Combat du Lapithe et du Centaure*, par Barye. Élève de Bosio pour la sculpture, de Géricault pour la peinture, de Fauconnier pour la ciselure, Barye étudia non seulement l'anatomie humaine, mais encore, et d'une façon toute spéciale, l'anatomie des animaux. Les ours, les taureaux, les éléphants, les hippopotames et toutes les monstruosités de la zoologie, qu'un préjugé ignorant nous montrait comme difformes, ce Buffon

---

[1]. A. de Champeaux, *Les Meubles anciens à l'Union centrale*, Gazette des Beaux-Arts, nov. 1882.
[2]. L. Courajod, *Le Livre de Lazard Duvaux*.

de la sculpture les a poétisés, embellis, et son ébauchoir puissant leur a restitué cette majesté grandiose qui, loin de déplaire, émeut et fait songer aux forces imposantes de la nature.

Frappé de l'imperfection de la fonte au sable, procédé par lequel la

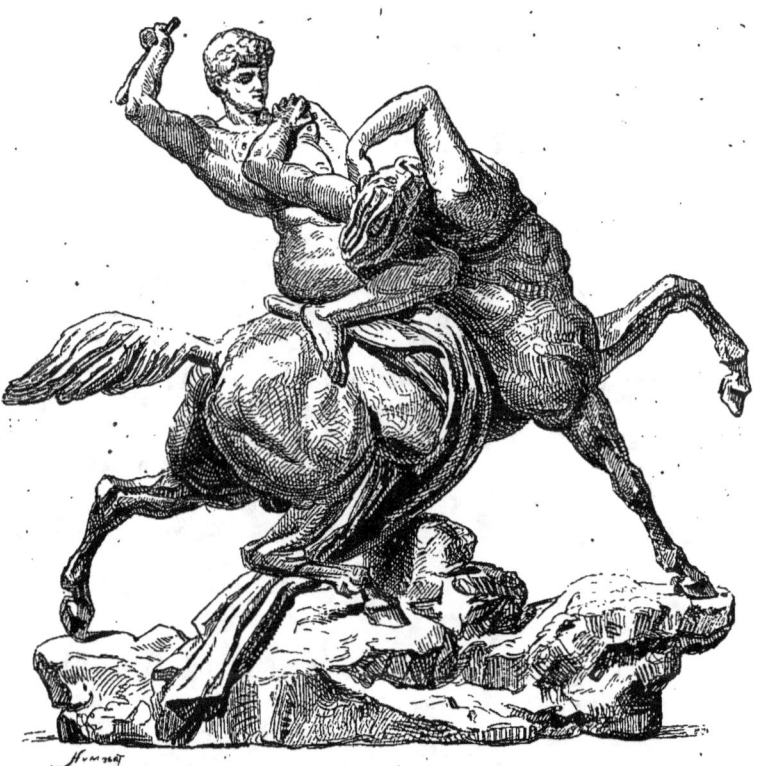

Fig. 15. Thésée combattant le centaure Biénor, bronze de Barye.

reproduction est presque toujours incomplète, rarement fidèle et d'une exactitude contestable dans les détails les plus délicats, — ce qui nécessite absolument un travail compliqué de ciselure,— Barye apprit bientôt par expérience que ce travail est un des fléaux de la statuaire en bronze. Sans être des ciseleurs hors de pair comme les Ladeuil, les Morel, les Attarge, les Vechte, les Fannière, il y a bien des ouvriers assez habiles, assez sensés, pour respecter le modèle qui leur est confié, assez adroits pour enlever les bavures du métal, sans enlever ce qui doit rester, assez familiers avec les lois du dessin pour comprendre où finit la forme vraie, où commence le caprice. Mais la plupart des ciseleurs préfèrent le maniement de l'outil au respect de la forme. Au lieu de chercher la précision, la pureté, la vérité, ils prodiguent les coups de lime et les coups de ciseau jusqu'à ce que les parties du modèle soient bien polies, bien lisses. Que la forme demeure ce qu'elle était, où qu'elle s'altère, peu leur importe, et l'engouement de la foule pour le bronze nettoyé se charge de les absoudre[1].

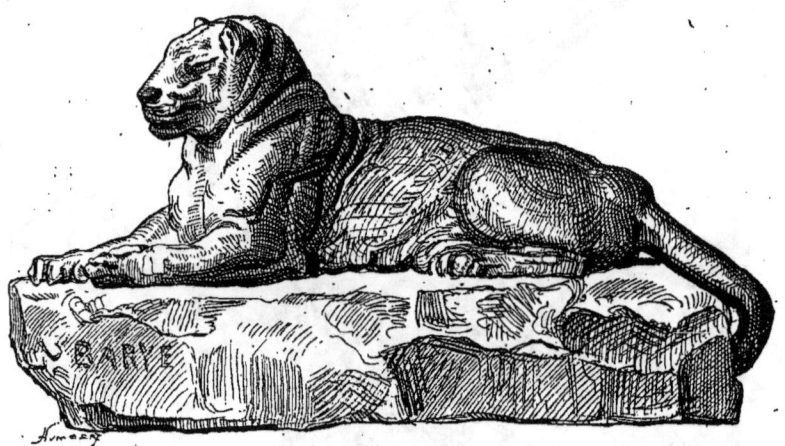

Fig. 16. LIONNE, bronze de Barye.

Pour toutes ces raisons, et aussi en vue d'intérêts matériels qu'il serait maladroit de négliger, Barye se décida à fondre lui-même et à ciseler ses œuvres, en un mot, à devenir fabricant, et, depuis lors, les bronzes de ce modeste et grand artiste, que ce soient des statuettes ou des animaux, prirent place dans toutes les collections d'art, comme des petits chefs-d'œuvre d'un genre absolument nouveau et qui seront un des honneurs du siècle.

Que l'antiquité réclame et obtienne souvent la priorité dans le domaine purement artistique, nul ne saurait le contester. Mais quand la science se mêle de la partie, l'époque moderne, aidée de ce puissant auxiliaire, arrive à des résultats tellement merveilleux, que l'imagination de nos pères, si multiple et si féconde, ne peut pas même revendiquer l'honneur de les avoir prévus. Cette remarque est applicable

---

1. Ch. Robin, *Histoire illustrée de l'Exposition de 1855*, chap. *Bronzes*.

surtout à la découverte de Collas et Sauvage, qui inventèrent, simultanément, il y a une quarantaine d'années, une machine susceptible de reproduire, avec une exactitude et une précision mathématiques, les chefs-d'œuvre de la statuaire et enseignèrent des procédés à l'aide desquels la réduction s'opérait mécaniquement à une échelle déterminée. C'est en recourant à la machine Collas, encore en usage aujourd'hui, que M. Barbedienne a pu se procurer et faire couler en bronze les réductions des principaux chefs-d'œuvre de l'antiquité, de la Renaissance et des temps modernes, dont on a pu constater l'éclatant succès. Telles sont : la *Vénus de Milo*, la *Porte du Baptistère de Florence*, de Ghiberti; le *Moïse* et le *Penseur* de Michel-Ange; le *François I*^{er}, d'après Clésinger.

Depuis cette époque, le vaillant initiateur de l'art du bronzier a encore élargi la donnée du beau, en s'appliquant à transformer le goût du public et en mettant à sa portée d'autres chefs-d'œuvre : les *Trois Grâces*, de Germain Pilon; le *Voltaire* et le *Rousseau*, de Houdon; la *Pénélope*, de Cavelier; les *Bergers d'Arcadie*, d'Aizelin; le *Chanteur florentin*, de Dubois, etc., etc. Le choix de ces sujets, leur variété, l'exactitude des réductions, la perfection et la légèreté des fontes, les soins apportés à la ciselure, puis, enfin, le bon goût de la plupart des compositions ornementales modernes, ont fait peu à peu pénétrer les bronzes d'art dans les habitudes domestiques. Si bien qu'aujourd'hui il est peu d'intérieurs, même modestes, où l'on ne trouve quelques bonnes réductions de l'antique. Une coupe, un animal de Barye, un chien de Mène, une élégante reproduction de Pradier, de Mercier, de Delaplanche, un médaillon de David d'Angers, quelque œuvre enfin faite avec de cette belle matière si fine, d'un ton si riche, et sur laquelle la lumière coule si bien.

On conçoit maintenant quel rôle important les bronzes d'art jouent dans la décoration intime. Certains amateurs, fortifiés par de bonnes études classiques et guidés par un goût très pur, ont la passion calme et sereine de l'antiquité. Mais ils savent que la sculpture romaine est carrée, puissante, philosophique, d'une lourdeur robuste, d'une ampleur pesante, même dans les choses de petite dimension, comme il convient à un peuple de licteurs, de tribuns et d'augures; qu'elle a on ne sait quel air guerrier et sacerdotal, et que jamais sa noblesse ne s'attendrit d'une grâce ni ne s'égaye d'un sourire. Ils savent que les fronts sont bas, les yeux fixes, les masques rudes, les attaches solides, empruntés à des muscles d'hercules ou d'athlètes; que les femmes elles-mêmes, pétrifiées dans l'immobilité d'une pose silencieuse, conservent de rigides attitudes de vestales ou de matrones retirées au plus profond de la maison, autour de l'autel consacré de la déesse ou à l'ombre mystérieuse des lares domestiques. Voilà pourquoi l'art grec surtout les attire et les séduit, car si les figurines en parfait état de conservation recueillies en Grèce, en Étrurie et en Asie Mineure sont rares, ils n'ignorent pas que posséder de pareilles œuvres, c'est respirer l'antiquité dans sa fleur! On s'explique alors que ces raffinés préfèrent, à la sévérité de l'art romain, la familiarité charmante de l'art grec, dans la contemplation duquel ils peuvent ennoblir et développer le sentiment d'élégance inné en eux. Ils étudient, non avec les textes, mais avec les yeux. Ils se vouent au culte de la forme et de l'adoration des lignes harmonieuses et de la beauté plastique. Contemporains de Périclès, devant leurs regards éblouis, Aphrodite a laissé tombé le voile de lin qui couvrait les splendeurs de son corps immortel, et la *Vénus de Milo* règne dans leur collection, parmi les dieux et les déesses, au milieu des adorables et sveltes créations d'un Olympe de bronze.

D'autres amateurs préfèrent les bronzes superbes de la Renaissance, de la Renaissance italienne notamment, dus aux restaurateurs d'un paganisme élégant, spirituel, précieux. Ceux-là recherchent les figurines et les médailles fondues à cire perdue, sur l'épiderme desquelles l'œil ravi aperçoit encore le *coup de pouce* à travers la patine merveilleuse qui les recouvre. Ces œuvres charmantes, ces fières effigies des sculpteurs et des médailleurs florentins, font du reste le plus bel effet dans une vitrine, alternant avec les cires coloriées, les miniatures à l'huile et les fins émaux de Limoges.

D'autres encore, bien qu'admirateurs des chefs-d'œuvre plastiques de l'antiquité et de la Renaissance, ont la passion des bronzes d'art appliqués à l'ornementation, soit du xvie siècle, soit des temps modernes. Et, dans le nombre on en trouve collectionnant qui des candélabres, des flambeaux et des chenets, qui des torchères, des girandoles et des lustres. C'est alors que l'amateur intelligent, amoureux des belles choses et du grand art décoratif des deux derniers siècles, c'est-à-dire de tout ce qui peut contribuer à la distinction, au bien-être et au charme de la vie, applique à son usage particulier les rares reliques du luxe élégant et spirituel de nos aïeux.

Les derniers amateurs enfin sont de leur temps et préfèrent le présent au passé. Ce qui leur plaît, ce sont les œuvres des artistes vivants coulées en beau bronze et possédant ce cachet de modernité qui leur va si bien. Ils savent d'ailleurs que le bronze est le métal d'art par excellence et que, sans valeur intrinsèque, il vaut surtout par l'empreinte de la main légère ou puissante qui l'a façonné. C'est en face des œuvres de leurs contemporains surtout qu'ils comprennent le génie heureux, fertile, prodigue, d'une fécondité inépuisable et toujours prête, d'une inspiration jaillissante et soudaine, de ce bel art français, dont la force élégante et la souriante jeunesse se trouvent à la fois traduites et fixées dans une matière incorruptible. Aussi est-ce pour eux que les sculpteurs composent leurs plus délicieux groupes et leurs plus charmantes statuettes, lesquelles peuvent être placées partout : il ne s'agit que de les bien choisir ; leur tournure spirituelle, la beauté hardie des draperies leur permettent d'affronter tous les voisinages. C'est le complément obligé de tout mobilier artistique.

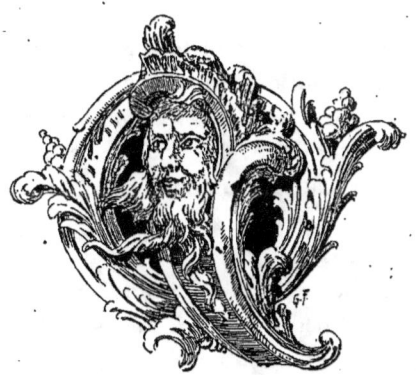

Fig. 17. Bronze époque Régence

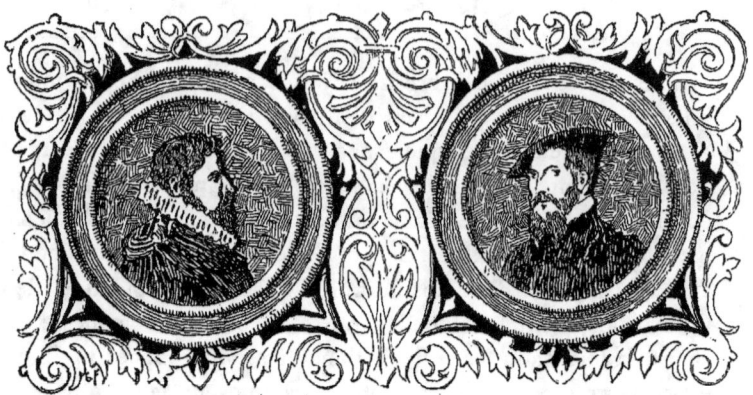

Fig. 18. Cires du xvie siècle *(Collection de M. Ed. Rouveyre)*.

IV.

LES CIRES, PORTRAITS ET MÉDAILLONS.

Comme l'a dit Paul de Saint-Victor, l'art de la sculpture en cire, qui tient de l'orfèvrerie et de la miniature, quand elle est traitée avec soin et délicatesse, est comme un diminutif de l'ancienne statuaire polychrôme.

Les Grecs, ces maîtres du goût, apprirent de bonne heure à tirer parti des qualités plastiques de la cire. La facilité avec laquelle cette matière souple reçoit les formes qu'on veut lui imprimer, la firent de bonne heure employer à une foule d'usages, entre autres à la fabrication de petits ouvrages de sculpture industrielle, car la céroplastique antique avait ses ouvriers célèbres comme la statuaire en marbre ou en métal. A cette époque où l'art s'épanouissait dans toute sa naïveté primitive, non seulement les modeleurs travaillaient pour les fondeurs en bronze, mais ils coulaient des statuettes de cire qui recevaient, dans leur fraîcheur, tout le velouté des couleurs naturelles. On imitait de cette manière les statues des dieux ; « mais c'est surtout à l'Amour, dit Edouard Fournier, qu'on élevait de pareilles images, comme si, par une allusion malicieuse à l'instabilité des passions déifiées en lui, on eût voulu que la fragile effigie devînt aussi plus digne du dieu fragile ».

C'est ce que semble avoir compris Anacréon, lorsque, dans une des odes attribuées au chantre de Théos, il parle d'une figurine représentant un Amour de cire. « Un jeune homme vendait un Amour de cire. Me trouvant près de lui : — Combien veux-tu, lui dis-je, de cette petite statuette ? » Il me répondit en dorien : « Donnez-m'en ce que vous voudrez. Je vous dirai sincèrement que je ne suis pas modeleur en cire ; mais je ne veux pas habiter davantage avec un Amour qui se plaît à tout consumer de ses feux. En ce cas, donne-moi pour une drachme, donne-moi cet hôte charmant. — Pour toi, ô Cupidon, enflamme soudain mon cœur ; sinon je te jette au feu et je te fais fondre toi-même ».

Quelques modeleurs jouirent d'une grande réputation à Rome. Tel fut, entre autres, cet habile Phrygien qui accompagnait toujours Verrès dans ses voyages, et dont c'était la spécialité de travailler la cire.

Les artistes de ce genre firent fortune avec l'empereur Héliogabale. D'après le récit qu'en a laissé l'historien Lampridius, ce mystificateur couronné éprouvait un malin plaisir à donner des repas où il faisait servir, imités en cire, les mets qu'il mangeait lui-même en réalité. Après chaque service, les convives étaient obligés, sous peine de mort, de faire bonne mine à ce mauvais jeu, de se laver les mains, suivant l'usage du temps où l'on mangeait tout avec ses doigts, et d'avaler un grand verre d'eau pour faciliter la digestion.

A l'époque de la Renaissance, les figures de cire devinrent des œuvres moins grossières, surtout à Florence, où la céroplastique eut sa plus grande importance. Les orfèvres italiens, qui modelaient en cire leurs ébauches, rivalisèrent dès lors avec les modeleurs proprement dits ; mais les uns et les autres furent bientôt surpassés par les statuaires tels qu'Andrea del Verrocchio, lequel se reposait de ses importants travaux de sculpture en modelant en cire des figures pour servir d'*ex-voto* dans les églises. Bien qu'il mît en œuvre des matériaux périssables, ce grand artiste n'épargnait ni son temps ni ses soins pour rendre ses figurines dignes du goût cultivé de l'époque, très curieuse de la recherche dans le travail. Il enseigna cette méthode à son ami Orsino, le célèbre modeleur en cire (1432-1488). Peut-être serait-on autorisé à reconnaître, comme un des ouvrages exécutés par Orsino le cirier, sous la direction de Verrocchio, l'admirable buste de jeune fille légué par le peintre Wicar au musée de Lille, et que l'on a longtemps attribué à Raphaël.

Par la suite, pour balancer le succès que les Allemands obtenaient avec les portraits-médaillons en bois, les modeleurs italiens appliquèrent la céroplastique à en produire en cires coloriées, petits chefs-d'œuvre d'imitation et de caractère qui égalent quelquefois les camées antiques, et sont recherchés, comme des joyaux d'art, par les amateurs.

Mais si les ciriers italiens ont excellé dans les portraits-médaillons, ils n'ont pas moins réussi à modeler de charmants petits tableaux de genre travaillés en haut relief, tels que la jolie cire du commencement du xvie siècle, appartenant à M. Spitzer, et offrant le portrait d'une noble dame vénitienne ou florentine vue à mi-corps et tourné vers la droite. La coiffure ainsi que le costume, qui laisse à découvert le bras et la poitrine, sont rehaussés de perles fines et de pierreries, absolument comme sur une cire analogue du Musée Sauvageot, au Louvre. On ignore le nom de cette patricienne; on ne connaît pas davantage le nom du modeleur. Peu importe! Ne suffit-il pas que l'arrangement harmonieux de l'ensemble, le ton frais et rosé des carnations, en fassent une œuvre exquise, pleine de naïveté et de charme?[1]

Voulant combattre la mode qui, patronnant cette nouvelle invention, commençait à délaisser les portraits-médaillons en bois, plusieurs artistes allemands s'empressèrent de suivre la route tracée par les Italiens. Mais tandis que les ciriers étrangers cherchaient à rivaliser entre eux, quelques modeleurs français excitaient l'admiration de leurs compatriotes, en introduisant chez nous la mode des portraits en cire coloriée. Déjà, vers 1582, le graveur en médailles Philippe Danfrye travaillait fort bien « d'après le vif en cire ». Son fils Philippe Danfrye le jeune devint aussi très habile en ce genre attrayant de plastique; il exécutait des portraits qui faisaient l'effet de peintures, et que les connaisseurs trouvaient excellents.

Selon la supposition de M. Jal, ce Philippe Danfrye pourrait être l'auteur d'un médaillon d'Anne de Montmorency que possède le Musée Sauvageot. « Le médaillon dont je parle reproduit en profil le buste de l'illustre maréchal Anne de Montmorency, qui fut tué à la bataille de Saint-Denis, en 1567, en combattant les huguenots. La tête, tournée à gauche, annonce la rudesse; les traits en sont forts; la chevelure en est courte et peu cachée par un béret noir. Son costume

---

[1] Spire Blondel, *Collection Spitzer, Les Cires*, dans la *Gazette des Beaux-Arts*, octobre 1881.

est simple et sans élégance, tel qu'il convient à un homme d'une austère gravité. L'ensemble de l'ouvrage est généralement un peu lourd; la couleur en est opaque; en un mot, c'est un morceau plus intéressant qu'agréable.

« Il n'en est pas de même de trois médaillons d'un travail italien que garde le Musée Sauvageot, entre autres médaillons de cire coloriée ; deux sont des portraits de femme et le troisième celui d'un sei-

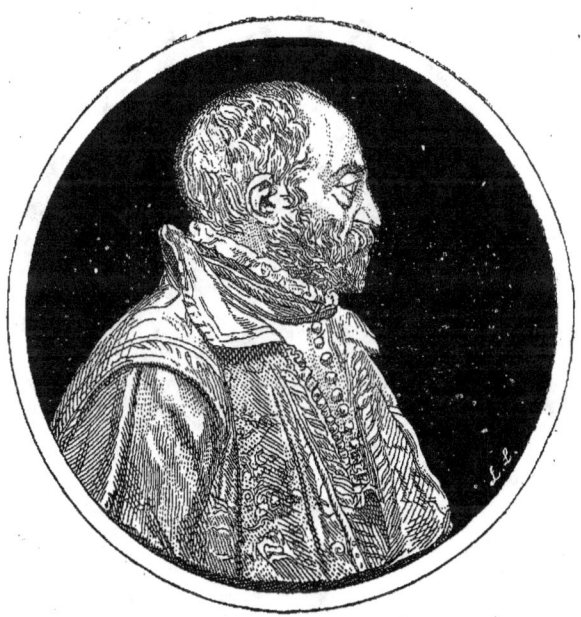

Fig. 19. PORTRAIT D'HOMME, cire du XVIe siècle.

gneur que l'on croit être un duc d'Urbin. Ceux-là sont d'un travail exquis et remarquables par le style, la grâce et la finesse. Celle des femmes qui est vêtue est surtout charmante ; l'autre qui montre une gorge abondante et de beaux bras, est belle aussi, mais un nez court et retroussé ôte à sa tête la distinction, un des caractères de la beauté de la première. Le ton général des carnations, chez les deux dames, est plutôt celui d'une cire blanche que le temps a jaunie que celui d'une cire dans laquelle fut jadis mêlée une couleur rosée. Celui de la tête du prétendu *Della Rovere* est bien autrement vrai; il admet des nuances qui lui prêtent un grand agrément. On peut dire de ce morceau qu'il est d'un peintre coloriste. Les vêtements des trois personnages dont il vient d'être ici question imitent le naturel et sont ornés d'or et de perles qui font comme les trompe-l'œil de ces trois exemples de la peinture et du modelage en cire au xvie siècle.

« Le Musée Sauvageot a quelques médaillons de cire blanche que leur matière pourrait faire ranger parmi les ouvrages de cérographie ; mais comme ce genre de travail était commun à tous les graveurs en médailles, ce n'est probablement pas à des ouvrages de cette espèce

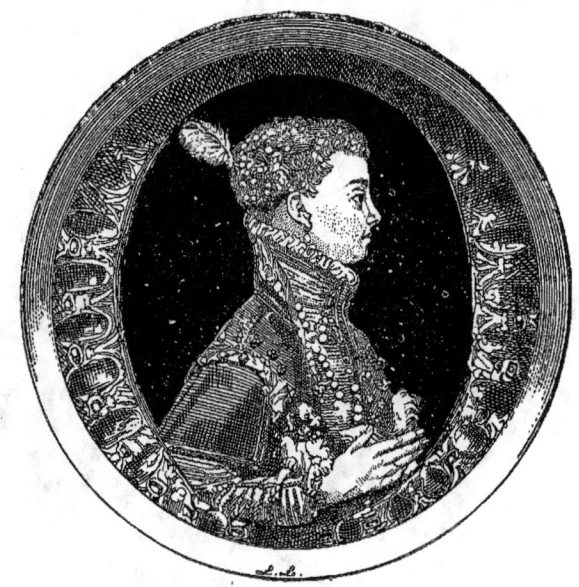

Fig. 20. Olympe de Clèves, cire du xvie siècle.

que les lettres patentes d'Henri IV en faveur de Philippe Danfrye font allusion, et je persiste à penser qu'il s'agit de figures faites en cire coloriée, au moyen de l'ébauchoir, sur des morceaux d'ardoise, de cuir ou de carton. Comment et par quel mérite particulier les œuvres de Philippe Danfrye se rendirent-elles dignes qu'on les honorât du titre de « belles inventions ? » Imagina-t-il d'appliquer les couleurs sur la cire blanche, et remplaça-t-il le modelage fait avec des pâtes coloriées par une enluminure plus ou moins habilement imposée à la cire blanche pétrie par l'ébauchoir ? Il y a des médaillons faits dans ce dernier système et forts inférieurs, assurément, aux autres ; M. Sauvageot m'en montra quelques-uns qui, mis à côté de ceux dont la matière est la cire fondue saturée de couleurs, rappellent les visages de certaines femmes de ce temps-ci, couverts de farine de riz et rehaussés de noir, de rouge et de bleu, et par là ressemblent à des masques affreux, quand ils se trouvent à côté de figures de jeunes filles fraîches, blanches et roses, qui n'ont que le fard de leurs dix-huit ans »[1].

Quoi qu'il en soit, les successeurs des Danfrye, sous Louis XIII, paraissent avoir été des céroplastes italiens. A défaut d'autres ouvrages, l'*Abecedario* de Mariette suffirait seul à le prouver, par les renseignements précieux qu'il donne sur le Napolitain Bernardino Azzolini, devenu presque célèbre au xviie siècle. Le *Journal* de Jean Hérouard, médecin ordinaire de Louis XIII, cite également un certain Jean Paulo ou Paolo, modelant, en août 1604, le portrait en cire du petit Dauphin accompagné de sa nourrice, et, détail curieux, on assiste au début de Louis XIII dans la carrière des arts, puisque, dès l'année suivante, Hérouard nous le montre s'amusant « à travailler la cire », comme il l'avait vu faire à Paolo.

Le musée de Cluny possède une série de médaillons en cire coloriée, avec boîtes en cuir gaufré, décorées d'ornements au petit fer, qui sont intéressants surtout pour l'iconographie des xve et xvie siècles. Les principaux offrent les portraits de Louis XII, de François Ier, de Charles-Quint, de Charles IX, d'Henri III, du duc de Guise, de Clément Marot, de Catherine de Médicis et de la célèbre Marguerite, reine de Navarre. Ce dernier médaillon, mieux conservé que les autres, est d'une vérité charmante d'expression.

On voyait également autrefois chez M. de Nieuwerkerke, parmi les nombreux objets d'art exposés dans le salon de la surintendance, de charmantes effigies de grandes dames et de gentilshommes du xvie et du xviie siècle, façonnées avec des cires coloriées ; mais les auteurs de ces fins ouvrages sont restés inconnus. Dans quelques-uns de ces portraits, dont la totalité appartient aujourd'hui à sir Richard Wallace, la cire brune ou blonde demeure monochrome ; dans les autres, comme dans ceux du temps des Valois que possédait M. Thiers, elle se colore de tons différents et s'enrichit de perles, de paillettes et de verroteries.

Telle est encore le haut relief en cire coloriée, de 0m,40 de longueur sur 0m,30 de largeur, du Musée Correr, à Venise, et représentant une *Bataille de cavaliers romains*. Les combattants, qui brandissent des armes d'acier, portent des vêtements adroitement recouverts de

[1]. A. Jal, *Dictionnaire de Biographie et d'Histoire*.

plaques d'or et d'argent. L'encadrement de ce chef-d'œuvre de patience et d'habileté, dont le style rappelle celui de la seconde moitié du xvie siècle, est pareillement en cire et orné d'une quantité de feuilles d'argent doré. Malheureusement cette réalité fausse, matérielle, brutale, développée par les modeleurs allemands et suisses et où le clinquant joue le principal rôle, nuit essentiellement au caractère épuré de l'art. L'œil est plus surpris que charmé par ces portraits qui ont des cheveux véritables, des perles fines aux oreilles ; etc., etc. L'art n'est pas une copie, mais une interprétation.

Aux artistes de la Renaissance succédèrent, du xviie au xviiie siècle, plusieurs modeleurs de talent, parmi lesquels on remarque le peintre académicien Antoine Benoist (1632-1717) ; Chevalier, célèbre ivoirier français (1690) : Anne-Maria Pfründ, née à Lyon (1642-1712) ; Neuberger, d'Augsbourg, bien connu par ses batailles et ses scènes historiques (1760) ; Gutieurez de Torices, de Madrid (mort en 1709), lequel modelait indistinctement des figures, des fruits, des reliquaires, etc. ; A. Hubert, né en 1763 ; Krafft (né en 1738), qui travailla à Vienne, puis à Munich ; Michel Trautmann, né à Bamberg en 1742, céroplasticien du premier évêque de cette ville, en 1778 ; Frédéric-Guillaume Dubut, vers 1740, etc., etc.

Antoine Benoist, bien connu aujourd'hui, fut un artiste qu'un ouvrage de lui, conservé à Versailles dans la chambre à coucher du roi, recommande au souvenir des amateurs ; il s'agit d'un très curieux et très remarquable médaillon en cire coloriée, représentant de profil, au naturel, on peut le dire, et certainement d'après le vif, Louis XIV à l'âge de soixante ans environ. Une sorte d'habit accompagne ce portrait en cire, dont la précision du modelé, la vérité du coloris, l'ardeur de l'œil qui est en émail, l'expression haute et saisissante, ont quelque chose d'une apparition. « Qui n'a point vu cette effigie, dit à ce sujet, Feuillet de Conches, ne connaît qu'imparfaitement le grand roi, ce Jupiter Olympien dont la vaste perruque achève l'imposante grandeur. Le monarque n'est plus à l'âge des perruques d'or et des fêtes théâtrales, où les maîtresses étaient un des luxes du trône. Il n'a plus sur la lèvre cette légère moustache qu'il avait portée depuis sa jeunesse jusqu'en 1700. Il a dépassé sa soixantième année, et, incliné sous les reliques, près de la robe austère de la veuve Scarron, atteint de cet immense ennui qui dévore un jour tout ce qui a été grand sur la terre, il pleure de vieillir et redemande ses légions à Varus. Mais, à l'air de sa grande figure qui se relève encore, on voit qu'il s'est senti comme

Vespasien, devenir dieu. Cette portraiture, prodigieuse d'effet et en quelque sorte palpitante, un des rares monuments restés aujourd'hui de cet art fragile des xvie, xviie et xviiie siècles, provient du cabinet du comte de Maurepas et rappelle les effigies d'ancêtres modelées en cire chez les anciens romains » [1].

M. Eudore Soulié, conservateur du Musée de Versailles, a fait également de ce portrait une notice spéciale. « Rien ne peut, dit-il, donner une idée de l'effet saisissant, de l'illusion extraordinaire que produit cette image presque vivante du grand roi... On y distingue les traces très visibles de la petite vérole, détail qui n'existe sur aucune des effigies peintes, sculptées ou gravées... De tous les portraits de Louis XIV qui nous restent, celui de Benoist devra être désormais consulté avant tout autre ».

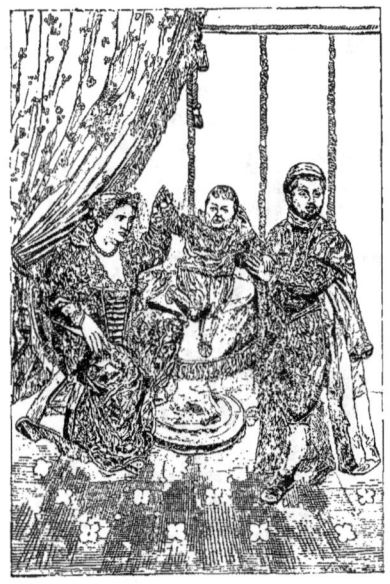

Fig. 21. FAMILLE VÉNITIENNE, cire du xvie siècle
(Collection Spitzer).

De 1660 à 1704, Benoist exécuta sept médaillons de Louis XIV, pour lesquels, « par une bonté particulière », dit le *Mercure-galant*, « le roi a bien voulu lui accorder tout le temps qui lui a esté nécessaire. On y voit un air vif et naturel auquel il ne manque que le mouvement pour faire croire que c'est quelque chose de plus qu'un portrait ».

C'est dans ce sens que Mme de Sévigné écrivait à sa fille, dans une lettre datée du 8 avril 1671 :

« Adieu, ma très aimable enfant ; je ne pense qu'à vous. Si par un miracle que je n'espère ni ne veux, vous étiez hors de ma pensée, il me semble que je serois vide de tout, comme une figure de Benoist ».

On lit dans le *Livre des Peintres et des Graveurs*, par l'abbé de Marolles :

---

1. Feuillet de Conches, *Causeries d'un Curieux*.

L'ART INTIME. *Planche IV.*

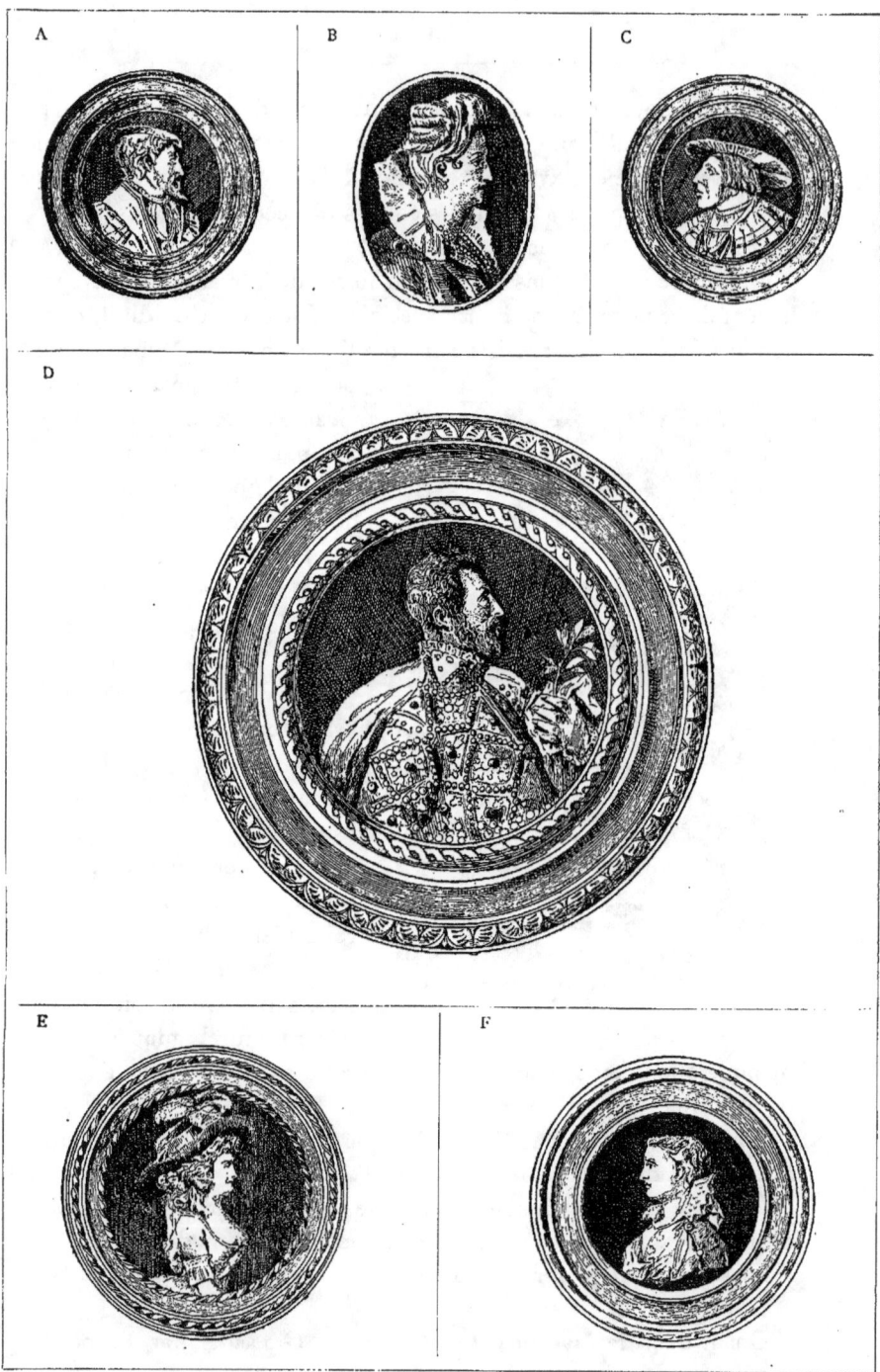

LES CIRES.

C'est Antoine Benoist, de Joigny, de Bourgogne,
Qui fait toute la cour si bien au naturel
Avecque de la cire où se joint la pastel,
Que de la vérité l'âme seule s'éloigne.

Benoist modela effectivement plusieurs portraits de grandes dames et de hauts personnages de la cour, entre autres, le buste de la duchesse de Noailles (1703), qui lui fut payé cent vingt livres, et l'année suivante, celui de la duchesse de Bourgogne. L'ambassadeur Nadji-Mustapha-Aga, envoyé du bey de Tripoli, en 1704, dit, en voyant ce médaillon, qu'il ne lui manquait que la parole ; que cette figure demanderait à Benoist une âme au jour du jugement, et que ne pouvant la lui donner, il serait aussitôt précipité dans l'abîme, par un juste jugement de Dieu, qui lui reprocherait son impudence d'avoir, par son habileté et son art, approché de si près l'œuvre de Dieu dans sa créature, et de l'avoir voulu contrefaire sans lui pouvoir donner une âme.

La vogue des portraits en cire, venue au xvi° siècle d'Italie en France et en Allemagne, puis introduite au xvii° siècle en Angleterre, passa de là en Pologne et en Russie, grâce à un artiste

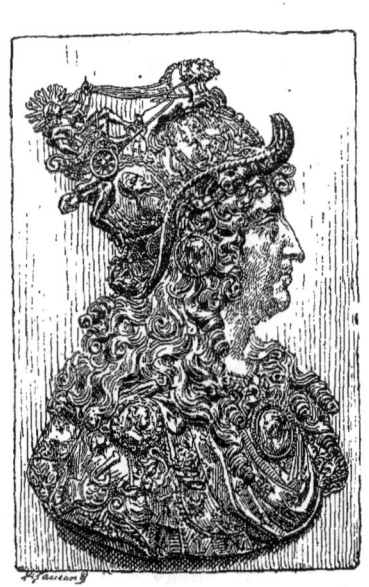

Fig. 22.
Cire xvii° siècle (Louis XIV)

bavarois qui s'était acquis une grande réputation par ses travaux céroplastiques. Le sculpteur et graveur en médailles Frédéric-Guillaume Dubut, né à Munich et mort à Dantzig, « travailla aussi en cire », dit Nagler, « et fit dans ce genre des figures et des reliefs qui, dans ce temps-là, jouissaient d'une grande estime ». Dubut exécuta un buste de Stanislas de Pologne, en cire coloriée, et une foule de médaillons pour la cour de Russie : ceux de Pierre-le-Grand, de Catherine, de sa fille Elisabeth, de Pierre Schouwaloff, etc. Il fit aussi de remarquables médaillons en cire des principaux personnages des cours de Dresde et Munich.

En résumé, l'examen des différentes cires que nous venons de décrire ou de citer, nous amène aux conclusions suivantes : l'art de la céroplastique polychrome comprend trois écoles principales, l'école italienne, l'école française, l'école allemande. L'école italienne, la première dans les arts qui touchent à la peinture, a encore ici la suprématie. La recherche constante du beau, la grâce naïve des personnages qu'elle met en scène, le charme et la plénitude de ses conceptions, où l'exquise pureté de la forme rivalise avec la touche moelleuse d'un modelé digne de l'antique, sont les qualités hors ligne qui la distinguent. L'école française a moins de perfection, mais plus de souplesse ; son style élégant et gracieux est clair et vif comme son langage, et l'ébauchoir acquiert entre les mains de ses artistes une légèreté qu'eux seuls possèdent. Quant à l'école d'outre-Rhin, plus primesautière, plus savante et non moins habile, elle se complaît dans la difficulté vaincue, dans une trop grande recherche des détails, mais cette particularité ne nuit point chez elle à la sérénité de l'expression quand son style hardi, qui ne manque d'originalité ni de grandeur, se ressent de l'influence des grands maîtres, notamment d'Holbein et d'Abrecht Dürer.

Comme on le voit, chacune de ces écoles brille par des qualités diverses qui leur sont propres.

Mais revenons en France, où nous attendent des œuvres plus considérables.

Les mémoires de Bachaumont parlent, sous la rubrique du 8 décembre 1773, d'une figure de Henri IV, extrêmement curieuse par la vérité de la ressemblance. « Elle est en pied dans les mêmes proportions qu'avait la personne de ce grand roi. La matière dont elle est combinée a permis d'en conserver le coloris et toutes les formes. Les cils, les sourcils, les cheveux, la barbe sont naturels, et enracinés. On a eu soin d'habiller ce prince de vêtements pareils à ceux qu'il avait de son vivant. En un mot, à l'âme près, c'est Henri IV tel qu'on le voyait de son vivant ».

D'un autre côté, M. le duc d'Aumale possède un buste également de Henri IV, autrefois précieusement conservé par le prince de Condé. Transféré en Angleterre en 1848, il fit partie des collections de Twickenham jusqu'à l'époque de son retour à Chantilly. Ce portrait représente le célèbre monarque costumé à l'antique. On en loue beaucoup l'exécution et surtout l'expression si personnelle. Malheureusement la date de cette œuvre est inconnue. L'opinion des anciens possesseurs était que le moulage avait été pris sur la tête même du roi, après sa mort; mais le buste et sa décoration sont d'un autre temps que la tête et paraissent dater du xviii° siècle.

Il n'en est pas de même d'un autre buste d'Henri IV, provenant du musée de Genève, et acquis à Lausanne par M. Beurdeley père, après la guerre de 1870. Suivant la tradition, le roi de France aurait envoyé ce beau buste à la République helvétique, en reconnaissance de services rendus. On sait en effet, que vers 1594, la Suisse fournit des subsides au roi Henri.

Quoi qu'il en soit, le caractère et le style de ce buste, admirablement modelé et d'une parfaite conservation, l'ont fait attribuer à Guillaume Dupré, auteur de plusieurs cires et de médailles commémoratives. Contrairement au buste de M. le duc d'Aumale, il représente Henri IV jeune encore, avec toute sa barbe naturellement frisée et d'un beau noir. On sent que la ressemblance devait être parfaite. Son air souriant, quelque peu empreint de malice gauloise, donne à sa physionomie franche et ouverte cette expression de joyeuse humeur qui était le caractère particulier du roi *vert-galant*. Enfin il est revêtu d'une épaisse cuirasse, peut-être celle que, selon le poète Du Bartas, il portait à la bataille d'Ivry :

> Il s'arme tout à cru, et le fer seulement
> De sa forte valeur est le riche ornement.

Aujourd'hui les ouvrages d'art en cire monochrome sont devenus une spécialité dans laquelle plusieurs artistes déploient une habileté vraiment merveilleuse. Mais ces précieux travaux, pour la plupart, n'attendent que le moment d'être exécutés en métal, argent ou bronze, tandis que les portraits polychromes, faits pour être conservés tels quels, n'offrent pas la même garantie de durée et sont pour ainsi dire complètement délaissés. Un artiste de talent, M. Henry Cros, a cependant essayé de réagir contre cette indifférence en signant des œuvres exquises, telles que le portrait de Mlle Madeleine Burty. C'est au salon de 1870 que M. Henry Cros débuta dans la céroplastique polychrome, par le portrait, de grandeur naturelle, de Mme Fanny Prunaire. Les années suivantes, de 1872 à 1874, il exposait le médaillon de Mlle Jeannine Dumas, ainsi que deux bas-reliefs en cire fort remarquables, le *Prix du tournoi* et la *Promenade*, œuvres pleines de sentiment et de charme, qui révélèrent chez leur auteur une connaissance approfondie du moyen âge. Enfin, un joli buste en cire d'*Isabeau de Bavière*, exposé en 1875, lui valut des éloges mérités, et le public vit avec plaisir cette résurrection d'un art si justement goûté de nos ancêtres.

Depuis cette époque, plusieurs artistes et amateurs de talent ont suivi avec succès M. Henry Cros dans la voie nouvelle si brillamment inaugurée par lui. Nous citerons en première ligne le statuaire Marcello (Mme de Castiglione, morte il y a quelques années). Mme Charcot, femme du célèbre docteur, modèle également en cire agréablement, ainsi que sa fille Mme de Liouville, femme du député de la Meurthe. Mme Charcot possède aussi une remarquable collection de cires anciennes et modernes, entre autres une cire réellement exquise, une *Marie de Médicis*, par Mme la princesse de Chimay-Caraman.

Si nous insistons autant sur cette branche de l'art intime, c'est que les personnages représentés, héros illustres ou beautés sans rivales, forment pour ainsi dire le panthéon de la grâce, de l'esprit et du goût français; c'est qu'ils offrent un intérêt véritable au point de vue de l'iconographie et sont une ressource charmante pour l'ornementation des vitrines élégantes.

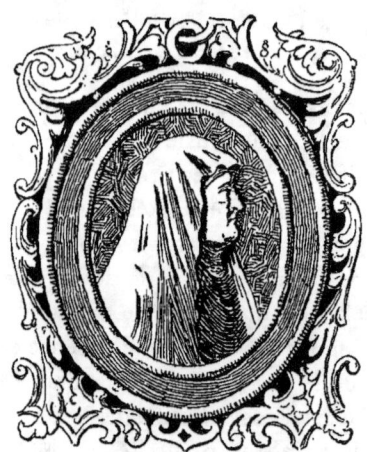

Fig. 23. Cire xviie siècle.

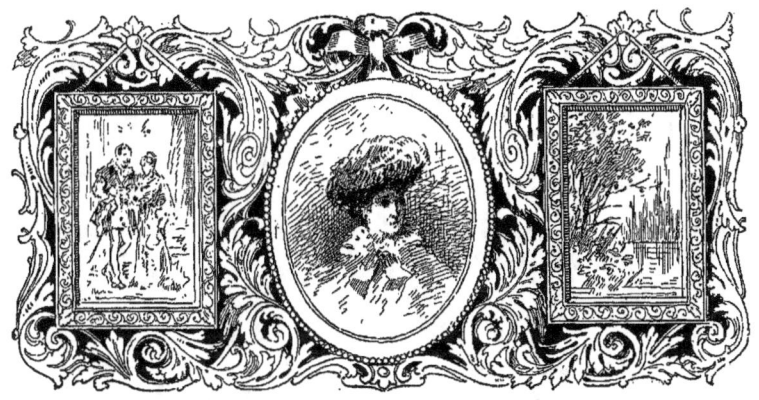

Fig. 24. Peinture de genre, Portrait et Paysage.

V.

LES PORTRAITS — LES PAYSAGES — LES TABLEAUX DE GENRE.

D'AUTRES l'ont dit avant nous : si l'art est le tableau de la vie, rien n'y peut être plus intéressant que la figure humaine, puisque l'homme est la plus vivante des créatures. D'un autre côté, si les ouvrages de l'art doivent être mesurés au degré d'esprit que ces ouvrages demandent, la perfection du portrait est le dernier mot de la peinture.

En effet, rendre l'expression de la vie, de la vie intelligente, est-il rien de plus difficile ? Le portrait peut donc être considéré comme une des plus hautes branches de l'art, et il n'est pour y exceller que les artistes d'élite, qui y ont trouvé d'impérissables titres de gloire, témoins Rembrandt, Raphaël, Van Dyck, Rubens. Cela explique pourquoi les gens de goût se plaisent à former des cabinets composés uniquement de portraits, où l'Art ancien et l'Art moderne donnent la main à l'Histoire, et où il suffit de quelques instants à chacun pour évoquer les siècles écoulés, et vivre en compagnie d'une foule de personnages illustres dont la grande ombre plane encore sur nous.

Que de figures curieuses se trouvent ainsi réunies dans ces admirables collections ! Mais pénétrons un moment dans les demeures artistiques des principaux amateurs qui, en 1878, ont contribué à la formation, au Trocadéro, des magnifiques galeries des portraits nationaux[1].

« La fin du xvie siècle y apparaît avec Henri IV, sous la physionomie du vrai gentilhomme campagnard, avec Sully, son ministre austère et froid, avec la trop séduisante Gabrielle d'Estrées, la seule femme qu'il eût vraiment aimée.

« Puis on voit Louis XIII, le roi maladif, avec sa figure longue, son teint terreux, ses moustaches noires, son aspect général de tristesse incurable, tel enfin que l'a représenté à Fontainebleau Philippe de Champagne.

« Et quel contraste saisissant produit, à côté de Louis XIII, la haute stature, les traits énergiques et secs du cardinal de Richelieu, ses yeux profonds, nets, fermes et lumineux, qui ont si bien inspiré le même Philippe de Champagne dans son portrait de la collection de M. le duc d'Aumale.

« La souplesse de Mazarin sert de transition entre la faiblesse de Louis XIII et la force de Louis XIV. Alors nous entrons en plein xviie siècle, et autour du Roi Soleil, tout imprégné d'une auguste majesté, brille la pléiade des grands hommes en tous genres qui ont illustré son règne : l'intrépide Condé, étincelant de fougue et de jeunesse, le vigilant Turenne, au visage un peu fort, bourgeois, mais ferme de résolution, Molière au regard plein de vie, en même temps que de bonté, de loyauté, d'honneur, La Fontaine, La Bruyère, Racine, Fénélon, Bossuet et tous les autres enfin !

« Tandis que Mlle de Hautefort, l'Aurore, comme l'appelaient ses compagnes, se tient près de Louis XIII, et essaye d'attirer sur ses beaux cheveux dorés et comme illuminés par le reflet des vitraux, l'attention trop souvent distraite du monarque, Mme de Montespan, la belle poitevine, étale en toute sécurité auprès de Louis XIV, son maître et son esclave, les charmes consacrés de sa plénitude opulente.

« Puis toutes les ravissantes femmes du temps, pour lesquelles le grand roi eut quelques bontés, défilent devant nos yeux éblouis dans tout l'éclat de leur luxe et de leurs attraits : La Vallière, si douce, si aimante ; Fontanges, si jolie, un peu sotte, avec son minois triste d'enfant boudeur ; et sur le dernier plan, là-bas, en arrière, Mme de

---

1. Voir la *Notice des portraits nationaux au palais du Trocadéro*, par M. Henri Jouin. Paris, Imprimerie nationale, 1879.

Maintenon, la prude coquette, qui dissimule à Versailles sous des dentelles noires ses quarante-sept printemps.

« Avec quel plaisir encore ne contemplons-nous pas l'aimable visage de la jeune duchesse de Bourgogne, cette petite princesse de Savoie, qui menait Marly et Versailles par son entrain et sa gaieté !

« Après les enfants gâtés de la Cour, viennent les enfants gâtés de l'armée, ayant à leur tête le maréchal de Villars, avec sa physionomie ouverte, son allure vive, et Vendôme, l'air jovial, le masque bouffi, la carrure épaisse, monté sur son bon gros cheval noir, comme dans le portrait équestre du château d'Eu, vrai type du général bon enfant, qui conduit gaiement ses soldats à la victoire. Tout près, pour accentuer l'opposition, se place Villeroy, le héros des salons, le charmant, l'élégant, l'irrésistible Villeroy, se consolant par ses succès auprès des dames des échecs nombreux qu'il subissait à la guerre.

« Et quand ayant vu s'éloigner les dernières silhouettes du siècle de Louis XIV, on aborde les folies de la Régence et le règne efféminé de Louis XV, quelle abondante moisson il est facile de faire parmi les curieuses figures de cette époque ! Entre Mmes de Sabran et de Parabère on n'a qu'à mettre le duc d'Orléans. Laquelle savait mieux lui plaire ? a dit le poète :

> Entre Sabran et Parabère,
> Le régent même, après souper,
> Chavirait jusqu'à s'y tromper.

« Mme de Prie tient compagnie au duc de Bourbon. La gracieuse Pompadour, ce morceau de roi, la rondelette Du Barry, la triste et résignée Marie Leczinska ont chacune, à des titres différents, leur place marquée dans ce défilé des femmes célèbres du xviiie siècle. Et combien d'autres trésors on peut aisément dérober à la collection des Boucher, des Watteau, des Vanloo, etc.

« Et pendant que d'un côté Louis XV, l'homme le plus ennuyé de France, se montre au milieu de ses nombreuses maîtresses, à qui était échue la mission difficile de combler le vide d'un cœur flétri et usé, de l'autre, on assiste à la personnification du grand courant d'idées qui prépare le xixe siècle ; on voit, parmi les littérateurs, Voltaire, parmi les philosophes, Rousseau. Quesnay représente les économistes, Choiseul les diplomates. Les hommes de guerre se groupent autour de Maurice de Saxe, véritable personnage homérique.

« Puis, suivant toujours la chaîne variée des temps, le regard s'arrête mélancoliquement sur l'infortuné Louis XVI, sur Marie-Antoinette, l'adorable souveraine dont la physionomie douce et charmante, les grands yeux bleus, dans leur exquise beauté, révélaient la femme sous la reine, la tendresse du cœur sous la majesté du sort : figure éminemment sympathique et touchante par le souvenir plein de douleur d'une triste et lugubre destinée » [1].

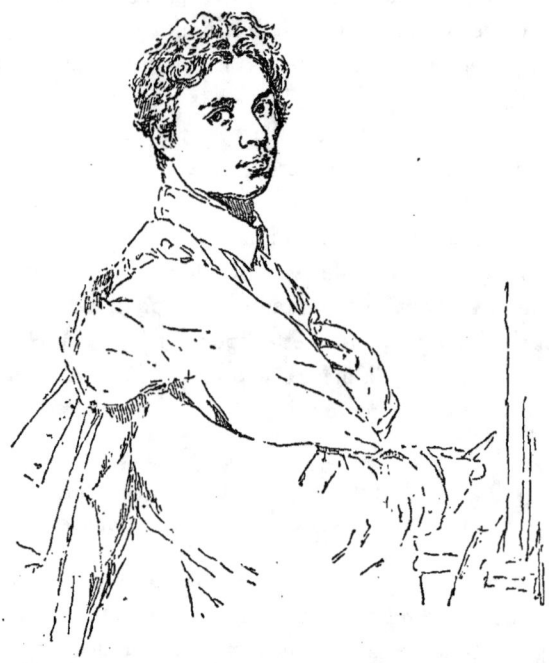

Fig. 25. PORTRAIT D'INGRES, par lui-même (Rome, 1804).
(Croquis de M. F. Gaillard, d'après le tableau de la *Galerie de Chantilly*).

Comme on le voit par cette description, la France a toujours eu de bons peintres de portraits, et ne semble pas prête à déchoir. La froide école du premier Empire a produit elle-même d'excellents portraits, à commencer par celui de Pie VII, par David. Il existait autrefois, dans la collection Boitelle, vendue en 1866, un portrait du même maître, celui de Mme de Montgiraud, fille du peintre Ducreux, qui passe également pour un des chefs-d'œuvre de David. « Mme de Montgiraud, les cheveux poudrés, en jupe de satin blanc et

---

1. Georges Dufour, *Voyage autour du monde artistique.* — *L'Art contemporain, Champ de Mars, Palais de l'Industrie, Trocadéro*, 1879.

en pardessus de soie jaune, est assise à son piano, les mains sur le clavier, la tête tournée vers le spectateur, avec ce vague regard qui commande le silence et sollicite l'attention. L'exécution de ce beau portrait est libre, souple, spirituelle; le coloris a de l'harmonie et de la chaleur. On voit que la préoccupation des statues et des bas-reliefs n'a pas raidi les lignes et figé les tons sous le pinceau de l'artiste. Dans ce morceau, il appartient encore à l'art charmant du xviiie siècle.

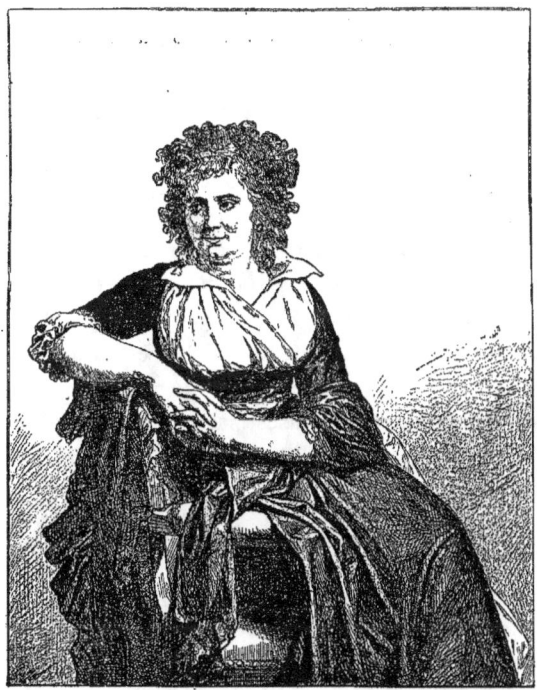

Fig. 26. Portrait de Madame d'Orvilliers, par David.
(Collection de M. de Turenne.)

Nous ne disons pas cela pour diminuer en rien ce sincère novateur qui a créé un idéal de toutes pièces, fut original en croyant copier l'antiquité, et régna despotiquement sur l'art, dont il changea la face : mais cet échantillon si pur et si complet de sa première manière n'en offre pas moins un intéressant sujet d'étude. Il est étrange de voir l'austère David qui, cette fois, a sacrifié aux grâces, présider incognito cette assemblée de peintres coquets, spirituels et délicats, contre lesquels plus tard il lança si souvent son classique anathème »[1].

1. Théophile Gautier, Notice du *Catalogue de la collection de M. Boitelle, sénateur*, 1866.

Notre époque peut également citer de magnifiques portraits, parmi ceux d'Ingres, de Delaroche, de Flandrin et d'autres peintres estimés.

Ingres a fait plus que des portraits, il a fait des *œuvres*, des œuvres magistrales; mais c'est dans ses portraits surtout qu'il est un maître. « Dans son portrait de Bertin l'aîné, dit Charles Blanc, Ingres a su exprimer avec une singulière insistance le caractère de son modèle, rien que par l'attitude qu'il a surprise en lui après avoir observé ses allures pendant des mois entiers. Assis familièrement et accablé d'embonpoint, le personnage pose ses deux mains tournées en dedans sur ses cuisses écartées, et de ses bras arrondis il semble soutenir le poids de sa corpulence. Chose en vérité surprenante et admirable, ce portrait où revit en traits indélébiles une individualité qu'il serait impossible de confondre avec aucune autre, il est plein de style en son imitation, parce qu'il est vrai d'une vérité typique, c'est-à-dire qu'il nous apparaît comme une personnification de la haute bourgeoisie de notre temps, classe forte, intelligente et tenace, dédaigneuse de ce qui est au-dessous et au-dessus d'elle, et en qui l'orgueil du doctrinaire se mêle au positivisme du négociant et au sans-gêne que donnent les fortunes conquises par le travail. Et pourtant, comme elle est intime et profondément particularisée, la physionomie de l'original, non seulement par l'expression interrogative de son œil perçant, par le léger désordre de ses cheveux et par ses mains boudinées dont les doigts se terminent en fuseaux, mais encore dans les plis du gilet et de la redingote, dont la physionomie optique achève la physionomie morale du portrait! » [1]

Parmi les portraits de femme, le plus admirable a été peint à Rome, en 1807. C'est le portrait de Mme D... Suivant M. Edmond About, « jamais Ingres n'a rien dessiné d'aussi pur; jamais surtout il n'a rendu aussi bien cette flamme intérieure qui s'appelle la vie. Tout le soleil de l'Italie s'épanche complaisamment sur la peau satinée de Mme D... Ses yeux noirs brillent comme des diamants d'Alençon, ses lèvres rouges exercent une fascination étrange; cette petite bouche, a comme un regard. Le sein, enfermé dans un de ces affreux corsages de l'empire, se débat énergiquement contre sa prison. Il crie, comme le sansonnet de Sterne: *I cannot go out!* Le costume même trouve dans sa gaucherie sa grâce divine. Voyez plutôt le gros ourlet du velours. Ce n'est pas là un portrait qui fait plaisir, c'est un portrait

---

1. Charles Blanc, *Grammaire des arts du dessin.*

qui fait rêver. Lorsqu'on songe que la femme qui a posé devant le peintre est aujourd'hui

. . . . . . au foyer bonne femme accroupie,

que l'âge a passé une couleur terreuse sur cette rayonnante jeunesse, que cette peau fraîche et tendue s'est ridée comme les pommes de l'an passé, et que ces grands yeux ont éteint leurs flammes, on admire la puissance du génie qui a assuré à cette beauté fragile vingt ou trente générations d'admirateurs » [1].

Flandrin a fait aussi d'excellents portraits, bien peints, très vrais, d'un dessin correct et d'une grande noblesse de style. La seule qualité qui lui manque est la grâce; aussi ses portraits de femme sont-ils souvent dépourvus de charme. En un mot, les portraits de Flandrin ont moins de profondeur que les portraits de Delaroche ou d'Horace Vernet. Ceux-ci se recommandent par un naturel, une vérité, une distinction, un bonheur de poses et une simplicité de moyens, qui attestent tout d'abord la supériorité de leurs auteurs.

Mais si, à travers quelques imperfections on veut rencontrer le vrai talent, c'est à Ricard ou à Chaplin qu'il faut nous arrêter. Le premier, artiste de style plein de verve, est quelquefois fort inégal, mais il a surtout une palette d'une grande puissance. Les portraits de Ricard ont un éclat et une splendeur de vie extraordinaire. Il a vécu en Italie, entre Titien et Véronèse, et il excelle à jeter sur une tête un faisceau de rayons lumineux qui éclairent les côtés saillants de la physionomie. « Le portrait de Mme Sabatier, qui a fondé sa réputation au Salon de 1851, raconte Edmond About, est une de ces œuvres provoquantes qui arrêtent les gens au passage et les forcent d'admirer. Je me rappelle que lorsqu'il fut exposé pour la première fois, j'étais à l'école normale, je m'échappais, avec quelques amis, du cours de M. Saint-Marc Girardin, pour venir voir Mme Sabatier avec son petit chien sur les genoux. Puis nous regagnions à toutes jambes la grande salle de la Sorbonne, heureux de rapporter dans nos yeux le souvenir d'une si radieuse beauté. Il s'est passé depuis ce temps quatre énormes années, et le portrait a plus gagné que perdu. Le portrait de la belle Mme Kalergi a également de quoi faire rêver les écoliers : il en est de tout âge. Lorsqu'on admire cette chair nacrée, on croit voir une reine nourrie de perles, comme Cléopâtre »[2].

---

1. Edmond About, *Voyage à travers l'Exposition des Beaux-Arts*, 1855.
2. Edmond About, *id.*

Quant à M. Chaplin, c'est aussi un coloriste brillant, quoique avec moins de puissance et de solidité. Ses portraits se recommandent par une grande franchise de touche, une grande liberté de pinceau. Malheureusement sa peinture est en général un peu lâchée et manque de précision dans le modelé.

Après Bonnegrâce, dont les portraits, peints d'une manière énergique et robuste, semblaient le reflet pris dans une glace des personnes mêmes ; après M. Cabanel, à la riche et éblouissante

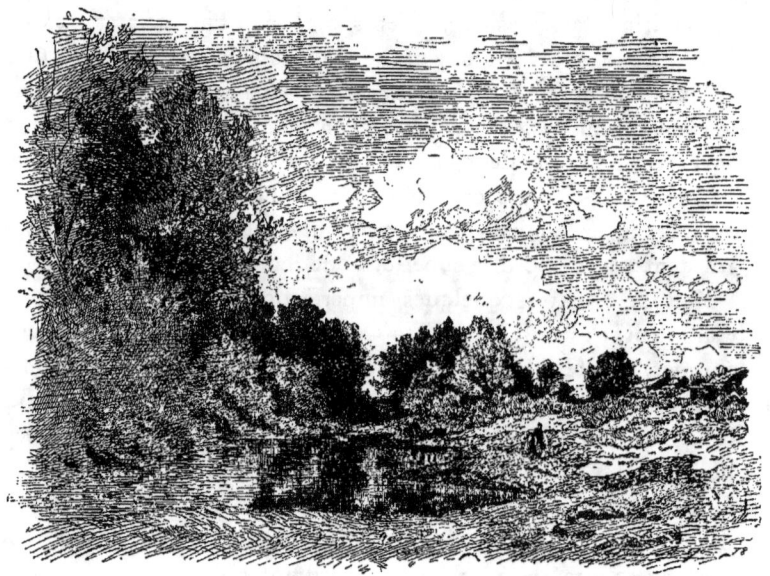

Fig. 27. Avant la pluie, par Ed. Yon (dessin de l'artiste).

palette, se placent MM. Pérignon et Dubufe, si appréciés de toutes les dames du monde, car des mains de ces deux habiles magiciens, elles savent qu'elles sortiront toujours blanches, roses et fraîches comme des fleurs. C'est là ce qu'on appelle faire *joli*, et l'apogée de leur réussite est de faire *charmant*. Ce n'est peut être point assez pour l'art tel que le comprenaient Léonard de Vinci dans *la belle Ferronnière*, Raphaël dans *la Dogni*, Van Dyck dans la *marquise de Brignole*, Rembrandt dans *la dame à la Perle* ; mais il n'est pas donné à tout le monde d'aller à Corinthe.

Un peintre d'un talent viril, foncièrement original, et qui aurait mérité d'entreprendre ce voyage s'il n'avait préféré au métal corinthien un bronze d'une toute autre provenance, a laissé quelques portraits dignes des grands maîtres. Nous avons nommé Courbet. Tel est ce buste de jeune femme au teint limpide, dit la *Belle Hollandaise*, qui soulève, par un des côtés, son opulente chevelure rousse et se mire, comme la *Maîtresse du Titien*, dans une petite glace à main. « La *Belle Hollandaise*, dit M. Philippe Burty, est une rousse, une blanche et plantureuse rousse, une descendante de la famille qui fournit l'original pour la Toison d'Or. Rubens n'a point vu de joues plus laiteuses, plus nacrées, mieux veinées de petits filets

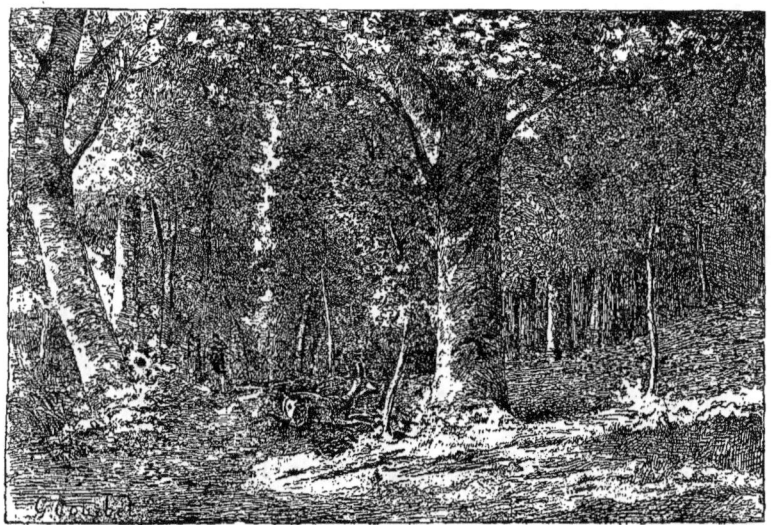

Fig. 28. La Forêt en Automne, par Courbet.

azurins, mieux fardées de rose allant du rose carné du coquillage au rose purpurin de la pivoine. Les yeux, très grands, bleus, candides, redoutables, brillent avec la persuasion tranquille de la victoire ; une natte énorme et luisante, qu'elle a dénouée et qu'elle soulève devant sa glace à main, s'éparpille et tombe comme les gouttes ensoleillées d'une giboulée. Le sensuel de cette bouche veinulée comme une cerise anglaise, l'aristocratie de cette main aux fossettes accentuées, la souplesse de cette chevelure annelée, attestent, dans ce maître qu'on a si grossièrement taxé de brutalité, la plus rare entente des conditions de la beauté féminine dans ce qu'elle apporte aux délicats de plus raffiné » [1].

1. Ph. Burty, Notice du *Catalogue des tableaux de Gustave Courbet*, 1881.

Après le portrait, c'est le paysage moderne que les artistes comprennent le mieux et que les amateurs apprécient le plus.

La régénération du paysage en France, est l'œuvre multiple des Paul Huet, des Aligny, des Cabat, des Daubigny, des Curzon, des Français, des Lavieille, des Jules Dupré, des Théodore Rousseau.

Théodore Rousseau fut un des plus hardis parmi les novateurs. Ce grand paysagiste, dont les tableaux présentent les plus rares nuances du ciel et de la lumière, les plus singuliers aspects de la campagne, dut tout son talent, toute sa science, tout son art, à lui-même. Il ne tient rien de la tradition et ne rappelle aucun maître ancien, ni comme impression de nature, ni comme *faire*. Pour surprendre ces effets curieux et charmants, qui seraient passés inaperçus parce qu'ils ne durent pas, il faut avoir longtemps vécu dans les champs, dans les bois. Il faut avoir passé des semaines entières à battre les buissons, à flâner au bord des ruisseaux ou sur la lisière des forêts.

Les peintres qui ont le plus varié, dit Charles Blanc, n'ont guère eu dans leur vie que trois manières. « La nature qui est un grand peintre, elle aussi, a des manières sans nombre ; elle change de toilette dix fois par jour, si bien qu'il est impossible de connaître ou du moins de fixer sur la toile toutes les variantes de sa parure. Autrefois les teintes automnales étaient préférées dans le paysage. Rousseau, avant les autres, osa peindre les premières floraisons du printemps, la verdure naissante et fraîche, les paysages blonds. Aussi est-il de tous les paysagistes celui qui a le plus varié dans ses tableaux » [1].

Le *Printemps à Barbizon* est un paysage frais et rose comme un pommier en avril ; le *Givre* est une scène d'une tristesse poignante, prise des hauteurs du Valmondois, dramatique dans le ciel, morne sur la terre. Tous les amateurs s'accordent à regarder ce morceau fameux comme un chef-d'œuvre. Les *Bords de l'Oise* font au *Givre* une opposition délicieuse. Après le Rousseau dramatique, voici le Rousseau radieux, épris des ors clairs, des émeraudes transparentes et des fines turquoises qui parent le front de la nature au printemps. On sait comme le maître traite les vastes panoramas et avec quelle richesse il déploie les nappes flottantes de l'étendue, irisées du poudroiement de la lumière. Le *Matin* relève du même ordre de recherches. C'est un paysage d'un blond délicieusement fade : le ciel est doux, l'eau est

---

[1]. Charles Blanc, Notice du *Catalogue de la collection Laurent Richard*, 1878.

douce, le vert tendre ; les terrains sont humides et le fauve pâle des vaches qui s'abreuvent semblent participer de la teinte générale d'une campagne dont la couleur défaillante va s'évanouir. « Si les oiseaux rêvent dans leurs nids ouatés, dit M. Bergerat, ce sont des paysages comme ce *Matin* qu'ils voient en songe ». La *Lisière du petit bois* est un morceau plus franc d'opposition, plus voulu ; quant à l'*Effet d'automne en forêt*, selon l'heureuse expression de Charles Blanc, il représente à merveille le soleil qui se lève, éclairant l'été qui se couche, un beau jour qui commence, dans une belle saison qui finit [1].

Mais parmi ces toiles splendides, renommées entre toutes, que les amateurs les plus intelligents et les plus raffinés se disputent aujourd'hui à prix d'or ou s'envient comme les perles et les fleurs de l'école moderne, il faut citer le *Dormoir du Bas-Bréau*, tableau tranquille et robuste dans lequel la forêt de Fontainebleau semble, en effet, immobile, silencieuse et endormie, et l'*Automne au Jean de Paris*. « Jamais, dit un éminent critique d'art, jamais le grand artiste n'a traduit avec plus de puissance, dans l'un, la calme profondeur de la forêt, la fraîcheur hospitalière des grands abris offerts aux animaux domestiques, le feuillage impénétrable aux flèches ardentes des canicules ; dans l'autre, la somptueuse coloration dont l'automne revêt la nature, les ors du ciel dans le lacis des branchages rouillés, les bruns roux des dernières feuilles, le velours des mousses sur le rugueux des roches, le vert sombre des terrains, le miroir luisant des ruisseaux » [2].

Il est impossible de parler de Rousseau sans dire un mot de Jules Dupré, dont il suffira de citer le joyau précieux intitulé : *Automne*. Un cours d'eau s'y faufile à l'ombre d'un bouquet d'arbres dont le feuillage, coloré puissamment, se détache sur le ciel nuageux et parmi l'intense verdure des prés. Un troupeau, un pâtre ajoutent le sentiment de l'activité de l'homme à ce motif d'une absolue simplicité. Quoiqu'il en soit, « Dupré était resté fidèle à sa belle furie d'empâtements où il fixait la lumière, quand Rousseau, vers la fin, de plus en plus dissimulait l'ostentation des procédés. Et tous les deux, ils sont dans la légitimité de leur art, si ingrat, si rude à qui sait peu, si souple, si complaisant, si docile sous la main de ceux qui ont dompté le monstre. Tous les deux ils témoignent d'une égale horreur pour ce qui est banal et de facile abord. Même dans les motifs les plus simples, Dupré, comme Rousseau, voit toujours la nature grandement » [3].

1. Charles Blanc et Émile Bergerat, Notice du *Catalogue de la collection Laurent Richard*.
2. Ernest Chesneau, *Collection d'un amateur*. Catalogue de tableaux modernes, 1881.
3. Ernest Chesneau, *id*.

Daubigny se place immédiatement après ces deux maîtres. Il possédait un talent fait de dons exquis, d'un jet abondant et facile, d'une étonnante simplicité de moyens. Bien des amateurs qui connaissaient surtout Daubigny par le tableau type des *Bords de l'Oise* que la faveur du public ne se lassait pas de lui demander, resteront étonnés de la souplesse de son talent et de l'infinie variété des notes qu'il a données. Brouillards argentés, matins rosés, soirs ambrés, pâles automnes, vergers fleuris, toutes les heures, tous les effets, toutes les saisons, il a tout rendu avec grâce et sans effort [1].

Plus tard, après nous avoir donné *la Moisson*, vivante et lumineuse, interprétation des champs dorés où ondoient les épis mûrs d'août, et à laquelle succèdera le célèbre *Champ de coquelicots*, « le plus charmant de nos paysagistes », comme on l'a longtemps appelé, change de manière. Son sentiment s'élargit, son émotion s'élève, son talent se teinte de mélancolie et sa rêverie d'artiste se complaît dans les silences des soirs, et les vaporeuses clartés des paysages lunaires. Alors, dit un de ses biographes, il jette un œil plus pénétrant sur la nature; sa pensée plonge, non moins que son regard, dans les profondeurs du ciel et dans les espaces infinis. Il semble vouloir aller jusque par delà, et nous donne alors ces œuvres supérieures dont le *Grand lever de lune* de 1868-1873 et le paysage crépusculaire du Salon de 1877, sont les types les plus caractérisés [2].

On croirait qu'après de tels maîtres il ne reste plus rien à glaner. Erreur! Voyez Troyon, Nazon, Ed. Yon, Hannoteau, Harpignies; voyez l'aimable César de Cook, le gracieux Lambinet, le doux Anastasi, le tendre et délicat Chintreuil. Eminemment impressionnable, cet artiste distingué choisissait dans la nature les moments les plus rares, les effets de lumière les plus hasardeux, les caprices du ciel les plus imprévus.

Diaz, le plus coloriste des paysagistes modernes, a été un moment le premier d'entre eux. C'était l'époque où il peignait les *Terrains boisés* près de Fontainebleau, peinture surprenante, où il réunit en lui Rousseau et Dupré. Il entrait dans sa couleur de la magie. Jamais encore l'école française n'avait vu briller une palette aussi opulente. C'était également l'époque de la *Sainte Famille*, qui témoigne de la filiation vénitienne du coloriste.

---

1. Frédéric Henriet, Notice du *Catalogue de la vente après décès des tableaux et études de C.-F. Daubigny*, 1878.
2. Frédéric Henriet, *id*.

L'ART INTIME. *Planche V.*

A

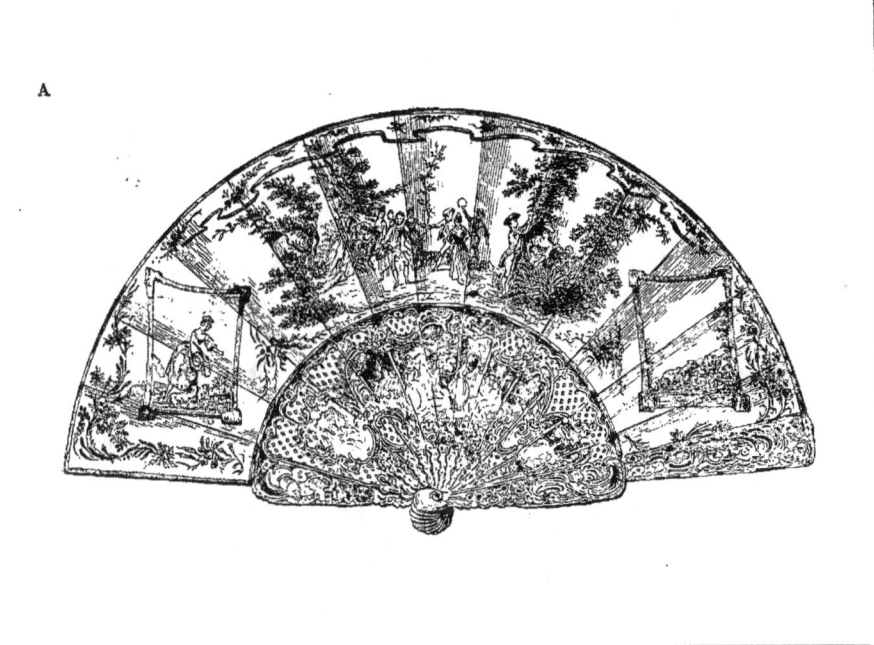

B

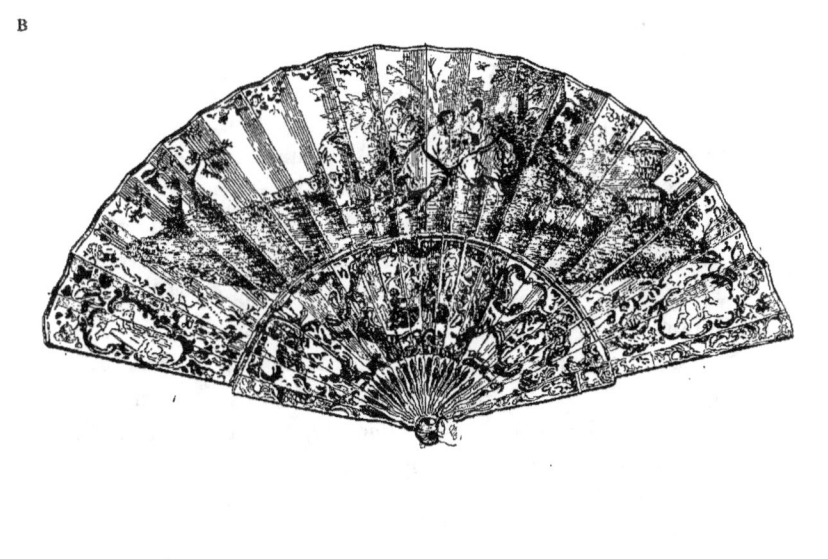

LES PASTELS, LES ÉVENTAILS, LES MINIATURES.

Les tableaux de genre de l'école française du xviiie siècle ont, en général, un délicieux sentiment d'intimité; les fonds sont baignés de chaudes transparences qui font valoir les figures, et la vérité n'en exclut pas le charme. Voyez Watteau ! Watteau a renouvelé la grâce. « La grâce, chez lui, dit excellemment M. Edmond de Goncourt, n'est plus la grâce antique. Elle est le rien qui habille la femme d'un agrément, d'une coquetterie, d'un beau au-delà du beau physique. Elle est cette chose subtile qui semble le sourire de la ligne, l'âme de la forme, la physionomie spirituelle de la matière »[1].

Boucher a sa place nécessaire dans toute galerie. Ses paysages, arrangés comme des décors d'opéra, offrent, nous le savons, un mélange de statues, de colonnes, de pins d'Italie, de ponts rustiques, avec des bergères au premier plan. Ce n'est peut-être pas vrai, et la nature y est peu ressemblante; mais, en tout cas, ses petits sujets, tels que l'*Amour pardonné* et l'*Amour puni*, ses *Jeunes filles au bain*, etc., sont d'un effet charmant. Boucher du reste était un vrai peintre, petit-fils de Rubens et de Véronèse, un des derniers qui avait su ployer le corps humain dans toutes les poses imaginables avec la hardiesse des grands maîtres, et qui ait répandu à flots, sur toutes ses compositions, cette couleur claire, argentée, fouettée de rose et si facilement lumineuse[2].

Et Greuze, avec ses têtes d'enfants, ses fillettes si coquettes dans leur naïveté, jolies têtes blondes, aux yeux mouillés, aux joues roses et toutes vivantes !

Quant aux scènes familières et d'intérieur, elles sont rendues avec une finesse exquise. C'est ce que les ouvrages du temps appellent « la quintescence de l'aimable, le coloris des charmes et des grâces, l'embellissement des fêtes et des amours ».

Aujourd'hui, comme autrefois, la France est fière de ses peintres de genre. Elle les aime, elle se complaît dans leurs œuvres par esprit de nationalité et en raison de toutes les satisfactions d'amour-propre que lui procurent leurs succès.

Prenons, par exemple, le délicieux tableau de la *Source*. On ne trouverait peut-être pas, dans toutes nos expositions annuelles, un ouvrage aussi bien peint. Il y a, dans cette étude de jeune fille, une telle perfection de forme et de modelé, une exécution si ferme et si simple, que la pureté de l'art jette comme un voile de chasteté sur son beau corps tout nu, qui d'une source a en effet toute la fraîcheur.

---

1. *L'Art du XVIIIe siècle.*
2. Théophile Gautier, Notice du *Catalogue de la Collection Boitelle.*

Le sujet allait admirablement au talent un peu païen de Ingres, qui y a mis toute l'élégance et toute la noblesse de son talent [1].

Si, d'un autre côté, nous rencontrons la *Barque du Dante*, d'Eugène Delacroix, ou sa *Barque de don Juan* avec son entassement de désespérés, roulés par le flot dans l'ombre du crépuscule, où le soleil s'éteint sinistre et rouge à l'horizon livide, on reconnaîtra dans cette individualité puissante un peintre brillant, un décorateur de fantaisie sans égal; plein d'esprit et de génie, qui fut un grand coloriste malgré son mépris de la forme et l'incorrection quelquefois systématique de son dessin. Alexandre Dumas père l'a bien jugé. « Il y a dans la couleur de Delacroix, dit-il, quelque chose du brillant cachemire de l'Inde; le tissu en est moins régulier, le dessin en est moins savant que celui du cachemire français; mais mettez ces deux cachemires l'un à côté de l'autre, et vous verrez le second tué à l'instant même par le voisinage du premier »[2].

Les toiles de M. Hébert, qui est un peu le Bellini de la peinture, sont, au contraire, empreintes d'une teinte mélancolique. La *Malaria* et le *Banc abandonné*, entre autres, offrent deux charmants échantillons de la distinction individuelle du maître et du charme un peu maladif de sa peinture.

Il n'en est pas de même de Gérôme, l'auteur du *Pifferaro*, du *Combat de coqs*, d'*Aspasie*, de *Phryné* et de tant d'autres jolis tableaux, où le peintre a déployé toute l'originalité de son pinceau à la fois souple et varié.

Mais le véritable inspirateur du peintre de genre, c'est l'Orient. Qui ne connaît le *Boucher turc*, de Decamps, dont le mur blanc qui remplit le rôle principal reflète une somme incalculable de lumière! Aujourd'hui, une foule d'artistes sont allés apprendre en Orient la lumière et la couleur, ces dons suprêmes des véritables peintres, que possèdent si bien Marilhat, Théodore Frère, Ziem et Fromentin. Fromentin est le plus sensible, le plus vrai, le plus fin, et par dessus tout le plus distingué des peintres orientalistes. Ses tableaux sont de petits chefs-d'œuvre. Il y a là des haltes aux blanches fontaines, des femmes arabes revenant du marché et regagnant leurs villages aux murs ensablés, des chasses au faucon, des caravanes au repos, sous des ciels ambrés, transparents, irisés, bien empreints du caractère du pays, scènes toujours animées par de jolies figures finement peintes,

---

1. Ferdinand de Lasteyrie, *La Peinture à l'Exposition universelle de 1862.*
2. Alexandre Dumas, *L'Art et les Artistes contemporains au Salon de 1859.*

par des chevaux aux robes nacrées, et de belles silhouettes de chefs arabes aux nobles gestes [1].

Maintenant, voulez-vous de la miniature en pied, de la miniature sujet, de la miniature de miniature? Voici Meissonnier, l'auteur des *Bravi*, de la *Barricade* et des *Joueurs de boule sous Louis XV*. Meissonnier peut être considéré comme le roi des peintres de chevalet. Quoi qu'on en ait dit, ses mérites ne sont pas discutables. Peintre d'une habileté consommée, d'une fermeté de main peu commune et pourtant sans aucune dureté, dessinateur presque irréprochable, bon coloriste, observateur plein de finesse, cet incomparable artiste donne vraiment la vie à tous ses personnages. Il a ce qui caractérise les maîtres. On pourra l'imiter tant qu'on voudra, mais on ne l'égalera pas de sitôt. Les amateurs néanmoins apprécient fort MM. Plassan, Fichel, Fauvelet et Pécrus, ces autres raffinés.

Quant aux animaux, qui méritent bien d'avoir leurs peintres spéciaux, contentons-nous de citer les bœufs de Van Marcke, les moutons de Rosa Bonheur, les vaches de Troyon, les chèvres de Schrenk, les cochons de Jacques, les cerfs de Courbet, les singes de Philippe Rousseau, les chiens de Jadin, les chats de Lambert, les tigres et les lions de Delacroix.

Reste la nature morte, dans laquelle brille M. Vollon, et dont, pour beaucoup de gens, M. Blaise Desgoffe est resté le maître par excellence. Les tableaux de M. Desgoffe sont d'une exécution merveilleuse, surprenante, miraculeuse, et d'un tel fini, d'une telle patience, que si Gérard Dow ou Metzu revenaient au monde, ils s'avoueraient vaincus devant ses tapis turcs où l'on voit la trame, l'irrégularité du tissu et jusqu'aux atomes de poussière qu'il renferme. On se rappelle son *Vase de cristal de roche du* xvie *siècle*. A cet admirable vase, l'artiste a donné pour accessoires une aumônière au fermoir ciselé, un cadre d'émail, des morceaux d'étoffe tissés d'or. Tout cela est agencé avec beaucoup d'art et reproduit avec une inconcevable vérité. Jamais l'éclat et la transparence du cristal n'ont été reproduits avec plus de bonheur. Jamais on n'a mis plus d'habileté à grouper tant de trésors, en atténuant les lumières de façon à laisser chaque objet à son plan, sans que l'éclat de l'un nuisît à l'effet de l'autre. Réellement, autant vaut posséder un de ces tableaux qu'un de ces vases enfermés dans les vitrines du Louvre ; un Desgoffe est un Benvenuto Cellini.

[1]. Charles Yriarte, *Catalogue de quarante-six tableaux de l'école moderne, formant la collection de M. S....* 1874.

Le lecteur a pu apprécier, par ce résumé, l'importance que prennent les diverses manifestations de la peinture dans la décoration artistique de nos demeures. Les portraits s'imposent tout d'abord et prennent de droit la première place, soit comme reliques de famille, soit comme images de célébrités anciennes ou contemporaines.

Les paysages ont quelque chose de plus intime. Avec eux, la nature n'est jamais absente, et à leur aspect mille souvenirs heureux revivent dans notre mémoire. Voici le sentier solitaire si propice à la méditation et à la rêverie, le champ où l'on allait cueillir des marguerites, le saule au pied duquel on s'asseyait, le ruisseau limpide où l'on apaisait sa soif... C'est la géorgique en même temps que l'idylle.

Plus familiers sont les tableaux de genre. On aime à voir ces intérieurs où des personnages de toutes sortes causent, vont, viennent, s'amusent, travaillent et jouent, sans s'en douter, leurs rôles dans cette comédie des comédies, qui s'appelle la vie humaine.

L'amateur n'a donc qu'à choisir pour former une collection selon ses goûts. Les bons tableaux, quels qu'ils soient, témoignent toujours d'une préoccupation intelligente de l'art, et c'est par leur mérite et leur agrément qu'ils sont les bienvenus dans les élégantes habitations modernes.

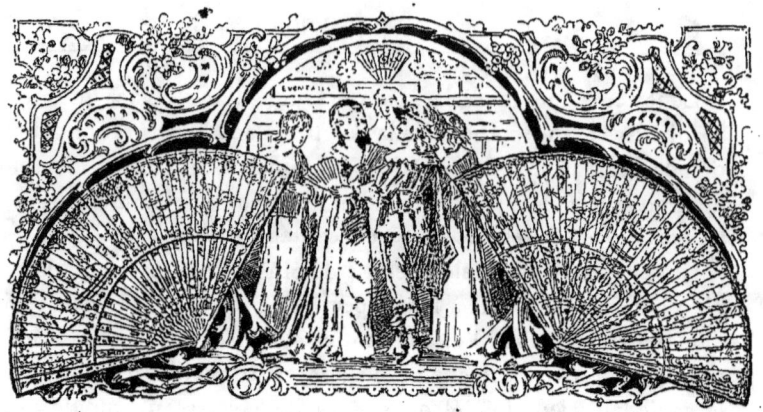

Eventail par Lancret.   Fig. 30. Le Marchand d'éventails, par A. Bosse.   Eventail par Boucher.

VI.

LES PASTELS, LES AQUARELLES, LES ÉVENTAILS, LES MINIATURES.

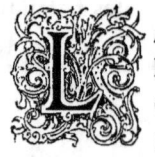A peinture à l'huile n'a pas seule le privilège d'attirer les regards pour le plaisir des yeux. D'autres variétés d'art, qui passent pour secondaires, n'en demandent pas moins des dons particuliers assez rares et méritent, par cela même, de fixer l'attention des connaisseurs. Tels sont : les pastels, les aquarelles, les gouaches, les miniatures.

Dans la peinture au pastel, les crayons font l'office de pinceaux ; le nom de pastel, donné à cette peinture, vient de ce que les crayons dont on se sert sont faits avec des pâtes de différentes couleurs posées à sec sur le papier et assez tendres pour s'écraser sous le doigt.

L'amateur qui veut saisir une physionomie ou s'assurer promptement d'un certain effet, se sert volontiers du pastel, parce que cette manière de peindre ne demande aucun préparatif, se prête à l'improvisation et peut être interrompue ou reprise à volonté. Mais le pastel n'est pas seulement un moyen auxiliaire : quelques peintres excellents en ce genre en ont fait une chose à part et l'ont employé avec bonheur au portrait.

Quoique le pastel ne produise que des ombres mates, opaques et n'ait pas le profond de la peinture à l'huile, il n'a pas non plus ces luisants qui la font miroiter et sont si gênants pour le regard. « Le frais des couleurs, l'éclat et le tendre des carnations, le duvet de l'épiderme, le velouté d'un fruit, le moelleux d'une étoffe, ne sauraient être mieux rendus que par ces crayons aux mille nuances, que l'on peut juxtaposer ou fondre avec le petit doigt, et dont l'empâtement happe la lumière. Leur aspect doux et blond, soutenu par quelques bruns décidés, exprime à ravir non seulement le teint brillant d'une jeune fille, la chair d'un enfant, la finesse d'une main, le poli ou le transparent de la peau, mais encore certaines délicatesses de coloris que le mélange de l'huile aurait pu gâter. Il y a tel portrait historié où le pastel, écrasé d'une façon incisive et brusque en apparence, dit avec une justesse admirable la teinte fanée d'un lampas, l'écru d'une dentelle, le ton pâle d'une guitare, la couleur indéfinissable d'une reliure passée ou d'un portefeuille d'estampes qui a servi »[1].

Tout autre genre que le portrait ou la nature morte se refuse, du reste, à l'emploi du pastel. On serait malaisé à entreprendre, avec une boîte à crayons, des intérieurs et des paysages, où manqueraient infailliblement la profondeur et la précision des détails nécessaires à ces sortes de compositions.

L'art du pastel était déjà pratiqué avec succès au xviie siècle. Mais c'est à partir du règne de Louis XV que les artistes l'interprétèrent avec le plus d'éclat. Pour représenter cette société éphémère, frivole, dit M. Charles Desmaze[2], il fallait que la peinture devînt, elle aussi, éphémère, frivole. Les femmes ont été les reines du xviiie siècle, reines adorées semant leurs sourires, leurs fleurs, leurs portraits; leur vie était une éternelle fête; ce n'était pas assez de figurer sur ce théâtre enchanté, il fallait conserver à l'avenir le costume et le visage des acteurs. Le pastel convenait bien assurément à cette époque, il se faisait vite, quelques séances suffisaient pour reproduire un modèle dont tous les instants étaient comptés. La poésie en vantait les procédés à leur apparition :

> Des crayons mis en poudre imitent les couleurs
> Que, dans un teint parfait, offre l'éclat des fleurs;
> Sans pinceau, le doigt seul place et fond chaque teinte,
> Le duvet du papier en conserve l'empreinte,
> Un cristal le défend. — Ainsi de la beauté
> Le pastel a l'éclat et la fragilité [3].

C'est alors que la vénitienne Rosalba Carriera, de passage à Paris

---

[1]. Charles Blanc, *Grammaire des Arts du Dessin*.
[2]. *Maurice Quentin de La Tour*, peintre du roi Louis XV.
[3]. Watelet, *L'Art de peindre*, 1760.

en 1720, se mit à la tête de cette mode élégante, celle des portraits au pastel, dont le xviiie siècle s'était si vivement engoué. En s'adonnant presque exclusivement à ce genre de peinture qui fit sa réputation, en reconnaissant tout le parti qu'elle en pouvait tirer vis-à-vis du monde, Rosalba en popularisa le goût.

Sa palette, il est vrai, n'a ni les proportions ni la puissance de La Tour, qui lui succéda, mais elle a une personnalité distincte ; ses pastels ont un charme tout féminin qui séduit et semble un reflet amolli de la grâce corrégienne. C'est donc par le côté brillant, par la fraîcheur et l'éclat qu'elle entreprit de conquérir la faveur universelle; et de doux et de sobre qu'il était entre les mains de Robert Nanteuil et de ses disciples, le pastel, avec Rosalba, devint chatoyant et magique. Les transparences nacrées, les veloutés moelleux, les colorations ardentes, les gris argentins, captivèrent le public. Tout le monde fut pris à ce prisme éclatant, à ce charmant artifice qui masquait, avec une disposition toute inconnue, l'insuffisance des compositions et du dessin de l'artiste [1].

Accueillie à la cour avec empressement, on peut dire que tous les seigneurs du temps se mirent à ses pieds. La mode s'en était mêlée et ses pastels aimables et légers faisaient fureur. Louis XV, encore enfant, posa le premier pour elle; après le roi, vinrent successivement le prince de Conti, Mlle de Charolais, la duchesse de Villeroy et toutes les grandes dames à la mode. Le Régent lui-même ne dédaigna pas de visiter son atelier, entraînant à sa suite Mme de Parabère et Mme de Prie. Mais Rosalba pressentait La Tour. Le prince des pastellistes allait venir.

Maurice Quentin de La Tour, en effet, avait assisté au triomphe de la Rosalba, à cette fortune des crayons de la vénitienne. Il résolut de marcher sur ses traces. Mariette dit de lui : « Il n'a pas dans sa couleur la fraîcheur qu'a mis dans la sienne Rosalba, mais il dessine mieux. Il entre dans le plus grand détail et il a le talent précieux de faire parfaitement ressembler ». Ce qui lui valut les éloges de Piron, dans ses vers sur le portrait de l'abbé Le Blanc :

> La Tour va trop loin, ce me semble,
> En nous peignant l'abbé Le Blanc.
> N'est-ce pas assez qu'il ressemble ?
> Faut-il encore qu'il soit parlant ?

La Tour eut bientôt une réputation européenne. Être peint par lui

---
1. Alfred Sensier, *Journal de Rosalba Carriera.*

devint un brevet d'esprit ou de beauté. Aussi les dames de la cour se pressaient-elles dans son atelier pour obtenir quelques séances, quoique beaucoup éprouvassent des refus. On cite à ce sujet l'anecdote suivante, relative à la bizarre humeur de l'artiste : « Mandé à Versailles pour peindre Mme de Pompadour, il répond : *Dites à Madame que je ne vais pas peindre en ville.* Pourtant un de ses amis le décide. Il

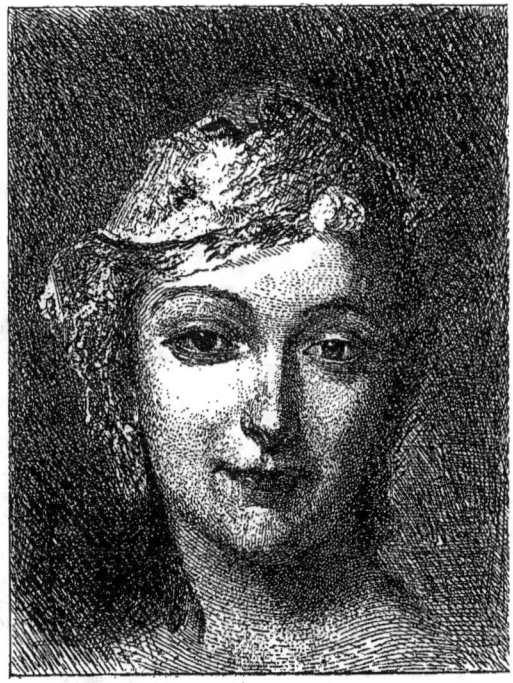

Fig. 31. MADEMOISELLE FEL, pastel de La Tour.
(*Musée de Saint-Quentin*)

promet de se rendre au jour fixé, mais à condition que la séance ne sera interrompue par personne. Arrivé chez la favorite, il réitère ses conventions et demande la liberté de se mettre à son aise. On la lui accorde. Tout à coup il détache les boucles de ses escarpins, ses jarretières, son col, ôte sa perruque, l'accroche à une girandole, tire de sa poche un petit bonnet de taffetas et le met sur sa tête »[1]. « Dans ce déshabillé pittoresque, notre génie, ou si l'on aime mieux, notre original commença le portrait. Il n'y avait pas un quart d'heure

---

1. Edmond et Jules de Goncourt, *L'Art du XVIIIe siècle*, 1re série.

que notre excellent peintre était occupé, que Louis XV entra. La Tour dit, en ôtant son bonnet : *Vous aviez promis, madame, que votre porte serait fermée.* Le Roi rit de bon cœur du costume et du reproche du moderne Appelle, et l'engage de continuer : *Il ne m'est pas possible d'obéir à Votre Majesté,* réplique le peintre, *je reviendrai lorsque madame sera seule.* Aussitôt il se lève, emporte sa perruque, ses jarre-

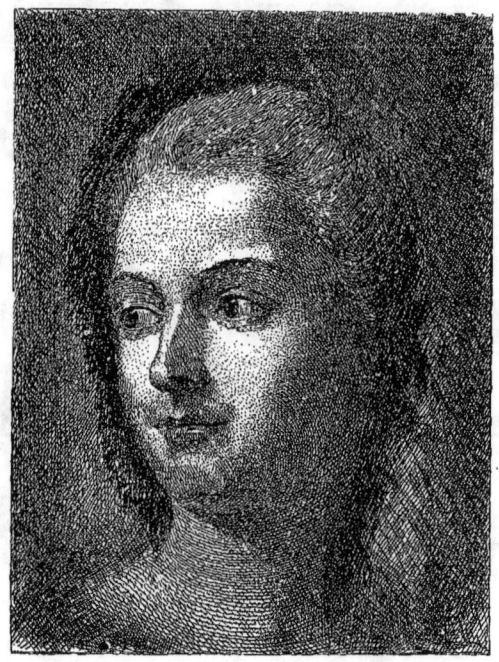

Fig. 32. MADAME DE POMPADOUR, pastel de La Tour.
(*Musée de Saint-Quentin*)

tières, et va s'habiller dans une autre pièce, en répétant : *Je n'aime point à être interrompu* »[1].

Telles sont les façons de La Tour. Avec la finance, son caprice va jusqu'à l'insolence. On connaît l'histoire de son portrait de la Reynière. « Mécontent de son travail pour lequel il n'avait pas été inspiré, le peintre demande une dernière séance. Le jour fixé, le financier envoie un domestique dire à La Tour, déjà assis à son chevalet, qu'il n'avait pas le temps de venir.

[1]. *Almanach littéraire*, ou *Étrennes d'Apollon pour l'année 1792*.

— *Mon ami,* dit La Tour au domestique, *ton maître est un imbécile que je n'aurais jamais dû peindre... Ta figure me plaît, assieds-toi là, tu as des traits spirituels, je vais faire ton portrait. Je te le redis, ton maître est un sot...*

— Mais, monsieur, vous n'y pensez pas! Si je ne retourne pas à l'hôtel, je perds ma place...

— *Eh bien! je te placerai... Commençons* ».

La Tour fait le portrait, M. de la Reynière chasse son domestique. La Tour envoie alors le portrait au Salon, l'anecdote s'ébruite, on veut connaître le spirituel valet d'un sot si riche, et bientôt il n'a plus que l'embarras du choix d'une place » [1].

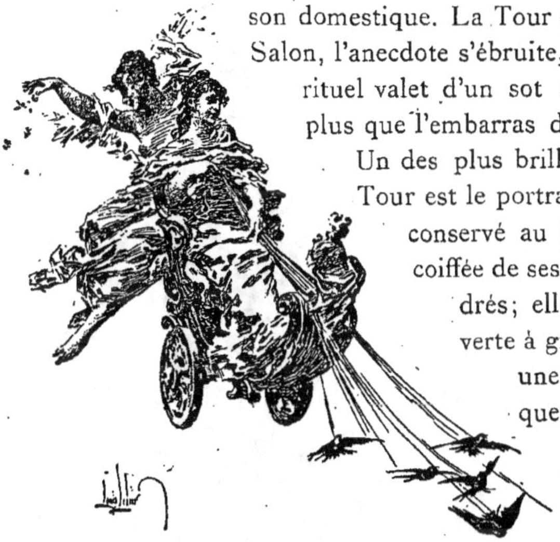

Un des plus brillants chefs-d'œuvre de La Tour est le portrait de Mme de Pompadour, conservé au Louvre. La marquise est coiffée de ses cheveux légèrement poudrés; elle est vêtue d'une robe ouverte à grands ramages; la tête est une merveille de beauté coquette, fine et gracieuse; le front est élevé, et les yeux sont d'un vif éclat; le nez est parfait; il y a dans tous les traits un air de noblesse et de dignité, que tempère le souvenir des petits soupers de Versailles : la couleur de cette figure est fraîche et délicate.

Fig. 33.
Dessin de M. L. Leloir, d'après une de ses aquarelles.

Mais hélas! la grâce du pastel est inhérente à son défaut, qui est d'être friable et de retomber en poussière, cette poussière précieuse que le peintre dépose sur la toile, selon la jolie expression de Diderot, et qui s'en détache aussi facilement que celle des ailes du papillon. Est-il donc impossible de ne pas conserver cette fleur de jeunesse qui en fait la délicatesse passagère, mais aussi le charme et le prix? Nous le demandons aujourd'hui avec Jules Janin, « en regardant ces pastels du siècle passé, à demi-effacés par le soleil des printemps envolés. Sous la glace attachée aux guirlandes de bois doré et dans cette poussière éteinte, on devine facilement la rose et la beauté qui se sou-

2. Edmond et Jules de Goncourt, *L'Art du XVIIIe siècle.*

riaient l'une à l'autre, et peu s'en faut que l'on n'entende encore les paroles et le charmant duo de la fleur et du sourire »[1].

Qu'on écrase la guède ou le crayon sur le carton grenu des Latour ou des Rosalba, c'est là un heureux divertissement d'artiste ou d'homme du monde qui entretient la main légère et l'esprit dispos. Mais, en somme, quel que soit le mode d'expression qu'il affecte, l'art est partout le même, toujours un et divin. C'est pourquoi tant d'amateurs se plaisent aujourd'hui à laver sur du papier Wahtman. Y a-t-il en effet rien de plus charmant qu'une charmante aquarelle?

Vous qui, dans un boudoir, renoncez au monde pour la vie, aimables anachorètes d'une soirée, jetez les yeux sur ces gracieux paysages de Cicéri, de Yon ou de Thornley, d'un caractère si intime!... Le soleil brille, le ciel s'azure, les arbres verdissent, les formes se dessinent, les premiers plans s'accentuent, les horizons fuient, les groupes se nouent...

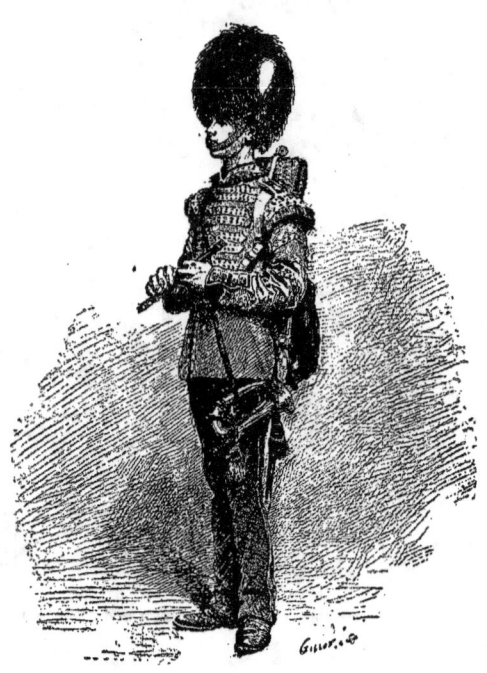

Fig. 34.
Dessin de M. Detaille, d'après une de ses aquarelles.

L'aquarelle, dit un critique d'art, a des règles propres et vit sur des ressources particulières. Ses procédés de facture sont différents de la peinture à l'huile, et l'on peut être dans celle-ci un praticien excellent sans exceller dans celle-là. La sûreté de main en est la vertu première, attendu qu'un ton une fois posé, un contour une fois établi, l'aquarelliste ne peut plus y revenir sans compromettre la qualité de son travail, sans en altérer la fraîcheur. C'est pourquoi nos meilleurs ouvriers de la peinture à l'eau sont les meilleurs dessinateurs d'entre nos peintres : les Meissonnier, les Detaille, les Leloir, les Harpignies, ont lavé des pièces admirables, obtenues du premier coup, et dont

---

1. Jules Janin, *Littérature dramatique*, tome II.

le charme n'a pas d'équivalent même dans leur propre peinture, si lumineuse cependant [1].

Mlle Madeleine Lemaire mérite d'être nommée en si belle compagnie. On ne traite pas avec plus d'autorité les portraits, les fleurs et les fruits, petits chefs-d'œuvre de coloris dont il faut admirer sans réserve la facture large et vibrante. Mme la baronne Nathaniel de Rothschild occupe également une place distinguée parmi nos meilleurs aquarellistes. Ses vues de Venise et de Naples sont des ouvrages où le dessinateur pittoresque triomphe par le caractère, par l'éclat du

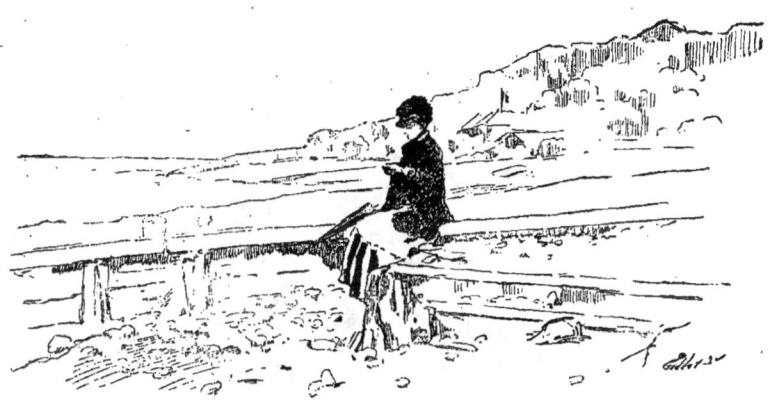

Fig. 35. SAINTE-ADRESSE, aquarelle de M. Heilbuth (dessin de l'artiste).

ton, la vérité et la franchise de la touche, qui font de Mme de Rothschild une artiste tout à fait hors ligne. M. Eugène Lami, dont les aquarelles ont parfois la valeur des tableaux d'histoire, s'est créé dans son art une situation exceptionnelle et que nul rival n'est encore venu lui disputer. Si l'on songe, dit M. Bergerat, que la pose du ton à l'aquarelle est irrémissible et que l'insistance en alourdit la touche, on reste émerveillé de la sûreté de main de cet artiste, qui du bout d'un pinceau de martre emperlé d'une goutte d'eau sait faire rendre à son travail des effets magiques. Tout le monde a admiré au Luxembourg son éblouissant *Souper dans la salle de spectacle de Versailles* : c'est une des curiosités de l'art actuel [2]. M. Eugène Isabey est, lui aussi, un aquarelliste hors de pair. On connaît les qualités qui ont consacré sa réputation : pétillement de la

---

1. Emile Bergerat, *Exposition universelle, les Aquarelles*, dans le *Journal officiel* du 29 juin 1878.
2. Emile Bergerat, *id.*

touche, éclat du coloris et prodigieux esprit de détails. Mais les triomphateurs, dans l'aquarelle, sont encore Fortuny et Henri Regnault, deux aquarellistes admirables. Qui n'a lu la notice consacrée par Théophile Gautier aux aquarelles de Regnault exposées à l'*Ecole des Beaux-Arts* ? « La troisième aquarelle, dit le grand écrivain, n'est qu'un simple bouquet de palette, un sélam de couleurs orientales épanouies dans un rayon de lumière ; elle représente une cadine ou une

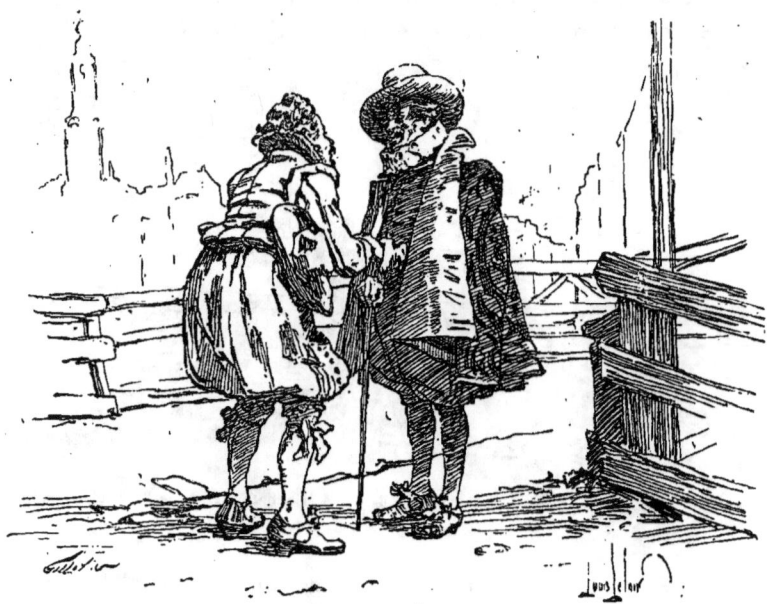

Fig. 36. LE SOLLICITEUR, aquarelle de M. L. Leloir (dessin de l'artiste).

odalisque se tenant debout au milieu de sa chambre et comme ravie de sa beauté et de son costume chatoyant ; tout cela fait au premier coup avec une fraîcheur et une limpidité incomparables. Le peintre, tout en maintenant sa volonté, a su profiter admirablement des heureux hasards de l'aquarelle »[1]. Parlons maintenant de la gouache, mélange d'eau et de gomme arabique fondue à chaud, dans lequel on a broyé des couleurs en poudre. Dans l'aquarelle, on pose d'abord les tons les plus clairs pour finir par les tons les plus foncés ; dans la gouache, c'est le contraire qui a lieu. L'aquarelle n'est, en définitive, qu'un lavis ; la gouache est déjà une peinture.

1. Catalogue des *Œuvres de Henri Regnault, exposées à l'École des Beaux-Arts*.

C'est ainsi, du reste, que le comprenaient les artistes du xviiie siècle, entre autres Beaudoin, « ce gouacheur, qui a été toute sa vie uniquement un gouacheur », et qui n'a laissé la mention, dans aucun ancien catalogue, d'une œuvre autrement peinte qu'à l'eau. « Ce Beaudoin, gendre de Boucher, le dessinateur inspiré de la galanterie et de toutes les élégances friponnes du temps, est toujours fin, toujours spirituel, et révèle dans ses gouaches de rares qualités de coloriste. Quelle distance de ces gouaches peinées, sorties de la main lourde des Allemands appliqués, les Lavreince, les Freudeberg, à ces libres et pétillantes esquisses de Beaudoin, réchauffées de terre de sienne dans les ombres, toutes pimpantes de vert tendre, de blanc, de bleu, de rose, éclaboussées de ces touches que Hall imitera de si loin, lavées d'une aquarelle si brillante qu'elle dépasse Fragonard et atteint Bonington ! » [1]

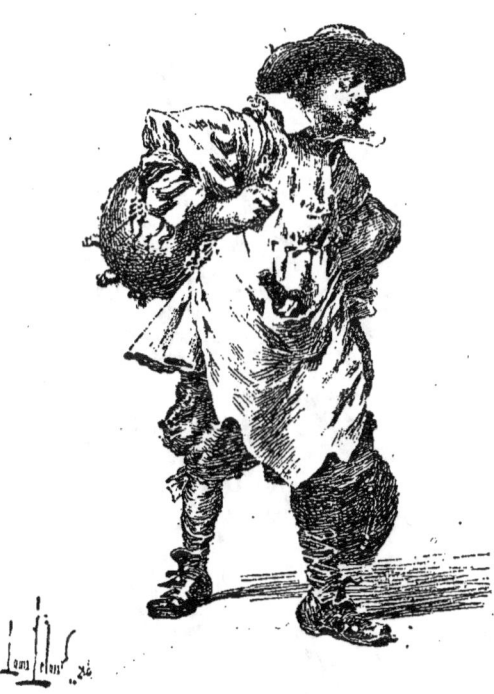

Fig 37. Dessin de M. Louis Leloir, d'après une de ses aquarelles.

Quelques peintres modernes ont montré dans la gouache une véritable habileté. Mais c'est surtout dans la peinture d'éventails que plusieurs de nos célébrités artistiques ont employé la gouache. Déjà, au xviie siècle, les peintres éventaillistes excellaient en ce genre. Sous le règne suivant, les élèves de Boucher, devenus encore plus habiles, couvrent tous les éventails d'idylles légères, de bergères roses et de fonds bleus chimériques; mais ces artistes suivaient le courant, et selon le caprice de la mode, ils ont tour à tour imité Watteau, les Vanloo, Boucher, Greuze et tous ceux qui ont réussi.

1. Edmond et Jules de Goncourt, *L'Art du XVIIIe siècle*, 1re série.

Néanmoins, il ne paraît pas qu'aucun de ceux-là ait peint de feuille. Gillot a pu en peindre quelques-unes : il faisait tout ce qui concerne son état ; mais, pour les autres maîtres, ce n'est que dans des occasions tout-à-fait exceptionnelles, par un caprice du moment ou pour complaire à quelque grande dame exigente qu'ils ont pu jeter sur l'ivoire ou sur le vélin une pastorale ou une mythologie »[1].

Tel serait le cas du remarquable éventail attribué à Boucher, que possède M. le docteur Piogey. « Il est décoré de quelques ornements légers, dit encore M. Paul Mantz, encadrant les têtes en médaillons d'un jeune garçon et de deux jeunes filles. La délicatesse du tonfinement posé, la sûreté de la main, le libre maniement de la gouache, disent assez que l'œuvre est celle d'un maître ».

Quant à la miniature, c'est un genre de peinture qui est toujours mignon et quelquefois mignard. Bien qu'on puisse peindre en miniature de diverses manières, à l'huile, sur vélin ou en émail, nous ne parlerons ici que des miniatures sur ivoire, véritables petits lavis parce qu'on y épargne le blanc du fond, et auxquels on ajoute parfois un peu de gouache.

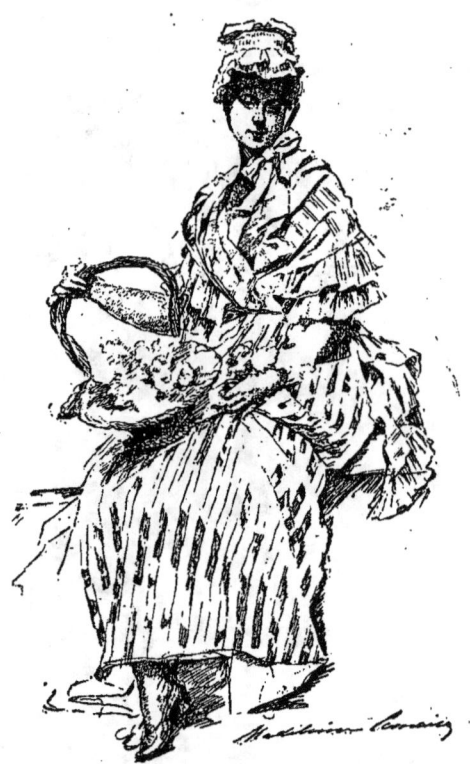

Fig. 38. Dessin de Mademoiselle Madeleine Lemaire, d'après une de ses aquarelles.

Mme de Mirbel peut être considérée comme le dernier et le plus grand des miniaturistes de notre temps. Elle se trouva au plus haut point du talent et de la réputation vers 1830. « Les miniatures de Mme de Mirbel, écrivait Gustave Planche dans son salon de 1847, sont, comme toujours, les plus belles de l'Exposition. L'élégance, la finesse des

---

[1]. Paul Mantz, *Gazette des Beaux-Arts*, tome XX, 1866.

têtes ne laissent rien à désirer. Ce qui assigne à M⁽ᵐᵉ⁾ de Mirbel la première place, ce qui la recommande d'une façon toute spéciale, c'est la souplesse et la vérité des chairs. Elle lutte avec la peinture à l'huile, et parfois il lui arrive de soutenir dignement la comparaison ». Les plus remarquables de ses portraits, ceux auxquels elle donna tous ses soins, furent, après son portrait de Louis XVIII, qui est de sa première manière, celui du président Amy, en robe rouge, celui d'une jeune fille blonde, M⁽ˡˡᵉ⁾ de Fitz-James, tous les deux au Louvre, et celui du duc d'Orléans.

Tels sont, en résumé, les différents genres de peinture dont on trouve communément de superbes spécimens dans les riches intérieurs modernes, peuplés de femmes élégantes, de tableaux, d'objets d'art et de bibelots précieux.

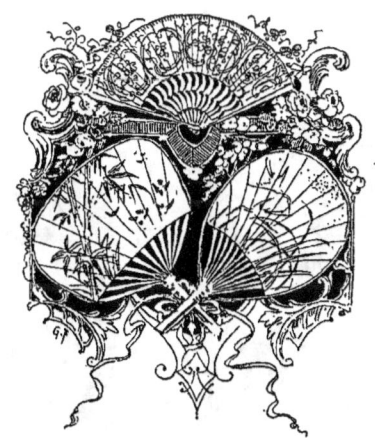

Fig. 39. Éventail (xviiiᵉ siècle) et Écrans japonais

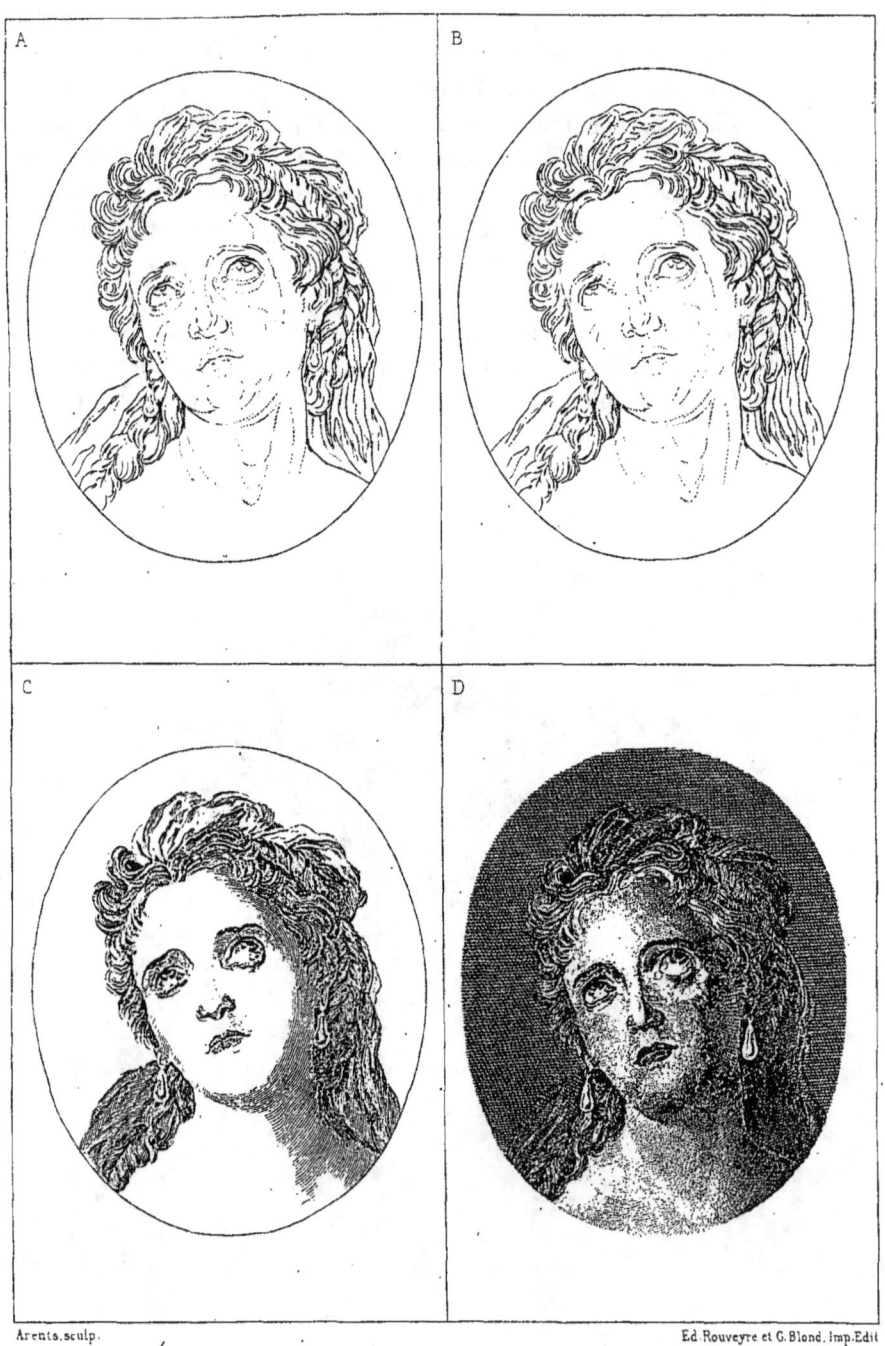

LES ESTAMPES

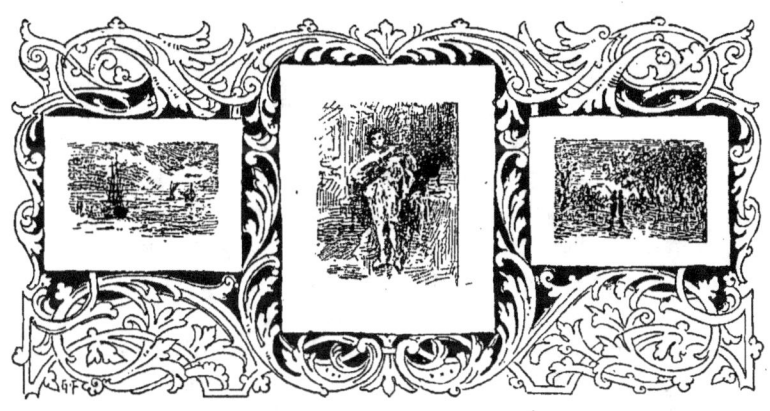

VII.

LES ESTAMPES, EAUX FORTES, GRAVURES EN TAILLE-DOUCE
GRAVURES SUR BOIS, ETC.

EN France, le goût des estampes ne date pas de très loin, et il s'en faut bien qu'il soit aussi ancien que l'invention de l'art qui sert à les imprimer. Mais, avant de retracer leur histoire, nous croyons utile de décrire ici sommairement les principaux procédés de gravure.

La GRAVURE SUR BOIS, ou gravure *xilographique* des estampes, a précédé celle des estampes exécutées sur métal. La France, l'Italie et l'Allemagne s'en disputent depuis longtemps l'invention. La Bibliothèque Nationale possède une épreuve d'une gravure de l'année 1423, sous verre, qui représente un *Saint-Christophe portant l'Enfant Jésus*. Mais, d'après des recherches récentes, la plus ancienne estampe paraît être une image conservée au musée de Bruxelles, représentant la *Vierge entourée de quatre saints*; cette précieuse relique, découverte à Malines en 1841, est datée de 1418. On ignore si ces prémices de l'art appartiennent à des graveurs allemands ou à des Flamands [1].

Autrefois, les *tailleurs en bois*, comme on les appelait, gravaient

---

[1]. Voyez les *Procédés de la gravure*, par M. A. de Lostalot, et la *Grammaire des Arts du Dessin*, par Charles Blanc.

leurs planches à la pointe ou canif; aujourd'hui les artistes préfèrent se servir de burins et d'échoppes de différentes grandeurs, pour creuser plus ou moins profondément tout ce qui n'est pas le dessin même, qu'ils doivent avant tout respecter scrupuleusement. C'est ce qu'on désignait autrefois par l'expression de *taille d'épargne*, procédé qui consiste à *épargner* tous les traits dont se compose l'image qu'il s'agit de mettre en relief.

Quoi qu'il en soit, la France des xve et xvie siècles vit naître plusieurs publications qui attestent les progrès accomplis par les graveurs de notre pays. Les livres d'heures d'Antoine Vérard, de Simon Vostre et de Geoffroy Tory, qui fut à la fois dessinateur, graveur, peintre et imprimeur-libraire, ne le cèdent en mérite artistique à aucun livre contemporain de l'étranger.

Les anciens graveurs, jusqu'à la seconde moitié du xviiie siècle, ne gravaient que dans le sens de la *longueur* du bois, ordinairement du *poirier*; mais à partir de cette période, ils exécutèrent leur gravure sur du *buis*, dans le sens de l'*épaisseur*, manière anglaise inventée en 1770, et qui fut introduite en France vers 1815. Ce procédé a cependant enlevé à la gravure sur bois son caractère propre, tel qu'on l'admire dans les anciens maîtres du xvie siècle; les procédés obtenus par le nouveau système dit à l'anglaise ressemblent trop à la gravure sur métal.

Notre siècle a vu refleurir parmi nous la gravure sur bois, dont les planches portent parfois trois signatures : celle de l'auteur du dessin original, celle du dessinateur sur bois et celle du graveur. Outre les publications périodiques, le *Magasin Pittoresque* et l'*Illustration*, qui donnèrent un si vif essor à la gravure sur bois, tout le monde connaît les gracieuses et tendres vignettes de Tony Johannot, les croquis spirituels de Gigoux, et les merveilleuses compositions de Gustave Doré.

La GRAVURE SUR CUIVRE ou *chalcographie*, découverte vers 1452, fit presque abandonner, depuis la seconde moitié du xviie siècle jusqu'en 1775, l'usage de la gravure sur bois. Elle se grave spécialement sur le cuivre rouge et se subdivise en plusieurs genres qui diffèrent par leurs moyens d'exécution et datent d'époques différentes. La gravure sur cuivre comprend :

La *gravure en taille douce*. C'est par excellence la gravure classique, celle qui a rendu le plus de services en éternisant les ouvrages des grands maîtres, et celle qui a produit elle-même le plus de chefs-d'œuvre. On l'appelle aussi gravure *au burin*, parce qu'elle consiste à couper le cuivre nu avec cet instrument d'acier, qui, plus ou moins profondément, y trace des tailles nettes, régulières, fermes, mais assez souples pour indiquer par leur direction et leurs allures, par leur renflement ou leur altération, et par les manières de s'entrecroiser, la qualité matérielle des objets, leur distance apparente, leur effet optique. La gravure en taille douce est née vers le milieu du xve siècle. Les Italiens et les Allemands s'en attribuent l'invention. La plus ancienne estampe sur cuivre avec date certaine est un *Saint-Bernard*, de l'an 1454, dont l'exemplaire unique se trouve à la Bibliothèque Nationale de Paris. Malgré le mérite incontestable de quelques Français qui travaillaient dès le règne de Henri II, la gravure en taille douce ne prit véritablement son essor chez nous qu'au xviie siècle, avec les Edelinck, les Poilly, les Drevet, les Gérard, les Audran, les Nanteuil, etc. Calamatta, Mercuri, Henriquel-Dupont, Prévost et F. Gaillard en sont aujourd'hui les représentants les plus distingués.

La *gravure à l'eau forte* est ainsi appelée de la substance qui sert à fixer le dessin sur la planche de cuivre. On sait avec certitude qu'elle date de la fin du xve siècle, et qu'elle a été créée par Wenceslas d'Olmutz, dont le musée de Londres possède une estampe datée de 1496. Mais, comme l'explique Charles Blanc, l'eau-forte, qui représente l'improvisation, la liberté et la couleur, ne devait compléter son expression qu'au xviie siècle. Rembrandt, à vrai dire, en fut l'inventeur, parce qu'il en fut le poète, le Shakespeare. Ce fut lui qui, d'un simple procédé, fit un art. On connaît le joli tableau de Gérôme : *Rembrandt faisant mordre une planche à l'eau forte*. Cette petite toile, d'un fini extrême, dit Théophile Gautier, est inspirée du maître même qu'elle représente dans son atelier. La manière dont elle est éclairée constitue ce qu'on appelle communément *un effet à la Rembrandt*, très harmonieux contraste de vive lumière et d'ombres transparentes dans leur extrême vigueur. Cette lumière, tamisée par le châssis incliné dont est garnie la fenêtre, tombe d'aplomb sur l'illustre graveur, dont la pose penchée caractérise très bien l'opération à laquelle il est censé s'appliquer, l'action de *faire mordre* sur une planche en cuivre.

Faire mordre convenablement, voilà la grande difficulté. Toute gravure à l'eau forte passe, comme on sait, par trois opérations distinctes : le *vernissage,* le *dessin,* la *morsure.* Pour exécuter cette dernière, on dépose la planche horizontalement dans une cuvette de porcelaine ou de gutta-percha contenant une quantité proportionnée d'acide nitrique étendu d'eau, suivant l'intensité de morsure qu'on veut obtenir. Quand l'artiste pense qu'une partie de la planche a été assez *mordue*, par exemple un fond, un ciel ou un terrain, il retire la planche du bain, la plonge dans l'eau et l'essuie doucement. Il recouvre cette partie, qui doit rester légère à l'impression, d'un peu

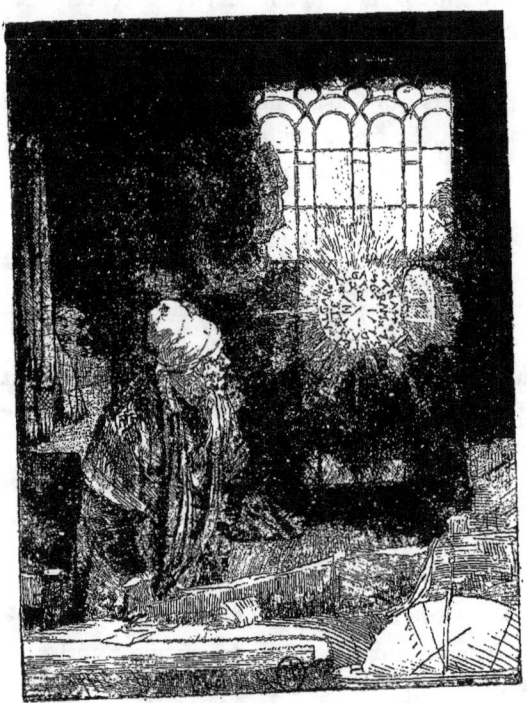

Fig. 42. Le Docteur Faustin, par Rembrandt.

de vernis ou d'un mélange de cire et d'huile. Il a soin de suivre avec précision les contours, de peur que l'acide ne continue à attaquer certains points qu'il entend réserver. Il replonge la planche dans l'eau forte, et procède ainsi autant de fois qu'il veut obtenir de plans différents ou de dégradations de noirs très accentués. A chaque fois, il peut s'assurer de l'état de la taille qu'il va recouvrir en mettant à nu un morceau qu'il recouvre ensuite. La morsure finie, et le nettoyage du cuivre achevé, la planche est livrée à l'imprimeur qui en tire une épreuve, épreuve rarement définitive. A moins que le dessin ne soit qu'un croquis, la gravure a presque toujours besoin de retouches, et passe de ce *premier état* à un deuxième, à un troisième et à un quatrième, suivant l'habileté du graveur.

Nous n'ajouterons qu'une chose : C'est qu'il n'est pas de plaisir plus grand pour le véritable artiste que de travailler une planche à l'eau forte ; il peut obtenir tous les effets qu'il désire, il peut retoucher une planche autant qu'il le juge utile, il peut même partiellement

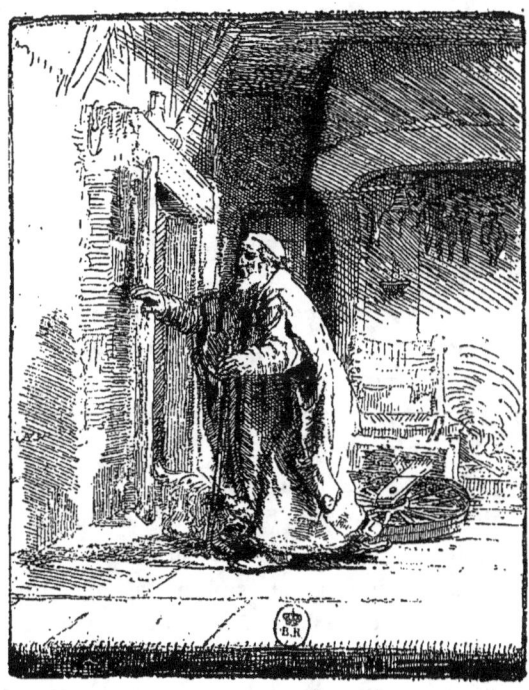

Fig. 43. TOBIE AVEUGLE COURANT AU-DEVANT DE SON FILS, par Rembrandt.

refaire tout un côté. Heureux ceux qui ont le loisir de cultiver ce bel art, car c'est là le véritable *art d'agrément* par excellence, même pour les artistes qui en font leur profession [1]. Tels sont, parmi ceux dont les ouvrages sont recherchés pour le charme seul et l'originalité de leur manière d'aquafortistes : Charles Jacques et Daubigny, Jules Jacquemart, Bracquemond, Méryon, Léopold Flameng, Lalanne, Martial, Lalauze, Le Rat, Gilbert, etc.

La *gravure à la manière noire* ou *mezzo-tinto*. Elle fut imaginée,

[1]. E. Bosc, *Dictionnaire de l'Art, de la Curiosité et du Bibelot*.

vers 1643, par Louis Siegen, qui l'employa pour la première fois dans le portrait de la princesse Amélie de Hanau, veuve du landgrave Guillaume V de Hesse-Cassel. Les Anglais, qui l'ont pratiquée de préférence, y ont excellé. Les estampes que donne ce procédé ressemblent un peu à des dessins au lavis, c'est-à-dire que, à l'inverse de la manière habituelle, l'artiste extrait de l'ombre les images qu'il veut créer. La planche sur laquelle opère le graveur en manière noire est un cuivre grené ou à grains qui, à l'impression, donnerait une teinte noire uniforme. Ce noir égal et velouté est la base sur laquelle travaille l'artiste. Après avoir décalqué son dessin, il y pratique les demi-teintes et les clairs, en usant plus ou moins le grain de la planche à l'aide de râcloirs ou de brunissoirs. Ces clairs, ces demi-teintes et le noir, que forme la grenure, composent l'effet de clair-obscur qu'il s'agit de produire. L'art du graveur ne consiste donc ici, non pas à graver le cuivre, mais à détruire avec ménagement le grain primitif.

La *gravure au lavis* ou *l'aqua-tinta*. Celle-ci fut inventée à Florence par un Allemand, vers 1750. A la même époque, J.-B. Leprince, de Paris, s'occupa de travaux du même genre, et avec un succès parfait, mais on ne connut son procédé qu'après sa mort en 1781. Voici en quoi il consiste. Après avoir gravé à la pointe les contours des figures ou des objets, on couvre la planche d'une couche de colophane en poudre, ou de sel, ou de sable fin, et à travers cette couche on laisse pénétrer l'eau-forte, dont la morsure, ainsi tamisée, produit sur la planche une gravure uniforme, très propre à imiter du lavis à l'encre de chine, à la sépia ou au bistre, suivant qu'on l'imprime avec de l'encre noire ou de l'encre colorée. Toutes les ombres paraissent, de cette manière, faites au pinceau. L'espagnol Goya a usé de l'aqua-tinte avec bonheur, quelquefois avec génie. Facile, rapide, l'aqua-tinte, telle que la comprenait le graveur Jazet, a servi de notre temps à répandre les ouvrages d'un artiste éminemment populaire, Horace Vernet, dont la marche impatiente et prompte aurait bien vite lassé toute une légion de graveurs au burin.

La *gravure au pointillé* est due à deux artistes français du xviie siècle, Jean Boulanger, d'Amiens, et Jean Morin, de Paris. On lui donne souvent le nom de *manière anglaise au pointillé*, parce que ce sont les Anglais qui en ont fait surtout usage. Le pointillé est l'art de modeler avec des points plus ou moins espacés, dont l'empâtement exprime les chairs délicates et en traduit la morbidesse. Le pointillé est parfaitement convenable quand il s'agit de reproduire un pinceau gras, nourri et suave comme celui du Corrège. Roger Copia et de nos jours Flameng, ont gravé délicieusement au pointillé des figures de Prud'hon, d'Ingres, Cabanel, etc.

La *gravure imitant le crayon, manière sablée*, ou *gravure à la roulette*. Créée en 1740 par Jean-Charles François, graveur à Paris, elle a été grandement perfectionnée par Demarteau. De nos jours, dit Charles Blanc, Calamatta et Dien ont exécuté quelques chefs-d'œuvre, le premier avec la roulette, le second avec une suite de points imperceptibles qui en imitent l'effet. Ces deux artistes, gravant ainsi des crayons d'Ingres, entre autres les merveilleux portraits de Mlle Bonnard, de M. Martin, de Mme Marcotte, de la famille Gatteaux et d'Ingres lui-même, en ont répété le style, le sentiment exquis, la saveur incomparable, avec une vérité qui va jusqu'à l'illusion, tant elle est identique au dessin du maître.

La GRAVURE SUR ACIER ou *sidérographie* date des xve et xvie siècles. Albert Dürer et ses émules se servirent parfois de planches de fer pour exécuter leurs gravures. Ce genre de travail finit peu à peu par être abandonné, et il était complètement oublié lorsque, dans le commencement du siècle actuel, on imagina de le faire revivre, mais en remplaçant le fer par l'acier. Les plus anciens essais dans cette voie nouvelle paraissent avoir été réalisés en France, entre 1805 et 1811.

Quant à la *lithographie*, bien qu'un allemand l'ait inventée, elle est essentiellement un art français, par les qualités qu'elle exige et qui sont nôtres. Ne fut-elle pas d'ailleurs perfectionnée par Engelmann, qui fut en France le premier imprimeur-lithographe, et après lui par Motte et par Lemercier? Achille Deveria, Bellangé, Daumier, Gavarni, Mouilleron, Eugène Leroux, Lassalle, Célestin Nanteuil, et enfin Victor Adam l'ont popularisée. Mais, comme l'exprimait amèrement en 1861 M. Eugène Piot, « en moins de quarante ans, nous avons vu naître et mourir cet art de la lithographie. Il était venu au monde sous les auspices de Charlet, de Géricault et de Bonnington; il est descendu au tombeau avec Raffet, rare et charmant artiste enlevé trop tôt aux arts ». Aujourd'hui Achille Sirouy et son élève G. Thornley ont ressuscité la lithographie.

Arrivons maintenant à l'histoire si intéressante des estampes.

Vers le milieu du xvie siècle, grâce aux progrès de l'imprimerie et de la gravure, le commerce d'imagerie avait déjà jeté, dans notre capitale notamment, un certain excédent de produits. Au commencement du siècle suivant, les parapets du Pont-Neuf et des quais voisins étaient couverts d'étalages d'imagerie, du moins en dehors des boutiques d'éditeurs établis sur les ponts, rue Saint-Jacques, au Palais, et sur le quai de l'Horloge. Mais ce n'est guère que vers le xviii° siècle que se répandirent les marchands d'estampes, comme on peut s'en convaincre en lisant les adresses mises au bas des estampes. Auparavant, ils portaient le nom de marchands graveurs.

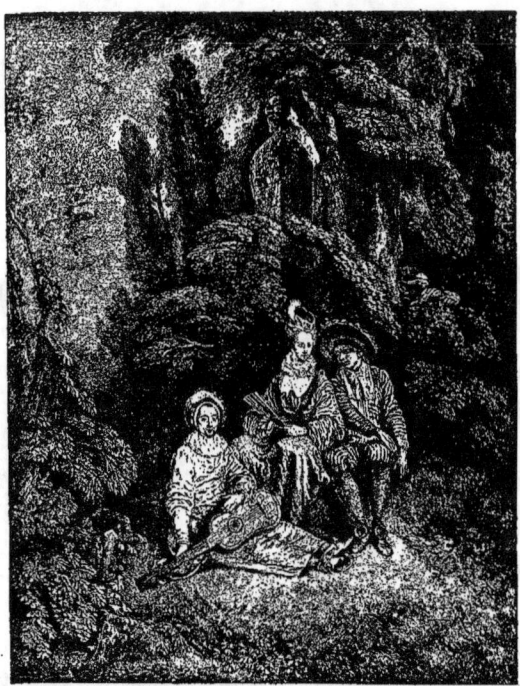

Fig. 44. Arlequin jaloux, par Chedel (d'après Watteau).

Si l'on parcourt les gravures sur bois du commencement du xvi° siècle, à la Bibliothèque Nationale, on s'arrêtera involontairement à l'estampe de Jost Amon, datée de 1550, pour en admirer la netteté, la vivacité ; si, d'un autre côté, on regarde l'estampe de Jean Périssin, de 1577, et celles des autres graveurs qui suivirent, on sera frappé de l'empâtement des traits, de plus en plus empâtés, de leur couleur terne, de plus en plus terne. En résumé, la gravure sur bois qui, jusqu'au milieu du xvi° siècle, n'avait cessé de faire des progrès, ne cessa depuis de déchoir.

On se demandera pourquoi la gravure sur bois qui, au contraire de la gravure sur métal, imprime son empreinte par les parties saillantes, et qui, à tirage égal, est moins fatiguée que la gravure sur métal, a déchu de si bonne heure. La réponse est facile : elle a déchu parce qu'elle a été abandonnée ; et elle a été abandonnée parce qu'elle est d'un exercice long, difficile. En effet, elle exige la coopération de deux artistes, le dessinateur de la planche, qui mettait

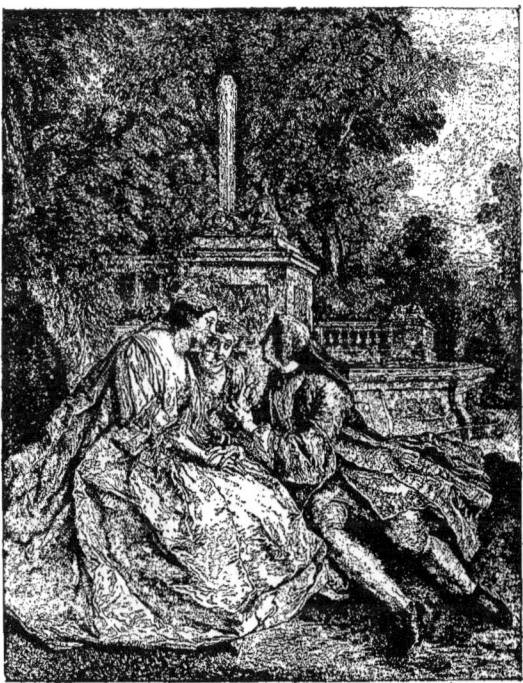

Fig. 45. La Main chaude, par C.-H. Cochin (d'après de Troy.

alors sa marque au-dessous de son monogramme ou du millésime, comme le montrent les estampes du temps, et l'inciseur de la planche, qui ne devrait pas rester inconnu, et qui cependant ne mettait rien. La gravure sur cuivre, au contraire, où le dessinateur est en même temps l'inciseur, est d'un exercice beaucoup plus facile ou beaucoup plus simple, aussi fit-elle et ne cessa-t-elle de faire des progrès.

Le xve siècle se reconnaît moins à la barbarie de ses mœurs, à sa fanatique intolérance, qu'à la barbarie de ses arts, de son burin sec, vacillant, inexpérimenté ; le xvie siècle, au contraire, se reconnaît surtout à la science de son burin, devenu, depuis Lucas de Leyde, comme l'indique Vasari, un vrai pinceau par la régularité, la finesse et la flexibilité des tailles. Nous en donnerons comme exemple les belles épreuves de Geoffroy Tory, de Bourges.

Quant aux graveurs sur cuivre, il faut voir les gravures de l'Apocalypse par Devret, orfèvre de Henri II, pour être convaincu que, s'il n'a pas, comme l'orfèvre Finiguerra, découvert la gravure sur métal, il semble en avoir découvert la perfection. Rien n'a plus de grâce et en même temps plus d'éclat, de même que les nobles figures de la Bible par de Laulne, et celles de Bernard Salomon, dans lesquelles on voit le dernier coup de burin, le dernier effort de l'art.

Comparées à celles d'Allemagne et d'Italie, ces estampes paraissent peut-être un peu dures, un peu sèches; pourtant, regardez la *Femme adultère* de Duval, figurée à moitié corps. Examinez comme son œil est doux, comme sa peau est douce!

Enfin, voyez cette *Conquête de la Toison d'or*, ces fresques du Primatice qui n'ont pu périr avec les murailles qu'elles couvraient, depuis que Boivin en a gravé le recueil, conservé aujourd'hui à la Bibliothèque Nationale, et dont le mérite est bien supérieur aux plus belles estampes, de l'allemand Sadeler et de l'italien Carrache, graveurs célèbres du xvie siècle. On en peut dire autant des portraits de Denizot et de Thomassin, les meilleurs dessinateurs français de leur temps.

Au xviie siècle, le commerce des estampes fit des progrès sensibles. En dépit de l'appréciation sévère du Poussin, qui, dans sa lettre du 7 avril 1647, disait: « la pauvre peinture est réduite à l'estampe, » il faut convenir que les graveurs de ce temps étaient supérieurs à leurs devanciers; leurs gravures, moins savantes, représentaient mieux la nature, et ensuite, ils avaient tellement perfectionné leur manière de dessiner, qu'ils en changeaient continuellement, pour prendre successivement celle du peintre de chaque tableau qu'ils gravaient. On peut dire aussi que les graveurs d'alors surent les premiers distinguer les vraies beautés qui appartiennent à la gravure de celles qui n'appartiennent qu'à la peinture.

Quant à la manière de graver, suivant le traité d'Abraham Bosse, on en pratiquait deux, l'une au burin, l'autre à l'eau-forte. La première, comme on sait, est plus nette, plus correcte, plus vive; l'autre est plus moelleuse.

C'est alors que, selon Félibien, dans ses *Entretiens sur la vie des peintres,* parurent les estampes de Callot, dont à chaque trait, le facétieux burin est une saillie à faire rire ; aussi ses eaux-fortes trouvaient-elles des amateurs acharnés : « J'ai tout Callot, dit le Démocède de La Bruyère, hormis une seule, qui n'est pas à la vérité de ses bons ouvrages, au contraire, c'est un des moindres, mais qui m'achèverait Callot; je travaille depuis vingt ans à recouvrer cette estampe et je désespère enfin d'y réussir : cela est bien rude ! »

À la même époque florissaient Huret, dont les diverses tailles se trouvent si ingénieusement appropriées au caractère de chaque objet; Chauveau, dont les ouvrages, doublement à lui, portaient son *invenit* et son *sculpsit*; Bosse, dont les touches quelquefois trop fortes sont chez lui moins le défaut de goût que le trop de vigueur; Nanteuil, cet aimable portraitiste, qui, selon Perrault, a gravé avec un art inconnu à tout autre qu'à lui, qui a le premier fait un habile choix de ces traits qui donnent seuls la physionomie; Mellan, qui, comme on sait, n'avait qu'une taille, qu'une ligne, qui, s'élargissant, s'amincissant, donne en parcourant toute la figure, tantôt l'ombre, tantôt la lumière, et qui faisait de cette seule taille, de cette seule ligne, magiquement sortir ses personnages. Citons encore Roullet, qui a enrichi la gravure de nouveaux genres de tailles croisées; Audran, si savant dans son beau mélange des hachures et des pointillés, si méthodique dans ses désordres étudiés, où se montre le hardi et digne graveur du peintre Le Brun; Edelinck, si souple, si fini, dans ses plus petits détails, qui rendent la poudre des cheveux, l'iris de l'œil, le tissu de l'épiderme; Masson, dont les détails expriment jusqu'à la légèreté des cheveux volants, jusqu'au teint, jusqu'à la physionomie, à l'humeur, au caractère du personnage, Masson dont le burin est un pinceau; Leclerc enfin, ce naïf graveur de figures tracées presque toutes avec l'eau forte pour les tailles et avec la pointe pour les traits légers et fins, qui sont en quelque manière l'esprit et l'âme des traits foncés.

Ajoutons que ces excellents artistes obtinrent des privilèges de vingt ans pour leurs estampes; ils étaient protégés d'ailleurs par des amendes de 3,000 livres contre leurs contrefacteurs.

On sait par le *Livre Commode des adresses* d'Abraham du Pradel que le graveur Simon avait le privilège des portraits des personnes de la Cour, et les registres du Parlement du 23 mars 1668 nous apprennent que Nanteuil avait le privilège des portraits du Roi.

Les graveurs en renom avaient encore la spécialité des grandes gravures de thèses alors à la mode depuis le règne de Louis XIII.

Les thèses de théologie, de philosophie, de jurisprudence et de médecine, qui au xviie siècle avaient tant d'éclat, étaient d'immenses pancartes ornées de gravures de maîtres tirées sur papier ou sur satin, d'après les dessins des grands faiseurs vivants, tel que, par exemple, le dessinateur et graveur à l'eau forte Jean le Pautre. L'accessoire y étouffait le principal, et dans l'espace resté désert au milieu des feuilles, s'imprimaient les propositions de la thèse. Les récipiendaires présentaient ces feuilles à leurs patrons et à leurs amis ; les Diafoirus, à leurs futures : « Donnez, donnez : la thèse est toujours bonne à prendre pour l'image ; elle servira à parer notre chambre, » dit la Toinette du *Malade imaginaire*. On a du fameux graveur et dessinateur Mellan, la thèse de M. Talon, décorée de grandes figures allégoriques et d'un cartouche historié portant l'effigie du cardinal Mazarin. Poilly et Pitau en ont gravé de superbes, ornées de portraits en grand, quelquefois en pied, de Louis XIV et de Colbert, avec les plus riches accessoires. La thèse de philosophie du duc d'Albret, gravée par le premier d'après Le Brun et dédiée à Louis XIV, est une magnifique estampe. Une ou deux de ces thèses par Edelinck sont des chefs-d'œuvre de la gravure française »[1]. Nanteuil en a gravé sept, dont sa propre thèse de philosophie ; Cossin grava celle de Turenne, pièce rare et recherchée, n'ayant été vraisemblablement tirée qu'à un petit nombre d'exemplaires destinés aux grands de la Cour. Elle se compose d'un frontispice, d'une grande planche et de douze pages d'un texte latin encadré dans de riches entourages, lesquels représentent une suite complète des victoires de Louis XIV. Louis de La Tour d'Auvergne, prince de Turenne, soutint cette thèse au collège des Jésuites de Clermont, le 13 août 1679.

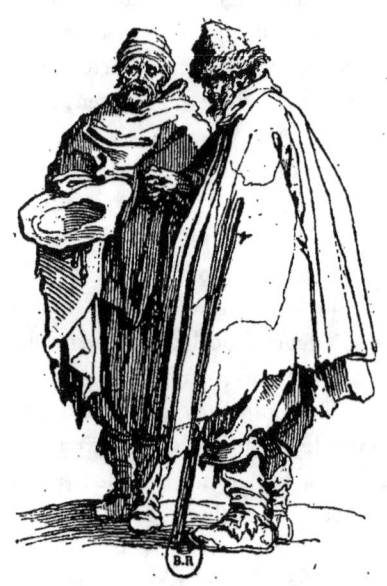

Fig. 46. Les Gueux, de J. Callot.

[1]. Feuillet de Conches, *Causeries d'un Curieux.*

Les moins riches, à défaut de gravure inédite, achetaient un tirage de planche toute faite. On en vendait chez Vallet, graveur du roi, rue Saint-Jacques, *Au buste de Louis XIV*, et chez Gautret, même rue, *A l'image de Saint-Maur*. Jean François Cars, qui fut un des plus habiles burins du temps de Louis XV, gravait de ces thèses et les vendait dans sa boutique. Il en était de même de La Cave, graveur du roi, rue Saint-Jacques, dont notre ami le poète Gabriel Marc possède l'exemplaire d'une thèse de mathématiques soutenue par son grand'père, M. Dominique Marc, de Lezoux, dans la salle du collège royal de Billom, le 30 avril 1781.

Les graveurs vendaient ces thèses dans leurs boutiques. La boutique des graveurs en taille-douce est, en effet, comme nous l'avons dit déjà, une des traditions du XVIᵉ, du XVIIᵉ et du XVIIIᵉ siècle. Ainsi que de nos jours, la plupart des graveurs en taille-douce et à l'eau forte avaient, de Henri IV jusqu'à Louis XV, leurs boutiques ou leurs échoppes, qui étaient à la fois leurs magasins. Jacques Androuet, le célèbre dessinateur et graveur du XVIᵉ siècle, tenait

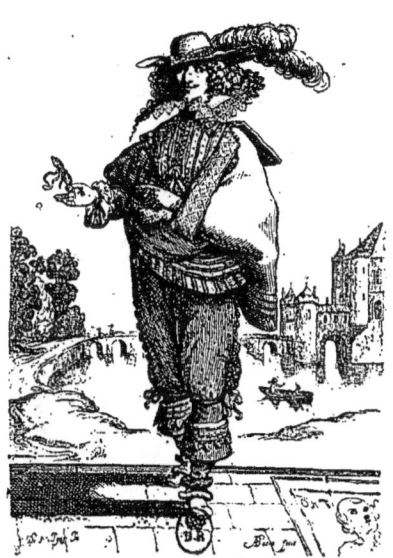

Fig. 47. Le Jardin de la Noblesse française, par Abraham Bosse.

boutique, et c'est parce qu'il avait un cerceau ou un cercle pendu comme enseigne à sa maison qu'il a été, de son temps, appelé *du Cerceau*, et que le nom lui en est resté. Israël Sylvestre et Pérelle avaient également boutique. Le grand Edelinck, que Louis XIV fit chevalier et logea aux Gobelins, avait aussi la sienne, où il travaillait avec un tablier de peau.

Mais les gravures de thèses n'étaient pas les seules qui fussent vendues dans les boutiques. On y trouvait d'autres estampes que les artistes exécutaient pour leur propre compte. Gérard Audran demeurait *aux Deux Piliers d'or*, rue Saint-Jacques. Cochin le père avait sa boutique dans la même rue, à l'enseigne de *Charlemagne*. Le portrait du Régent, par Anne Hortemels, en 1710, se vendait chez elle, rue Saint-Jacques, *Au Mœcenas*, où elle habitait avec son mari Nicolas-Henri Tardieu, également graveur. Le grand centre des ateliers et magasins de graveurs était dans le rayon des rues Saint-Jacques, Saint-Jean de Beauvais, Saint-Etienne du Mont, de la Harpe, des Noyers, etc [1].

Piles, dans son cours de gravure, nous apprend que la manière noire, nouvellement inventée de son temps, obtenait alors un grand succès. Quant à la gravure sur bois, devenue la gravure inférieure, elle produisait des estampes de toute sorte, telles que celles étalées sous les galeries des charniers Saint-Innocent. Claude le Petit, dans sa *Chronique scandaleuse ou Paris ridicule*, voulant parler des images qu'on y vendait, surtout des portraits de la famille royale et autres personnes de qualité, dit :

> Les plaisantes tapisseries
> De carte et de papier noircy !
> Que de choses en raccourcy
> Dessous ces sombres galleries !
> Que d'estampes et de dessins
> De grands seigneurs, de petits saints,
> Et de bestes d'après nature !
> Que je voy d'un œil satisfait
> Là ces vanitez en peinture,
> Qui sont vanitez en effect.
> Icy chaque homme a son image,
> Chaque femme a la sienne aussy,
> Chaque tout a son raccourcy,
> Chaque ville a son païsage,
> Chaque païs a son pinceau,
> Chaque élément a son tableau.....

Le XVIIIe siècle renchérit encore sur le précédent par l'invention et la nouveauté des procédés. Glissons donc rapidement sur la gravure au pastel inventée par Le Blon ; sur la gravure à l'aquarelle inventée par Janinet, Debucourt et Descourtils, et faisons remarquer que le principal mérite de Picard, leur contemporain, n'est pas tant dans son spirituel burin que dans son burin universel, qui réunissait toutes les diverses manières des divers maîtres, qu'à sa volonté il imitait à s'y méprendre ; que Drevet se donna un différent genre de gravure pour chaque objet différent, et un différent genre de gravure pour chaque différente partie de l'objet ; que Cochin fit les plus spi-

---

1. Feuillet de Conches, *Causeries d'un Curieux*.

rituelles et les plus savantes eaux fortes avec un travail simple et brillant ; que le graveur Cars porta les nuances dans les masses, le clair obscur dans l'obscur ; que Lebas donna de la légèreté et de la profondeur aux ciels en les travaillant à la pointe sèche ; que Filippart a, par l'ingénieuse intercalation des lignes légères dans les hachures, adouci, fondu les divers traits de la gravure ; et quant à Wille, les chairs de ses figures, surtout leurs draperies, sont tellement souples, tellement moelleuses, qu'on est toujours tenté d'y appliquer le bout du doigt.

Autrefois, il n'y avait que les collectionneurs qui conservassent les estampes dans des cartons. La majeure partie des amateurs les faisait encadrer. « Les murs de ma chambre sont garnis d'estampes et de tableaux qui l'embellissent singulièrement », dit Xavier de Maistre dans son célèbre *Voyage*. C'est ce qu'il appelle, dans son *Second Voyage*, « une chambre tapissée de souvenirs ». Le portrait de M. et Mme d'Étampes si joliment chanté par Delille, était encadré de la sorte :

> Plus d'un sot qui revit dans de sottes estampes
> Bientôt dans mes cartons est remis à l'écart ;
> Mais je bénis l'artiste et l'art
> Dont le burin mit en regard
> Ce couple révéré sous le nom de d'Etampes ;
> Et lorsqu'il se présente à mon œil enchanté,
> Je dis : « C'est le Bonheur regardant la Bonté ».

Mais, comme l'exprimait déjà Diderot, dans son *Salon* de 1767, « les graveurs se multiplient à l'infini, et la gravure s'en va ». La Révolution ne fit qu'achever cette décadence. Sous les mauvais jours de la Convention, la confiscation ou la mise aux enchères des biens des émigrés durent encombrer certaines boutiques de prodigieuses masses d'estampes, de raretés en tous genres. Mais les amateurs parisiens étaient trop préoccupés des sinistres événements du jour et de l'avenir de leur destinée, pour chercher des consolations parmi ces opimes dépouilles revendues en détail et à vil prix.

Quand le Consulat, suivi bientôt de l'Empire, vint, après une longue confusion, rassembler les atômes épars de la nationalité française, les fureteurs indigènes reparurent. C'était le bon temps pour les achats de vieille imagerie intéressante ! les étrangers n'avaient pas tout emporté et il restait encore beaucoup d'estampes d'art, telles que Callot, Albert Dürer, Marc Antoine, de premier état.

A patrir de 1840, les amateurs virent surgir de nouveaux concurrents. Vint le second Empire, ère formidable pour les anciens accapareurs d'estampes; car des millionnaires, des ex-ministres, des princes, des têtes couronnées se mirent sur les rangs. Dès lors, les iconophiles du *bon temps* se dirent que le moment était venu d'apprendre l'art de se priver. Mais ils se consolèrent en songeant que l'ardeur de ces opulents rivaux donnait raison à la passion de toute leur vie. Ils se sentirent fiers de posséder en si grand nombre des joyaux dont les riches seuls maintenant peuvent se passer la fantaisie.

Aujourd'hui les grandes collections de gravures sont fort nombreuses. Les petits amateurs sont plus nombreux encore. La passion des estampes est, dans toutes les classes, devenue une espèce de dilettantisme des plus raffinés. Est-il rien de plus agréable, en effet, que de feuilleter et de savourer l'une après l'autre les œuvres charmantes des maîtres préférés? Comme l'a dit Xavier de Maistre, « les heures glissent alors sur nous et tombent en silence dans l'éternité sans faire sentir leur triste passage ».

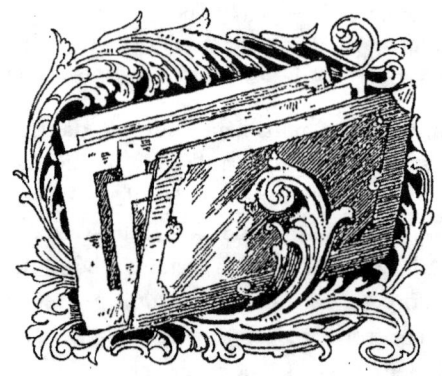

L'ART INTIME

Planche VII

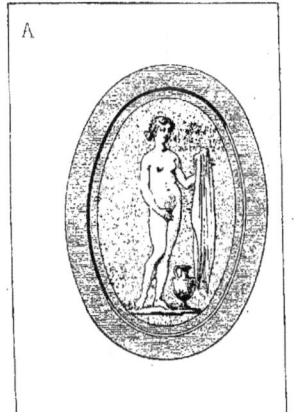
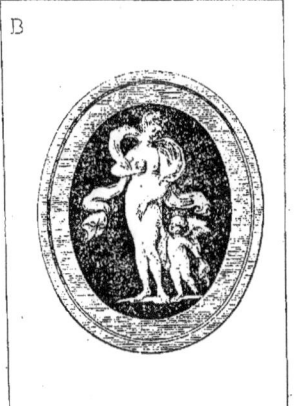
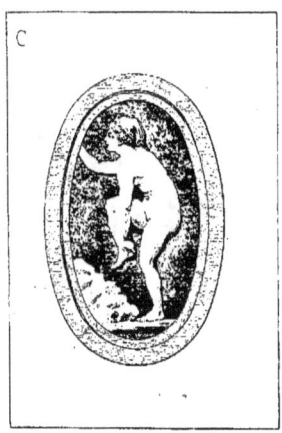
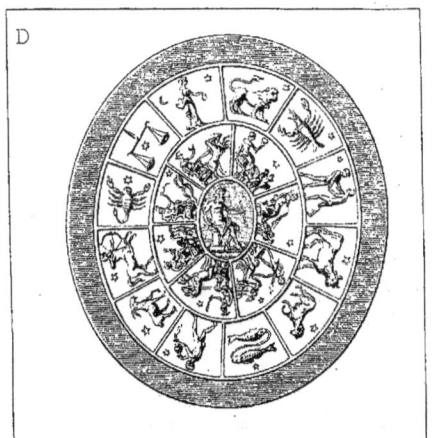
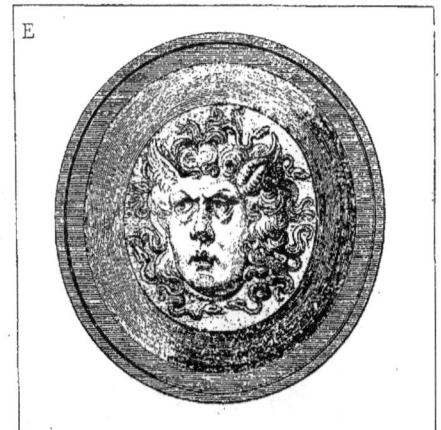
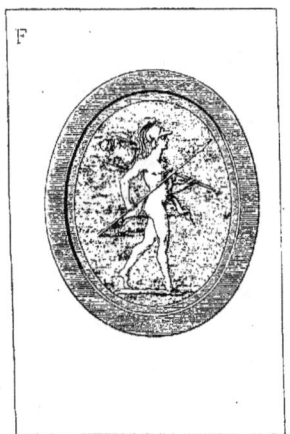
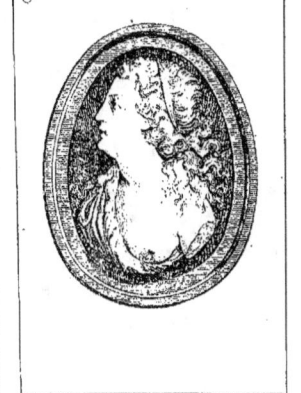
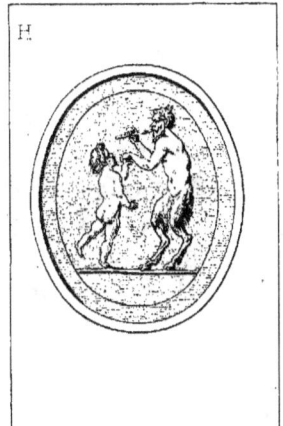

Arenta. sculp.

Ed Rouveyre et G. Blond. Imp. Edit.

LES PIERRES GRAVÉES

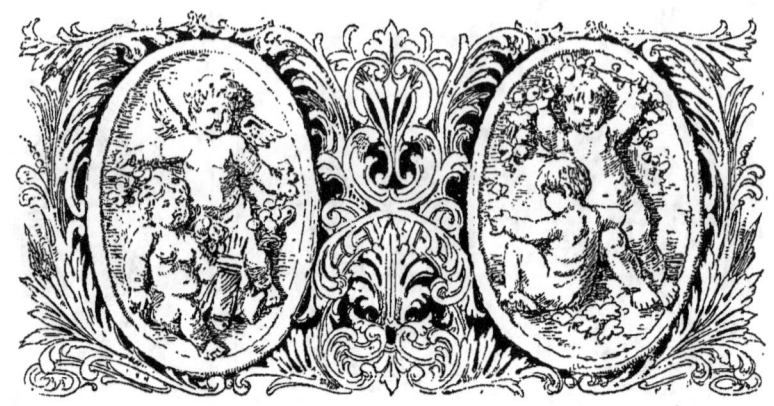

Fig. 49. Camées.

VIII.

LES PIERRES GRAVÉES. — CAMÉES. — INTAILLES. — LA GRAVURE SUR DIAMANT.

Quand on songe à la quantité considérable de pierres gravées conservées dans presque toutes les collections publiques de l'Europe, notamment au Cabinet des médailles à la Bibliothèque Nationale de Paris, il est permis de s'étonner qu'il en soit si peu souvent question dans les publications d'art.

Les pierres gravées ont cependant cet avantage sur les pierres fines, qu'en outre du précieux de la matière, elles présentent de l'intérêt, soit comme monuments historiques, soit comme types de l'art chez tous les peuples, soit comme objets d'affection pour le sujet représenté ou pour le genre de gravure. Ces nombreux motifs expliquent l'attention toute particulière avec laquelle certains amateurs recherchent les pierres gravées anciennes et modernes.

L'art du graveur en pierres fines comprend : les gravures en creux, qui sont les *intailles*, et les gravures en relief, qui sont les *camées*. La gravure des camées et des intailles emploie diverses substances : ce sont les pierres précieuses, les pierres fines et différentes *porcelaines* (*cyprœ*), coquillages composés de couches de différentes couleurs, et qui imitent assez bien la sardonyx.

Cette branche de l'art intime constitue ce qu'on appelle la *glyptique*, dont le but est de représenter, en dimensions microscopiques, les choses les plus nobles et les plus grandes, tantôt des divinités, tantôt des emblèmes d'une haute signification, tantôt l'image d'un héros, ou les traits de la beauté.

La première condition de ce petit art, ou plutôt de cet art en-petit, dit Charles Blanc, est justement la grandeur. Pensée, forme, travail, tout doit y être précieux comme la matière employée; tout doit y être à l'état de concentration, à l'état d'essence.

L'*intaille* n'est que le moule d'un relief, et comme on ne peut ni la bien voir, ni en apprécier toutes les délicatesses que sur le relief en cire qu'elle donne, elle est creusée dans des pierres opaques ou transparentes de teinte uniforme, de manière à dépouiller facilement son empreinte. On s'en sert pour faire des sceaux ou des bagues à cachet.

Le *camée*, au contraire, est travaillé en relief. C'est une sculpture en miniature faite généralement sur des pierres à deux ou trois couches de différentes couleurs, et dans laquelle l'artiste met autant que possible à profit la diversité des tons et des taches accidentelles de la matière. Le plus souvent, la première couche est fauve ou tannée; la seconde est d'un blanc doux qui participe de l'ivoire et de la nacre; la troisième, ardoisée, noire ou rougeâtre, semble préparée exprès pour servir de fond aux deux autres. Dans l'épaisseur du premier lit sont épargnées les parties de la composition maintenues dans un ton roussâtre pour être opposées au blanc de la chair, comme une draperie, un casque, un diadème, ou la chevelure et la barbe; puis, dans le second lit, sont taillées et modelées les parties nues du visage ou du corps entier. Enfin, autour des nus, s'étend le troisième lit, le lit sombre sur lequel ces nus se détachent en clair [1].

La perfection de ces charmants et délicats petits ouvrages les fit rechercher de très bonne heure par les anciens. Depuis Théodore de Samos, qui grava la fameuse émeraude de Polycrate, un grand nombre d'artistes ont rendu cet art célèbre. Les Pyrgotèle, les Evodus, les Apollonides, les Glycon, les Dioscoride, les Evodus, jouissent encore, chez les amateurs de nos jours, d'une réputation inaltérable.

On sait à quel degré les Grecs et les Romains portaient le luxe des pierres gravées. La glyptique, alors plus heureuse qu'aujourd'hui, rivalisait avec la peinture et la sculpture. Sylla, Auguste, Mécène et Mithridate, connus par leurs prodigalités et leurs richesses, aidèrent

---

1. Charles Blanc, *Grammaire des Arts du Dessin*.

puissamment à la perfection des artistes grecs. Lucullus avait également une estime particulière pour les pierres gravées. Aussi, lorsqu'il aborda à Alexandrie, Ptolémée ne trouva-t-il rien de plus précieux à lui offrir qu'une émeraude montée en or, sur laquelle se trouvait gravé son portrait.

La glyptique était à son apogée. Quant à Héliogabale, sa passion pour les pierres gravées tenait du délire. Il en faisait mettre jusque sur sa chaussure, et Lampridius, son historien, dit que souvent il poussait la folie jusqu'à ne plus vouloir se servir de celles dont il s'était paré une fois. Mais tous les Romains n'étaient pas assez riches pour déployer un pareil luxe dans leur toilette, et ceux qui ne pouvaient se procurer une pierre fine pour leur anneau, faisaient monter un morceau de verre coloré, gravé ou moulé sur quelque belle gravure alors en vogue.

A l'époque de la Renaissance des arts en Italie, on rechercha les pierres gravées antiques avec la plus vive ardeur, les unes pour les faire monter en bagues, bijoux ou objets de parure, les autres pour former des collections.

« Entre autres curiosités qui tombèrent ainsi entre mes mains, rapporte Benvenuto Cellini dans ses *Mémoires*, je citerai une tête de dauphin grosse comme une fève ; malgré la beauté du travail, l'art y était surpassé par la nature. C'était une émeraude d'une eau si pure, que la personne qui me l'acheta dix écus, la revendit une centaine après l'avoir simplement fait monter en anneau, comme une pierre ordinaire. J'eus encore la plus belle topaze que l'on eût jamais vue, l'art y égalait la nature ; elle était de la dimension d'une énorme noisette, et représentait la tête de Minerve. On ne pouvait rien imaginer de mieux. Je mentionnerai aussi un camée, où l'on avait gravé Hercule enchaînant Cerbère : il était d'une exécution si parfaite, que notre divin Michel-Ange dit qu'il n'avait de sa vie rencontré une pareille merveille ».

Mais le prix élevé de ces œuvres d'art, tant à cause du travail que de la matière, ne les mettant pas à la portée des grandes fortunes, il se forma de nouveaux graveurs qui, avec la plus louable émulation, s'appliquèrent à restaurer l'art perdu de la gravure sur pierres fines. Les belles pièces qu'ils produisirent en grande quantité, sans rivaliser avec l'antiquité, en approchaient assez pour donner une idée des chefs-d'œuvre des anciens et les retracer à nos yeux. Dès le xve siècle, Laurent de Médicis avait fait graver quelques pièces importantes par

Giovanni delle Corniole (Jean des Cornalines), ainsi nommé à cause de son talent exceptionnel. Au siècle suivant, la passion pour les pierres gravées était devenue générale. Clément Birague, graveur de Philippe II et de Don Carlos, Valerio Vicentino, Domenico de Cammei et Matteo del Nassaro, dont Vasari parle avec tant d'éloges, ont laissé des pierres gravées qui sont admirables. C'est à Mathieu del Nassaro, graveur des monnaies de François Ier, qu'on attribue les deux fameux bracelets dits de Diane de Poitiers, composés chacun de sept camées gravés sur coquille, unis l'un à l'autre par des chaînons en or émaillé, et conservés au Cabinet des médailles à la Bibliothèque Nationale.

Les plus belles pièces de ces bracelets sont imites des pierres antiques; ainsi le médaillon représentant un taureau frappant la terre ne fait que

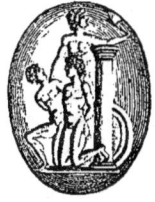 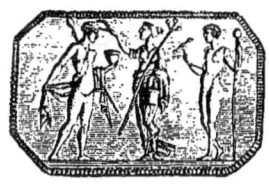

Fig. 5o et 5o *bis*. Pierres gravées en creux.

reproduire la belle calcédoine antique, sur laquelle se lit le nom du graveur Hyllus. Cet usage de reproduire des imitations antiques sur les pierres gravées ne se perdit pas. Henri IV avait pour boutons de son pourpoint douze camées en coquille représentant les *douze Césars*. Sous ce prince, Julien de Fontenay, dit Coldoré, graveur en pierres fines et valet de chambre du roi, laissa des ouvrages qui rappellent ceux de ses devanciers. Mais il faut ensuite arriver jusqu'au règne de Louis XV pour voir les pierres gravées prendre un nouvel éclat entre les mains de Guay, le célèbre élève de Bouchardon. Malheureusement, l'influence de Mme de Pompadour, qui gravait elle-même des estampes et des camées[1], se fait sentir dans la plupart des œuvres de cet habile artiste. On se prend à regretter que Mme de Pompadour ait trop souvent employé le talent de Guay à graver des badinages qui n'étaient pas toujours dignes d'un artiste pouvant traiter si excellemment le portrait historique.

La Bibliothèque Nationale possède, signés de Guay, non seu-

[1]. Voyez *L'Art et les Femmes en France.* — *Madame de Pompadour*, par Albert de la Fizelière, dans la *Gazette des Beaux-Arts*, tome III, 1859.

lement le buste de profil, en uniforme, le chapeau sur la tête, et gravé sur sardoine, de l'obscur mais brave et dévoué *Jacquot, tambour-major au régiment du roy* (1751), mais encore le portrait, en Minerve, de la marquise de Pompadour, la protectrice de Jacquot et de Guay. C'est une ingénieuse allégorie représentant *Minerve bienfaitrice et protectrice de la gravure en pierres précieuses*, et datée de 1752. D'après une note manuscrite de Guay, celui-ci nous apprend qu'il a voulu faire connaître à tout le monde sa reconnaissance pour des bienfaits que la célèbre marquise avait tenus secrets. « Guay

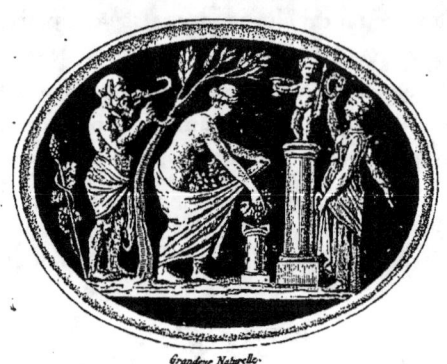

Fig. 51. Pierre gravée en relief.

a gravé cette pierre en creux pour transmettre à la postérité, la protection que Mme de Pompadour a daigné lui accorder, sa reconnesance et (est) des plus respectueuse et des plus seincère, si la graveure en pierre est conservée, on le doit à la Minerve du siècle, elle a protege cet ar en y travaillan, et fesant vivre le graveur ».

Ces lignes, qui n'annoncent pas chez Guay une grande familiarité avec la grammaire, nous apprennent que la favorite travaillait à la gravure sur pierres fines, et une autre note du même artiste affirmé que le *Génie de la Musique*, camée conservé également dans la collection de la rue de Richelieu, fut exécuté par Mme de Pompadour elle-même, dont il porte la signature. « Mme de Pompadour a beaucoup travaillé à cette pierre », dit Guay. Cette petite note, fait remarquer M. Chabouillet, nous explique peut-être comment Mme de Pompadour a fait les estampes signées de son nom. L'aimable femme y travaillait *beaucoup* ; un habile artiste les retouchait *un peu*. Quant à notre camée, il est certain aujourd'hui que nous le devons à la collaboration de Guay et de la marquise de Pompadour[1].

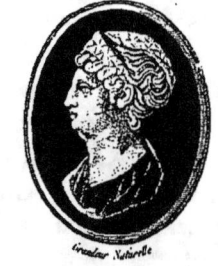

Fig. 51 *bis*.
Pierre gravée en relief.

---

1. Chabouillet, *Catalogue des camées et pierres gravées de la Bibliothèque Impériale*, etc.

Il nous reste à parler d'un autre graveur non moins célèbre, et dont la réputation fut européenne. Pickler, mort en Italie en 1791, copiait les chefs-d'œuvre antiques avec une si grande perfection, que les brocanteurs profitant de sa jeunesse et de son inexpérience, lui achetaient ses ouvrages à bas prix, et les revendaient ensuite pour de véritables pierres grecques et romaines. Pickler, s'étant aperçu de cette ruse, prit le parti de signer toutes ses productions.

Le premier empire eut aussi ses graveurs en pierres fines. Outre Jeuffroy, dont le Cabinet des médailles possède un portrait de *Napoléon Bonaparte* sur agate-onyx, daté de 1801, on cite le célèbre Berini, lequel fut jeté en prison à Milan, lors du couronnement de Napoléon comme roi d'Italie. Un incident assez singulier amena cette rigueur. Le comte de Caprara lui avait confié une très belle pierre dure pour y graver le portrait du nouveau roi : le hasard voulut qu'une tache de sang se trouvât précisément à la partie du cou, et on en fit un crime à cet artiste connu par ses idées républicaines [1].

Les derniers graveurs français de quelque renom sont Jouy, Marchand et Simon fils. On doit à ce dernier les portraits gravés en creux, sur cornaline, des principaux membres de la famille de Charles X et de celle de Louis-Philippe.

L'utilité des collections de pierres gravées est d'une grande portée. Les pierres gravées nous retracent une multitude de signes et de symboles intéressants pour l'histoire des mœurs et des usages de l'antiquité. On y voit les images des dieux ; les principaux événements de l'histoire ; les portraits des hommes illustres par leur génie ou par leur puissance ; les noms d'un grand nombre d'artistes célèbres. Ce sont les monuments les plus utiles pour l'histoire de l'art, dont ils nous servent à suivre les progrès chez les différents peuples. Enfin les peintres y ont trouvé des sujets à imiter ; Raphaël et Michel-Ange en ont fait un grand usage dans leurs compositions.

D'un autre côté, chaque jour on est à même de rencontrer dans la société des personnes qui portent soit en bague, soit en cachet, des pierres gravées, antiques ou modernes, et c'est une grande jouissance artistique de pouvoir les distinguer et les apprécier à leur valeur. Du reste, pour juger du mérite d'une pierre, relativement à l'art, il suffit d'avoir le goût et le sentiment du beau, et quelques connaissances du dessin.

Les anciens savaient que la poudre de diamant, qu'ils nommaient

1. *Curiosités de l'Archéologie et des Beaux-Arts.*

adamas, c'est-à-dire *indomptable*, entamait toutes les autres pierres précieuses, et ils s'en servaient avantageusement pour les travailler : mais ils ignoraient l'art de faire agir le diamant sur lui-même et de tourner contre lui-même sa dureté. Ils ne l'ont donc pas gravé.

On a longtemps attribué au Milanais Jacopo de Trezzo l'honneur d'avoir le premier gravé le diamant ; mais cette erreur paraît avoir été propagée par l'ignorance de ceux qui voyaient un diamant dans la topaze blanche de Saxe, gravée par cet artiste, sur laquelle se trouvent les portraits réunis de Philippe II et de don Carlos, ouvrage d'une grande beauté qu'on admire toujours au Cabinet des antiques de Paris. Dans tous les cas, si Trezzo a réellement gravé sur diamant, l'histoire ne lui attribue qu'un écusson d'armoiries, tandis que son collègue, Clémente Birago, plus connu en France sous le nom de Clément Birague, non seulement aurait gravé en intaille sur diamant les armes d'Espagne pour l'infant don Carlos, mais aurait encore exécuté sur cette pierre le portrait de ce prince, en 1562, pour la princesse Anne, fille de l'empereur Maximilien II. Malheureusement, on n'a pu découvrir jusqu'à présent ce que sont devenues ces merveilles de la glyptique de la Renaissance italienne.

Par contre, le célèbre orfèvre-archéologue M. Castellani a envoyé à Paris, à l'exposition universelle de 1867, une tête de Numa Pompilius intaillée dans le diamant au xvie siècle, et que l'on peut considérer comme le travail de Clément Birague. Cette belle intaille, si fine et d'un si beau caractère, appartient à M. le comte Ghirlanda Silva, de Milan.

Les graveurs milanais du xvie siècle ont trouvé des continuateurs. Giovanni Costanzo, qui florissait à Rome au commencement du dernier siècle, exécuta sur diamant une tête de *Néron*, œuvre parfaitement réussie. Cette intaille appartenait à Jean Gaston, grand duc de Toscane, mort en 1737. Charles Costanzo, en digne émule de la gloire paternelle, grava aussi sur diamant une *Léda* et une tête d'*Antinoüs* pour le roi Jean V de Portugal. Un diamant gravé aux armes de France était visible à Paris du temps de Mariette, et le roi de Prusse Frédéric II se servait, comme cachet, d'un diamant gravé à ses armes [1].

Ces quelques exemples, joints à celui de l'allemand Natter, mort en 1763, suffisent pour prouver que la gravure sur diamant date de la

---

1. *La Gravure sur diamant*, par M. le marquis Girolamo d'Adda, dans la *Gazette des Beaux-Arts*, tome XXIII, 1867.

Renaissance, et que cet art fut pratiqué pendant les xvi‍ᵉ, xvii‍ᵉ et xviii‍ᵉ siècles.

De nos jours, M. M.-C. de Vriès, d'Amsterdam, est le seul graveur en Europe, qui connaisse le moyen de graver cette pierre rebelle, et encore ne peut-il polir les parties creusées, qui restent ternes et grisâtres. Déjà, en 1867, il envoyait à l'Exposition universelle un diamant gravé en creux, et représentant Napoléon III. En 1878, le même artiste exposait dans la grande galerie du Champ-de-Mars un autre diamant représentant le roi de Hollande.

Suivons l'excellent conseil de M. Girolamo d'Adda, et ne tirons point trop vanité des stériles travaux sur cette matière aussi riche qu'ingrate. Millin a raison de dire que les grands artistes ne doivent pas perdre leur temps à traiter une substance aussi dure, qui n'ajoute à leur travail d'autre mérite que la difficulté vaincue, et à laquelle ils font perdre de son prix réel en diminuant son volume.

Graver ou faire graver le diamant, c'est donc faire preuve d'un faste singulier ; c'est vouloir une chose simplement rare et non un chef-d'œuvre ; car on ne parviendra jamais à y figurer les mêmes sujets que l'on fait si admirablement sur les simples pierres fines. Les personnes opulentes qui se piquent d'avoir des choses particulières peuvent l'employer plus utilement.

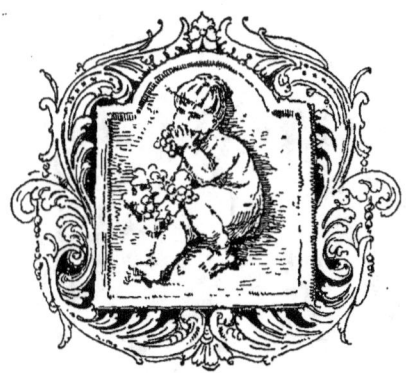

Fig. 52. Pierre gravée en relief.

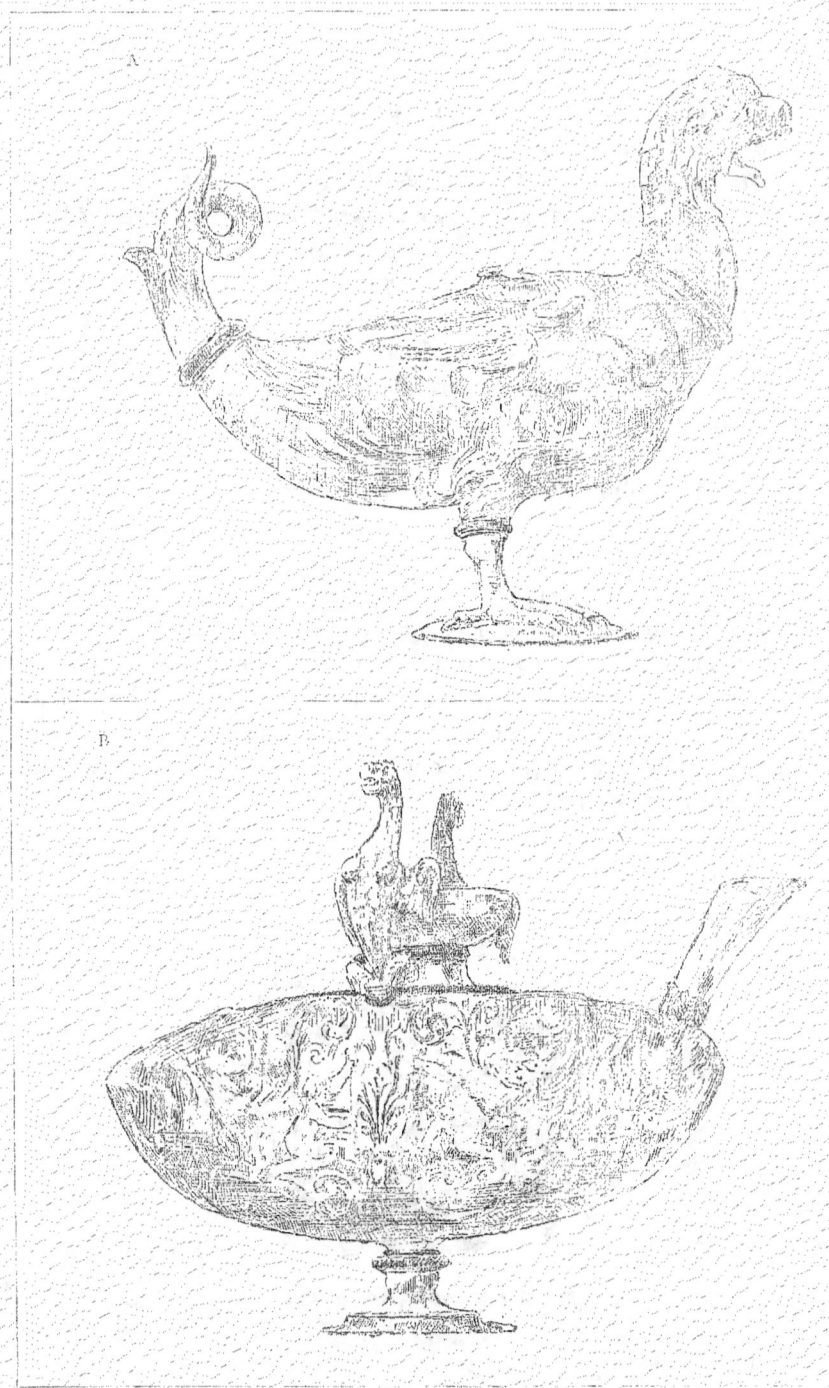

LES VASES EN MATIÈRES DURES. — CRISTAL DE ROCHE, ETC.

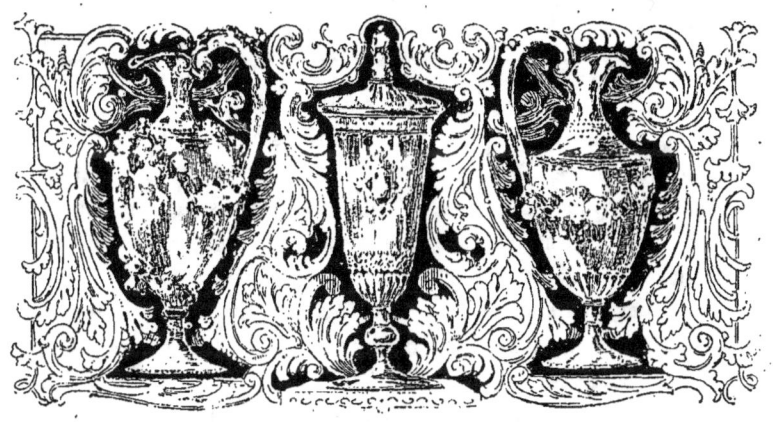

Fig. 53. Vases et Aiguières en cristal de roche.

IX.

LES VASES EN MATIÈRES DURES : CRISTAL DE ROCHE, JADE, AGATE, ONYX, ETC.

DE tout temps, les quartz, qui comprennent toutes les variétés de cristal de roche et l'améthyste comme étant l'une d'elles ; les agates, parmi lesquelles on distingue la calcédoine, la sardoine, la cornaline ; les jaspes, qui ne diffèrent des agates que par leur opacité, par leur cassure terne et compacte, la couleur mise à part ; le lapis-lazuli, la malachite, et l'albâtre oriental ou marbre-onyx, ont été fort recherchés par les lapidaires pour la fabrication des bustes, des statuettes et des vases de luxe.

Dès la plus haute antiquité, dit M. Henri Barbet de Jouy [1], ces belles matières ont été travaillées et appropriées aux usages domestiques. Les Indiens, les Assyriens, les Egyptiens, les peuples de l'Asie-Mineure et de la Grèce, ont eu des vases de pierres précieuses, dont quelques spécimens sont parvenus jusqu'à nous. L'on comprend que l'emploi des matières naturelles ait, pour les ustensiles usuels comme pour les armes, précédé la fabrication. C'est ainsi que les ouvriers de l'empire chinois ont taillé le jade avant que fût inventée la porcelaine, dont toute une série est l'imitation de cette pierre.

Les artisans des civilisations naissantes ont dégrossi et poli celles

---

[1]. *Notice des gemmes et joyaux de la galerie d'Apollon*, au Louvre.

qui étaient le mieux appropriées à des usages simples ; les artistes qui ont travaillé pour des peuples initiés à tous les luxes ont choisi, parmi les pierres les plus rares et les plus éclatantes, celles dont la possession pouvait être un privilège ou une distinction. Le triomphe de Pompée, vainqueur des rois d'Asie, introduisit à Rome les vases et les coupes de matières précieuses (*gemmaria potoria*), qui furent bientôt, et plus encore sous les empereurs, les objets d'une véritable passion. Néron acheta un bassin de cristal de roche, au prix de 150,000 sesterces ; au moment où il apprit l'insurrection qui le détrônait, il mit en pièces deux coupes de cristal, pour empêcher qu'un autre y pût boire.

Les chefs barbares, par qui fut attaqué l'empire, conçurent, à leur tour, un goût très vif pour les vases précieux dont les romains avaient emprunté l'usage aux nations plus rapprochées qu'eux de l'Orient. Le sort des combats fit passer en plusieurs mains ces dépouilles conquises. C'est par cette transmission que, dès les premiers siècles de la monarchie française, les vases de matières dures, taillés en Orient, en Grèce, à Rome, furent connus, recherchés et gardés dans les trésors des rois. C'est ainsi que des vases de sardoine et de cristal de roche d'origine byzantine ont été conservés dans le trésor de Saint-Marc, à Venise [1].

La piété les fit souvent entrer dans les églises ; le vase assurément le plus précieux qui existe, admirable autant par la matière que par le talent du lapidaire qui l'a taillé, est un vase grec de sardonyx de premier ordre, ayant la forme d'un canthare, et orné d'attributs qui se rapportent au culte de la Bacchus. Le roi Charles-le-Chauve, qui le possédait, en fit don à l'Eglise de Saint-Denis ; il l'avait préalablement approprié au service de l'autel par une monture d'orfèvrerie. Cette œuvre, si intéressante pour l'étude des arts de l'antiquité, a été heureusement sauvée de la destruction ; elle est aujourd'hui conservée dans le Cabinet des Médailles de la Bibliothèque Nationale. « On peut hardiment placer ce monument, connu sous le nom de *Coupe des Ptolémées*, au premier rang parmi les plus célèbres de la série des vases antiques de matières précieuses, dit M. Chabouillet. La beauté de ce morceau d'agate, sa dimension, la conservation merveilleuse de ses anses délicates à travers tant de siècles, l'élégance de sa forme, le mérite des bas-reliefs qui le décorent, en font l'un des plus précieux joyaux de l'écrin archéologique de France ».

1. *Curiosités de l'Archéologie et des Beaux-Arts.*

Des dangers semblables, une même sollicitude, ont fait entrer dans les collections du Louvre trois vases antiques auxquels se rattachent les noms de Louis-le-Jeune et celui de Suger. Les vases de matières précieuses étaient donc entrés dans les habitudes et les goûts du Moyen Age. « Aujourd'hui, écrivait Joinville à la fin du XIIIe siècle, on taille le cristal avec beaucoup de goût; on le dore avec la plus grande magnificence ». Dans l'inventaire des joyaux de Charles V, ce prince si éclairé, où un chapitre entier est consacré aux « coupes, pots, pintes, aiguières et goubelets de cristal », on entrevoit déjà l'esprit qui crée les collections. N'était-ce pas une pensée ressemblant à la curiosité dont les hommes de notre temps sont si fort emparés, qui avait fait arriver et rester dans ses mains « la coupe du roi Dagobert, la coupe de Charlemagne, enrichie de saphirs, celle de Saint-Louis et son aiguière » ?

Il n'est pas douteux, dit M. Barbet de Jouy, que plusieurs des vases précieux, qui sont aujourd'hui exposés dans la galerie d'Apollon, au musée du Louvre, proviennent de la chambre des curiosités de Fontainebleau ; il est plus sûr encore que beaucoup d'autres, ajoutés à ceux-là, étaient placés dans le cabinet des raretés à Versailles, cabinet détruit sous Louis XV, et dont Piganiol de la Force nous a laissé la description en 1701.

Les lapidaires ont mis à contribution les matières les plus rares pour la fabrication des vases et des coupes.

Rémi Belleau, poète de la *Pléiade*, dans son livre si curieux : *Les amours et nouvel eschange des pierres précieuses*, a dit :

> Crystal poli dessus le tour,
> Arrondi de la main d'Amour,
> Animé de sa douce haleine,
> Crystal où la coupe des dieux
> Du nectar pressuré des cieux
> Va tromper sa soif et sa peine.

C'est pourquoi M. le baron Gustave de Rothschild a réuni plusieurs coupes, dont une en topaze, et des vases de toute sorte en cristal de roche, de la même époque, ornés de petits camées et d'admirables montures d'orfèvrerie du XVIe siècle. Mais la merveille de cette collection, c'est une coupe en opale-girasol du Mexique, pièce remarquable par son volume exceptionnel et de la plus grande rareté, acquise 8,200 francs à la vente de M. Edouard Fould, en 1869. Cette superbe coupe, en forme de coquille ovale et évidée, montée sur pied à balustre et à anse formée par un serpent, avec garniture en argent doré et rubis, est vraiment digne de figurer dans les grands festins des princes asiatiques. Ecoutez plutôt Victor Hugo, dans la *Légende des siècles* :

> Les fiers satrapes sont éblouissants à voir
> Mangeant dans des plats d'or et des coupes d'opale.

Mais on n'a pas taillé dans les matières précieuses seulement des vases avec ou sans bas-reliefs, on s'en est encore servi pour sculpter en ronde-bosse des bustes et des statuettes.

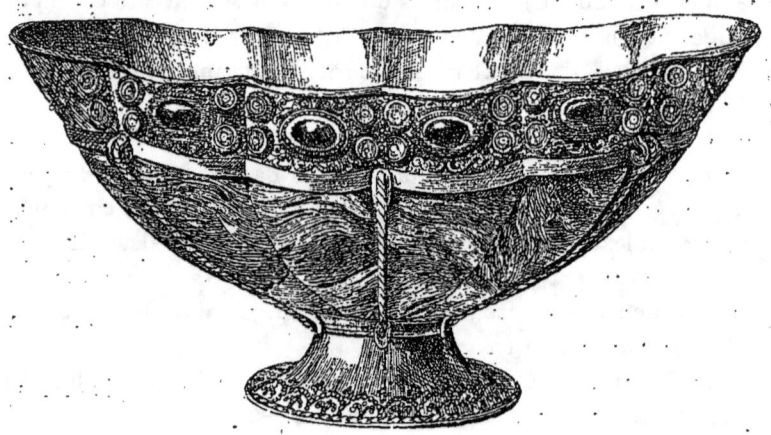

Fig. 54. Gondole d'agate, avec monture d'orfèvrerie.
(ancien trésor de l'abbaye de Saint-Denis).

Le Musée du Louvre possède les bustes des douze Césars, travail du xvie siècle, dont les têtes sont de calcédoine verte, de plasme, d'émeraude, d'améthyste, de chrysoprase, de cristal de roche, de jaspe vert, de cornaline, etc. On voit de même, dans la galerie d'Apollon, une statuette de jaspe sanguin en ronde-bosse, représentant Jésus-Christ attaché à la colonne. La colonne est de cristal de roche. Les taches rouges qui se détachent sur le jaspe vert ont été adroitement utilisées par le lapidaire pour simuler le sang ruisselant des plaies du Christ après la flagellation.

On connaît la merveilleuse collection de gemmes de la galerie d'Apollon, par le magnifique ouvrage de M. Barbet de Jouy. « Coupes, drageoirs, hanaps, nefs, tous ces objets précieux qui complétaient le service de table aux époques de luxe et d'apparat, se trouvent là en spécimens hors ligne. Mais, ce qu'il est essentiel d'indiquer, c'est au Cabinet des gemmes de Florence que se trouvent les plus beaux échantillons de vases en matières précieuses. « Quand on les examine attentivement, dit M. Clément de Ris, on est frappé de la similitude de plusieurs pièces avec des pièces du Cabinet des bi-

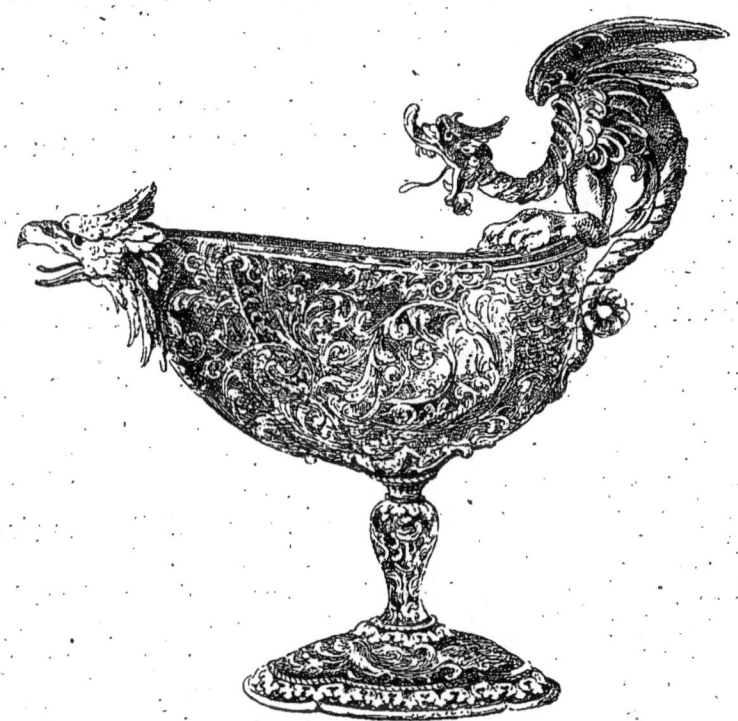

Fig. 55. Aiguière en cristal de roche, avec monture en or émaillé. *(Musée du Louvre).*

joux du Louvre. La raison en est simple. Les joyaux maintenant à Paris, firent partie des cadeaux de mariage apportés par nos deux reines de la famille des Médicis, Catherine et Marie, lorsqu'elles épousèrent Henri II (1523) et Henri IV (1600). La pièce la plus rare est précisément une cassette de cristal de roche, gravée par Valerio Belli, plus connu sous le nom de Valerio Vicentino. Célèbre dans l'histoire de l'orfèvrerie italienne, cette cassette justifie sa réputation par la finesse, la correction et le goût qui ont présidé à l'arrangement de toutes ses parties. De forme rectangulaire, à pans coupés et à couvercle, elle se compose de vingt-quatre plaques de cristal gravées en creux représentant des scènes de la Passion, et serties en argent doré et ciselé avec une exquise délicatesse. Le nom de l'artiste est gravé à plusieurs reprises sur les frises des monuments. Vasari, dans sa vie de Valerio Belli, donné en ces termes l'extrait de naissance de ce magnifique objet. « Il fit pour le pape Clément VII une cassette toute en cristal, travaillée avec une admirable maëstria, pour laquelle le pontife lui compta 2,000 écus d'or. Cette cassette fut donnée par le pape Clément VII au roi François 1ᵉʳ, à Nice, quand il s'y rendit pour marier sa nièce au duc d'Orléans qui fut depuis le roi Henri ». Comment ce beau monument revint-il de Paris à Florence? c'est ce qu'on ignore [1].

Ce qui est certain, c'est que les artistes, entraînés pour la plupart par cette mode dominante du cristal, s'adonnèrent à former des coupes élégantes, des vases d'apparat, orgueil des palais contemporains, et qui font aujourd'hui le luxe des musées et des riches collections d'amateurs.

Il nous reste à parler des petits monuments et des meubles d'agrément en matières dures que les anciens, qui se sont montrés plus grands, plus magnifiques que la plupart des peuples modernes, employaient dans leur mobilier de luxe, afin d'en déterminer la durée, et qu'ils décoraient de bronzes et autres matières les plus rares.

Ne soyons donc pas surpris de voir les amateurs des arts, les artistes et les hommes instruits rechercher avec empressement ces matières précieuses, rassembler les petits ouvrages de l'antiquité, de la Renaissance et des temps modernes, et se faire par cela même une réputation en ce genre, « afin, dit l'un d'eux, de ne pas laisser sans emploi de belles roches et pierres faites pour l'ornement, afin de rattacher l'amateur et les artistes à ces objets d'art, et de répandre le bon goût, en familiarisant avec le bon style et les dessins agréables ».

C'est ainsi que le marquis de Drée, auquel nous venons de donner la parole, possédait, entre autres objets mobiliers de grand prix :

Une grande vasque en basalte, portée par trois atlas en bronze sur une plinthe en porphyre rouge ;

Un vase de forme étrusque en granit vert foncé, avec anses et ornements en bronze doré, remarquable par la forme et l'élégance de sa monture ;

Une pendule en jaspe fleuri de Sicile, ornée de bronzes dorés et

---

[1]. Clément de Ris, *La Curiosité, collections françaises et étrangères*.

surmontée d'une coupe ovale de jaspe-agate portée par deux jeunes satyres;

Un vase libatoire massif en lapis-lazuli monté élégamment en bronze doré;

Un autre grand vase évidé en granit vert et blanc;

Une coupe à trépied à parfum, en porphyre noir antique, portée par trois chimères en bronze du meilleur style;

Une pendule unique, curieuse et très belle, formée d'un gros rocher de labrador gris opalisant en vert et bleu, et accompagné d'autres petits blocs opalisant en jaune d'or et violet, ainsi qu'un beau papillon bleu de Cayenne et un scarabée vert qui opalisent dans leur couleur naturelle. La figure du Temps, roulant la roue des heures, et autres ornements, en beaux bronzes dorés [1].

Mais pour parvenir à former une semblable collection, l'amateur doit apprendre à connaître et à distinguer les différentes espèces de roches ou pierres, telles que granit noir, blanc, vert, rose et gris; basalte vert et noir; porphyre brun, vert, jaune, noir, blanc, gris, rouge; brèche rouge et verte; lazulite bleue mouchetée de blanc, ou avec pyrites jaunes; bois pétrifiés, spath-fluor, ou albâtre vitreux, violet et blanc, ou beau bleu foncé et nuancé; malachite d'un beau vert veiné et œillé, etc., etc.

Une fois ces connaissances acquises, la collection sera formée de façon à ce qu'on y puisse trouver en comparaison toutes ces matières et les montrer employées d'une manière intéressante et agréable, afin que l'ensemble puisse propager l'amour des arts. En conséquence, l'amateur de ce genre de curiosités cherchera à réunir, dans cette collection, toutes les vues d'utilité aux charmes de l'intérêt et de la beauté :

1° En faisant entrer dans sa composition des monuments antiques d'un petit volume, et des copies de ces monuments remarquables, qui rappellent le style des anciens, enfin des choses d'agrément et d'utilité d'un travail moderne; ce qui comprend : colonnes, fûts, piédestaux, socles, urnes, statues, vases, coupes, cheminées, pendules, tables, dessus de meubles, etc.; mais il faudrait bien se garder d'admettre, comme on l'a vu à l'Exposition universelle de Londres, en 1851, des meubles usuels. « Des chaises en placage de malachite, des pianos en incrustations de porphyre, disait à ce sujet le comte de

---

[1]. *Catalogue des objets rares et précieux formant les huit collections qui composent le* Musée minéralogique *de M. le marquis de Drée*, 1811.

Laborde, semblent des gracieusetés de narval ou des carresses d'ours blanc : on ne joue pas ainsi à contre-sens avec les pierres même les plus précieuses. »

2° En faisant trouver, dans cette réunion choisie de monuments, un ensemble de tous les granits, porphyres, basaltes, serpentines, marbres et autres matières plus précieuses employées par les anciens, ou par les modernes, et celles qui sont dignes de l'être, chaque objet étant dans le plus beau choix de son espèce, et dans la dimension la plus convenable à la matière.

3° En donnant à cette collection tous les agréments possibles, soit par la variété des monuments, soit par la grâce et l'élégance des formes, soit par la richesse, le beau travail et le bon goût des bronzes dorés, dont la plupart sont enrichis, tous ces objets devant, par leur accord, concourir à l'ameublement et à la décoration des riches appartements.

Avec cet ensemble parfaitement complet, une telle collection a le mérite d'offrir aux yeux une suite de monuments qui parlent à l'esprit et aux yeux. Elle a celui d'établir le parallèle entre les arts des anciens et les arts modernes. Elle a celui de présenter le plus beau choix de toutes les matières précieuses sous une forme intéressante et agréable, et enfin, celui de former une décoration et un ameublement magnifique digne d'un palais.

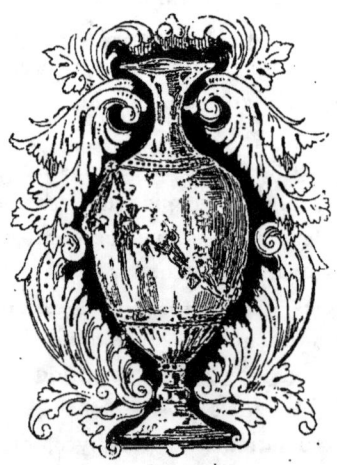

Fig. 56. Vase en cristal de roche.

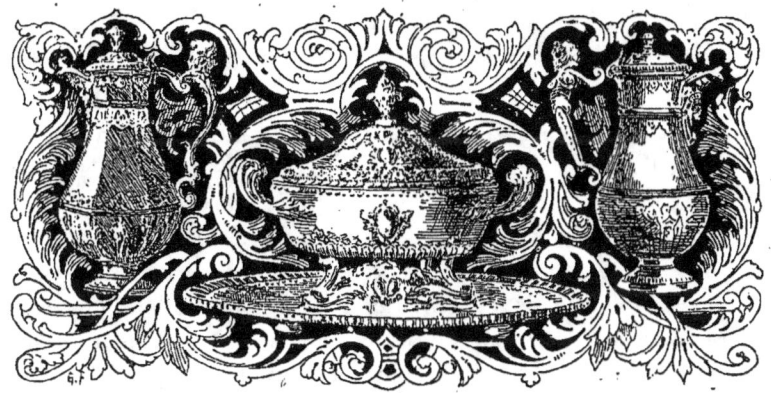

Fig. 57. Soupière en argent, époque Louis XV.

X.

L'ORFÈVRERIE D'OR ET D'ARGENT.

Pour étudier les métaux précieux et le rôle qu'ils ont joué dans le monde, il faudrait, comme l'a dit Louis Reybaud, écrire une histoire curieuse mêlée de bassesse et de grandeur où la plume serait parfois trempée de sang humain, si l'on devait parler des crimes que la cupidité a fait commettre. Mais, renfermés dans leur emploi somptuaire, l'or et l'argent, l'argent surtout, offrent une étude suffisamment pleine d'intérêt, pour que l'orfèvrerie, cet art délicat, si étroitement lié à la sculpture, trouve ici une place digne d'elle.

Il suffit de secouer la cendre des nations éteintes pour se convaincre du perfectionnement que les peuples de l'antiquité apportaient dans le travail des métaux précieux. C'est ainsi que les sépultures de l'Egypte et de l'Asie nous montrent l'orfèvrerie ayant déjà de fréquents rapports avec la décoration des demeures privées; mais il suffira de nous arrêter un moment au luxe inouï déployé par les Romains, pour montrer jusqu'où peut aller la somptuosité en ce genre. Pline, en effet, raconte que les riches patriciennes de son temps se faisaient coiffer devant des miroirs d'argent bruni d'une grandeur démesurée. Les plats d'argent de quelques excentriques pesaient jusqu'à cent livres.

Sous l'empire de Claude, un de ses esclaves, Drusillanus, poussa même la folie jusqu'à faire faire un plat qui pesait cinq cents livres. Pour l'exécuter, on avait construit tout exprès un atelier. Huit autres, qui complétaient le service, pesaient ensemble huit cent cinquante livres. Quant aux vases, les amateurs d'orfèvrerie en possédaient de toutes sortes. « L'inconstance prodigieuse de l'esprit humain varie sans cesse la forme de l'argenterie. Tantôt nous voulons des ciselures, des reliefs, des contours dessinés en couleur : déjà même nous mettons des plateaux sur les tables, et ces plateaux, qui ne servent qu'à soutenir nos mets, nous en ciselons les côtés ; le prix en est d'autant plus grand, que le burin a moins laissé de matière ».

Le luxe de la vaisselle précieuse que les Romains avaient introduit en Gaule ne disparut pas entièrement avec eux. Un centre important d'orfèvrerie s'établit à Limoges, et les grands continuèrent de se servir de bassins d'or et d'argent, de coupes où la richesse de la matière le disputait à la perfection de l'art. Chilpéric, roi de Soissons, aimait tant l'orfèvrerie qu'il surpassait en magnificence les rois de Bourgogne et d'Austrasie ; il fit faire des vases de toute espèce pour orner ses palais. « Il me montra, dit Grégoire de Tours, un grand service de table en or massif, dont l'éclat était rehaussé par les pierres précieuses qu'il y avait fait enchâsser, et il me dit que si Dieu lui prêtait la vie, il se promettait de faire fabriquer plusieurs autres vases semblables ».

Sous le règne de Dagobert, le luxe, l'éclat et la splendeur étaient portés à un point que l'on ne saurait croire. On travaillait les métaux avec une dextérité dont on n'avait eu d'exemple que pendant la domination romaine. L'or et l'argent étaient prodigués dans les ameublements sous mille formes. Les deux sièges d'or massif que Clotaire fit travailler et enrichir de perles par saint Éloi, le trône de même métal que le célèbre orfèvre limousin répara pour Dagobert, les vases, les morceaux d'orfèvrerie dont on ornait les temples et les palais, paraissent choses incroyables aujourd'hui [1].

Au VIIe siècle, saint Éloi mérita de devenir patron des orfèvres. Il exécuta, dit saint Ouen, dans sa *Vie de saint Éloi*, un grand nombre de châsses d'or et d'argent enrichies de pierres précieuses.

L'orfèvrerie se sécularisa, comme tous les arts, vers la fin du moyen-âge, et les rois firent des règlements pour la corporation des orfèvres, établie dès le XIIIe siècle. C'était à la corporation des orfèvres de Paris

---

1. F. Pouy, *Recherches sur l'orfèvrerie*, etc.

qu'était confié le poinçon pour la marque des matières d'or et d'argent. Cette marque avait été établie en décembre 1275, par Philippe-le-Hardi.

Lorsque Charles V monta sur le trône, après un règne tourmenté par des guerres civiles, et que la tranquillité revint, il se rappela que les orfèvres étaient utiles et nécessaires à la grandeur des rois ; à mesure que la France prospérait, ce sage monarque augmentait le trésor de l'orfèvrerie amassé par ses ancêtres. Pénétrés des mêmes idées, Jean, duc de Berry, et cet autre ami des arts, Louis, duc d'Anjou, mettaient leur gloire à imiter le roi de France, et ils furent, pour ainsi dire, la providence des orfèvres de leur temps.

La vaisselle d'or et d'argent de Charles V était remarquable par sa magnificence ; elle se composait de 437 pièces d'argent ; de 448 pièces d'argent doré, et de 289 pièces d'or ; il y avait 292 pièces de vaisselle d'or garnies de pierreries. L'orfèvrerie de ce temps s'attachait principalement à reproduire, avec les métaux précieux, les vases employés pour le service de la table des rois et des nobles : coupes, aiguières, hanaps, que le goût des artistes a variés à l'infini ; même pour les cuillers, fourchettes, couteaux, salières, etc.

Le règne de Charles VII ne vit pas prospérer l'orfèvrerie ; la présence de l'étranger la paralysèrent, et le roi, qui, enfin décidé à combattre les Anglais, avait besoin d'argent et d'or pour faire la guerre, s'abstint de commander des pièces d'orfèvrerie.

La France ayant chassé l'étranger, revint en possession d'elle-même. Les orfèvres de la capitale purent enfin reprendre leurs travaux avec sécurité, mais ils ne fabriquaient pas toutefois de grosse vaisselle. Un chroniqueur anonyme, de la fin du xve siècle, décrivant le cérémonial avec lequel les confitures furent apportées à l'archiduchesse d'Autriche, pendant son séjour au château de Blois, dit : « Mme de Bourbon portoit une grande boitte d'or pleine de diverses boittes de confitures. Puis venoit Mme d'Angoulesme, portant une autre boitte d'or pleine de serviettes. Après, Mme de Nevers portant une autre pleine de couteaux et fourchettes, qui avaient les manches d'or. Puis venoient la duchesse de Valentinois et Mlles de Foix, tenans chascune un drageoir en leurs mains, pleins de diverses dragées, dont l'un estoit merveilleusement beau ; l'autre estoit d'argent doré, qui estoit si grand que, quand on le tenoit à la main, il touchoit jusqu'à terre »[1].

C'est seulement au xvie siècle que le luxe de l'orfèvrerie s'accrut

---

1. De la Saussaye, *Histoire du château de Blois*.

avec la richesse que le commerce et les découvertes maritimes avaient prodigieusement augmentée. Claude de Seyssel en parle ainsi dans son histoire de Louis XII : « On use de vaisselle d'argent en tous états, sans comparaison, plus qu'on ne souloit (avait coutume), tellement qu'il a été besoin sur cela faire ordonnance pour corriger cette superfluité ; car il n'y a sortes de gens qui veuillent avoir tables, gobelets, aiguières et cuillers d'argent au moins. Et, au regard des prélats et des seigneurs, ils ne se contentent pas d'avoir toute sorte de vaisselle d'argent, tant de table que de cuisine, si elle n'est dorée, et

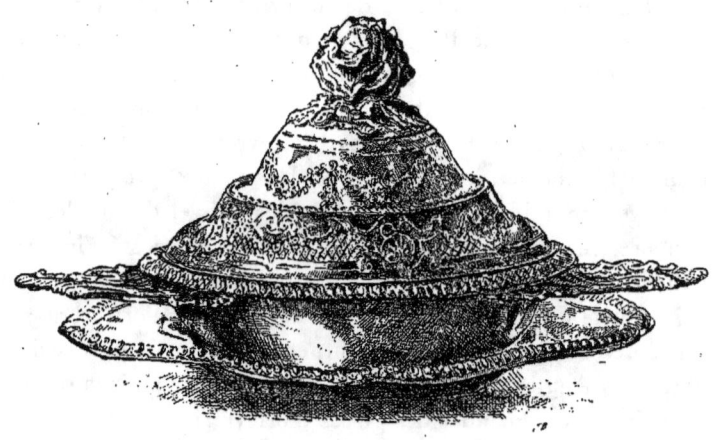

Fig. 58. Ecuelle en argent (époque Louis XV).

même quelques-uns en ont grande quantité d'or massif ». L'exemple, il est vrai, venait de haut. Anne de Bretagne faisait faire sa vaisselle d'argent par Arnoult de Viviers, et le roi Louis XII avait nommé Henry son orfèvre particulier [1].

A l'avénement de François Ier, deux orfèvres marchaient en première ligne : c'étaient Louis Deuzant et Pierre Mangot ; ces orfèvres firent des œuvres considérables pour le nouveau roi et les grands de la cour. Peut-être faut-il leur attribuer ce « buffet de cérémonie, d'argent vermeil doré extrêmement bien ciselé », décrit dans l'*Inventaire des objets d'art de Robertet*, riche financier et collectionneur sous Charles VIII, Louis XII et François Ier. Cet inventaire, rédigé en 1532 par Michelle Gaillard de Longumeau, femme de Robertet, mentionne également « une grande cuvette d'argent faite en fontaine,

---

1. De Laborde, *Renaissance des arts à la cour de France*.

où sont de ces gentilles *crotesques nouvellement inventées* qui jettent mille fleurons à petits jambages tortus, portant les uns des paysages, sur de simples lignes, même des éléphans, des bœufs et des lions, des chevaux, des chiens, des singes, des paons, des hérons et des chahuans, des vases, des lampes et des grenades de feu d'artifice, des aspics, des lézards et des limaçons, des abeilles, des papillons et des hanetons, des fées, des masques, des cornes d'abondance et autres fanfares ; — et d'encores une grosse buye (buire) tout unie,

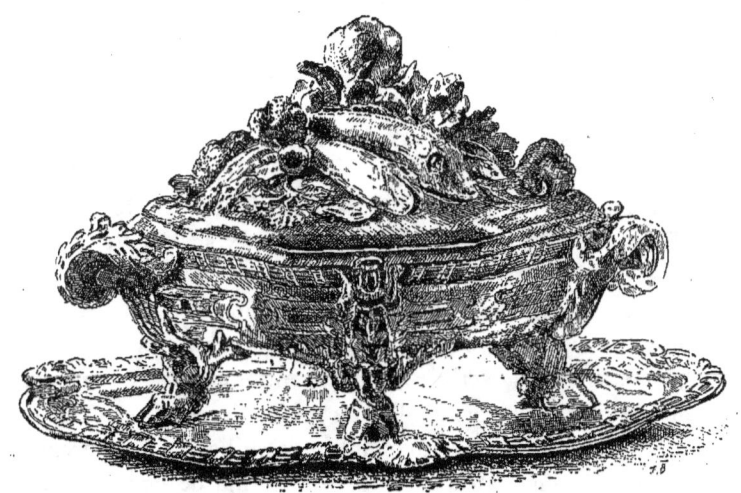

Fig. 59. Soupière en argent (époque Louis XV).

à grande anse de panier sur le couvercle, laquelle a deux oreilles pliées en plusieurs tours, et au milieu de son gros ventre elle a un grand biberon retroussé propre à verser l'eau à la fantaisie de qui en a besoin, le tout si bien travaillé que je suis en admiration des dessins et de la patience des bons ouvriers ».

Mais à peine monté sur le trône, François Ier, comme ses prédécesseurs, tourna les yeux vers l'Italie, et le vainqueur de Marignan ne tarda pas à apprécier les artistes italiens. C'est alors qu'il attira en France Matteo del Nassaro et Benvenuto Cellini, artistes éminents qui exercèrent sur notre art national une grande influence. Les orfèvres français qui profitèrent de cette influence italienne furent Etienne Delaulne, Pasquier Delanoue, fournisseur de la Maison de Lorraine, et François Dujardin, qui firent des œuvres admirables. Pendant le règne de François Ier, le style de transition, avait graduellement fait place au style de la Renaissance, qui commence avec Henri II. L'orfèvrerie de cette époque, quoique souvent maniérée, comme toutes les œuvres de la Renaissance, est encore justement estimée. On la trouve généralement appliquée aux cuillers et aux fourchettes, ce qui était un luxe tout nouveau et paraissait même ridicule. En voici une preuve tirée de l'*Isle des Hermaphrodites*, satire sur la cour de Henri III, par Thomas Artus : « Elles estoyent (les salades) dans de grands plats esmaillez, qui estoyent tout faits par petites niches ; ils la prenoient avec des fourchettes, car il est défendu dans ce pays-là de toucher la viande avec les mains, quelque difficile à prendre qu'elle soit ; et aymant mieux que ce petit instrument fourchu touche à leur bouche que leurs doigts ».

Les guerres de religion et les sanglantes folies de la Ligue arrêtèrent encore les travaux des orfèvres ; mais, sous Henri IV, ils reprirent faveur. David Venant, orfèvre du roi, et Jean Delahaye, orfèvre de Gabrielle d'Estrées, furent assimilés aux sculpteurs et aux peintres, et logés au Louvre. C'est de leurs ateliers que sortit cette vaisselle plate nombreuse, cette énorme quantité d'écuelles, fruitières, assiettes, coupes, bassins, plats, saucières, réchauds, salières, aiguières, *chandeliers à la romaine*, etc., mentionnés dans l'inventaire des biens de l'illustre favorite. Mais au milieu de cette profusion d'argenterie, on est étonné du petit nombre de cuillers et de fourchettes [1].

A cette époque, l'orfèvrerie se transforma de nouveau ; elle redevint française. L'orfèvrerie de table prit de plus en plus d'importance, et l'emploi du vermeil commença à devenir plus fréquent. Les frères Mosbereaux, orfèvres distingués de Limoges, logeaient au Louvre, sous Louis XIII, et Claude Ballin commençait ses célèbres ouvrages d'orfèvrerie. On cite, parmi les pièces remarquables de ce temps, une chapelle en or, garnie de 240 rubis et de 900 diamants, don de Richelieu à Louis XIII. Mais la pièce de cette époque dont l'exécution est la plus parfaite et la mieux ciselée, est sans contredit le coffret que l'on croit avoir été donné à la reine Anne d'Autriche, exposé au Champ de Mars en 1867, et dont les ornements présagent déjà le style de Louis XIV.

Alors florissaient l'orfèvre Merlin, qui était en grande renommée, et René de la Haye, célèbre par sa vaisselle à godrons.

Si Louis XIV n'eût pas aimé l'orfèvrerie, il y eût vraiment mis

---

1. *Notice historique sur l'Inventaire de Gabrielle d'Estrées* (1599), par M. E. de Fréville, dans la Bibliothèque de l'École des Chartes.

de la mauvaise grâce, remarque M. Paul Mantz [1] ; ses premiers jouets furent des bijoux, et, à voir auprès de son berceau tant d'or, de diamants et de perles, il eût pu se croire au pays des fées. Le cardinal Mazarin lui-même avait réuni dans son palais des curiosités du plus grand prix, dues, pour la plupart, au talent de Lescot, son orfèvre particulier. Loménie de Brienne, dans ses Mémoires, parle avec admiration de cette collection merveilleuse. « Que de chenets et de brasiers d'argent, écrit-il ; que de lustres de cristal et d'orfèvrerie ! combien de bras et de plaques de vermeil doré ! combien de miroirs garnis de plaques d'or et d'argent ! »

Ce luxe était dans le goût de l'époque. Un recensement général du mobilier de la bourgeoisie parisienne, fait en 1700, constate qu'en trouvait à cette date, chez les simples particuliers, des chenets et des encadrements de cheminées en argent, de la vaisselle plate, des *soufflets,* des *grils,* des *sonnettes,* des *écritoires* en argent, ainsi que de petits ménages en argent, à l'usage des jeunes filles [2].

Ajoutons, comme trait de mœurs se rattachant à notre sujet, que les cuillers et les fourchettes se trouvent enfin partout en grand nombre, et en aussi grand nombre les unes que les autres, comme le montre l'argenterie de table de Mazarin [3].

Louis XIV, avons-nous dit, se passionna de bonne heure pour l'orfèvrerie ; il employait souvent ses sculpteurs à modeler des meubles que l'on coulait en argent, que l'on ciselait avec un art infini. Jean Gravet exécuta une nef pour le roi ; Lebrun en fit le dessin et Laurent Magnier la sculpture ; cette pièce fut ciselée par Gérard Débonnaire. Mais parlons de Claude Ballin que Perrault, dans ses *Hommes illustres,* appelle non pas « un orfèvre », mais bien « un sculpteur en argent et en or ». Cet habile artiste travailla principalement sous le règne de Louis XIV, avec un art remarquable. Ce fut lui qui porta au plus haut degré de perfection les meubles d'argent : guéridons, tables, consoles, fauteuils, cabinets, tabourets, pots à fleurs, caisses d'orangers, toilettes, baldaquins, baignoires, balustrades de lit, dont deux pesaient ensemble 718 marcs [4], grandes tables d'argent, grands bancs que l'ambassadeur de Siam avait de la peine à soulever [5] ;

---

1. *Recherches sur l'histoire de l'Orfèvrerie française,* dans *Gazette des Beaux-Arts* (1861).
2. Ch. Louandre, *Le Luxe dans l'ancienne France.*
3. *Inventaire de tous les biens meubles du Cardinal Mazarin,* dressé en 1653. — Philobiblion Society, Londres, 1861.
4. Le marc d'argent était de 244 grammes ; sous Louis XIV, il représentait 50 francs de notre monnaie (Ch. Louandre, *Le Luxe dans l'ancienne France*).
5. De Vizé, *Suite du Voyage des Ambassadeurs de Siam,* novembre 1686.

grands chandeliers d'argent de huit à neuf pieds, bassins d'argent de dix à douze pieds de tour, cadres de miroirs en or massif, pesant jusqu'à quinze ou vingt livres [1]. C'était, comme on le voit, la résurrection du faste romain dans toute sa ruineuse somptuosité.

Laurent Texier, Montarsy, Alexis Loir, marchaient de pair avec Ballin, quand arriva Pierre Germain (1647-1684), surnommé le Corneille de l'orfèvrerie. Germain était doué d'une imagination facile et d'une main savante; il fit de l'orfèvrerie de table, dont la plupart des pièces montrent à quel degré d'habileté on était parvenu à cette époque. Quant au style des œuvres de Ballin et de ses confrères, il devait nécessairement se ressentir du goût contemporain, « le goût le plus faux, dit un historien de l'orfèvrerie, le plus abâtardi, le plus dépravé qui fût jamais ». La ligne droite, les surfaces planes, les courbes régulières elles-mêmes, la symétrie, la régularité sous toutes leurs formes, étaient absolument proscrites. Rien de ce qui peut se résoudre par une formule mathématique n'était admis dans ce style baroque, « rocaille », comme on l'a nommé depuis, dont les aspérités sans nombre et les formes contournées fatiguent l'œil autant qu'à l'usage elles devaient blesser la main. Quelques artistes habiles, quelques bons ciseleurs traitaient certainement avec grâce le nu de la figure humaine, mais cette grâce elle-même était mêlée de tant d'afféterie, qu'elle était là comme une nouvelle preuve de la décadence du goût.

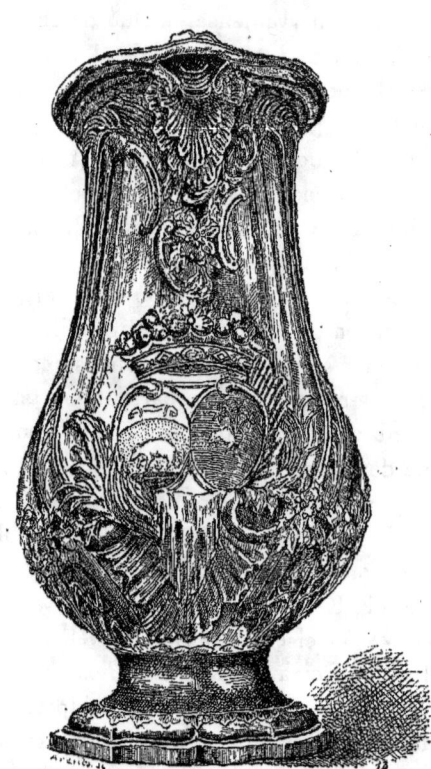

Fig. 60. Aiguière en argent (époque Louis XV).

La guerre ayant épuisé le trésor, il fallut faire argent de tout.

---

1. Charles Perrault, *Hommes illustres*, Vie de Claude Ballin, orfèvre.

L'ART INTIME   Planche IX.

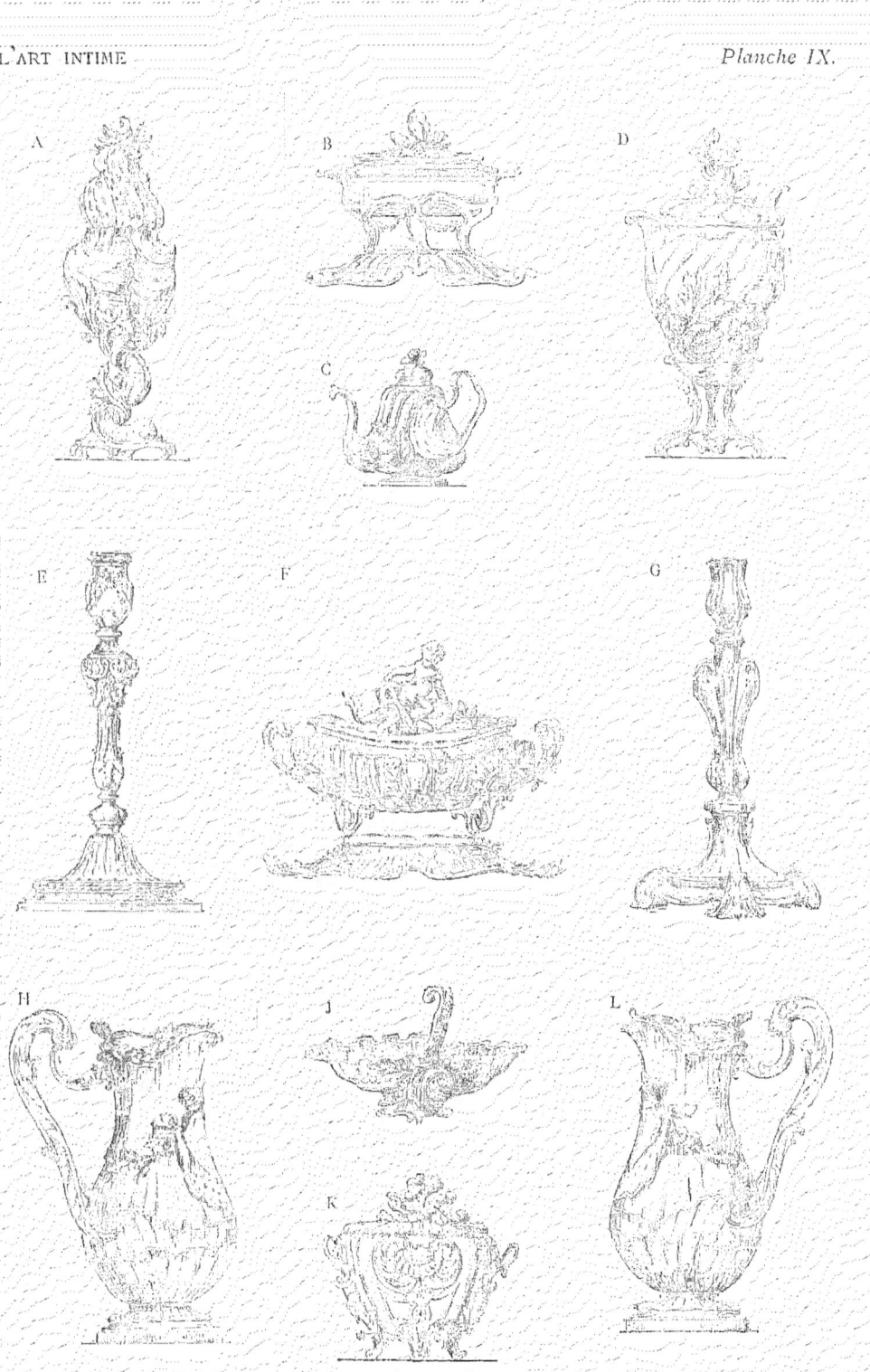

Arents, sculp.   Grivaz, del.

L'ORFÈVRERIE D'ART ET DE TABLE

N'importe, l'orfèvrerie se maintenait, grâce aux grands seigneurs. Nicolas Delauney et Pierre Boin se mettaient en ligne pour rivaliser avec les anciens. Mais un coup funeste devait encore être porté à l'orfèvrerie : les travaux des orfèvres faits depuis un siècle étaient marqués pour la destruction ; car on allait maintenant s'attaquer à cette orfèvrerie de table, que les Claude Ballin, les Pierre Germain avaient portée à son plus haut degré de splendeur. Saint-Simon rappelle, dans ses Mémoires, que, pendant la guerre de 1689, « tant de précieux meubles d'argent massif qui faisaient l'ornement de la galerie et des grands et petits appartements de Versailles et l'étonnement des étrangers, furent envoyés à la monnaie, jusqu'au trône d'argent ». Il ajoute que les ennemis se raillèrent « du peu qui en revint et de la perte inestimable de ces admirables façons plus chères que la matière, et que le luxe avait introduites depuis sur la vaisselle ». En effet, tous ces chefs-d'œuvre avaient coûté dix millions et n'en rendirent pas trois [1].

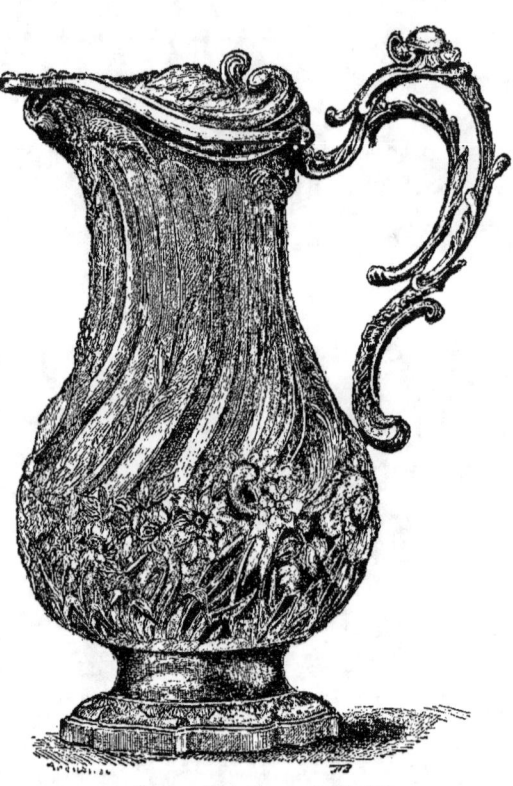

Fig. 61. Aiguière en argent (époque Louis XV).

Dans cette hécatombe de l'orfèvrerie, le roi ne sauvegarda que l'orfèvrerie d'église, qui plus tard eut son heure fatale. Cette fonte dura six mois. Outre les meubles, il existait encore à Versailles une quantité considérable de statuettes et de bas-reliefs en vermeil et en argent ciselé. Malgré la beauté du travail, tous les objets furent fondus, ainsi que les toilettes de toutes les dames de la cour, y compris celle de la dauphine. Louis XIV ne respecta pas même la statue

---

[1]. Voltaire, *Siècle de Louis XIV*, chap. Finances. — On peut voir, dans les *Recherches des Finances* par Forbonnais, depuis 1680 jusqu'à 1700, les sommes que produisirent ces fontes d'argenterie.

équestre de son père [1]. Seul, le fameux miroir d'or, pesant 40 marcs, que Ballin avait exécuté pour Anne d'Autriche, fut conservé dans les appartements de Versailles, où Colbert avait fait rassembler en collection les plus précieux objets qui formaient le cabinet des bijoux et des curiosités de la couronne [2].

A cette époque, Nicolas Delauney se maria avec la fille de Claude Ballin. C'est ce Delauney qui, en dessinant les pièces de Ballin, les sauva de l'oubli où elles seraient tombées. Dans les siècles futurs, les artistes n'auraient pas pu comprendre cette lacune, par l'absence des œuvres d'art en orfèvrerie du grand siècle.

Les dernières années du règne de Louis XIV furent tristes et sévères. Le vieux roi ne riait plus, et la cour était forcée de se plier au régime rigoureux, imposé par Mme de Maintenon, plongée dans les pratiques religieuses. Aussi, à la venue de la Régence, la joie, comprimée de toutes parts, éclata dans un rire universel. Les orfèvres, ne pouvant rester moroses, suivirent le torrent; puis, se débarrassant de la lourdeur grandiose du siècle de Louis XIV, ils accueillirent la légèreté nouvelle. La Régence ne fut pas de longue durée; mais son style est marqué par l'élégance des ornements et mille fantaisies dans les arabesques qui préparent le style Louis XV [3].

L'avènement de Louis-le-Bien-Aimé fut l'occasion de grandes fêtes; aussi les orfèvres furent-ils appelés à exécuter les pièces qui devaient faire revivre le luxe. C'est alors que le nouveau roi fit faire par Delauney, aidé par un habile orfèvre nommé Dominique, une magnifique toilette dont il fit cadeau à l'infante Marie-Thérèse.

Le neveu de Ballin fit aussi un surtout colossal pour l'ambassadeur d'Espagne : Neptune apparaissant sur une conque artistement rocaillée; les naïades, les tritons, les sirènes, toutes les divinités marines escortaient leur roi; les roseaux du rivage furent considérés comme une merveille de ciselure. Ce fut le dernier travail du deuxième Ballin; il mourut en 1754, et ce neveu du grand Ballin mourut en criant à la décadence de l'art.

Mais Delauney avait un émule digne de lui : c'était Thomas Germain, fils de Pierre Germain. Les pièces d'orfèvrerie faites par ces deux maîtres sont également belles. Dans de certaines, on donnait

---

1. Voir l'inventaire conservé à l'Hôtel des Archives de Paris, N° K, 362, et Dangeau, édition Didot, page 333.

2. Paul Lacroix, *Histoire de l'Orfèvrerie*.

3. *Histoire de l'Orfèvrerie*, dans les Rapports des délégations ouvrières à l'Exposition universelle de 1867.

le dessus à Thomas Germain. Il ciselait, dit Mariette, avec un goût supérieur. Voltaire lui-même a vanté

> Tous ces plats si chers que Germain
> A gravés de sa main divine [1]

et dont plusieurs spécimens figurent aujourd'hui dans les précieuses collections de MM. le comte d'Haussonville, le comte de Turenne et le comte des Moustiers de Mérinville.

Un dessinateur de cette époque, Meissonnier, a composé pour les orfèvres beaucoup de pièces, dont le style rocaille porte les traces d'une imagination qui oublie quelquefois la destination de l'objet qu'elle rêve. Quoi de plus bizarre, de plus extravagant, que le jet de rocailles, trop semblables à des amas de rocs et de glaçons, qui se hérissent autour des fruits, des légumes, des écrevisses qui se trouvent dans la composition du surtout exécuté, en 1735, pour le duc de Kensington ! Pourtant Meissonnier, dans divers dessins de candélabres et de flambeaux, a fait preuve d'un grand savoir d'arrangement.

Vers 1749, un orfèvre étranger, Jacques Rœttiers, se fit connaître en France par son style rocailleux, style de plus en plus en faveur parmi les orfèvres de son temps, l'orfèvre Villeclair, entre autres. Pourtant on connaît de cet artiste et des ses confrères français des exécutions vraiment bien faites et d'une composition très remarquable. Ces pièces, exposées en 1867 au Musée de l'histoire du travail, représentent bien l'opulence ; la forme en est gracieuse, l'ornementation coquette ; les plats sont à bords contournés, les soupières ventrues et les bosses ou côtes intercalées de canaux ; elles sont couronnées de sculptures accentuées à grands reliefs. Cette orfèvrerie meublait bien une table.

C'est l'époque des soupières rondes ou ovales, à côtes torses, avec couronnement de choux-fleurs. Devant cette ornementation exagérée, le dernier des Ballin avait bien raison de crier à la décadence. Après 1760, l'orfèvrerie tombait dans la rocaille complète ; réunion de grandes coquilles ensemble, les coins bouchés avec de petites coquilles, tel est le style de cette époque qui heureusement ne fut pas de longue durée. Le goût s'était tellement dépravé, qu'il fallut une réaction : Mme de Pompadour la commença ; elle unit ses efforts à ceux du comte de Caylus, qui avait publié ses observations sur les

---

1. Voltaire. *Les Vous et les Tu*.

antiquités d'Herculanum, que Cochin et Belliard mirent au jour. On a des exemples de ce changement dans deux moutardiers en forme d'enfants traînant des tonnelets placés sur des brouettes, provenant du service de Mme de Pompadour et appartenant à Mme la comtesse de Vergennes. Un artiste, nommé Micalef, est cité comme le premier qui ait exprimé les idées de cette rénovation [1]. Jamais révolution ne s'effectua avec plus de promptitude. L'argent et même l'or s'assou-

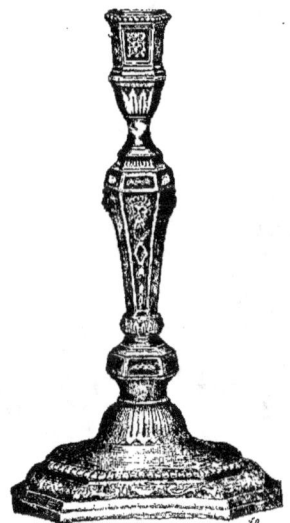

Fig. 62. Chandelier en argent
(époque Louis XV).

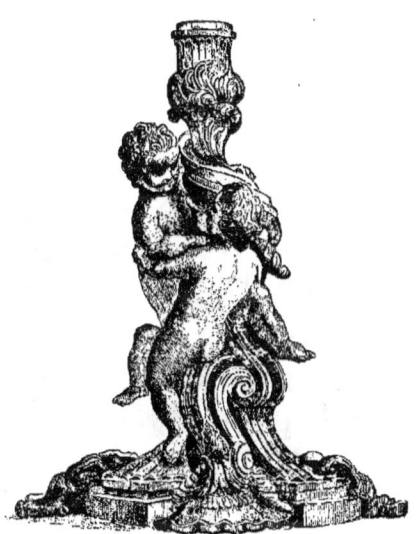

Fig. 63. Flambeau en argent,
d'après Meissonnier.

plissaient sous la main des orfèvres et prenaient les formes les plus élégantes. On sait par Mercier que quelques dames de haut rang possédaient des toilettes en or massif, comme celle dont la Du Barry tirait vanité. « On rit du mot de cet homme de la campagne qui, en apprenant que Mme Du Barry a chez elle une toilette tout en or, a dit : *Gn'ien a donc pas en diamant ?* » [2]

Quoi qu'il en soit, le rococo fut peu à peu abandonné, et les gens de goût contribuèrent à cette renaissance de l'art grec, qui fit le style Louis XVI. Avec ce nouveau venu, on fit des choses charmantes ; on est étonné qu'il en reste autant. Quand il est bien compris, ce style, quoiqu'un peu lourd, a des détails qui l'allègent et charment

---

[1]. *Catalogue de l'argenterie ancienne appartenant à M. le baron Jérôme Pichon*, Notice.
[2]. Duc Stanislas de Norbert, *Tablettes d'un gentilhomme sous Louis XV*.

l'œil. Les plus gracieux spécimens de ce style sont; sans contredit, les aiguières, bassins, cafetières, vases à rafraîchir et soupières de Mme Denain, de Mme la comtesse de Béhague, de MM. le marquis de Galard, le comte de Fresne, le baron Sellière, le comte d'Armaillé, Spitzer, et enfin le médaillon de la reine Marie-Antoinette en argent guilloché et repoussé, de l'ancienne collection Léopold Double.

Au début du règne de Louis XVI, Auguste, habile orfèvre, se montra bon ciseleur; il avait travaillé pour Mme de Pompadour qui, par son influence, contribua puissamment, dans sa lutte contre le

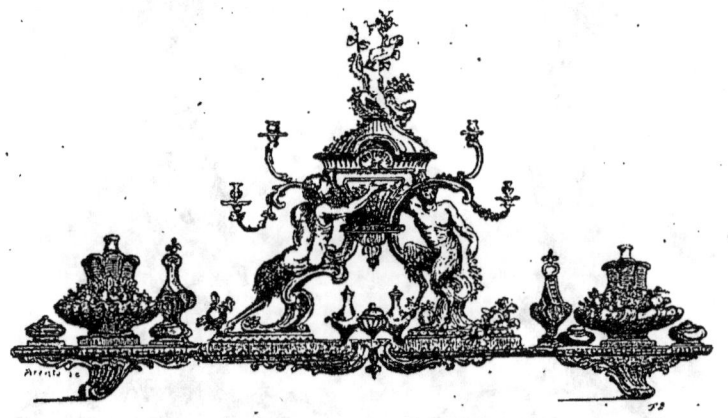

Fig 64. Surtout de table d'après Meissonnier.

rococo, à la renaissance du joli, et finalement donna son nom à ce genre de transition du Louis XV au Louis XVI. Auguste fut nommé orfèvre du roi. Les *Tablettes de Renommée* font mention de lui en 1772 et le citent pour son habileté dans « tout ce qui concerne la vaisselle et les bijoux ciselés ». A l'avènement du roi, Auguste devint l'orfèvre préféré de la cour. « Il existe de lui deux fontaines à thé ou à café, très grandes pièces d'orfèvrerie échappées à la Révolution : fort beaux ouvrages très bien exécutés et ciselés par Gouthière, l'artiste par excellence de la ciselure Louis XVI, qui montait si savamment les vases de Chine ; ses ornements étaient un peu secs, mais dans l'ensemble les lignes étaient pures et ne manquaient pas d'élégance. On a tellement abusé de la reproduction de ses montures, qu'il est quelquefois difficile, même pour les amateurs, de reconnaître les originaux ; on présente souvent des ciselures dites de Gouthière : qu'il serait malheureux pour cet artiste de les avoir ciselées ! Les amateurs devraient se garder de consacrer ces sortes de fraudes qui ne servent qu'à enrichir quelques marchands de la bande noire ; ils devraient s'adresser à nos habiles ciseleurs, qui reconnaîtraient parfaitement si la main de l'artiste a passé par là » [1].

Le règne de Louis XVI, si curieux par les tendances bourgeoises de l'art, remarque avec raison M. Paul Mantz, se préoccupa plus que tout autre des moyens de satisfaire le goût des classes intermédiaires pour l'orfèvrerie à bon marché. C'est en effet de cette époque que date, non l'invention, mais la résurrection du *plaqué* et du *doublé* dans l'orfèvrerie, c'est-à-dire l'application d'une lame d'argent sur du cuivre, méthode dont, en 1759, Vincent Huguet avait entretenu ses collègues de l'Académie des sciences.

Il faut arriver aux dernières années du Directoire et au début du Consulat, pour voir refleurir l'orfèvrerie anéantie par la crise révolutionnaire. Aux expositions de l'an VI et de l'an IX, quoiqu'elles n'aient duré que quelques jours, les orfèvres se hâtèrent de prendre part. Là, brillaient les Auguste fils et les Odiot. Déjà, en 1774, Jean-Gaspard Odiot, mort à Paris en 1778 et père de Claude Odiot, l'orfèvre du premier Empire, dont les descendants tiennent encore aujourd'hui une si grande place dans l'orfèvrerie, avait trouvé le moyen d'émailler sur la dorure toutes sortes de couleurs imitant les pierres fines.

Vers la fin du XVIIIe siècle, les orfèvres étaient parvenus à estamper l'argent, et par ce système on avait des salières, des bouts de table, des sucriers, avec cristal intérieur ; l'argent ne servait que de garniture. Aussi, au retour de la campagne d'Egypte, l'orfèvrerie ordinaire fut un mélange de grec et d'égyptien. Pour salières, bouts de table, sucriers, on employait indifféremment des sphinx, des palmettes grecques, des cygnes ; pour colonnes, des obélisques et aussi des colonnes carrées ou rondes avec anneaux, aux ornements impossibles : tout cela était estampé. Pour moulures, des raies de cœur, des feuilles d'eau, feuilles de persil, faites à la molette sur le tour, tout cela monté sans rime ni raison.

L'orfèvrerie ordinaire en était arrivée à ce point de décadence au commencement du siècle actuel. Les seules maisons Odiot, Auguste fils, Biennais, puisaient aux dessins des novateurs Percier et Fontaine. Ces maisons faisaient tout leur possible pour rendre à l'orfèvrerie

---

1. *Histoire de l'Orfèvrerie*, dans les Rapports des Délégations ouvrières à l'exposition universelle de 1867.

son éclat ; elles formèrent une école d'ouvriers qui firent des pièces très bien exécutées. C'était le commencement du bruni.

L'orfèvre qui a fait les ouvrages les plus remarquables de la période impériale est Jean-Baptiste-Claude Odiot. Tout ce qui sortait de ses mains fut marqué du cachet rigide de cette école, qui fit entre autres grande pièces, la toilette de Marie-Louise, d'après un dessin de Prud'hon. Cette pièce, disent les écrits du temps, est très remarquable ; comme le comporte l'école de cette époque vouée à l'antique, c'est toujours la ligne droite, le carré ou les formes triangulaires qui n'offrent guère de ressource pour faire de l'élégance.

En 1811, Odiot et Thomire firent le berceau du roi de Rome ; ce berceau était très bien exécuté, mais toujours dans le même goût. On a pu le voir il y a quelques années au Louvre, dans le Musée des Souverains, mais il a subi des transformations lors de la naissance du duc de Bordeaux ; on avait ôté les parties les plus belles ; si bien qu'on ne peut plus porter un jugement sur ce beau travail.

On rapporte qu'à son départ pour la campagne d'Italie, Bonaparte se trouvait absolument sans ressources. Le tablettier Biennais, ayant entendu parler des embarras financiers du jeune général, eut confiance en son étoile et lui vint largement en aide. Le vainqueur d'Arcole et de Lodi, devenu empereur, se souvint de cette action, et d'un fabricant de nécessaires il fit un orfèvre.

Et d'un geste, César créait des capitaines.

Biennais ne tarda pas à marcher à la hauteur d'Odiot ; il fut orfèvre de l'empereur et fit tous les services des maréchaux. Napoléon voulait, en effet, que la cour impériale resplendît du plus vif éclat, et il exigeait que tous ceux qui l'entouraient déployassent le plus grand luxe. L'orfèvrerie avait enfin retrouvé ses beaux jours, non comme style, mais comme travail.

A l'exposition de 1806, Biennais exposa des pièces d'une fabrication très soignée, simples réminiscences de l'antique. Mais le goût du jour voulait qu'on ne sortît pas des sévérités de David et de Prud'hon ; aussi l'orfèvrerie perdait-elle énormément à force de viser à l'imitation du style grec, dans ce qu'il avait de plus grêle et de plus froid; elle prenait un caractère de mièvrerie uniforme qui engendrait l'ennui de voir toujours la même chose.

Enfin, sous la Restauration, arriva Fauconnier, orfèvre du duc d'Angoulême. A l'exposition de 1827, il envoya quelques pièces dans lesquelles on pouvait voir qu'il cherchait à faire sortir l'orfèvrerie du mauvais goût où elle était tombée. A cette époque, il se faisait un travail dans les esprits contre les idées classiques. La littérature et les arts se révoltaient contre cette rectitude géométrique et voulaient respirer à l'aise. Fauconnier eut le pressentiment du changement qu'il fallait faire. Dans le service du duc d'Angoulême, il exécuta, à l'aide de Chenavart, de Barge et des meilleurs ciseleurs, ses premiers essais de Renaissance, il reprit le travail de la ciselure repoussée, et, en 1834, il exposait son vase de Lafayette, œuvre qui, malgré ses imperfections, est une pièce hors ligne. Fauconnier peut être regardé comme le rénovateur de l'orfèvrerie moderne.

Depuis cette époque on a vu se développer dans l'orfèvrerie la sève génératrice qui s'étendait également à toutes les branches artistiques. Les noms des orfèvres français qui l'ont illustrée sont familiers à tous les amateurs : ce sont MM. Gustave et Ernest Odiot, Vaquer, Morel, Duponchel, Christofle, Froment-Meurice et les frères Fannière, dans les magnifiques travaux desquels se résume l'orfèvrerie d'art du xixe siècle.

Fig. 65. Salière de Benvenuto Cellini.

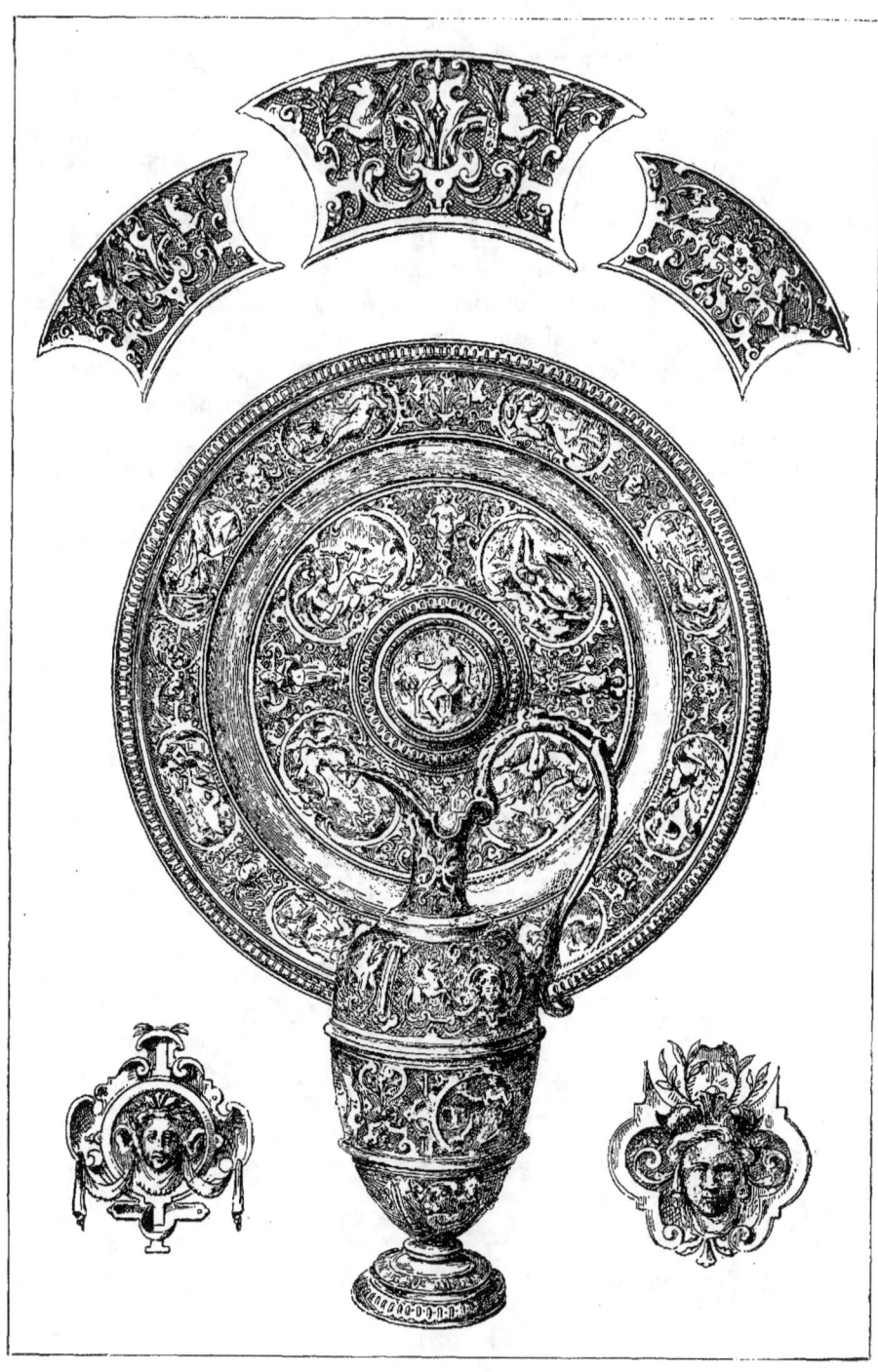

L'ORFÉVRERIE D'ÉTAIN.

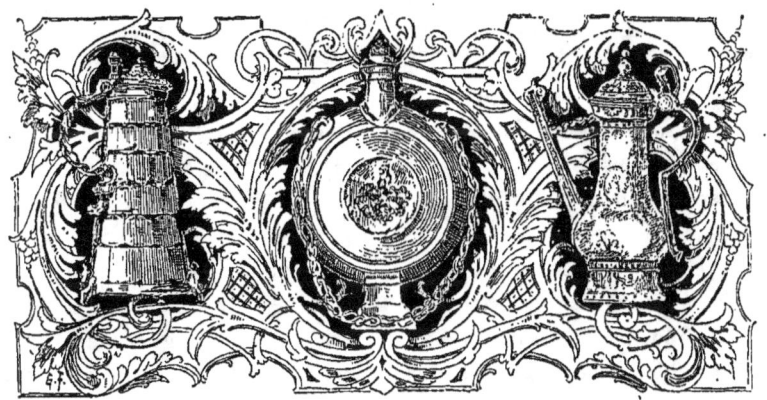

Fig. 66. Pot, Gourde et Cafetière en étain (XVIᵉ siècle).

XI.

L'ORFÈVRERIE D'ÉTAIN.

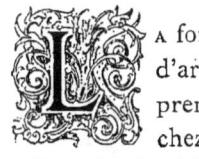A fonte de l'étain, qui a produit de vrais chefs-d'œuvre d'art décoratif durant l'époque de la Renaissance et la première moitié du XVIIᵉ siècle, était très répandue chez les anciens [1]. Mais les potiers d'étain, dont l'effort s'était si longtemps borné à satisfaire les besoins de la vie quotidienne et à fabriquer des objets de ménage, s'enhardirent tout-à-coup au point de lutter avec l'orfèvrerie, et s'étudièrent à reproduire les modèles qu'elle leur fournissait. Ils réussirent à tirer un merveilleux parti de cette matière si facilement malléable.

Au moyen âge, l'étain n'était guère employé que dans la fabrication des ustensiles domestiques. « Quiconque veut estre ovriers d'estain, c'est à savoir fesières de miroirs d'estain, de fermaux (agrafes) d'estain, de sonnetes, de anèles (anneaux) d'estain, de méreaux (jetons) de toutes manières et de toutes mesmes chosettes appartenans à plom et à estain, il le peut être franchement et ouvrer de nuiz et de jours, se il li plaïst.... » lit-on dans les *Statuts des Métiers* d'Etienne Boileau, rédigés au XIIIᵉ siècle.

Suivant les mêmes statuts, les potiers d'étain s'appelaient *estai-*

---

[1]. Germain Bapst, *L'Orfèvrerie d'étain dans l'antiquité*.

myers. Mais, à ce qu'il paraît, les potiers d'étain et les ouvriers d'étain formaient deux compagnies distinctes; les premiers faisaient les grandes pièces, les autres exécutaient les menus ouvrages qui rentrent aujourd'hui dans le domaine des bimbelotiers et des miroitiers.

Un siècle plus tard, l'étain servait principalement à confectionner les écuelles, les vases et les ustensiles de table en usage chez les petits bourgeois. Le luxe de l'orfèvrerie d'or et d'argent était réservé à la noblesse riche, et plus particulièrement à la cour. On voit dans le *Ménagier de Paris*, un bourgeois de la fin du xive siècle qui parle de son dressoir de salle à manger et de son dressoir de cuisine, mais, sur l'un comme sur l'autre, il n'exposait que de la vaisselle d'étain, et si sa maison était bien tenue, si sa vaisselle était brillante, la propreté en était tout le luxe, comme elle en faisait tous les frais.

En somme, la vaisselle de cuisine ou du commun chez les riches et la vaisselle la plus générale, même chez les gens aisés, étaient en étain. Nous en donnerons pour exemple les 142 écuelles d'étain de la reine Clémence, ainsi que la vaisselle qui servait à l'archevêque de Reims, au xive siècle, et chez le duc de Bourdonnais, en 1507. Il est à remarquer que le Testament du dit archevêque de Reims mentionne « deux pots de trois chopines *à façon d'argent* », c'est-à-dire prenant les formes de l'argenterie.

Au xve siècle, les *potiers* d'étain ou fabricants de *pots*, s'appelaient aussi *pintiers*, fabricants de *pintes* ou flacons d'étain. « A Guiot de Morennes, pintier d'estaing, la somme de 35 sols tournois, pour deux flacons d'estaing », dit le *Compte rendu des dépenses de Louis XI*, année 1469. Tel était ce potier d'étain dont parle Guillebert de Metz en 1407, établi devant le Palais, et « ouvrier de merveilleux vaisseaux d'estain ». Enfin, il y avait à Tours, en 1423, un potier d'étain, Jean Goupil, chez qui Marie d'Anjou ne dédaignait pas de s'approvisionner pour le service de sa maison.

On ne voyait alors que les riches ou les bourgeois qui eussent des écuelles d'étain fin; chez les pauvres, comme nous l'apprend le *Viander pour appareiller toutes sortes de viandes*, par Taillevent, elles étaient de poterie ou de bois.

Les ustensiles d'étain, d'abord grossièrement fabriqués, furent avec le temps mieux confectionnés. Vers la fin du xve siècle, le goût de la forme s'était tellement répandu, et il s'établit entre toutes les classes une rivalité de luxe si vive, qu'on voulut en faire parade même avec la vaisselle d'étain, et des artistes habiles se firent une réputation honorable comme *estaimyers*. C'est alors qu'apparaît le rôle de l'étain comme orfèvrerie de luxe, et l'on voit prendre à cette orfèvrerie un tour artistique plus particulier et servir à l'exécution de magnifiques pièces.

Les potiers d'étain du XVIe siècle avaient fait de grands progrès. Non seulement ils planaient la vaisselle qui sortait de leurs mains, mais encore ils la doraient. Au reste, quand on entrait chez un riche bourgeois, on voyait tout d'abord briller sur son dressoir sa vaisselle d'étain, qui avait l'éclat et les élégantes formes de la vaisselle d'argent ou d'or [1]. Dans la *Reconnuë*, comédie de Remi Belleau (1564), la chambrière Janne se plaignant des tracas que lui font endurer ses maîtres, dit :

> Il me faut suivre çà et là
> Madame et frotter haut et bas,
> Me rompre mains, jambes et bras,
> A tourmenter une escabelle,
> Un banc, une table, une escuelle,
> A celle fin que son airain,
> Son cuivre, son fer, son étain,
> Reluise jusqu'au lamperon
> Et jusqu'au fond du chaulderon.

La poterie d'étain était de plus en plus en faveur ; il ne lui manquait plus que de devenir un art. C'est sous le règne de Henri II que cet événement se produisit, et le promoteur de cette conquête, ce fut le français François Briot, habile maître dont le nom même serait inconnu, s'il n'avait pas pris le soin de signer ses pièces.

François Briot, dont les buires et les plats ornent aujourd'hui les principales collections de l'Europe, était graveur en médailles et travaillait à la Monnaie de Besançon. Il paraît avoir vécu de 1550 à 1615, comme nous l'ont appris les découvertes récentes de M. Castan, bibliothécaire de la ville de Besançon [2].

Quoique François Briot ne fût pas orfèvre, il eut été bien digne de l'être, bien moins, il est vrai, par son talent de ciseleur, — M. Germain Bapst a démontré que ses pièces n'ont jamais été ciselées ni même reprises en ciselure après la fonte, — que par le goût qu'il apporta dans l'invention et l'élégance des formes. Lui-même, dit M. Paul

---

1. Montfaucon, *Monuments de la Monarchie française*, Chambre de Henri II.
2. Germain Bapst, *L'Orfèvrerie d'étain, L'Œuvre de Fr. Briot.*

Mantz, il se considérait comme sculpteur : *sculpebat Franciscus Briot*, telle est l'inscription qui figure le plus souvent au revers des plats et des bassins qui supportent ses aiguières, et il y gravait volontiers son

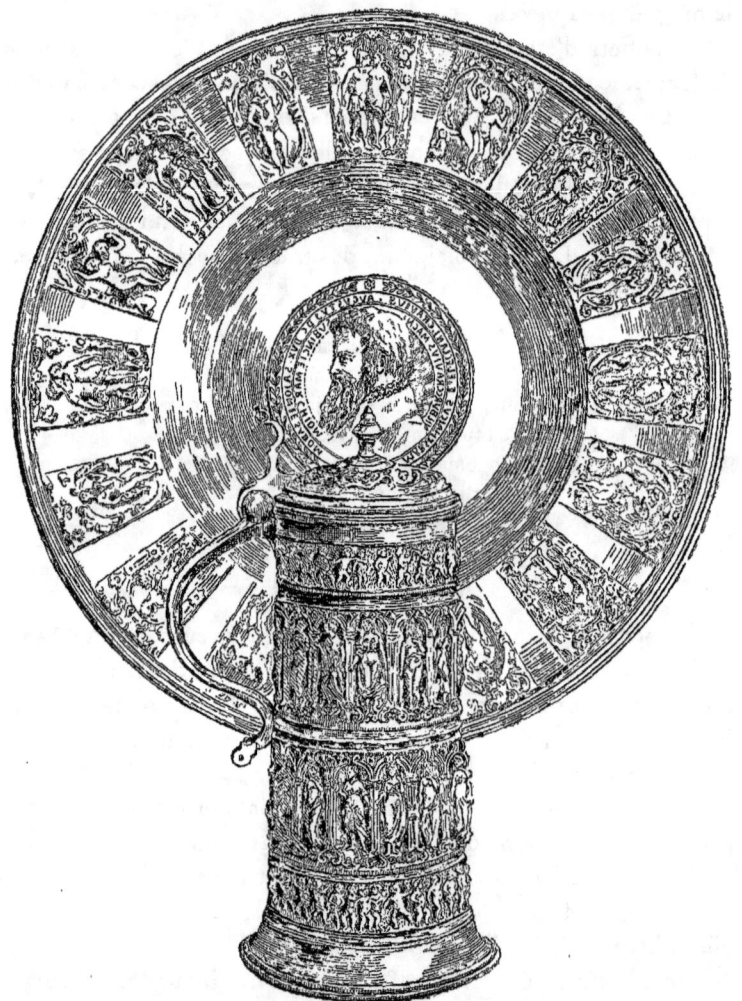

Fig. 67. Bassin et pot à bière en étain *(Collection Sauvageot, au Louvre)*.

portrait, signant ainsi deux fois ses productions les mieux venues. Pourquoi n'a-t-il pas ajouté une date ?

Les ouvrages du célèbre potier d'étain ne sont pas très rares : lorsque l'artiste avait obtenu, à l'aide du moule gravé dans un métal ou dans une pierre lithographique (comme pour une médaille), un modèle qui lui plaisait, il le reproduisait à plusieurs exemplaires. « Une des plus belles aiguières de François Briot est conservée au Musée de Cluny. La panse du vase, dont la forme est ovoïde et toute fleurie des plus riches arabesques, est divisée en trois zones. Celle du milieu est décorée de trois médaillons qui représentent le Foi, l'Espérance et la Charité. Des figures de fantaisie, des mascarons, des chevaux ailés ornent les deux autres zones. Deux têtes en demi-relief enrichissent le col du vase; un buste de femme, se terminant en gaîne, forme l'anse ; enfin, deux bordures à *godrons* donnent au pied de l'aiguière autant de solidité que d'élégance. La décoration du bassin est plus riche encore. Le fond se compose d'un médaillon circulaire où est représentée la figure allégorique de la Tempérance, et qu'entourent quatre autres médaillons ovales qui symbolisent les Éléments. Sur les bords du plat sont les Sciences et les Arts, au nombre de sept, et Minerve qui résume en elle toutes les forces de l'esprit. Des oiseaux fantastiques, des fleurs, des trophées, encadrent ces divers cartouches. Enfin au revers du bassin

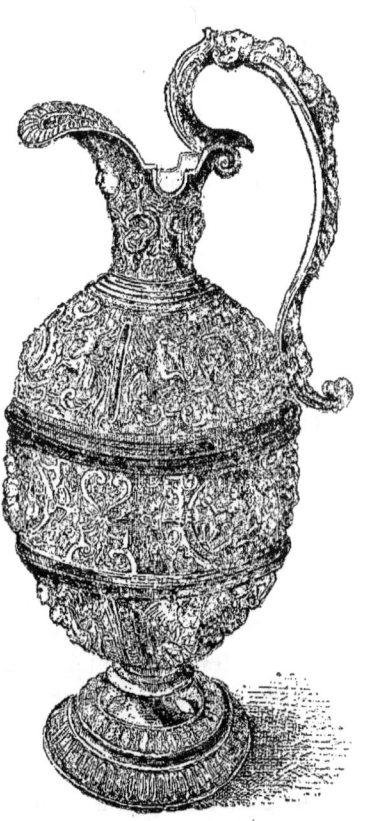

Fig. 68. Aiguière en étain, de Briot
(*Musée de Cluny*).

se trouvent l'inscription dont nous rappelions plus haut le texte, et le portrait de François Briot, qui porte le costume du temps de Charles IX, et qui se révèle sous les traits énergiques d'un homme dans toute la force de l'intelligence et de l'âge.

« On voit d'autres ouvrages de lui au Musée Sauvageot. Un autre vase figurait dans la collection Louis Fould, vendue en 1860. Si François Briot n'est pas un inventeur constamment heureux (ses ouvrages pèchent par quelques défauts de composition et d'ordonnance), il est un des plus remarquables exécutants de l'époque, un dessinateur exquis dans le détail, un graveur plein d'esprit, de liberté et de grâce. Aussi la poterie d'étain dut-elle à François Briot un moment d'éclat et de vogue, qui se prolongea au-delà de la vie de l'ingénieux artiste. Comme Palissy, comme l'auteur anonyme des faïences de Henri II, il ne laissa pas de successeur, et l'étain, un moment ennobli au point de se mesurer avec l'or et l'argent, retomba après lui au rang modeste qu'il avait occupé pendant les siècles précédents » [1].

Quelques artistes du xvie siècle ont produit, en Allemagne comme en France, des étains somptueux destinés certainement à meubler aussi la demeure des grands et des souverains. Le plus célèbre d'entre eux est Gaspard Enderlein, lequel signait, en dessous de ses plats, à la façon de Briot : *sculpebat Gaspard Enderlein*. Mais le potier d'étain allemand ne se contentait pas seulement d'imiter la signature de l'artiste français, il contrefaisait aussi ses ouvrages, témoin le bassin et l'aiguière conservés à la sacristie de Lorenz Kirche, et le plat et l'aiguière de la Tempérance, même collection, qui, au lieu d'avoir à son revers le portrait de Briot, comme les plats de Cluny et du Louvre, porte celui de Gaspard Enderlein avec son exergue : *Kaspard Enderlein sculpebat*.

« Du reste, fait remarquer M. Germain Bapst, est-il besoin de signaler que le plat de la Tempérance est une composition essentiellement française, pleine de légèreté et de finesse, qu'un allemand n'aurait jamais été capable de concevoir? En se basant sur la signature pour émettre une opinion sur la nationalité de l'œuvre, les critiques d'outre-Rhin auraient dû l'examiner davantage, et il leur aurait été facile de voir que la signature d'Enderlein est rapportée. Considérez en effet le tour de l'ombilic qui porte à son revers le portrait d'Enderlein, vous vous apercevrez facilement que ce n'est plus cette légèreté de forme et de contours que nous admirions au Louvre sur l'objet qui porte la signature de Briot véritablement authentique. La bordure cordée de l'ombilic du plat de Nuremberg n'est qu'une horrible soudure maladroitement faite, et montrant trop le raccommodage pour qu'on ne puisse voir, au premier abord, la preuve évidente de la substitution de la signature d'Enderlein à celle de Briot.

« Mais ce qui devient plus original, c'est que le plat de la Tempérance, signé Enderlein, et mis en avant par les journaux de Nurem-

---

1. Paul Mantz : *Recherches sur l'histoire de l'orfèvrerie française*.

berg, n'est pas unique ; il en existe plusieurs, entre autres un que possède la collection du Louvre.

« Que conclure de cette multiplicité de reproductions du plat de Briot avec une signature fausse ? C'est que le commerce de l'étain, en raison du peu de valeur de la matière, était considéré comme libre et que la copie d'une pièce était une chose couramment admise. Mais qu'importe la matière ? C'est dans la conception et dans l'exécution du chef-d'œuvre que nous retrouvons l'art et le mérite ; aussi avons-nous tenu à démontrer que la plus belle œuvre d'étain de la Renaissance était une œuvre française et que la paternité en appartenait réellement à Briot ».

Gaspard Enderlein n'en fut pas moins un artiste de talent, auquel d'autres ouvrages, des plats notamment, ont donné quelque célébrité.

Nous arrêterons là notre excursion à l'étranger pour revenir en France, où nous attend une fontaine en étain du XVIe siècle, faisant actuellement partie de la collection de M. Stein. Cette fontaine mesure 35 centimètres de hauteur, elle est à trois pans coupés, la quatrième face est destinée à être appliquée contre le mur. L'extrémité supérieure a la forme d'un toit légèrement en dôme avec une dépression qui vient se terminer en pointe. Le tout est surmonté par un pélican qui forme le sommet de la fontaine. Au centre de chaque pan coupé sont des têtes de lion et sur chaque face du dôme des mascarons : tout autour des lions et des rinceaux ; en haut, des amours soutiennent un médaillon en jouant entre eux, tandis qu'en bas, par opposition, ce sont des satyres à grande barbe qui semblent supporter le panneau. Le robinet est formé d'un dragon ailé. Cette fontaine, dit M. Bapst, est unique dans son genre, il n'en existe aucune semblable. Les potiers d'étain ont donc très rarement exécuté de pareilles fontaines, où comme dit le poète :

Les robinets d'airain chantent en s'égouttant.

Après la mort de Briot, l'orfèvrerie d'étain déclina rapidement en France. On l'appliquait toujours cependant aux ustensiles de ménage. Loret, l'auteur de la *Muze historique*, assure dans sa chronique rimée du 5 janvier 1658,

Que les plus fins et les plus sages
Prendroient d'abord ces beaux ouvrages,
Tant l'éclat en parait joly,
Pour un bel argent bien poly.

Mais bien peu de pièces de ce temps ont une valeur et peuvent être enregistrées comme intéressantes. Signalons cependant une jolie boîte à thé en étain incrustée de cuivre, ayant appartenu à Fagon, médecin de Louis XIV, et envoyée par M. Jules Greslou à l'Exposition archéologique et d'art organisée à Chartres en mai 1858.

Dans le courant du xviie siècle quelques potiers d'étain cherchèrent à relever leur industrie, et quelques objets furent exécutés dans un travail plus fin. C'est alors seulement que l'étain fut ciselé, car à la ciselure l'étain prend un gras tout particulier qui le fait ressembler à de la cire modelée. On en a des exemples dans la soupière normande de mariage en étain, avec couvercle guilloché de l'époque Louis XVI, exposée par M. Théodore Petitjean à l'Exposition rétrospective de Reims, en 1876. Ces soupières de mariage étaient communes en Normandie au xviiie siècle.

Les procédés de Briot étaient oubliés depuis longtemps, lorsqu'il y a deux ans environ, un sculpteur de talent cité par M. Germain Bapst, M. Brateau, parvint à reconstituer cette vieille fabrication française du xvie siècle, et tout le monde a pu admirer à l'Exposition de l'Union centrale en 1880 les deux assiettes qu'il présentait au public.

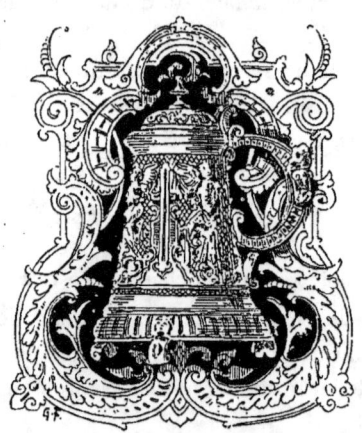

Fig. 69. Canette en étain (xvie siècle)

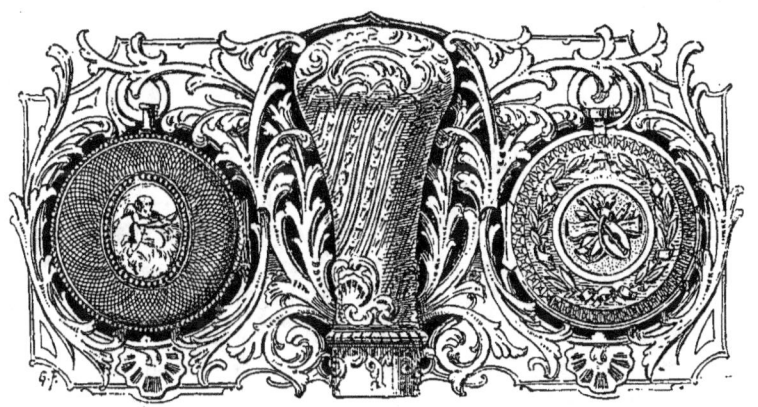

Fig. 70. Boîtes de montre et pomme de canne Louis XVI

XII.

LES BIJOUX ET LES JOYAUX.

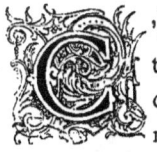'est à titre de sœur jumelle de l'orfèvrerie que la bijouterie est admise dans les collections d'amateurs, dans celles surtout qui sont organisées et entretenues par des mains féminines.

Comme l'a dit un éminent critique d'art, l'orfèvre est le bijoutier du dressoir, le bijoutier est l'orfèvre de l'écrin. Tous les deux, en effet, fondent, repoussent, cisèlent les mêmes métaux, l'or, l'argent, l'acier ou le cuivre ; ils montent les mêmes pierres précieuses, le diamant ou la perle, manient les mêmes outils, le marteau ou le burin. « Leur histoire commence au même moment : le jour où l'homme à peine humain éprouvait un vague plaisir à ébaucher un profil de cerf sur l'ivoire de son bâton de commandement ou une ligne sinueuse sur le vase qu'il modelait en argile ; ce jour-là la femme recueillait des pierres de couleurs variées, arrondies par le flux et le reflux des déluges, les perçait et s'en composait des colliers et des pendants d'oreilles »[1].

Avec les progrès de la civilisation, tous les petits hochets de la parure, bagues, couronnes, aigrettes, chaînes, chaînettes, bracelets,

[1]. Philippe Burty, *Chefs-d'œuvre des Arts industriels.*

agrafes, etc., se sont formulés dans une forme artistique originelle, qui n'a guère changé depuis.

Ce que l'antiquité nous a légué de spécimens variés de son art et de son goût parmi ces monuments délicats, dépasse toute croyance. Chez les anciens, les Egyptiens, Phéniciens, Asiatiques ou Grecs, les bijoux, ainsi que les autres objets appartenant à la vie privée, sont comme le reflet, comme la traduction des progrès de l'art dans les régions supérieures. Ces peuples excellaient, moins par les facultés inventives que par ce don de perfectibilité, d'épuration, d'idéalisation qui leur était particulier. Les Etrusques surtout ont excellé dans la fabrication des bijoux et surpassèrent les Grecs dans le travail du granulé. Ils portèrent celui-ci à un tel degré de perfection, que l'on peut les regarder comme les pères de l'orfèvrerie antique. Ouvriers incomparables et d'un goût exquis, nul peuple ne les a dépassés pour la délicatesse du travail et l'habileté de l'exécution. Les bijoux étrusques conservés au Louvre et au Musée du Vatican témoignent que les bijoutiers de l'Italie centrale, il y a vingt-quatre siècles, savaient travailler l'or avec autant d'adresse que nos meilleurs ouvriers ; ils le filaient en perles, le tressaient en chaînes, et le réduisaient en grains en quelque sorte impalpables. Ils triomphent surtout dans les colliers et les pendants d'oreilles, dans lesquels ils ont montré la richesse, la grâce et l'inépuisable abondance de leur imagination.

Mais il est inutile de nous attarder plus longtemps dans le domaine si souvent exploré de l'antiquité classique. Restons donc sur notre sol, où la civilisation romaine initia nos ancêtres à ses réminiscences appesanties, mais toujours charmantes, des inventions grecques, et commençons par étudier sur place les délicats ouvrages des orfèvres gallo-romains, dont le style montre que déjà ils possédaient cette rare aptitude et ce bon goût qui distinguent les bijoutiers de nos jours.

Pendant la période gauloise, l'art de la bijouterie était encore dans l'enfance. Les Gaulois, au dire de Strabon, aimaient les ornements de métal précieux, et Diodore ajoute qu'ils épuraient l'or trouvé dans leurs rivières au moyen du lavage pour l'employer à la parure des femmes et même à celles des hommes, « car ils en font non seulement des anneaux ou plutôt des cercles qu'ils portent aux deux bras et aux poignets; mais encore des colliers extrêmement massifs ». Il s'agit ici des *torques* ou colliers formés d'épais fils d'or roulés en spirale, dont on peut voir de riches échantillons au Musée de Cluny et au Musée de Saint-Germain.

Les barbares, c'est-à-dire les Huns, les Vandales, les Goths, les Lombards, les Francs, les Saxons, les Burgondes, les Danois et les Normands, qui envahirent tour à tour la Gaule, la Grande-Bretagne, l'Espagne et l'Italie, du vi^e au viiie siècle, fabriquaient eux-mêmes les bijoux dont ils faisaient usage; mais leur style était bien différent : cette bijouterie se distingue par l'emploi de grenats en table, en lamelles, quelquefois même en cabochons, tantôt simplement enchâssés dans le métal, tantôt disposés en ornements symétriques fixés soit par une sertissure, soit par un cloisonnage très délicat. Les plus anciens monuments de cette bijouterie se trouvent en Russie, au *Musée de l'Ermitage*, dans la *Collection Scytique* et celle des *Antiquités du Bosphore Cimmérien*.

Sous les Mérovingiens, la bijouterie changea de procédés. Les bijoux ornés de figures exécutées au repoussé furent parfois rehaussés de niellures ou de gravures. Thorsomodus, orfèvre de la reine Brunehaut, Abbon et saint Éloi, sous le règne de Dagobert, furent les plus célèbres bijoutiers du vi^e siècle. C'est à partir de cette époque que fleurit la bijouterie limousine, où le filigrane joue un grand rôle, employé tantôt en fleurons et en simples ornements, tantôt en bordures, tantôt enfin comme sertissure des cabochons.

Le luxe des bijoux s'accrut de plus en plus à partir de Charlemagne. Ces objets, paraît-il, se débitaient dans les foires, et, d'après un Capitulaire de l'an 803, il était défendu d'en vendre après le coucher du soleil, de peur que l'acheteur ne fût trompé sur la qualité de la marchandise.

Avec la période romane (xie et xiie siècles), l'or d'Arabie fut préféré à tout autre. « L'or d'Arabie est fort précieux et d'un rouge excellent, dit le moine Théophile dans sa *Diversarum artium schedula* (*Essai sur divers arts*); mais les orfèvres modernes en pratiquent l'imitation en mêlant avec de l'or pâle un cinquième de cuivre rouge, et ils causent beaucoup d'erreurs ». Quoi qu'il en soit, l'émail remplaça dès lors les pierreries. Mais, au xiiie siècle, les orfèvres parisiens firent entrer la ciselure pour une grande part dans l'ornementation des bijoux. Parmi les joyaux les plus recherchés à cette époque, il faut citer particulièrement les bagues ou anneaux appelés aussi *annelets* par Marie de France; on portait alors plusieurs bagues à chaque main, comme le prouvent deux vers du *Roman des Sept*

Sages (1250). Venaient ensuite les bracelets ou *armilles*, les *fermaux* ou agrafes, etc.

Effrayé des progrès du luxe, Philippe le Bel promulgua, en 1294, une Ordonnance contre « les superfluités de toutes personnes » ; mais l'usage des bijoux reprit avec plus d'effervescence que jamais au commencement du xivᵉ siècle. Les Inventaires des joyaux du roi Charles V et du duc de Guyenne, troisième fils de Charles VI, en font foi. C'était alors, selon le Dictionnaire latin de Jehan de Garlande, les fermailleurs (*firmacularii*) qui fabriquaient « des fermoirs grands et petits, ainsi que de beaux colliers et des grelots sonores ». Les orfèvres proprement dits (aurifabri), ajoute-t-il, se tiennent sur le Grand Pont (Pont au Change) ; « ils fabriquent des fermails, des colliers, des épingles, des agrafes en or et en argent ; ils préparent, pour les anneaux, des turquoises, des rubis, des saphirs et des émeraudes. Le métier de ces orfèvres consiste à battre, avec de petits marteaux, sur l'enclume, des lames d'or et d'argent, et à enchâsser les pierres précieuses dans les chatons des bagues à l'usage des barons et des nobles dames ».

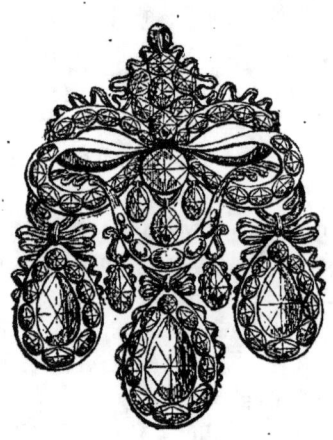

Fig. 71. Joaillerie xviiᵉ siècle.

Cette époque vit naître la mode des bijoux ornés de devises. L'*Inventaire des joyaux du roi Charles V* nous apprend qu'il y avait à la cour des anneaux différents pour chaque jour de la semaine ; et le *Testament de l'Archevesque de Rheims* (1389) cite un annel d'or dont la verge émaillée et enrichie d'un saphir portait « escript en la verge : C'est mon désir ». Les colliers étaient également rehaussés d'émaux et de pierres précieuses, encadrant de galantes devises, comme le Gardez-moi bien, dont parle Guillaume de Machault. Enfin Eustache Deschamps, dans un poème écrit vers 1360, donne à entendre que presque toutes les personnes nobles portaient de riches pendants aux oreilles. Plusieurs bijoux de ce genre, tels que bracelets, bagues, épingles, broches et pendeloques, appartenant à Mˡˡᵉ Gabrielle Fillon, ont été exposés en 1878 au Musée rétrospectif du Trocadéro.

Pendant une grande partie du xvᵉ siècle, la France appauvrie et en proie à des troubles incessants, ne songea guère aux bijoux. L'art s'était réfugié en Flandre, sous la protection des ducs de Bourgogne et des riches habitants des villes flamandes. Cependant les inventaires de cette époque parlent de bijoux ornés de *dyamans* et d'émeraudes, de bracelets portant des devises émaillées, comme celui de la dame Aliénor, dans le *Roman du Petit Jehan de Saintré*, par Antoine de la Salle, ou de « riches bracelets d'ivoire tout ourlés de bons saphirs », selon les expressions de Jean Le Maire des Belges, et enfin de riches colliers appelés *carquans*. Non seulement ces carcans d'orfèvrerie étaient communs aux hommes et aux femmes, mais les chaînes d'or battaient la poitrine, puis des chaînettes, avec breloques au bout, pendaient à la ceinture. La plupart des chaînes ou colliers se faisaient à toutes sortes d'emblèmes ; les *ne m'oubliez mie* étaient les plus goûtés.

Item mouchouers déliez,
Chesnettes à fleurs d'oubliance,

lit-on dans l'*Amant rendu Cordelier* (1450). On préféra

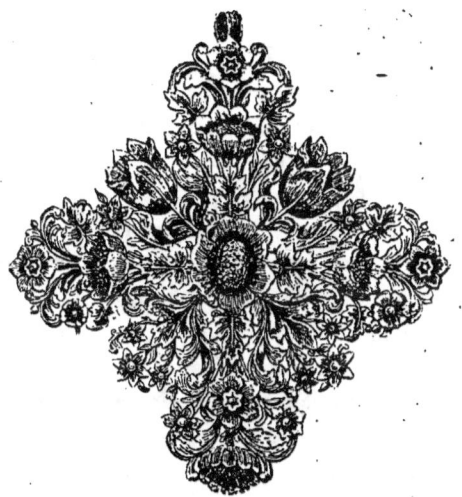

Fig. 72. Joaillerie XVIIᵉ siècle.

ensuite de simples « jazerans », chaînes d'or tissues de mailles plates, couchées, entrelacées, comme nous l'apprend l'*Inventaire des deux langues latine et française*, par le P. Monet (1663).

Mais les excès du luxe ayant enfanté toute sortes d'abus, les souverains se virent forcés de promulguer des lois somptuaires, qui défendaient toute espèce de collier.

Premièrement ne porteras
Carcans dorés ni jazerans,

disent les *Quatrains sur la superfluité des habits des Dames de Paris* (XVᵉ siècle). Au bout de quelque temps, les défenses n'avaient plus force de loi, et comme par le passé les femmes rivalisaient entre elles de parure et de coquetterie. A l'époque de Charles VII et de Louis XII, le goût de la magnificence se répandit même à un tel point que les soldats, lorsqu'ils en avaient le moyen, se donnaient le luxe d'une chaîne d'or qu'ils étalaient sur leur large poitrine. Les auteurs contemporains, particulièrement Erasme, dans son *Eloge de la Folie*, ont souvent bafoué les sots de cette espèce « qui se regardent avec complaisance, parce qu'ils portent au cou une lourde chaîne qui témoigne autant de leur force que de leur opulence ».

La plupart des bijoux de cette époque provenaient, avons-nous dit, des ateliers des bijoutiers belges, lesquels n'avaient pas de rivaux en Europe ; ils niellaient et gravaient comme à Florence ou à Venise ; ils émaillaient comme à Limoges ; ils montaient les pierreries comme à Paris ou en Lorraine ; ils forgeaient et ciselaient mieux que partout ailleurs. Malheureusement le temps a détruit un nombre considérable de ces charmants ouvrages, qui, fragiles et précieux, avaient une double raison de périr [1]. Toutefois, vers la fin du xve siècle, l'influence de la Flandre s'amoindrit peu à peu lorsque, après l'expédition de Charles VIII, le souffle italien se fit sentir avec quelque puissance.

Ce ne fut réellement qu'à partir du xvie siècle, époque de régénération nouvelle pour tous les arts, que la bijouterie s'épanouit avec le plus d'éclat. Du contact de l'art flamand avec l'art italien naquit un art plus délicat. C'est vers ce temps (1541), que Pierre Woeiriot publia sa suite de quarante bagues gravées à l'eau-forte, petits chefs-d'œuvre de grâce et d'esprit, dont ont tant profité les bijoutiers de l'époque. L'émail rouge et blanc devint dès lors l'élément essentiel du bijou de luxe, devenu plus élégant et plus riche.

François Ier avait la passion de toutes les choses d'art, et il répandait autour de lui les bijoux avec une prodigalité sans pareille. Marius Giustinian, ambassadeur vénitien, énumérant dans sa relation les dépenses du roi, porte 96,000 à 100,000 et même à 150,000 écus à l'article des menus, et il a soin d'ajouter : « car dans ce chapitre sont compris les achats de bijoux, *notamment les diamants*, les présents publics *faits aux dames de la cour*, et le roi, dans ces choses-là, ne connaît pas de limites (ed in cio il Re non ha modo alcuno) »[2]. Aussi ce prince encouragea-t-il la bijouterie en attirant Benvenuto Cellini, qui fit passer dans la fabrication française la délicatesse de son talent. Sous l'influence de Cellini plusieurs habiles orfèvres exécutèrent une multitude de bijoux ou *affiquets*, comme les appelle Montaigne, composés dans le goût italien, et qui font encore aujourd'hui l'admiration des

---

1. Paul Mantz, *Recherches sur l'histoire de l'Orfèvrerie française*.
2. *Rapports des ambassadeurs vénitiens*, cités par M. Armand Baschet dans sa *Diplomatie vénitienne*.

connaisseurs. On peut citer, à ce propos, l'admirable *bijou de femme* appartenant à Mme la baronne James de Rothschild, bijou ciselé et émaillé avec une telle perfection que l'on peut, sans compromettre son jugement en matière de goût, en attribuer l'exécution à Benvenuto Cellini lui-même [1]. Il faut joindre à ce joyau inestimable la série d'ornements de femmes en or émaillé avec grosses perles d'un travail merveilleux, suite de médaillons, croix et autres bijoux du plus beau moment de la Renaissance, appartenant à M. le baron Davillier et à M. le baron Gustave de Rothschild.

D'après le chapitre V du *Traité de l'orfèvrerie* de Cellini, qui enseigne la bijouterie proprement dite (*il lavoro di minuteria*), les objets de ce genre étaient tous travaillés au ciselet; rien n'était fondu ni estampé. Ce travail de *minuteria* comprenait les anneaux, les pendants, les bracelets; mais les bijoux le plus en vogue étaient certains médaillons ou enseignes (*medaglio di piastra d'oro sottilissimo*) qui se portaient au chapeau et dans les cheveux.

Sous les règnes de Henri II et de ses successeurs, époque où l'art commença à pâlir devant l'éclat des pierres précieuses, les bagues ornées de diamants furent très à la mode. Le *Dialogue de deux amoureux*, par Clément Marot, en donne un exemple.

> Quand les petites vilotieres (grisettes)
> Trouvent quelque hardy amant
> Qui veuille mettre un dyamant
> Devant leurs yeux rians et vers,
> Coac! elles tombent à l'envers.

La reine Elisabeth d'Angleterre poussait la coquetterie dans un sens tout opposé. Au rapport d'un de ses historiens, elle avait de très belles mains; lorsqu'elle se faisait peindre, elle exigeait qu'on les plaçât d'une manière apparente, et sans bagues aux doigts, pour ne pas en altérer la finesse et le modelé; jusqu'à la fin de sa vie elle en fut fière.

Mais les dames de France ont toujours aimé ce qui brille. Elles continuèrent donc, comme par le passé, de porter des chaînes d'or, des colliers, des anneaux, des bracelets et mille autres « petites gentillesses », pour parler comme Brantôme, composés d'après les modèles d'Etienne Delaulne, d'Androuet du Cerceau, de René Boyvin et de Théodore de Bry, ces grands artistes de la Renaissance. L'inventaire des bijoux de Jeanne de Bourdeille (1595), qui paraît avoir résidé à

---

[1]. Ed. Lièvre, *Collections célèbres d'œuvres d'art*, 1866.

la cour du dernier des Valois, montre quels étaient à cette époque les bijoux les plus recherchés. On y voit figurer une chaîne d'or curieuse. Elle se compose de dix-huit médaillons entourés de perles, représentant autant d'épisodes de l'histoire de Vénus ; plus huit bracelets faisant jusqu'à trois et quatre tours au bras, par dessus la manche, et enfin des *chiffres* (médaillons) émaillés s'ouvrant des deux côtés pour mettre des portraits (*sic*). Mais par un raffinement inconnu auparavant en France et dû aux Florentins venus à la suite des Médicis, des interstices furent ménagés dans les bijoux pour y loger des

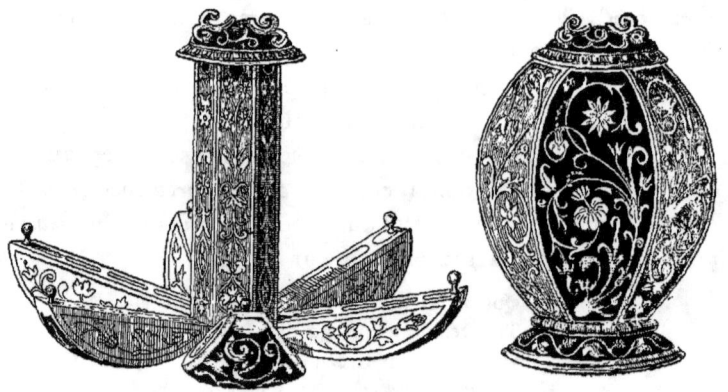

Fig. 73. Boîte à odeurs (*argent gravé*).

parfums, tels que le musc et l'ambre. C'est alors que les efféminés imaginèrent de porter une pendeloque à l'une de leurs oreilles. Henri III ayant trouvé cette mode insuffisante pour lui, on voit par le curieux pamphlet de Thomas Artus, l'*Isle des Hermaphrodites*, « qu'il se fist apporter ung petit estuy, dans lequel il y avoit quelques bagues (bijoux), d'où il prist deux pendans, qu'on lui pendit aux oreilles ». D'autre part, l'ambassadeur vénitien Jean Michiel, dit de ce prince : « Il s'est adonné aux voluptés, elles le dominent ; il se couvre d'odeurs et de parfums ; il porte à ses oreilles un double rang d'anneaux et de pendants ; il charme et séduit les femmes en leur prodiguant les bijoux et les futilités les plus coûteuses ». Voilà bien Henri de Valois, tel qu'il fut dans sa première jeunesse !

Les dernières années du xvie siècle marquent en France l'extrême limite de la Renaissance et les débuts de l'art moderne. Un autre

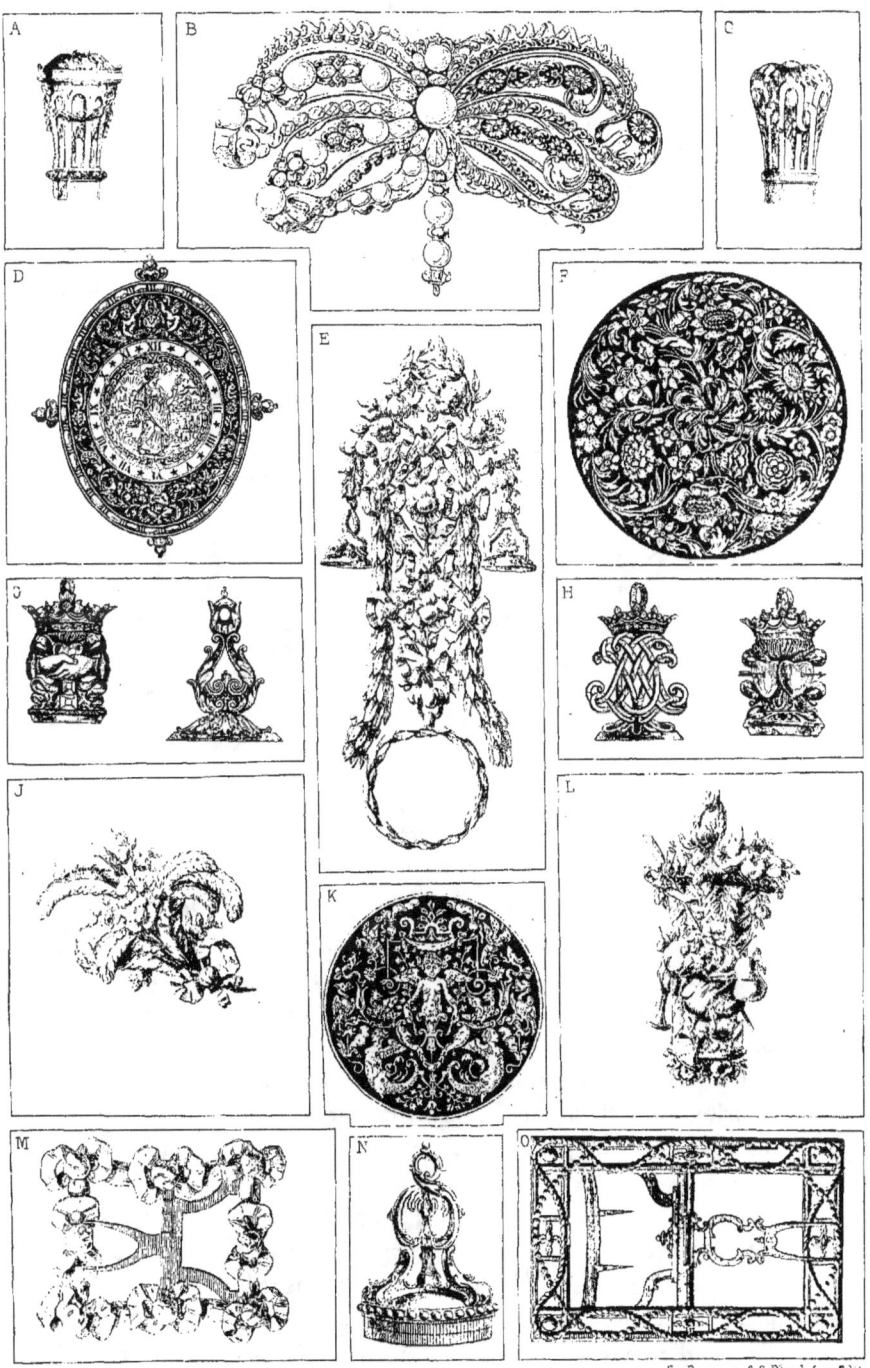

LES BIJOUX ET LES JOYAUX

esprit, né de circonstances politiques autant que du caractère personnel d'Henri IV, inspirera désormais l'art, la littérature et la mode. Ce n'est plus la même élégance attique, la même légèreté païenne ; c'est un autre esprit, c'est l'art moderne. Dès lors les symptômes évidents d'une décadence envahissante marquent, dans tous les arts en général et dans la bijouterie en particulier, la triste fin d'une grande époque. Quoi qu'il en soit, à la cour d'Henri IV, le luxe des bijoux s'accrut encore. Hommes et femmes portaient des chaînes à

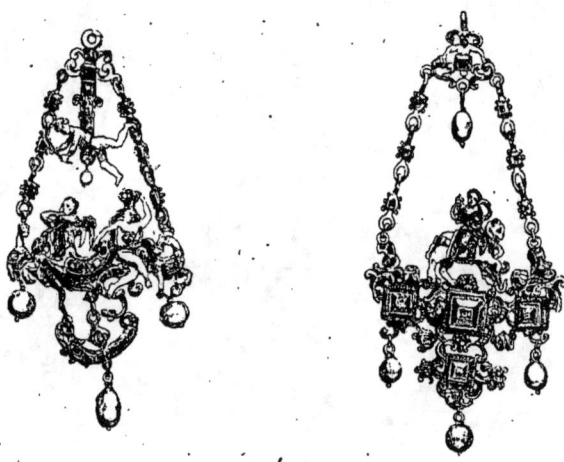

Fig. 74 et 75. Pendeloques du XVIᵉ siècle.

plusieurs rangs, des bracelets et des bagues à tous les doigts, ce qui faisait dire au ministre Sully : « Ces gens-là portent leurs moulins et leurs champs sur leurs épaules ». L'*Inventaire de Gabrielle d'Estrées* (1599) fournit à chaque ligne des preuves de ces folles somptuosités. On y trouve entre autres la description de l'anneau de mariage d'Henri IV, qu'il est assez curieux de rencontrer parmi les joyaux de la favorite rivale de la reine. « Ung diamant en table, que Mᵐᵉ de Sourdis a dit estre celuy duquel le roy a espousé la reyne, prisé neuf cens escus ».

La perle, déjà très employée au temps de Gabrielle d'Estrées, devint, sous la régence de Marie de Médicis, l'élément principal du bijou, la parure préférée des femmes qui se chargeaient les oreilles de longues pendeloques, se couvraient les doigts de bagues, la tête d'épingles ou *ferrets* d'aigrettes, tous composés d'après les modèles du célèbre

Gilles Légaré. Cette époque conserva également l'usage des chaînes d'or tombant sur la poitrine. L'auteur du *Discours nouveau sur la mode* (1613) parle d'une femme galante à laquelle

> Il falloit des carquans, chaisnes et bracelets,
> Et aimoit mieux payer tous les ans une rente,
> Que n'avoir pas au col une chaisne pendante.

Mais il y avait longtemps que les hommes n'en portaient plus. Cependant Sully, devenu vieux, n'avait pas voulu changer ses habitudes. Au rapport de Tallemant, quand le célèbre ministre sortait de son hôtel pour aller se promener sous les porches de la place Royale, « ce bonhomme, plus de vingt-cinq ans après que tout le monde avoit cessé de porter des chaînes d'or et des enseignes de diamants, en mettoit journellement pour se parer. Tous les passants s'amusoient à le regarder ».

L'importance toujours croissante qu'avaient acquis les perles, les diamants et les pierreries dans la pratique de la bijouterie-joaillerie arriva à son apogée pendant le règne de Louis XIV, lorsque l'art de tailler et de monter les pierres précieuses eut le pas sur celui de ciseler l'or et l'argent.

> Demoiselles, hautes duchesses,
> Dames, marquises et comtesses,
> Femmes d'honneur, femmes d'amour,

selon les expressions de la *Muze historique* de Loret (3 janvier 1654), toutes à l'envi portaient des diamants. Robinet, continuateur de Loret, dans une de ses lettres en vers, parle de dames « de diamants éclairées », grâce aux girandoles de diamants qu'elles avaient aux oreilles.

Tels étaient les joyaux que Louis XIV donnait à ses maîtresses. Un jour que la Vallière passait devant Marie-Thérèse pour aller souper chez la comtesse de Soissons, la reine dit en espagnol : *Esta donzella con las arracadas de diamante, es esta que el rey quiere :* « Cette demoiselle aux pendants d'oreilles de diamants est celle que le roi aime »[1]. Mais Mme de Montespan ne tarda pas à détrôner la Vallière dans le cœur du roi, et celui-ci dut charger Colbert de faire fabriquer une petite cassette « bien propre » et remplie de pierreries, où il pût puiser à sa guise. Cette cassette, destinée à Mme de Montespan, devait contenir « un collier de perles *que je veux qui soit beau*, deux paires de pendants d'oreilles, l'une de diamants, *que je veux qui*

---

1. Hip. Babou, *Les Femmes galantes du grand siècle.*

soient beaux, et une, de toute pierre, une boîte et des attaches de diamant, une boîte et attaches de toute pierre..., etc. Il faut avoir des pierres de toutes couleurs pour en pouvoir changer. *Il faut aussi une paire de pendants d'oreilles de perles. Il faut* encore quatre douzaines de boutons, dont on changera les pierres du milieu, etc. Les détails continuent sur ce ton impératif jusqu'à la minutie » [1].

On voit par cette anecdote que les pierres de couleur n'étaient pas moins estimées que le diamant.

L'emploi général du diamant dans les hautes classes fit adopter, par les classes moyennes et la bourgeoisie de province, l'usage des *cailloux d'Alençon* et des petites pierres blanches dites *jargons*, avant-coureurs du *strass*. Le Musée de Rouen possède un cadre contenant toute une collection d'anciens *bijoux normands*, en or et en argent, qui sont ornés de pareilles pierres. Généralement ces pièces sont des parures de femme appartenant au xviie siècle. On y remarque une croix d'or à bosses avec son coulant filigrané en forme de cœur. Une autre croix en vermeil découpée à jour, ornée de petits *jargons* et accompagnée de son coulant du même métal et du même travail, se montre auprès d'un Saint-Esprit en vermeil, fabriqué de la même manière. Le même cadre contient aussi deux croix de mariées, en argent et à pierres; deux agrafes de mantelet, en argent, et deux colliers de bijouterie aussi en argent montés en pierres blanches dites cailloux d'Alençon. Ces pièces se terminent par une croix décorée des mêmes pierres [2]. Citons encore des boucles d'oreilles, des bagues, agrafes, esclavages, boutons, colliers et bijoux divers de Normandie en argent ciselé et pierres d'Alençon, appartenant à Mme Petitjean et à M. Gerbault. Ces deux curieuses collections ont été fort remarquées à l'Exposition rétrospective de Reims en 1876.

Le xviiie siècle, avec sa civilisation aiguisée, son afféterie, son persiflage, trouva le moyen de renchérir et de raffiner.

> Parfaits dans le petit, sublimes en bijoux,
> Grands inventeurs de riens, nous faisons des jaloux,

écrivait Voltaire à sa nièce Mme Denis, en 1750. Rien n'égale, en effet, la richesse et la fantaisie de ce luxe heureux d'une époque où toutes les industries eurent de la grâce, où tous les arts eurent de l'esprit. La bijouterie de ce temps, c'est l'art vif, pétulant, familier, s'ingéniant dans la combinaison des mille fantaisies de la vie élégante. De là, la

---
1. Baudrillart, *Histoire du luxe*.
2. L'abbé Cochet, *Catalogue du Musée de Rouen*, 1868, N° 30, galerie Langlois.

vogue des objets en filigrane. Dans une maison où Fontenelle venait de dîner, on montra un bijou en filigrane si fin, si délicat, qu'on n'osait pas le toucher, mais qu'on trouvait admirable. « Pour moi, dit Fontenelle, je n'aime point ce qu'il faut tant respecter... » Dans ce moment, entrait la marquise de Flamarens ; elle l'avait entendu... Fontenelle, l'ayant aperçue, s'empressa d'ajouter : « Je ne dis pas cela pour vous, Madame ».

Sous Louis XV et Louis XVI, la bijouterie avait donc fait d'incontestables progrès, surtout pour la ciselure, qui fut poussée à une perfection qu'on n'a pas dépassée depuis. A cette perfection vint s'ajouter un élément de décoration quelque peu négligé : nous voulons parler de l'émail. Rien n'égalait la quantité, la variété, l'originalité, la délicatesse, l'élégance des bijoux qui rehaussaient à cette époque la toilette féminine, particulièrement les *châtelaines*. Ce fut le règne des bracelets, des diamants, des boucles d'oreilles, des colliers, des aigrettes, des nœuds et des plaques placés sur le devant du corsage et des robes. La jeune reine Marie-Antoinette aimait beaucoup les diamants. Elle en avait à sa ceinture, à ses épaules, à l'agrafe de son manteau. Cette passion causait même d'assez vifs scandales. On se rappelle assez le fameux procès du collier. « Quoique dans le courant de l'année dernière, écrivait Mercy-Argenteau, en 1776, le roi ait donné en différentes occasions pour plus de 100,000 écus de diamants à la reine, et que Sa Majesté en ait d'ailleurs une prodigieuse quantité, il lui vint cependant un grand désir d'acquérir des girandoles qui lui furent présentées et dont le bijoutier prétendait avoir 60,000 francs. Je ne cachai pas à la reine que, vu les circonstances présentes, il eût été prudent de suspendre pareille dépense ; mais la tentation était trop forte ; et il n'y eut pas moyen d'y résister. A cette nouvelle, Marie-Thérèse répondit aussitôt à Mercy une lettre pleine de reproches adressés à sa fille. Mais Marie-Antoinette, avec sa légèreté habituelle, continua d'acheter ce qu'elle appelait des bagatelles aux

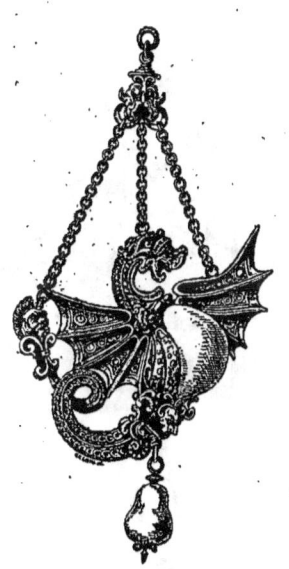

Fig. 76. Joyau du XVIᵉ siècle.

dépens de la cassette royale, et répondit aux reproches de sa mère par des phrases évasives et par des artifices adroits. « Je n'ai rien à dire sur les bracelets, écrivait-elle quelque temps après ; je n'ai pas cru qu'on pût chercher à occuper la bonté de ma chère maman à de pareilles bagatelles ». C'étaient ces bagatelles, cependant, qui allaient la perdre, la pauvre reine ! En effet, ajoute l'intègre et toujours fidèle Mercy, les dettes contractées pour l'achat des diamants se payaient mal, et des milliers de satires et de pamphlets, qui échappaient à la police, répandaient l'indignation dans le public »[1].

Cet amour effréné de la parure avait même gagné les hommes. Ceux-ci portaient à tous les doigts de larges bagues appelées *firmaments*, des boutons de pierreries à leurs habits, des boucles d'argent à leurs souliers, des boîtes et des étuis d'or dans toutes leurs poches. C'est alors, vers 1780, que les bijoutiers commencèrent à mélanger les ors de diverses couleurs, et ils tiraient de cette association, si longtemps défendue, des effets harmonieux et charmants. Ce genre de décoration fut appliqué avec succès l'année suivante, lorsque les femmes, avides de nouveautés, sus-

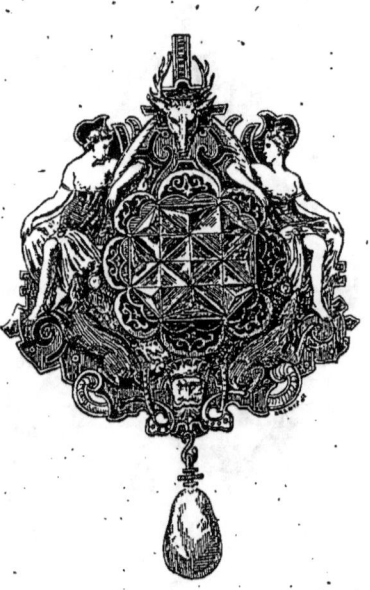

Fig. 77. Pendant attribué à Cellini.

pendirent à leur cou de petits *dauphins*, allusion transparente à la naissance du fils de Louis XVI. En 1782, les dauphins étaient remplacés par les *croix à la Jeannette*.

Les tempêtes de la Révolution de 1789 anéantirent la bijouterie-joaillerie, ainsi que tous les autres arts de luxe, et la civilisation la plus raffinée tomba dans la plus complète barbarie. La coquetterie féminine se contentait alors à peu de frais. La Bastille démolie devint une mine où s'alimenta la bijouterie patriotique ; des fragments des pierres de l'ancienne forteresse servirent à monter des colliers, des bracelets et des bagues, qu'on appela *bijoux à la Constitution*. Ces bijoux obtinrent une telle faveur que les femmes du meilleur monde

1. *Correspondance du comte de Mercy-Argenteau.*

en agrémentaient leur toilette. D'après les *Lettres écrites de France à une amie en Angleterre*, par miss Williams (1791), « Madame de Genlis porta à son cou un médaillon fait d'une pierre polie de la Bastille ».

Cependant l'or devait bientôt reparaître. La même année fut marquée par la mode des *alliances civiques*, ornées de la devise consacrée : LA NATION, LA LOI, LE ROI. Aux bijoux d'or succédèrent les bijoux de cuivre et d'acier, façonnés en emblèmes patriotiques. Enfin, au plus fort de la Terreur, les femmes de Nantes imaginèrent de porter à leurs oreilles de petites guillotines de vermeil. Mais, nous le savons par Mercier, qui consigna le fait dans son *Nouveau Paris*, les parisiennes refusèrent de se soumettre à cette mode inventée par le sanguinaire Carrier. Pendant ce temps, le peuple ornait ses doigts de bagues en cuivre rouge dites *à la Marat* et portant, estampés en relief, les portraits de Marat, de Challier et de Le Pelletier de Saint-Fargeau. Ces terrifiants bijoux furent appelés *bijoux à la Révolution*.

La bijouterie commença à sortir de son sommeil léthargique après thermidor, et elle redevint presque florissante pendant le Directoire, lorsque Paris reprit ses habitudes de luxe et de plaisir. Le *Messager des Dames* déclame, en 1797, contre « le luxe impudent, les plaques d'or, les diamants, la bigarrure des pierreries qui ont, pendant quelque temps, surchargé la tête des nouvelles enrichies ». Mais les chaînes d'or et les bracelets étaient rares : suivant le *Tableau du goût, des modes et des costumes de Paris*, an V, on ne portait guère de boucles d'oreilles qu'autant qu'elles étaient ornées de perles fines. En messidor, même année, on donna la préférence à « des cœurs de cristal montés en or, qui se suspendent au cou avec une ganse ». A ces parures d'une grande simplicité succédèrent les cercles diamantés que les femmes portaient aux jambes. Bientôt enfin le goût de l'antique prédomina, et l'on sait par les Mémoires de la duchesse d'Abrantès que Mme Tallien mit en vogue les bijoux à la grecque ornés de camées et d'intailles.

Pendant les quinze années du Consulat et de l'Empire, la bijouterie émancipée produisit des ouvrages d'un genre nouveau, dus au talent de Foncier, « renommé alors pour tout ce qui était élégant en bijouterie », se rattachant toujours néanmoins à ce monde classique dont le pinceau de David venait d'évoquer le souvenir. Mais les écrits du temps attestent que les bijoutiers de cette époque avaient l'invention lourde et surtout monotone. De Jouy, dans son *Hermite de la Chaussée d'Antin*, année 1811, nous apprend que « Mellerio était le premier homme du monde pour les bagues hiéroglyphiques et lithologiques, Nitot pour le dessin et la monture des boucles d'oreilles, Pitaux pour la magnificence de ses diadèmes et le mobile éclat de ses aigrettes ».

Le mouvement qui se produisit dans l'art, aux approches de 1827, fut un mouvement de résurrection et de délivrance. On rompit désormais avec les formes pseudo-classiques, dont l'Empire avait tant abusé ; on rajeunit les types vieillis ; l'un s'inspira du moyen âge, l'autre de la renaissance italienne ; celui-là du xviiie siècle. C'était le temps où les bijoux de Janisset et les joyaux de Fossin rivalisaient avec les parures en pierres fines de couleur. Sainte-Beuve y fait allusion dans ses *Poésies de Joseph Delorme*, lorsqu'il dit :

> Oui, j'aime qu'en valsant une tête s'incline,
> J'aime sur son cou blanc la rouge cornaline.

La génération de cette époque consacra les premiers succès de Froment-Meurice, qui, au lieu des raideurs et des sécheresses de la Restauration, rechercha et mit le premier en faveur les mignardises féminines du xviiie siècle et les souples élégances des Valois. On connaît les beaux vers des *Contemplations* adressés à l'artiste, par Victor Hugo :

> Sur son bras ou sur son cou
> Tu fais de tes rêveries,
> Statuaire du bijou,
> Des palais de pierreries !
>
> Ne dis pas : « Mon art n'est rien... »
> Sors de la route tracée,
> Ouvrier magicien,
> Et mêle à l'or la pensée.
>
> Nous sommes frères : la fleur
> Par deux arts peut être faite ;
> Le poëte est ciseleur,
> Le ciseleur est poëte.

La joaillerie a eu également ses rénovateurs. Grâce aux Beaugrand, aux Mellerio, aux Boucheron, aux Rouvenat, aux Massin, l'art n'est plus dans la richesse de la matière, il est dans la pureté de la forme. Aujourd'hui, le diamant, le rubis, le saphir, le diamant surtout, semblent autant d'astres, anciennement voilés, qui, pour la première fois, brillent de tout leur éclat dans un ciel pur. Voyez ce papillon en rubis et diamants, vous diriez une fleur qui vole, et s'en va, les deux ailes déployées, chercher quelque belle à parer.

« Ce n'est pas telle ou telle fleur, que les joailliers reproduisent avec des pierres éclatantes, avec des diamants étincelants, dit à ce sujet le comte de Laborde, c'est une végétation enchantée, des bouquets de feux de Bengale solidifiés ; c'est le mouvement de la végétation, la forme caractéristique, l'enlacement particulier, c'est surtout l'effet général. Quant à l'artiste, son plus grand mérite est de savoir se cacher et de briller par son absence ; à lui revient l'honneur de si bien disparaître qu'on doute de sa participation, et cependant c'est lui qui a enserré chaque pierre de ce bouquet léger dans des griffes puissantes ; c'est lui qui a formé toute cette charpente à peine visible, et si solide qu'elle porte tout l'échafaudage, se décompose et se divise pour transformer ce bouquet ou cette couronne en broches, en agrafes, en plaques de bracelets, en pendants d'oreilles, offrant ainsi à la coquetterie l'appât d'une conquête solennelle ou l'occasion de mille escarmouches victorieuses ».

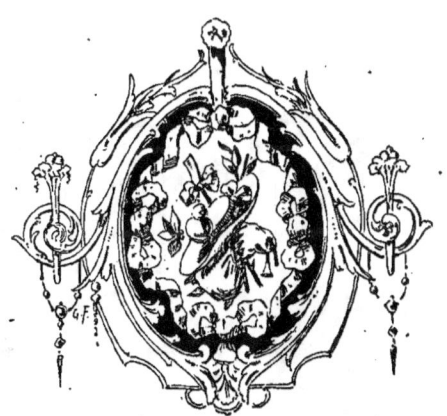

Fig. 78. Pendant de col (xviiie siècle).

L'ART INTIME Planche XII

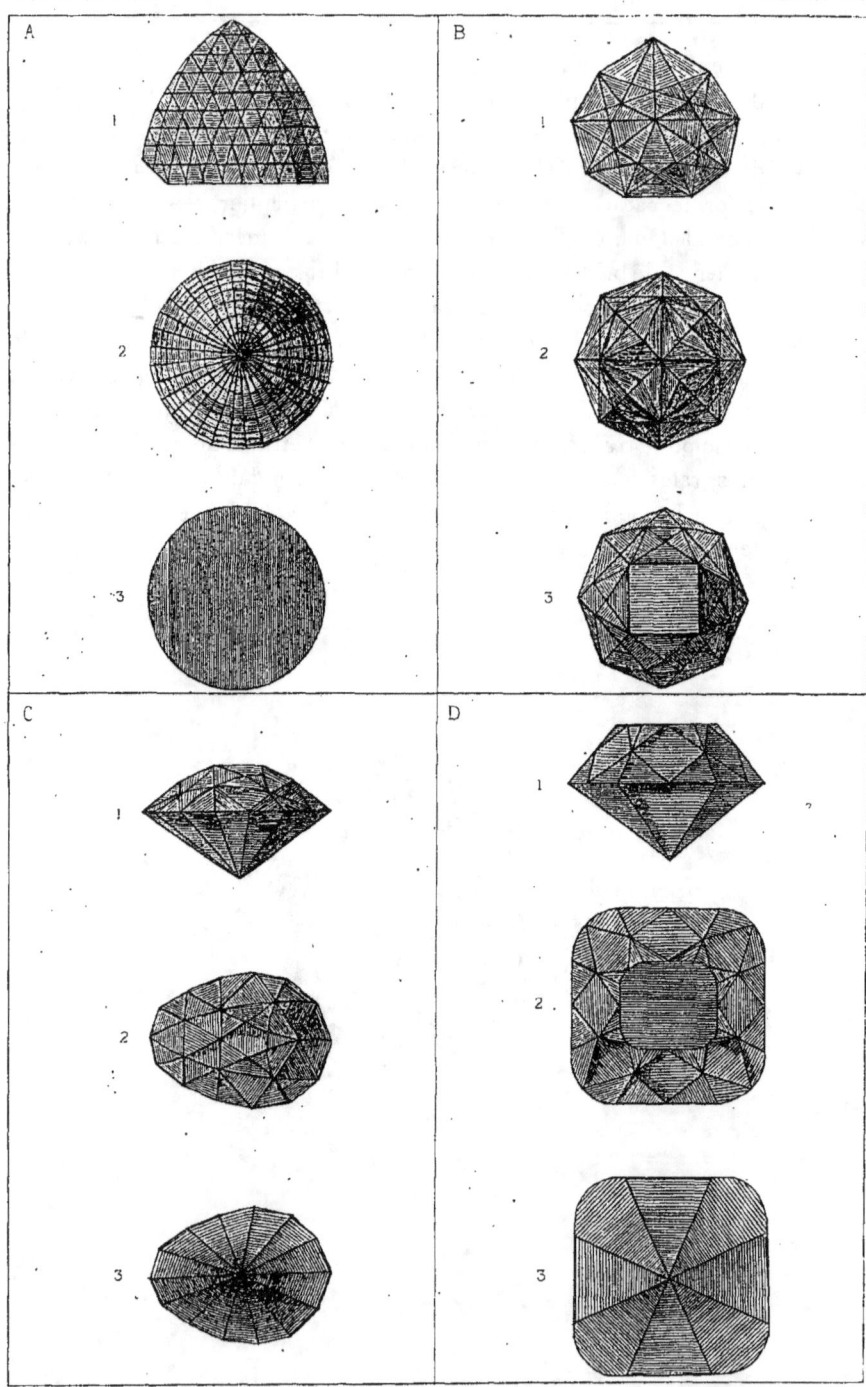

Ed. Rouveyre & G. Blond. Imp. Edit

PIERRES PRÉCIEUSES

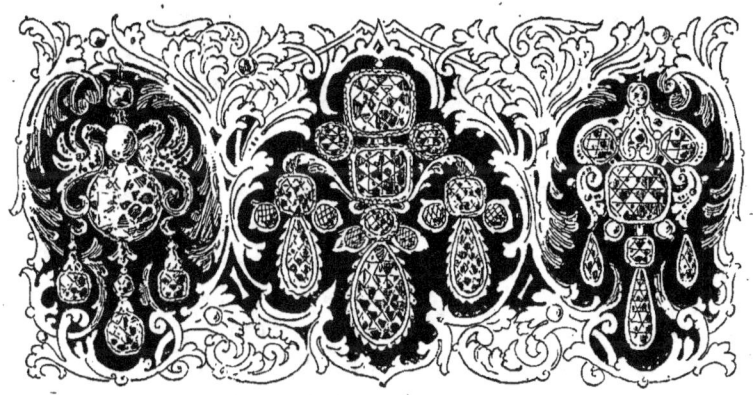

Fig. 79. Girandole en pierreries (époque Louis XV).

XIII.

LES PIERRES PRÉCIEUSES.

Rien qu'à nommer les pierres précieuses, on éprouve de l'éblouissement, non pour leur valeur matérielle, mais pour la poésie qu'elles inspirent! Ce sont les fleurs de la minéralogie, épanouies par un travail infini dans les entrailles du globe. Ce sont les étoiles des régions ténébreuses que l'on compare avec raison aux étoiles du ciel : dans les nuits pures et limpides, ne sont-ce pas les diamants innombrables qui scintillent à la voûte azurée ? » [1]

Cependant, que trouve-t-on à l'origine de nos gemmes (le nom latin de pierre précieuse est *gemma*)? de la terre et de l'eau. Mais grâce aux phénomènes de la cristallisation, ces matières grossières se métamorphosent comme les papillons diaprés qui sortent de leur chrysalide; un charbon noir, sale et pulvérant, se transforme en un diamant transparent, d'une dureté et d'un éclat incomparables ; une terre grasse et pâteuse en superbes gemmes orientales [2], et un sable terne et opaque en éblouissantes pierreries.

[1]. Rambosson, *Les Pierres précieuses et les principaux ornements*.
[2]. On désigne sous le nom de *pierres orientales* les gemmes de premier ordre, les pierres supérieures en beauté, quel que soit le lieu de leur origine, et les gemmes de second ordre sous le nom de *pierres occidentales*.

Etudions maintenant les principales pierres précieuses, par ordre de beauté, de rareté et de valeur.

Li romans des pierres commence. [1]

Le *diamant* est le plus dur, le plus pur et le plus brillant de toutes les gemmes. Incolore, il est regardé comme infiniment plus précieux que les autres pierres, par son éclat, son inaltérabilité et le degré de sa transparence. Sa limpidité égale celle de l'eau de roche ; mais quelquefois il est teint de particules métalliques qui le rendent vert, jaune, rouge, bleu, gris, brun et quelquefois noir. Dans ce dernier cas, la pierre est complètement opaque, mais elle offre un éclat extraordinaire, supérieur à celui de l'acier poli. Il existe des diamants bleu indigo, vert pâle, rose cerise, jaune jonquille et jaune citron, excessivement rares dans l'état parfait.

Mais si un diamant coloré est au-dessus des autres gemmes, il reste encore bien inférieur à un beau diamant blanc, bien taillé en *brillant* ou en *rose*, donnant parfois, au milieu de ses feux étincelants, colorés comme le prisme, le scintillement radieux d'une étoile. Ce n'est plus un simple caillou de parure, un misérable jouet de la vanité humaine, c'est un admirable produit de la nature, plein de problèmes pour l'artiste et pour le savant.

L'un des plus beaux diamants du monde appartient à la France : c'est le *Régent*. A des dimensions considérables, il réunit au suprême degré toutes les qualités que l'on recherche dans ces magnifiques productions. Son estimation, dans l'Inventaire des diamants de la Couronne, rédigé en 1791, monte à 12 millions de francs. Les amateurs ont pu en admirer la pureté à nos dernières expositions universelles.

Le second diamant célèbre est le *Sancy*. Ce diamant, fort épais, est taillé à facettes, en forme de pendeloque ; il est très blanc, d'une netteté et d'une vivacité parfaites. L'Inventaire de 1791 l'estime un million.

Viennent ensuite les diamants étrangers, parmi lesquels un des plus beaux est sans contredit celui du Grand-Mogol. Tiré de la mine de Coloure, près de Golconde, il a la forme d'un œuf coupé transversalement, et est estimé près de 12 millions, ou, si l'on préfère le langage précis de Tavernier, « onze millions sept cent vingt-trois mille deux cent soixante-dix-huit livres quatorze sols et trois liards ! » Au rapport du prince Soltykoff, dans son *Voyage en Perse*, ce dia-

[1]. Prologue du *Lapidaire en françois*.

mant est le même que celui connu sous le nom de *Deryaï-Noor* (océan de lumière), dont s'empara Nadir-Schah. Les souverains persans actuels le portent au bras gauche dans les grandes solennités.

Le Brésil étant la seconde patrie des pierres précieuses, il est naturel qu'il en ait produit d'exceptionnelles. Mais la merveille, parmi les diamants brésiliens, c'est l'*Etoile du Sud*. Cette gemme extraordinaire appartient à M. Halphen; elle est d'une forme ronde ovale très gracieuse, d'une pureté irréprochable, blanche et prenant par réfraction une jolie teinte rosée.

La Couronne d'Angleterre possède aussi de très beaux diamants. Dans le nombre figurent le fameux *Koh-i-Noor* (montagne de lumière). La reine Victoria le porte monté en broche à l'ouverture du Parlement et dans les grandes cérémonies.

Le pays le plus riche actuellement en diamants hors ligne est la Russie. A leur tête se place l'*Orloff*, originaire de l'Inde. D'une pureté parfaite et n'offrant pas l'ombre d'une paille, sa forme est celle d'une moitié d'œuf de pigeon. C'est un des ornements du sceptre impérial, porté il y a peu de temps, lors de la cérémonie du couronnement à Moscou.

Pour finir par une exception au milieu de ces brillantes exceptions de la nature, nous signalerons le célèbre *diamant bleu* de Hope. Son poids le place au second rang pour les dimensions, mais sa couleur bleue du plus beau saphir, jointe à l'éclat adamantin le plus vif, en fait véritablement une pierre sans pareille. Il a été payé 450,000 fr.

Le *rubis*, dit Babinet, est pour le prix comme pour la beauté la première des pierres de couleur. « Pour avoir sa couleur dans la plus belle qualité, il faut prendre celle du sang qui jaillit de l'artère, ou le rayon rouge du spectre solaire dans le milieu de l'espace qu'il occupe ». Pour le rubis et les autres gemmes, les petits échantillons n'ont presque aucune valeur, et ces pierres ne commencent à être appréciées qu'au moment où leur poids les tire d'un pêle-mêle vulgaire et leur assure, à la fois, la rareté et un haut prix.

L'extrême velouté du rubis, sa dureté, sa transparence et son beau poli lui ont fait donner le deuxième rang dans la hiérarchie des pierres précieuses. On distingue trois variétés de rubis. Celui dont nous venons de nous occuper constitue le *rubis oriental*. Le *rubis spinelle* est beaucoup plus commun; il tire sur le rouge ponceau assez vif, et sa dureté est beaucoup moindre. Le *rubis balais*, de couleur rose violacée ou rose vinaigre, a généralement des nuances faiblement accusées. Moins dur que le spinelle, il prend cependant un beau poli. A moins d'être d'une grandeur et d'une beauté hors ligne, il a peu de valeur. Cette pierre est la même que celle nommée par les anciens *anthrax, carbunculus*, mot que nous rendons par *escarboucle*, à cause de sa ressemblance avec un charbon ardent. C'est à quoi fait allusion Mme Deshoulières, dans son *Epitre à Mme la comtesse d'Alègre* :

> Iris, quand je voudrai parler de votre bouche,
> Le rouge du rubis sera d'un grand secours,
> Ce beau rouge si vif, qu'on craint presque toujours
> De se brûler quand on y touche.

Le plus gros rubis que l'on connaisse actuellement appartient à l'écrin de France. Il était brut parmi les pierreries de la couronne ; mais on l'a transformé en un dragon qui a été placé dans l'ordre de la Toison : il a les ailes déployées, il tient le briquet entre ses griffes et vomit la flamme par la gueule.

Le *saphir* présente toutes les nuances du bleu, depuis le bleu indigo jusqu'au bleu pâle. Sa dureté égale celle du rubis et quelquefois la surpasse. D'un bleu d'azur ou bleu céleste, c'est-à-dire ni trop foncé ni trop clair, mais d'une couleur franche, le saphir doit présenter à l'œil une limpidité parfaite et ce velouté admirable qu'il possède au plus haut degré. Lorsqu'à ces qualités réunies il joint une grande dimension, il peut dépasser le prix du diamant ; mais ce cas est excessivement rare, car souvent il est laiteux.

Un des plus beaux saphirs connus fut donné à M. Weiss, par le Muséum de Paris, en échange d'une collection de minéraux ; cette belle pierre, que l'on a fait tailler depuis, vaut, dit-on, 1,200,000 francs.

L'*émeraude*, dont les splendides nuances rappellent la plupart des teintes variées des ondes de la mer, est surtout estimée pour sa couleur verte, suave et veloutée. Les variétés d'émeraudes qui sont bleuâtres prennent le nom d'*aigues-marine;* celles qui sont d'un vert jaunâtre, celui de *béryl*. L'émeraude orientale est d'un beau vert de prairie, avivé ou foncé, mais très limpide et d'un velouté qui charme l'œil. Cette variété, qui devient de plus en plus rare, atteint le prix du diamant quand son poids dépasse deux carats et qu'elle est parfaite [1].

On cite particulièrement l'émeraude dont parle le prince Alexis Soltykoff dans son *Voyage dans l'Inde*, et qu'il a vue briller au pommeau de la selle du roi Schir-Sing. Cette émeraude énorme est

---

1. Rambosson, *Les Pierres précieuses.*

« grosse comme une pomme ». D'un autre côté, l'abbé Grosier, dans son ouvrage sur la Chine, assure que le roi de Laos possédait une émeraude « de la grosseur d'une orange ».

Quant à l'aigue-marine, elle possède une propriété vraiment remarquable qui aurait dû l'empêcher de descendre si bas aujourd'hui : *elle ne perd rien aux lumières.* « C'est, dit Babinet, un curieux spectacle de voir un magnifique saphir bleu perdre le soir tous ses avantages, tandis qu'une parure d'aigue-marine garde tout son éclat. Les Anglais recherchent l'aigue-marine comme les Espagnols la topaze » [1].

Le plus bel échantillon connu d'aigue-marine est celui qui surmonte la couronne d'Angleterre. Mais la merveille en ce genre, au point de vue de la matière et de l'art, est la célèbre aigue-marine bleue orientale gravée par le fameux Evodus et représentant l'impératrice Julie, fille de Titus. C'est un des chefs-d'œuvre du Cabinet des médailles, à la grande Bibliothèque de Paris.

La *topaze orientale* est une gemme vitreuse, brillante, ordinairement d'un beau jaune d'or très vif. La *topaze du Brésil*, la plus estimée après l'orientale, a pour singularité de changer sa couleur jaune en rose lorsqu'elle est chauffée à un certain degré. Une fois qu'elle a acquis cette nuance, elle la conserve indéfiniment.

L'*améthyste* possède une belle couleur violette pourprée, un éclat splendide, une teinte admirable. Elle s'harmonise fort bien avec l'or et le diamant; elle est très estimée. On en fait des colliers, des bagues, des pendants d'oreilles.

Le *grenat* est généralement rouge vif et vermeil, quelquefois coquelicot et orangé. Il en existe de couleur de sang, qui, exposés à la lumière, paraissent comme des charbons ardents. Le grenat violacé est regardé comme le plus parfait; il est le plus estimé en bijouterie.

L'*opale* est une gemme laiteuse et opaque qui n'est point brillante, mais qui a toutes les couleurs de l'arc-en-ciel répandues sur sa surface, de façon à ce qu'elles changent de place et se succèdent rapidement l'une à l'autre lorsqu'on la remue ; ce qui donne un admirable jeu de lumière, un éclat splendide, offrant les tons changeants dont se peint la gorge de certains pigeons rares. Cette curieuse propriété de réfléchir ainsi tous les rayons colorés du prisme provient de sa contexture intérieure et extérieure, car les feux qu'elle présente sont causés par une multitude de petites fissures contenant des lames d'air

[1]. Dieulafait, *Diamants et Pierres précieuses.*

qui reflètent tour à tour les plus aimables nuances du spectre solaire.

Boëce de Boot, l'auteur du *Parfait Joaillier*, fixe le prix de l'opale, quand elle est parfaite, au double et au triple de celui du saphir. Il est extrêmement rare, il est vrai, de trouver des opales parfaites quand elles sont d'une certaine grandeur.

L'opale craint la chaleur et le froid ; elle ne conserve sa beauté que dans le milieu de ces deux extrêmes. On pourrait l'appeler, dit M. Rambosson, la sensitive du monde minéral. Il est vrai qu'on l'expose souvent aux rayons du soleil pour en faire ressortir les feux ; mais il y en a qui ont perdu toute leur beauté, toute leur valeur pour y être restées trop longtemps. Les mêmes accidents se sont produits sous l'influence d'un froid intense et prolongé.

C'est surtout dans la bijouterie austro-hongroise que l'opale fait merveille. Les spécimens exposés au Champ-de-Mars en 1878 offraient des colliers en boules d'opale et d'autres ornements montés en opales de différentes teintes, du plus ravissant effet.

Au commencement du siècle actuel, une magnifique opale parut à Paris. D'après Charles Barbot, sa partie inférieure était entièrement opaque ; quant à sa partie supérieure, rien ne peut en rendre l'idée ; elle était composée d'une telle multitude de feux rouges qu'on lui avait donné le nom de l'*incendie de Troie*. Cette pierre, unique au monde, fut acquise par l'impératrice Joséphine [1].

La *turquoise*, appelée ainsi parce que les premières sont venues de la Turquie, est une pierre précieuse opaque d'un beau bleu de ciel plus ou moins foncé, mais tellement caractéristique que l'on dit : *bleu turquoise*. On en distingue de deux espèces : la *turquoise de vieille roche*, et la *turquoise de nouvelle roche*. Celle-ci provient des dents ou des os de mammifère accidentellement colorés en bleu verdâtre dans le sein de la terre ; elle est beaucoup moins dure et s'altère avec le temps. La turquoise de vieille roche doit, pour être estimée, avoir une couleur bleue bien franche et bien égale. Elle s'associe parfaitement avec les diamants et les perles, et offre une grande ressource dans la bijouterie. Cette espèce devient de plus en plus rare en gros morceaux dans un état parfait de couleur et de netteté.

La plus belle des turquoises connues est celle qui orne un bracelet que porte le schah de Perse Nasser-Eddine. Cette magnifique pierre, d'une grandeur, d'une couleur et d'une beauté incomparables, est appelée le « second bijou de la couronne d'Iran ».

1. *Traité pratique des pierres précieuses.*

Les curieux, affamés du plaisir de la contemplation des belles choses, ont existé de tout temps. De ce nombre sont les amateurs de pierreries, où, selon les expressions de Pline l'Ancien, « se trouve resserrée dans un étroit espace toute la majesté de la nature ».

Tels furent, dans les temps anciens, Polycrate, Pyrrhus, Pompée et Nonnius, célèbre par son opale merveilleuse. Dans les temps modernes, Charles le Téméraire et Mazarin, collectionnaient les pierres précieuses, surtout les diamants, avec une passion digne de l'antiquité. Parmi ceux de nos contemporains, il faut citer le duc de Brunswick, qui, n'ayant pas comme Bias un grand fond de sagesse, selon la remarque de M. Charles Rozan [1], portait sa fortune avec lui, entre autres, plusieurs rubis gravés, dont l'un pesait 53 carats. Le cardinal Antonelli prenait également, dit-on, un grand plaisir à jouer, en causant, avec des diamants ou des émeraudes. Miss Burdett Coutts, la célèbre philanthrope anglaise, s'est plue également à former une admirable collection de pierres précieuses, où se trouve un des plus gros rubis connus. Enfin, le célèbre banquier hollandais Hope, mort vers 1850, possédait une collection de pierreries d'une valeur inestimable, dont chaque objet était d'une rareté particulière. Ici, c'était la plus grosse perle connue, pesant 3 onces (85 grammes), et de près de deux pouces (0,054 mill.) de longueur, à côté du plus gros *œil de chat* dont on connaisse l'existence; plus loin, un autre saphir merveilleux ayant appartenu à Philippe Egalité; là, c'était le saphir rayonné pesant 234 grains (15 grammes) et un autre œil de chat à reflet d'or. On voyait aussi la poignée de l'épée du roi Murat, formée d'une seule aigue-marine. Puis venaient des opales, des topazes, des rubis, des émeraudes remarquables ou par une teinte très rare, ou par quelques jeux de la nature, ou par le souvenir des personnes qui les avaient jadis possédés. C'était, en un mot, une profusion inouïe de gemmes éblouissantes, énormes, jetant mille feux de toutes couleurs.

Mais dans ce genre de collection, nous sommes forcés de l'avouer, l'ancien monde est dépassé par le nouveau.

« Il n'existe probablement pas de ville, dit un journal de San-Francisco (septembre 1878), en parlant de la capitale de la Californie, où il y ait, toute proportion gardée relativement à la population, autant de richesses sous la forme de pierres précieuses.

« La plus grande quantité de joyaux possédés par un seul individu, tels que pierres précieuses, bracelets, bagues, médaillons, etc., est

---

[1]. *A travers les mots; Les Pierres précieuses.*

celle d'une dame du nom de Lloyd Tevis, le tout ayant coûté plus de 100,000 dollars (500,000 francs). Un certain M. Heggio, riche amateur, a dans sa collection un rubis que Lola Montès lui a vendu pour quelques centaines de dollars : il en vaut 6,000. Sa passion est telle, qu'il a chez lui des pierres précieuses et des joyaux pour 80,000 dollars. Une dame a pour 100,000 dollars de diamants. Une autre en a pour 25,000 dollars, principalement des opales. Les opales d'Orient sont les meilleures ; celles d'Amérique sont cassantes. Une opale de cette provenance éclata, il y a quelques années, à San-Francisco, pendant un orage.

« Une dame du nom de Sunderland a, entre autres bijoux, une croix de diamants sans pareille. Une autre dame enfin du nom de Mackay, bien connue aujourd'hui à Paris, possède un saphir de plus d'un pouce (0,027 mill.) de diamètre, qu'elle a acheté d'un prince russe au prix de 750,000 francs. Elle possède aussi un collier de perles qu'elle a payé 500,000 francs. La collection de cette dame est estimée à plus de 2 millions 500,000 francs. »

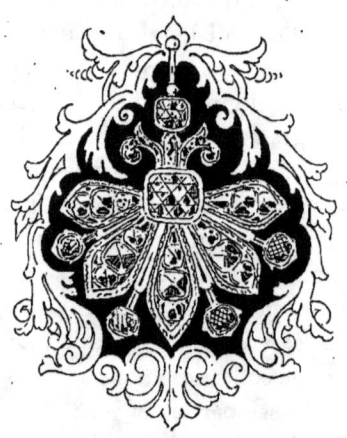

Fig. 80. Girandole en pierreries.

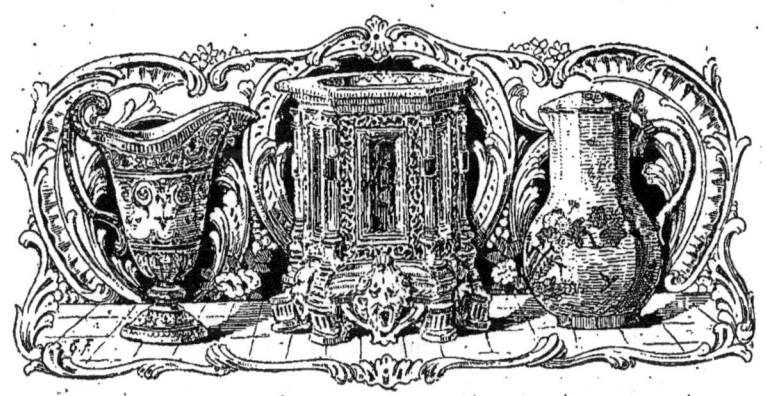

Fig. 81.   Fig. 82.   Fig. 83.
Aiguière (Faïence de Rouen).   Salière (Faïence d'Oiron).   Porcelaine tendre de Chantilly.

XIV.

LA CÉRAMIQUE : FAÏENCE, PORCELAINE, BISCUIT.

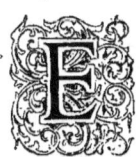N considérant l'usage journalier de la céramique, et son application pittoresque à la décoration intérieure, on conçoit le rang distingué qu'elle a conquis dans l'ameublement de notre société polie et raffinée.

De tous les travaux de l'homme, il n'en est point, avant la céramique, qui aient envahi le domaine des beaux-arts. Aussi tous les potiers célèbres, dont la tradition a perpétué le souvenir, se présentent-ils à nous le front éclairé d'une auréole !

L'histoire de la céramique et de ses développements successifs constitue donc une des études les plus attrayantes pour ceux qui s'intéressent aux œuvres des temps passés. Il est, en effet, peu d'industries dans lesquelles l'art, le goût et la fantaisie occupent une place aussi importante. Les publications qui s'y rattachent n'ont pas été sans influence sur la vogue qu'ont prise de nos jours les faïences anciennes, et les prix qu'elles atteignent dans les ventes publiques témoignent de l'avidité avec laquelle elle sont recherchées par les collectionneurs.

La céramique remonte aux premiers âges de l'humanité. Les nations primitives ont façonné avec le limon des fleuves les vases nécessaires aux besoins domestiques. Dans cet ordre de produits, l'Egypte et la Chaldée ont poussé l'art de la forme à un très haut degré de perfection.

De l'Orient et de l'Asie Mineure la céramique passa en Grèce, où sa splendeur a précédé celle de la sculpture. Ce sont des ouvrages de ces contrées que les Grecs imitèrent d'abord; mais comme ils rapportaient tout à leur civilisation, Céramus, fils de Bacchus et d'Ariadne, devint chez eux le prototype et le protecteur du potier, et c'est ainsi, suivant Pausanias, que son nom aurait été imposé au Céramique, quartier d'Athènes occupé par les fabricants de vases. Il nous reste de cette époque des vases de terre cuite de toute beauté sous le rapport de l'ornementation et de la plastique. Mais quelle était la destination des vases grecs? Il est à peu près hors de doute aujourd'hui qu'un certain nombre d'entre eux ont dû servir aux usages de la vie privée.

Néanmoins il est très peu de ces vases, parmi ceux qui sont venus jusqu'à nous, auxquels on puisse attribuer une destination domestique; la plupart, au contraire, surtout ceux de grande dimension, étaient des objets purement décoratifs, témoin les innombrables vases trouvés dans les fouilles, chefs-d'œuvre céramiques du plus haut prix restés enfouis pendant des siècles pour venir enfin nous révéler toute la splendeur de l'art antique.

Malheureusement ni l'Egypte, ni la Grèce, ni l'Italie qui s'empara bientôt de ce genre de fabrication et le perfectionna, ne possédaient le secret de ces magnifiques émaux ou glaçures qui, plus tard, devaient jeter un si vif éclat sur l'industrie céramique.

Depuis l'invasion des Barbares, l'art céramique dégénéra peu à peu en Italie et chez les peuples que les Romains avaient conquis; bientôt ces produits charmants, aux formes élégantes et aux inaltérables couleurs, ne furent plus que des monuments du passé. L'art était à refaire, mais il se réveilla avec l'époque chrétienne, époque d'aspiration et d'intelligente initiative, qui entreprit les croisades et sut arracher à l'Orient le secret de la poésie et de l'art!

Dès lors, sur cette belle terre d'Italie, l'artiste n'eut qu'à creuser sous ses pieds pour retrouver l'œuvre de ses pères souvent mutilée, il est vrai, mais encore si belle dans ses fragments épars, qu'il admira, s'émut, comprit, et peu à peu il identifia les tendances de son inspiration à celle du génie de l'antiquité.

Une différence notable distingue cette deuxième période de l'art céramique de celle qui périt sous le cataclysme de la barbarie. Les Grecs et les Romains avaient dit le dernier mot du dessin et de la forme. Le Moyen Age n'avait pas à espérer de pousser plus loin dans cette voie ; mais la peinture venait de composer une palette nouvelle ; elle avait trouvé l'usage de la gamme complète des couleurs. La céramique profita de ce progrès ; les anciens n'avaient décoré leurs terres cuites que de deux ou trois tons toujours les mêmes, le noir, le roux et le brun ; elle appliqua toutes les nuances à ses poteries ; ne trouvant pas les anciens procédés, elle en découvrit de plus précieux et de plus variés ; pour fixer les couleurs sur l'argile, elle eut recours à leur vitrification, par la cuisson à une haute température, et c'est de là que date la première poterie émaillée, ou pour mieux dire la première faïence.

Il nous faut maintenant suivre avec les conquêtes de l'Islam, les différentes branches de l'art arabe dans leur importation sur le sol européen, et notamment dans la péninsule ibérique, où elles ont laissé d'ineffaçables souvenirs. Nous voulons parler des célèbres poteries hispano-moresques, lesquelles se caractérisent surtout par l'élégance des formes et par le charme des tons lustrés métalliques dont elles sont couvertes, ce qui leur a valu par excellence le nom d'*œuvres dorées*. Selon le baron Davillier [1], ces poteries se subdivisent en groupes délimités par le style et la facture. Celles de Malaga, le centre le plus ancien et le plus important de la fabrique moresque, se rapprochent du fameux vase de l'Alhambra. Ce dernier est à fond blanc, sur lequel se détachent des ornements en bleu de deux teintes, ou de ces lustres d'or ou de cuivre dont l'analogie avec ceux de trois grands bassins creux du Musée de Cluny, couverts également de dessins à reflets métalliques et d'émaux bleus, est tout à fait frappante.

Après la fabrique de Malaga se place immédiatement celle de Valence. La faveur acquise par cette seconde usine s'explique par l'ardeur métallique de ses reflets ; leur aspect brillant devait avoir plus d'action sur des peuples peu cultivés que les dessins assez sombres des faïences de Malaga, où le bleu absorbe en partie l'effet des rehauts cuivreux, souvent assez restreints dans leur masse. Le caractère de la dégénérescence des produits hispano-moresques est précisément l'augmentation d'intensité de tons, passant du jaune doré associé au bleu, au rouge cuivreux de plus en plus vif.

1. *Histoire des faïences hispano-moresques.*

Si nous cherchons maintenant parmi les ouvrages hispano-moresques, ceux que l'on doit attribuer à l'île de Majorque, la première des îles Baléares, les monuments se pressent, éloquents par leur décor particulier et par certains de leurs emblèmes. On peut étudier le type principal de ces *majoliques* sur un hanap du Louvre et dans un plat du Musée de Cluny.

Quoi qu'il en soit, le début de la *Renaissance italienne* commence avec ses premières œuvres céramiques. Dans l'étude si remarquable que M. Drury Fortnum a faite des anciens disques ou bassins (*bacini*) de faïence incrustés dans les églises d'Italie, le savant auteur a constaté, contrairement aux fables accréditées de longue date, qu'il ne fallait pas voir dans ces disques les trophées rapportés par les Pisans de leurs excursions contre les Arabes, mais bien une décoration inventée, dans le pays même, par suite de la découverte des procédés de l'émaillerie sur terre cuite. Voilà donc du xie au xiiie siècle, la poterie italienne appliquée à la décoration des monuments, poterie d'abord couverte d'émail, puis enfin enrichie des reflets métalliques inspirés, non par la vue des ouvrages dorés des Maures des îles Baléares, comme on l'a prétendu à tort, mais par les poteries à reflets métalliques de l'Orient. La Renaissance italienne, au point de vue spécial qui nous occupe, commence par conséquent avec l'invention de l'émail d'étain ou l'*invetriature* de la terre commune ; elle s'épanouit ensuite lors de l'application de cet émail sur la sculpture en argile cuite, et de son apposition sur une vaisselle élégante qui, décorée habilement de sujets empruntés aux grands maîtres des nouvelles écoles de peinture, devait rivaliser avec l'orfèvrerie [1].

Tandis que les Pisans préludent dans leurs modestes ateliers à cette glorieuse régénération de l'argile, un homme dont le nom est aussi populaire en Italie que celui de Bernard Palissy en France, régénère la poterie émaillée et fonde une dynastie de vasiers célèbres. Lucca della Robbia a laissé d'innombrables chefs-d'œuvre. De toute cette phalange d'artistes et d'inventeurs qui dotèrent l'art céramique de tant d'éclat à l'époque de la Renaissance, le plus célèbre et le plus digne est à coup sûr Lucca della Robbia. Il a découvert le secret de quelques émaux fort brillants et fort estimés ; chacune de ses œuvres porte un cachet admirable. M. H. Barbet de Jouy, qui a résumé dans un excellent volume l'histoire des della Robbia, fait observer que Lucca se distingue de ses successeurs par le sage emploi

---

1. Albert Jaquemart, *Histoire de la Céramique*

des procédés de la peinture vitrifiable ; statuaire, il ne s'écarte pas des principes de son art ; souvent il épargne les chairs et jette l'émail blanc sur les seuls accessoires ; toujours une coloration modérée rehausse les draperies ou les encadrements de ses suaves compositions. Le style pur, souvent raphaélesque, des ouvrages de Lucca, n'est pas le seul caractère auquel on puisse le reconnaître ; ses procédés sont tout spéciaux ; l'émail qu'il emploie est mince, délié, presque transparent ; le bleu de ses fonds est calme et tendre. A ces divers indices, on peut lui attribuer le bas-relief du Louvre, *la Vierge adorant l'enfant Jésus*.

Il y a quelques années, un artiste de talent a essayé chez nous de reprendre l'œuvre ou le dessin de Della Robbia, c'est M. Joseph Devers. « M. Devers, écrivait alors M. Philippe Burty, est un artiste piémontais qui, venu fort jeune à Paris, a étudié la peinture chez Ary Scheffer, la sculpture chez Rude, la décoration émaillée chez M. Jollivet. C'est assurément à sa courageuse personnalité qu'il faut attribuer de nos jours le mouvement des esprits en faveur de la faïence décorative. D'autres, meilleurs praticiens, en ont profité et ont fait fortune, mais c'est lui qui a allumé le foyer. En 1853, il exposa au Salon une vaste composition, « les Anges gardiens ». Depuis, outre une grande quantité de travaux isolés pour des demeures particulières en France, en Italie, en Angleterre, il convient de citer quatre hauts-relief pour l'église Saint-Eustache et un buste de Della Robbia pour le Musée de Kensington » [1].

Pour en revenir à la Renaissance italienne, la protection des grands seigneurs encouragea les efforts et les recherches. A l'exemple de Lucca della Robbia, des ouvriers habiles établirent, dans plusieurs villes d'Italie, des fabriques de terre émaillée. Chacun, de son côté, agrandit le domaine des procédés. Les émaux se multiplièrent ; de nouvelles nuances prirent place sur la palette des céramistes. Les plus grands peintres ne dédaignèrent pas de grouper leurs couleurs sur le flanc d'un vase ou le creux d'une assiette, et de donner à ces œuvres fragiles une valeur artistique aussi grande qu'à une toile ou une fresque. Les belles poteries qui nous restent de cette époque joignent au mérite d'une fabrication soignée celui d'un art remarquablement développé.

C'est à cette époque que se place l'apparition de la vaisselle émaillée, c'est-à-dire, des plats connus sous le nom de *majoliques*, qui réflé-

---

[1]. Philippe Burty, *Chefs-d'œuvre des Arts industriels*.

chissent dans leurs concavités les rayons solaires, en produisant des effets magnifiques. Mais rappelons tout d'abord que les faïences italiennes ont une franchise de ton extraordinaire, un gras et un glacé tout-à-fait merveilleux. Les reflets nacrés, dorés, ou rouge rubis de ces faïences, ne tiennent pas à la nature du vernis, mais à l'emploi de certains métaux revivifiés au four ; ce qui le prouve, c'est que, en général, les parties blanches ne sont jamais chatoyantes ; le jaune et le bleu s'irisent seuls sous l'influence du rayon lumineux.

On a souvent répété que le mot faïence venait de *Faënza*, petite ville d'Italie que les historiens désignent comme le berceau et le centre exclusif de cette industrie. L'étymologie paraît vraisemblable, mais la dénomination est impropre et inexacte. Faënza n'a pas l'honneur d'avoir vu l'art céramique renaître et se perfectionner dans ses murs ; elle a usurpé une gloire à laquelle avaient bien droit d'autres petites villes d'Italie, Pesaro, Urbino, Castel-Durante, Pise, Foligno, et tant d'autres, sans compter la grande cité qui leur envoyait ses rayons, Florence, le plus beau fleuron de cette couronne étoilée.

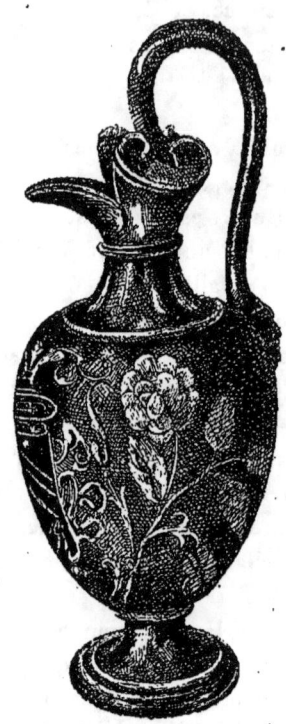

Fig. 84. Vase en faïence de Nevers.

Passons maintenant en revue les principales provinces d'Italie, célèbres par leurs poteries, si recherchées de nos jours.

TOSCANE. C'est de Chaffagiolo, petit village près de Bologne, que sont sorties les premières majoliques toscanes. Il en existe plusieurs qui ne sont émaillées que d'un seul côté, avec des sujets de style gothique expliqués par des légendes en caractères du xvie siècle. Ce sont là les œuvres primitives. Au siècle suivant, les maîtres ont paru. Vienne le xvie siècle, et la majolique prendra rang dans le mobilier des palais ; les plats gigantesques, les vases *da pompa* aux riches contours s'étaleront sur les crédences sculptées.

MARCHES. Après Chaffagiolo, la plus ancienne fabrique d'Italie, vient celle de Faënza, dont les premiers produits étaient déjà estimés au xvi⁰ siècle. « Les majoliques de Faënza sont blanches et polies, » écrivait Garzoni, en 1485. Toutes les pièces de Faënza sont en effet *polies*; beaucoup, parmi les plus anciennes, sont émaillées en bleu pâle ou couleur d'empois ; dans les autres, le blanc est assez pur ; souvent une large bordure fond bleu porte en camaïeu plus pâle ou en émaux divers, certains masques de face, terminés indifféremment par une barbe élargie en feuille d'acanthe qui se mêlent à d'élégants rinceaux. Ce décor très caractéristique se voit à Cluny, sur une pièce très ancienne représentant la mort d'Holopherne.

Duché d'Urbin. J.-B. Passeri revendique pour Pesaro l'invention des majoliques recouvertes de cette couleur jaune que la cuisson rendait étincelante comme de l'or. Outre les pièces ornées de devises galantes et de portraits, qui parfois rappellent les magnifiques médailles des artistes florentins, Pesaro a produit quelques vases aux formes recherchées et superbement décorées ; ce sont d'élégantes aiguières, des buires, des salières,

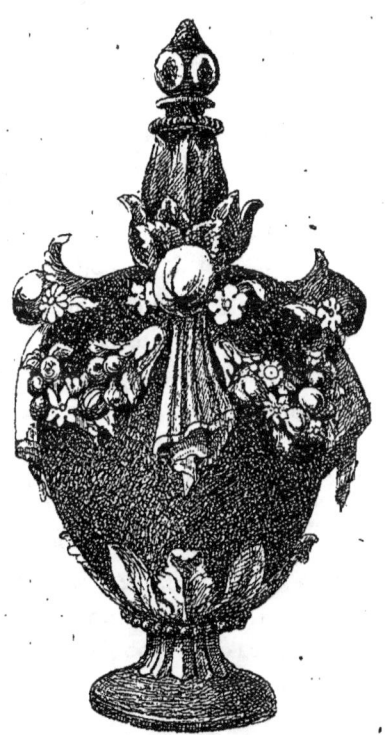

Fig. 85. Vase de Bernard Palissy (xvi⁰ siècle).

des saucières, etc., ou bien encore des vases de pharmacie, dans le genre de ceux de la *Speziera* ou laboratoire médical du palais ducal d'Urbino. On faisait aussi à Pesaro des pupitres, des encriers, portant diverses emblèmes et des devises variées, et surtout de ces plats ou coupes nommés *amatorii* qu'il était d'usage de donner et de recevoir comme cadeaux ou gages d'amour. Le donateur y faisait peindre le portrait de sa belle, ou des mains réunies, des cœurs enflammés. Passeri possédait une pièce de ce genre sur laquelle on lisait un nom de femme : Philomela. La belle adorée l'avait, par dépit sans doute, percée d'un trou central (*miscramente bucatâ*) et s'en était servie comme d'une souricière !

Voilà pour les produits antérieurs au xvi€ siècle. Au moment où Guidobaldo II della Rovere devint duc d'Urbin (1538), les céramistes pesarais abordent les compositions à figures d'après les maîtres, en y introduisant, suivant la mode du temps, les rehauts brillants de l'or et du rouge rubis (*rosso di rubino*).

Castel-Durante est une ville qui a fourni de potiers une grande partie des ateliers de l'Italie. La fabrique de Gubbio, illustrée par le fameux maëstro Georgio Andreoli, a produit également des ouvrages nombreux et variés. Mais quelle que soit leur importance, elles n'ont pu atteindre à la célébrité d'Urbino, patrie de Raphaël et résidence d'un prince prêt à encourager tous les genres de talents. Vers 1530, on y vit se manifester une école sérieuse et des artistes de premier ordre, entre-autres Orazio Fontana, dont le Louvre possède une coupe, l'Enlèvement d'Europe, qui est un véritable chef-d'œuvre.

L'industrie des majoliques prospéra jusque vers 1560; mais, à partir de cette époque, les princes d'Italie ayant supposé que les potiers artistes pouvaient marcher d'eux-mêmes, et que la vogue suffirait à leur procurer des bénéfices proportionnés à leur talent, ils cessèrent de les protéger. Cette erreur eut des résultats désastreux. L'art du potier tomba en décadence; les produits dégénérèrent, et, vers le commencement du xvii€ siècle, l'industrie italienne s'éteignit d'une façon absolue.

La *Renaissance française*, fille de la Renaissance italienne, fit faire à la céramique un grand pas dans la voie du progrès. Tandis que Lucca della Robbia et sa famille illustraient la céramique au-delà des Alpes, un pauvre artisan de la Saintonge commençait en France ces travaux si précieux, qui devaient élever notre pays à un rang si digne dans la hiérarchie industrielle et artistique. Nous ne ferons pas ici l'histoire de Bernard Palissy. La renommée de ses œuvres, l'éclat de ses découvertes, les longues souffrances qu'il a endurées l'ont rendu populaire.

Cet homme de génie, d'origine obscure, privé d'éducation et de fortune, par une sorte d'intuition dont l'histoire des hommes offre de rares exemples, devina les procédés de la peinture sur émail que l'Italie appliquait déjà depuis quelques années ; et ce ne fut qu'après une longue et douloureuse série d'expériences infructueuses qu'il parvint à établir la première de ces *faïences rustiques* aux couleurs si vives et si variées, aux formes si gracieuses et si pittoresqnes qui émerveillèrent son siècle, et sont tant recherchées aujourd'hui.

L'ART INTIME   Planche. XIV.

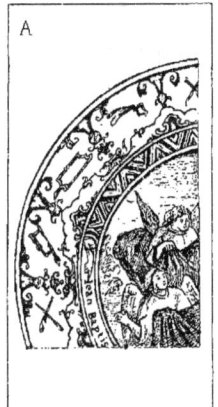
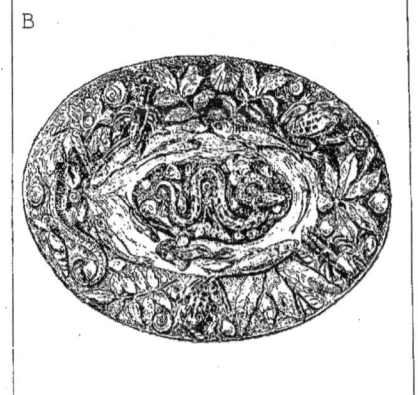
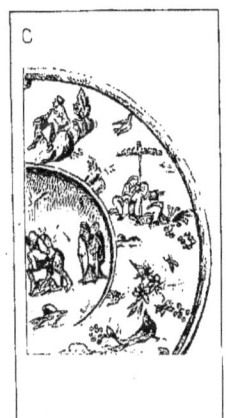
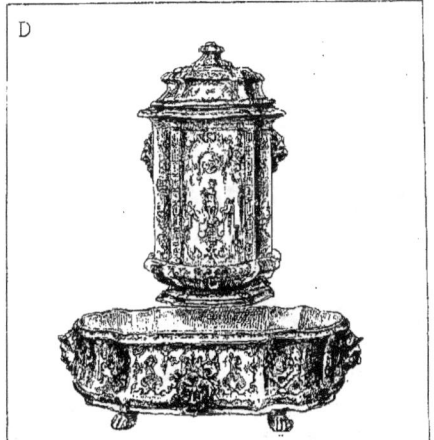
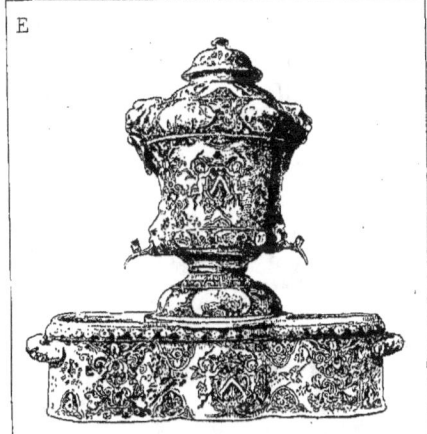
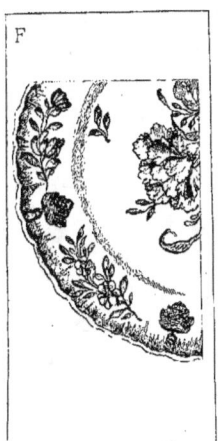
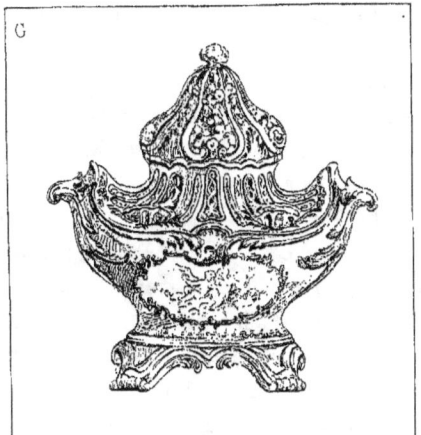
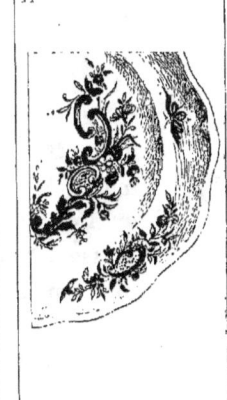

Arents sculp.   Ed. Rouveyre & G. Blond. Imp. Edit.   Er. Rouveyre, del.

LA CÉRAMIQUE
Fayence et Porcelaine (Spécimens de décors)

Un poète contemporain, Jean Vauquelin de la Fresnaye, dans son imitation d'une épigramme grecque *sur la Vache de Myron*, dit, à propos d'un bassin de Bernard Palissy :

> Voici d'une main phydienne
> En la poterie ancienne
> Des poissons au vray imitez.
> Que si de l'eau vous apportez,
> Aussitôt qu'ils la sentiront,
> Dans le bassin ils nageront.

Les poteries de Bernard Palissy jouissent, en effet, d'une faveur considérable sans qu'il y ait là rien de faux ni d'exagéré. Ces faïences émaillées, désignées par leur auteur sous le nom de *rustiques figulines*, n'ont pas seulement pour elles la consécration du temps, elles possèdent une valeur réelle et des qualités de tout genre qu'il a été bien difficile d'atteindre, même dans nos fabrications perfectionnées. Sous tous les rapports, elles sont très remarquables, et la composition des pâtes doit fixer l'attention autant que la nature des émaux, leurs dispositions et la forme artistique des pièces qu'ils recouvrent.

La faïence de Palissy est caractérisée par un style original et beaucoup de qualités particulières : elle n'est pas décorée de peintures plates ; ses figures sont généralement correctes de formes, les ornements et les sujets historiques, mythologiques et allégoriques qu'il affectionnait sont exécutés en relief rehaussé par un mélange de teintes chaudes, brunes, blanches, bleues, jetées en taches grassement parfondues et indéfinies dans leur forme. Il n'atteint jamais à la pureté de l'émail blanc du Lucca della Robbia. Le revers de ses pièces n'est jamais d'une couleur unie ; il est bigarré de deux ou trois nuances telles que le bleu, le jaune et le brun, ou, comme il le dit lui-même, de « divers esmaux entremeslez en manière de jaspe ».

Les objets naturels placés sur cette faïence sont très exacts de forme et de couleur ; car, hormis quelques feuilles, ils étaient tous moulés d'après nature, c'est-à-dire sur les objets eux-mêmes. Le choix qu'il en fait indique que ce potier était un savant naturaliste. Les poissons sont ceux de la Seine, les reptiles et les plantes (ce sont ordinairement le cresson, la langue de cerf, de petites fougères, des glands et des feuilles de chêne), sont empruntés au bassin de Paris. On n'y rencontre aucune production naturelle étrangère. Les moules étaient probablement formés sur des objets vivants [1].

---

1. Marryat, *Histoire des Poteries, Faïences et Porcelaines*.

La France est riche en faïences de Palissy. Il y en a des collections importantes à l'Hôtel de Cluny, au musée de Sèvres et surtout au Louvre, dans la collection Sauvageot, où se trouve peut-être la série la plus complète de ces admirables productions. Grâce à des hasards heureux, à des échanges, à des recherches habilement dirigées, Charles Sauvageot était parvenu à réunir quatre-vingt dix-sept pièces de Palissy, estimées *cent trente-huit mille cent dix francs*, et qui avaient coûté en tout moins de mille francs à l'intelligent collectionneur. Ce n'était pas sans une certaine amertume que Sauvageot s'exprimait à propos de la valeur excessive que ces objets ont acquise de nos jours. « Pendant de longues années, disait-il à un de ses amis, j'ai conçu le projet de former un œuvre complet de cet habile artisan ; je voulais posséder un exemplaire de chacune des pièces modelées par ses mains. J'ai dû renoncer à ce projet longtemps caressé. — Et pourquoi ! lui demandai-je. — Parce que je n'ai pas et que je n'aurai jamais les sommes dont il faudrait disposer maintenant pour mener à bonne fin une pareille entreprise. Autrefois, quand je consacrais à une belle pièce de Palissy *cinq à six* francs, je croyais en avoir donné un prix convenable. Depuis, j'ai augmenté un peu ; mais aujourd'hui qu'un seul plat avec figures se vend de quatre à cinq mille francs, c'est aux souverains, ou bien aux rois de la finance, qu'il faut laisser ces objets ». C'est à propos de ces fameux plats de Bernard Palissy que la naïve servante du collectionneur disait : « Monsieur est vraiment drôle ; il achète sans cesse de la vaisselle, et il ne mange jamais chez lui » [1].

Les continuateurs de Palissy sont, de nos jours, MM. Pul, Avisseau, de Tours, Barbizet et Ulysse.

Comme nous l'avons expliqué tout à l'heure, le courant magnétique de la Renaissance avait pénétré presque partout en France et y produisait des merveilles. Or, avant que Palissy songeât à créer ses rustiques figulines, une mystérieuse et unique fabrique s'était élevée dans le bourg d'Oiron, commune de Thouars (Deux-Sèvres), petite localité naguère inconnue et aujourd'hui célèbre. Cette fabrique produisit des faïences fines dont la pâte dure et sonore mérite d'être classée au premier rang. En effet, cette fabrication diffère entièrement par ses formes et ses ornementations des autres poteries ; elle fut portée tout à coup à la plus haute perfection, et disparut sou-

---

[1]. Le Roux de Lincy, *Notice du Catalogue des livres manuscrits et imprimés de Ch. Sauvageot.*

dainement, d'une manière étrange, sans qu'aucune notion restât, soit sur les fabricants, soit sur l'endroit où elle fut fabriquée.

C'est à une découverte de Benjamin Fillon [1], que l'on doit de connaître son origine réelle. Grâce aux investigations de ce savant collectionneur, on sait aujourd'hui que les poteries de luxe nommées à tort *faïences de Henri II*, ont été fabriquées à Oiron par le potier François Charpentier et Jean Bernard, sous la direction et le patronage d'Hélène de Hangest-Genlis, femme distinguée, à laquelle on doit la création de ces magnifiques produits. La salamandre et d'autres emblèmes de François Ier, qui se trouvent sur les échantillons les plus anciens de cette faïence ; le blason de Henri II, sa devise (trois croissants) ou sa lettre initiale H entrelacée avec les deux D de la duchesse de Valentinois, plus connue sous le nom de Diane de Poitiers, qui se voient sur la majeure partie des pièces, lesquelles sont d'un dessin pur et d'un travail plus fini ; enfin les couleurs de deuil, noir et blanc, si à la mode à la cour de France, et que Henri II porta toute sa vie, amènent à conclure que leur fabrication commença vers la fin du règne de François Ier et qu'elle se continua sous celui de Henri II ; comme on ne trouve sur elles que les emblèmes de ces deux princes, on peut hardiment les regarder comme d'origine française.

Le style de la décoration des faïences d'Oiron est unique. A d'élégantes niellures s'adaptent sur la surface ivoirée des ornements en relief, en ronde bosse, des mascarons, des blasons, des lézards, des grenouilles, des coquilles et des guirlandes. Une couleur rose y domine. Les formes de ces pièces sont toujours dans le style le plus pur de la Renaissance ; elles sont si finement moulées et si soigneusement travaillées, qu'on peut les comparer aux ouvrages ciselés et damasquinés des plus célèbres orfèvres du xvie siècle. Elles sont ordinairement petites et légères, destinées généralement à l'ornementation des pièces de parade, telles que coupes, aiguières et biberons, flambeaux, etc.

Ne quittons pas le xvie siècle sans dire un mot du *grès cérame*. Le grès cérame, auquel Alex. Brongnart a ajouté l'épithète de *cérame* afin de distinguer cette poterie de la roche quartzeuse qui porte également le nom de *grès*, est divisé en *grès commun* et *grès fin*, tous les deux sont quelquefois très décorés de sujets en relief et coloriés en bleu. La première espèce est la plus grossière. Dès le xvie siècle, elle était importée de Cologne, sous forme de vases et de pots

---

1. *L'Art de terre chez les Poitevins.*

—à boire destinés aux dressoirs des palais. Les grès de Cologne d'un gris clair sont très anciens; beaucoup de pièces sont décorées aux armes de la ville. Quand aux grès fins, la Hollande excellait, depuis une époque très reculée, dans leur fabrication.

Le grès du XVIe siècle est très reconnaissable à sa forme bizarre, à sa riche ornementation, ainsi qu'à la couleur de son émail. Les plus anciennes pièces sont les vases de table sculptés appelés *Jacoba's*

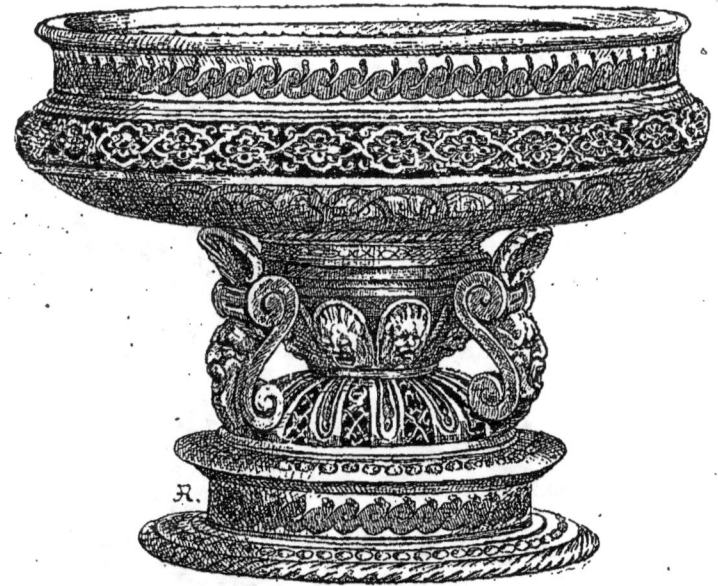

Fig. 86. Coupe en faïence d'Oiron.

Kannetje (cannettes). Cette poterie est d'une couleur blanchâtre ou brun chaud, sans aucun vernis, délicatement décorée de sujets mythologiques ou allégoriques, en relief, et exécutés au moyen de moules de cuivre. Dans la *Kunstkammer*, à Berlin, on peut voir un bel échantillon de ce grès; cette pièce avait été présentée à Luther par la ville d'Eisleben. Citons encore, parmi les poteries de cette période, les *cruches de grès* données en certaines occasions, telles que jours de naissance, de mariage, etc; les pièces appelées *vases aux apôtres*, avec des figures et des ornements en relief, quelquefois d'une belle couleur turquoise et fabriquées en France vers 1540; les grès de Flandres, remarquables par leur magnifique couleur bleue, leurs formes bizarres et la richesse de leurs ornements.

Temps modernes. On pu apprécier, par ce qui précède, les efforts du Moyen Age et les entreprises glorieuses de la Renaissance. Il restait aux temps modernes à compléter l'œuvre des siècles. Nous allons étudier les causes de cette transformation, en suivant l'ordre des événements.

Faïences Françaises. Nevers. On regarde généralement Nevers comme le plus ancien atelier français où se soit fabriquée la faïence émaillée. On commença par y faire de simples copies de majolique italienne, dues à des artistes italiens attirés par Louis de Gonzague, dans le duché de Nevers [1]. Mais, fait remarquer Albert Jacquemart, les potiers nivernais ne tardèrent pas à s'affranchir de l'influence étrangère, et ils créèrent deux types bien tranchés : « le premier, emprunté aux émailleurs, se manifeste par des sujets mythologiques, héroïques ou familiers, entourés de grosses fleurs, compositions où les tulipes, les œillets et les anémones rappellent les riches et surabondants bouquets de l'émaillerie et des étoffes contemporaines. Là, le bleu foncé et le manganèse dominent, et le jaune orangé, lorsqu'il s'étend en fonds partiels devient une teinte merveilleuse. Nevers paraît avoir affectionné le type oriental, surtout le genre chinois et persan. Dans ce cas, les fleurs à feuilles pointues, contournées, les rinceaux, les oiseaux et les insectes sont plus fréquents que les combinaisons ornementales ». Mais ce ne sont là, à tout prendre, que des imita-

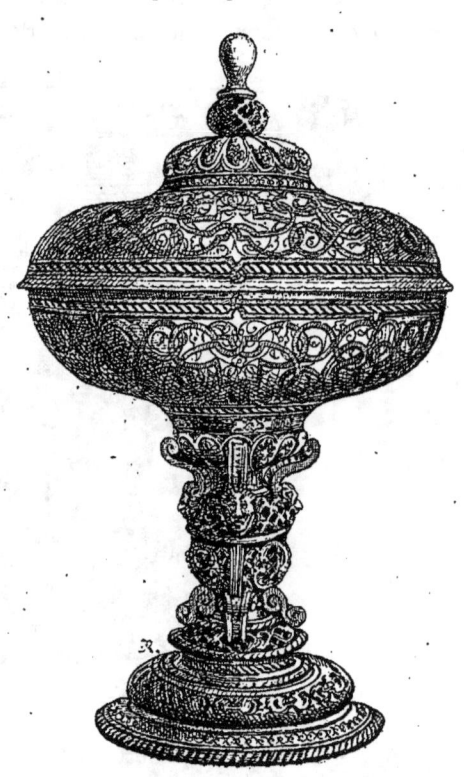

Fig. 87. Coupe en faïence française, dite de Henri II.

1. Du Broc de Ségange, *La Faïence, les faïenciers et les émailleurs de Nevers*.

tions italiennes et orientales, plus ou moins bien réussies. Le vrai caractère de la faïence de Nevers, appelé *franco-nivernais*, a été mis en relief par M. Champfleury: [1] c'est essentiellement une faïence bourgeoise et populaire, et c'est dans ses devises qu'elle triomphe. Nous en donnerons pour preuve cette fontaine du xviiie siècle, sur laquelle se tient un Bacchus vêtu à la mode de Louis XVI; sur le tonneau, on lit le quatrain suivant, daté de 1788 :

> Ce sac à vin de rouge trogne
> Qu'on voit assis sur ce tonneau,
> S'indigne comme un franc ivrogne,
> Qu'on le prenne pour pot à l'eau.

Victor Hugo, dans un de ses voyages, ayant lu ce quatrain sur le monument même, le réduisit à un distique :

> Je suis fort triste, quoiqu'assis sur un tonneau,
> D'être de sac à vin devenu pot à l'eau.

Le musée de Sèvres est très riche en faïences de Nevers.

ROUEN. Bien lontemps avant Nevers, Rouen avait appliqué l'émail à la terre cuite. Mais, pour ce qui concerne la faïence, c'est seulement sous le règne de François Ier et de Henri II que l'usine rouennaise se rendit célèbre par les magnifiques pavages du château d'Ecouen. Pendant les cinquante premières années, la fabrication, indécise dans ses moyens, emprunta ses types à Nevers et à la Hollande, mais, à partir du xviie siècle, la vieille cité rouennaise préféra puiser ses inspirations aux sources nationales. En effet, à cette époque où les industries de grand luxe s'inspiraient mutuellement et savaient s'assimiler les genres d'ornementation les plus divers, les artistes se plaisaient à reproduire exactement sur leurs vases, les motifs si fréquemment appliqués, sous le règne Louis XIII, sur les médaillons, les montres et autres bijoux émaillés sur métal, et plus encore sur les étoffes dites *perses*. On en a des exemples dans quelques pièces exceptionnelles du Musée de Rouen, où, autour de paysages émaillés, courent, sur fond blanc, des guirlandes de grosses fleurs, un peu crues de tons, et des bouquets accompagnés de traits contournés en vrilles. Plus tard, quand la poterie officielle de la fabrique de Saint-Sever se lancera dans la poterie courante, on verra les drageoirs dits à la *centauresse* reproduire les mêmes fleurs, les mêmes vrilles, en un mot se conformer à un goût qui, loin de venir du Nivernais, devait s'y implanter à son tour par une influence identique. Mais la vue

---

1. *La faïence parlante du centre et du midi de la France, Gazette des Beaux-Arts*, 1864.

des porcelaines orientales modifia bientôt ces tendances et suggéra aux peintres rouennais le vrai type qui devait faire leur gloire et celle de la faïence française tout entière ; c'est le décor à *lambrequins et dentelles*, dont la buire en casque de la riche collection de M. Alphonse Maze-Sencier, offre un des plus beaux spécimens. Dans ce décor, exécuté en camaïeu bleu et en bleu et rouge de fer, on reconnaît l'influence orientale mêlée aux délicates combinaisons inventées par Bérain, Boulle et les autres ornemanistes français ; mais, comme le fait remarquer Albert Jacquemart, l'historien céramiste par excellence, l'emprunt est tellement déguisé, il y a une originalité si puissante dans les bordures arabesques entourant les plats d'une large guipure, les rosaces centrales riches sans surcharge, et parfois dans les colonnes rayonnantes reliant le motif du milieu à la circonférence, qu'on se demande s'il n'y a pas une ingénieuse invention. Il faut que les contemporains en aient jugé ainsi, puisque la faïence rouennaise a été l'objet d'une imitation universelle : la Belgique, la Hollande, l'Italie même ont multiplié les variétés d'un genre que Lille, Paris, Saint-Cloud, Marseille, etc., exécutaient couramment pour répondre au goût des consommateurs [1].

Les compositions à dentelles furent remplacées un moment par des corbeilles de fleurs supportées par des rinceaux à guirlandes et formant motif central ou posées dans les créneaux des lambrequins ; ce genre riche et gracieux, dû à l'influence directe des publications littéraires du temps, est un emprunt évident aux culs-de-lampe des splendides éditions de Cramoisy et des autres éditions du xviie siècle.

Ce qui prouve surabondamment la persistance de l'école rouennaise dans la volonté de rester française, dit encore Albert Jacquemart, c'est que, dans ses commencements, elle a su imiter la porcelaine chinoise avec une fidélité et un talent au moins égaux à ce que l'on admire chez les faïenciers hollandais ; mais les peintres normands surent bientôt s'affranchir de cette imitation trop servile en créant le genre *à la corne*. Là, les motifs sont plus larges que dans le type chinois lui-même ; une corne d'abondance d'où s'échapperont des tiges chargées de pivoines, de grenades ouvertes, d'œillets d'Inde, forme motif principal et s'entoure d'oiseaux, de papillons et d'insectes, et quelquefois même de capricieuses rocailles. Cette poterie, moins pure de fabrication et de goût que la vaisselle à lambrequins et den-

---

1. Albert Jacquemart, *Histoire de la Céramique.*

telles en bleu, rachète par l'éclat de ses vifs émaux la lourdeur de sa pâte et son émail bleuté sujet à la tressaillure.

Moustiers-Marseille. Il y a quelques années, toutes les faïences françaises étaient attribuées à Nevers ou à Rouen. L'existence d'une faïence de Moustiers (Basses-Alpes) était ignorée. Les amateurs instruits hésitaient cependant à considérer comme faïences rouennaises de charmants spécimens rappelant, par l'élégance de leur forme et les précieuses arabesques dont elles étaient décorées, le style de Du Cerceau et des autres petits maîtres français. C'est M. Riocreux qui, le premier, a démontré que ces pièces, parfois d'un beau blanc, à émail uni, non vitreux, et peintes d'un bleu intense (1er type), parfois aussi recouvertes d'un émail tellement vitreux qu'il rivalise avec celui de la porcelaine et donne au cobalt un ton céleste et doux comme s'il transparaissait dans une glace (2e type), n'étaient pas plus de Marseille que de Rouen, et qu'il s'est formé dans Moustiers un centre très important de faïences décoratives.

Suivant M. Charles Davillier, une fabrique de poterie existait déjà à Moustiers en 1632, dirigée par les Clérissy, dont les descendants donnèrent à l'industrie de leurs ancêtres un développement exceptionnel [1]. Parmi les autres fabricants qui ont tenu un rang élevé, on cite Joseph Olery. « Les faïences d'Olery, dit M. Maze-Sencier, sont le plus souvent polychromes. Elles sont décorées de guirlandes de fleurs et de fruits, de sujets mythologiques et de médaillons renfermant des bustes de guerriers et de déesses, des amours, des oiseaux, etc. La décadence commence avec les dessins à caricatures, rappelant les gueux de Callot » [2].

Indiquons sommairement les fabriques secondaires de Strasbourg-Haguenau [3], celle de Lunéville [4], devenue célèbre par les groupes et statuettes en *biscuit* de l'habile modeleur Louis Cyfflé, celle de Lille, ville sur laquelle M. Houdoy a donné des renseignements intéressants [5], puis enfin celle de Sceaux, qui produisit des pièces de belle forme et de bonne peinture; et, sans nous arrêter, faute de place, aux faïences étrangères qui, comme celle de Delft, en Hollande, ont été très recherchées [6], nous passerons immédiatement à la porcelaine,

---

1. Ch. Davillier, *Histoire des faïences et porcelaines de Moustiers-Marseille.*
2. Alph. Maze-Sencier, *Recherches sur la Céramique.*
3. Teinturier, *Recherches sur les anciennes manufactures de faïence (Alsace-Lorraine).*
4. Alph. Maze-Sencier, *id.*
5. *Recherches sur les manufactures Lilloises.*
6. Henry Havard, *Histoire de la faïence de Delft.*

L'ART INTIME   Planche XIV. A.

#	Mark	#	Mark	#	Mark	#	Mark	#	Mark
1	I.B 1803	10	(crown mark)	18	D.F 1636	27	Faict a Rouen 1647	38	G
2	A ROUEN 1542	11	(square mark)	19	Jehans Custode ff	28	A ROUEN 1725 PEINt PAR PIERRE CHAPELLE	39	G.R
3	F.B	12	P	20	B	29	(fleur mark)	40	G.B / 7
4	BB	13	(swan)	21	H.B 1689	30	B L	41	GG
5	Saicte lesS May 1642 par edme Lisou demeurant a S. Verain	14	(hat mark)	22	L. Borne 1689	31	A	42	+G.L*
6	AB.C	15	de Conrad Aneuers	23	N	32	B.B A	43	G.L
7	D.D	—	de Couradt a neuers	24	S	33	m B 4	44	G.M
—	—	16	J Boulard a Nevers 1622	25	P.S. 1630	34	C.H	45	Ga
8	(dragon)	17	H.	26	4	35	*C*	46	G9
9	(monogram)					36	C/5	47	GS
						37	+ F	48	G W
								49	G3
								50	G3
								51	h x
52	Pr	65	h	79	G5	93	Ie	106	P.D
53	PP	66	.M.	80	h	94	GA	107	R D
54	R	67	Mo	81	H C	95	G D	108	Ro
55	S.	68	A	82	H M	96	G3	109	S3
56	S3 .B	69	CO	83	H T	97	h	110	WGt
57	V.P 7	70	D	84	MD	98	.j.j	111	V
58	W.B / 32	71	D	85	MD	99	MF	112	H
59	DD	72	dieuf	86	LR	100	M	113	3.R.
60	DV	73	D L	87	PC	101	Mv	114	GN 1733
61	MD	74	D.	88	P Co	102	P.A.T 1776	115	f
62	P.R	75	G B	89	.R.D 1765	103	P.G	116	B
63	NP	76	Gi	90	B	104	P.C	117	H
64	MS	77	n2#	91	B B	105	W	118	PA
		78	G m	92	D B				

LA CÉRAMIQUE

Faïence (N° 1 à 291) et Porcelaine (N° 292 à 443) (Marques et Monogrammes).

L'ART INTIME   Planche XIV B.

119	128 ℬ	137 Lille 138 N:A DOREZ 1748	148	158 SCEAUX
120 ⅅ D	129 ℬ	139 ℳ B	149	159 B·R
	130			160 OP.
121	131 FB	140 AB	150 S ⅃A	161
122	132 P B	141 D	151 ℛ ℛ ℛ	162 ℬ
123 gardin	133 F B B	142 D	152 L	163 SᵗC T
124 DP	134	143 D	153 ARxe	164 ★ ★ ★
125 GR		144	154 Etienne mogain 1741 EM.	
126 GA	135 ℙ	145	155 ⚓	165 3 P
	136 D2 D/14	146	156 SP	166 D.V.
127 GB		147	157 SP ⚓	167 ·S· ·S·
168	179 ℛ	191	201 ·CH	211 M. Clermont-ferrand Dauvergne 21 juillet 1736
169 S.pelloré	180 JR Rj	192 NH	202 Ru	
170 S.e.y.	181 P.R	193	203 PH PH	212 A.+Limogess Le 13ᵐᵉ may J74J
171 Sincerey 8ᵇʳᵉ D	182 R·Y	194 c.N°	204 H 472	213 R
172 à monsieur monsieur Sincerey à Sincerey en picardie	183 L R	195 LVNEVILLE		214 S.biry f. a Moustiers chez Clerissy
	184 RG	196 K u G L.VNEVILLE		215 HYACH. ROSSETUS
173 B.T.	185 c.aprey	197 CYFFLE A.LUNEVILLE S	205 H	216 ℒ
174 L.J.L.C. Pinxit.1778	186 a moulins	198 TERRE DE LORRAINE leopold	206 H	217 ℒ Sc
175 A.D.	187 chollet petit de moulain 1742		207 HK	218 ℒ P
176 C.H.	188 BV	199 fait a tours le 21 Maie 1782 Lovis LIAVTE	208	219 A. ℒ
177 P.C.	189 BL		209 W	220 φ G
178 M.	190 N	200 M u C	210 H3	221 ·S ℒ.

LA CÉRAMIQUE

Faïence (N° 1 à 291) et Porcelaine (N° 292 à 443) (Marques et Monogrammes).

LA CÉRAMIQUE

Faïence (N° 1 à 291) et Porcelaine (N° 292 à 443) (Marques et Monogrammes).

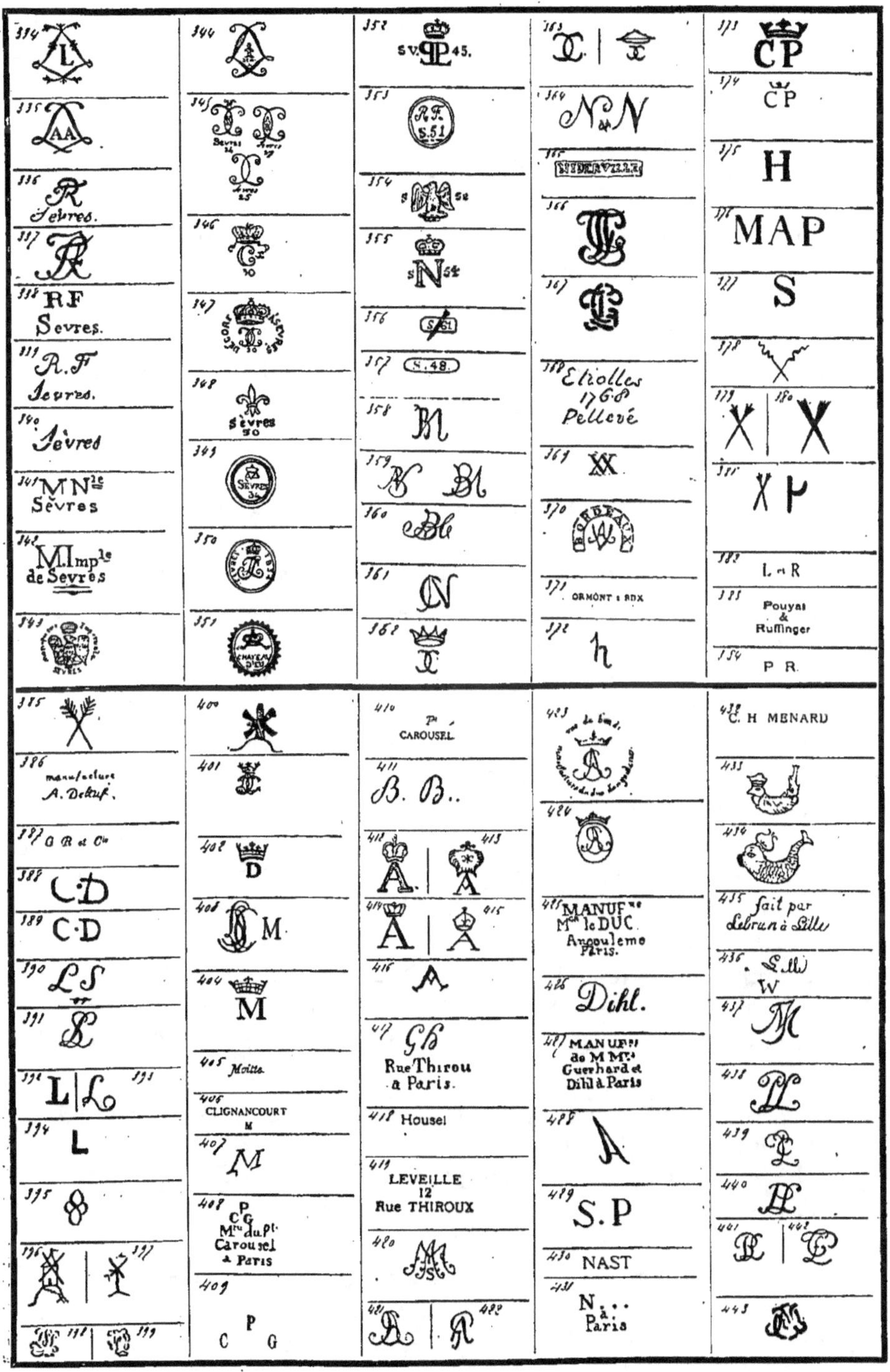

L'ART INTIME

Planche XIV. D.

LA CÉRAMIQUE
Faïence (N° 1 à 291) et Porcelaine (N° 292 à 443) (Marques et Monogrammes).

dont l'introduction en Europe fit disparaître l'usage de toutes les plus belles faïences émaillées.

L'histoire de la fabrication de la porcelaine en France peut se diviser en deux périodes distinctes. La première, de 1695 à 1766, est celle de la fabrication de la porcelaine tendre; la seconde, qui commence à l'année 1769, se rapporte à la fabrication, à Sèvres, de la porcelaine à pâte dure. Mais ce n'est pas à Sèvres qu'elle fut découverte; ce fut à Saint-Cloud, dont la manufacture peut être considérée comme la souche de toutes les fabriques de porcelaine en France. Vers 1725, la fabrication de la porcelaine fut introduite à Chantilly, dont la manufacture, devenue également célèbre, est regardée comme la source de laquelle dérive l'établissement de Vincennes. La porcelaine de Chantilly est en effet fort remarquable; sur un émail d'étain qui lui ôte un peu de sa translucidité en lui donnant une blancheur mate analogue à celle des poteries fines coréennes, qu'elle cherchait à imiter, on voit courir les plantes orientales, gravir l'écureuil et s'étaler la haie, en tons variés mais un peu froids. Plus tard, on renonça à l'émail opaque et les fleurs façon Saxe, les décors genre Sèvres se fondirent en une couverte vitreuse, lisse et unie. Quant à l'usine de Vincennes (1740), qui créa chez nous une concurrence sérieuse à certains produits de Saxe, elle subit l'influence de la mode et s'empara des fleurs coloriées destinées à orner les lustres, girandoles, pendules et autres objets mobiliers, gracieux petits chefs-d'œuvre aux formes élégantes et les plus variées. En 1753, le roi s'étant intéressé pour un tiers dans les frais de l'établissement, qui prit alors le titre officiel de *Manufacture royale de porcelaine de France*, un immense développement dans la production résulta de cette organisation nouvelle. Alors les directeurs achetèrent à Sèvres un vaste terrain sur lequel était la maison de Lulli, pour y faire construire les bâtiments encore existants de l'ancienne manufacture. A partir de l'époque de ce changement (1756), le nom même de Vincennes fut oublié, et les anciens produits comme les nouveaux prirent le nom de la nouvelle résidence.

Le xviiie siècle rechercha plus que jamais les objets d'art de toute sorte,

Et le fragile émail pétri par le Chinois.

C'est au point que, pendant les dix dernières années qui précédèrent le renversement de la Monarchie, les étrennes à la mode, dans les hautes classes de la société, étaient des porcelaines de Sèvres. « On peut concevoir jusqu'où cette manie a été poussée, dit de Jouy, en se rappelant qu'à cette époque un des petits appartements de Versailles, pendant la première quinzaine de janvier, était transformé en magasin de porcelaine, et que le roi lui-même s'en était établi le marchand à *prix fixe*. L'*Almanach des Muses* de l'an 1788 a publié un charmant « Impromptu fait à Versailles au magasin des porcelaines » :

> Fragiles monuments de l'industrie humaine,
> Hélas ! tout vous ressemble en ce brillant séjour :
> L'amitié, la faveur, la fortune et l'amour,
> Sont des vases de porcelaine.

Les délicieux biscuits de Sèvres, dont l'apogée fut à son comble à cette époque, se disputaient surtout les étagères. « En ce genre, écrit un spirituel amateur, je possède une fort jolie pendule, toute en pâte blanche, représentant Andromède délivrée par Persée, et je ne puis la contempler sans éprouver un ravissement qui se renouvelle à chaque fois. La pose de la petite femme, renversée et à demi-couchée sur le rocher, est si délicieuse, si adorable, respire un tel abandon, le corps est si pur de formes, le bras sur lequel repose sa tête et celui dont Persée détache la chaîne sont si délicats, que l'on se prend, malgré soi, à envier le sort du héros. « Heureux Persée, si tu as couru quelques dangers pour terrasser le monstre qui allait dévorer ce corps charmant, combien n'en as-tu pas été dédommagé par la vue de ces formes ravissantes dignes du ciseau de Phidias ! Quel dut être ton énivrement lorsque tu as reçu dans tes bras ce beau corps que l'horreur faisait contracter quelques moments auparavant, et lorsque tu sentis battre contre ta poitrine ce cœur palpitant de joie et de reconnaissance ! »

« Un brave campagnard qui me voyait un jour m'extasier devant ma petite Andromède ne pouvait s'empêcher de me dire : « Mais qu'est-ce que se serait donc si elle était en chair et en os ! — Ce que se serait ? répliquai-je, c'est que celle en chair et en os pourrait se toucher, mais qu'on ne touche pas à celle-là ». Et, en même temps, j'écartais le naïf homme, qui étendait déjà ses grosses mains pour soulever le groupe afin de l'examiner à son aise. Profane, va ! »[1]

La porcelaine française nous amène tout naturellement à parler de la porcelaine de Chine. Les plus anciens spécimens de porcelaine chinoise, que M. O. de Sartel fait remonter tout au plus au premier

---

1. J. Deschamps, *Voyage à travers mon atelier*.

siècle de notre ère [1], se rapportent à la *porcelaine verte*, recouverte d'un enduit qu'on appelle *céladon*, couleur variant du gris roussâtre au vert de mer plus ou moins foncé. Le céladon gris roussâtre est le plus souvent relevé d'un réseau de petites cassures régulièrement espacées; c'est le *craquelé*. Le craquelage, qui est un accident dans les faïences communes, ne peut avoir lieu qu'artificiellement dans la porcelaine dure, à cause de l'homogénéité des éléments de sa pâte et de sa couverte. Le problème a été résolu si savamment et avec une telle exactitude qu'il se produit, au gré du potier, un craquelé *grand*, *moyen* ou *petit;* ce dernier prend le nom de *truité*, à cause de sa ressemblance avec les écailles de la truite.

Mais les produits ambigus des temps antiques ne répondent qu'imparfaitement au signalement de la vraie porcelaine, c'est-à-dire la poterie *blanche et translucide*, dont les plus anciens spécimens ont été décorés en bleu, puis en couleurs polychromes. Le décor le plus recherché au Céleste-Empire est celui en camaïeu bleu. L'estime du cobalt a porté les Chinois à l'employer en fonds; l'un des plus riches est le bleu grand feu, d'un ton profond et velouté, qu'ils relèvent simplement par des inscriptions, des arabesques, des fleurs et parfois des paysages en or. Un autre fond fort estimé est celui *bleu fouetté;* moins foncé que le premier, il est comme granulé et semé de gouttelettes. Une variété fort rare est un bleu doux, nuageux, rappelant la nuance d'un firmament printanier, c'est le *bleu du ciel après la pluie*.

La porcelaine polychrome a été classée par M. Albert Jacquemart en plusieurs familles. La *famille chrysanthemo-pœonienne*, qui se caractérise par la prédominance des chrysanthèmes et de la pivoine (*pœonia*), présente une coloration particulière, simple et grandiose, qui fait ressortir l'effet ornemental de ces éléments décoratifs. C'est là la poterie usuelle, le mobilier commun à la Chine. Autour de l'habitation, dans les jardins, on la voit servant à contenir les fleurs coupées et les plantes rares; à l'intérieur, les cornets élancés ou vases à fleurs, les potiches ventrues et les plats couvrent les meubles et les étagères. C'est encore cette famille qui fournit en partie le service de table.

La *famille verte*, dont toutes les pièces brillent de l'éclat d'un vert de cuivre tellement dominant qu'il absorbe et efface les autres couleurs, est souvent décorée de sujets historiques, de décors agrestes

[1]. *La porcelaine de la Chine, origines*, etc.

où des rochers sont chargés et entourés de tiges fleuries d'œillets, de marguerites ou de graminées légères autour desquelles voltigent des papillons ou des insectes. Les couleurs employées pour ces représentations, sont, en dehors du vert de cuivre, le rouge de fer pur, le violet tiré du manganèse, le bleu toujours fin et variant de la nuance céleste au lapis, l'or brillant et solide, le jaune brunâtre et le jaune paille émaillés, le noir en traits déliés, rarement en touches épaisses.

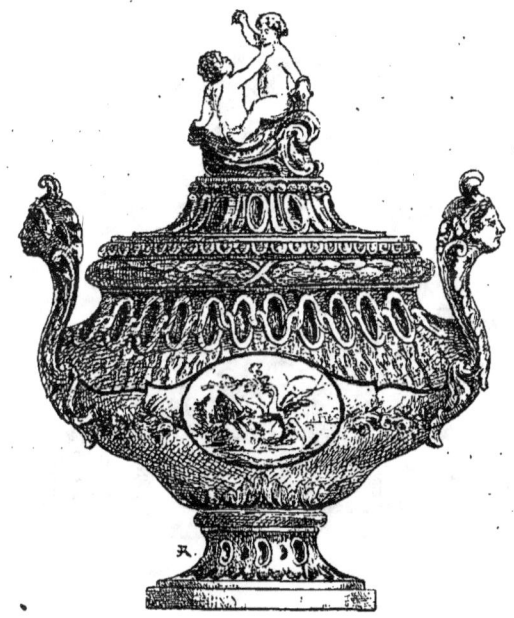

Fig. 88. Soupière en faïence de Sceaux.

Tout cela se détache sur une couverte mate et parfaitement étendue sur une pâte d'un blanc pur; l'ensemble est à la fois sérieux et charmant.

La *famille rose* a pour base décorante un rouge carminé dégradé jusqu'au rose pâle et obtenu par l'or; c'est ce qu'on appelle en Europe pourpre de Cassius ou rouge d'or. Les peintres paraissent avoir épuisé en pendantifs, en arabesques, en bouquets de fleurs formant relief, toutes les merveilles de leur palette. La porcelaine rose est donc émaillée par excellence. Lorsque les figures apparaissent, elles ont généralement un air familier : ce sont de jeunes femmes promenant leurs enfants ou se reposant sous des arbres fleuris ; des jeunes filles se balançant sur une escarpolette ; des dames dans un intérieur s'offrant des bouquets.

Il est impossible de parler de la Chine sans consacrer quelques mots au Japon. D'après les renseignements fournis par la Commission impériale japonaise, à l'Exposition universelle de 1878, l'origine de la céramique japonaise remonte au premier siècle avant J.-C. A cette époque, on fabriquait déjà des poteries diverses dans la pro-

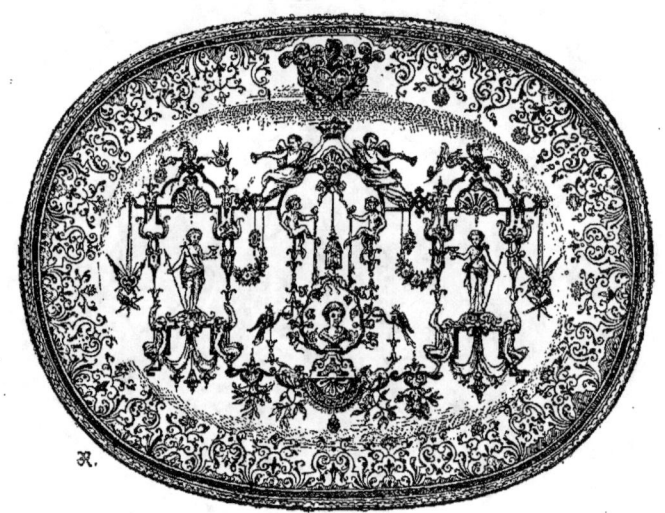

Fig. 89. Plat de faïence de Moustiers.

vince de Yamato, avec des argiles provenant de la montagne d'*Amanokakuyama*, district de *Tô ichi*. C'est le premier centre de fabrication connu. Les rares spécimens des poteries de cette époque parvenus jusqu'à nous sont faits à la main et de deux couleurs, rouge et noir. En l'an 27 de notre ère, des Coréens, venus de la province d'Omi, fabriquèrent des poteries plus dures que celles existant jusqu'alors. Deux cents ans après J.-C., la céramique avait fait de grands progrès, et les historiens nous apprennent qu'en l'an 400, il y avait des fabriques de poteries dans cinq provinces ; mais ce ne fut qu'en 720 qu'un prêtre nommé *Giyogi* inventa le tour à potier. A partir de ce moment, l'art de la céramique semble prendre son essor et se perfectionner rapidement. On se mit, en effet, à employer les moyens connus des Chinois et des Coréens, et de nouvelles manufactures furent établies. En 1510 seulement, on voit apparaître pour la première fois au Japon la porcelaine proprement dite. Grâce aux manufactures établies dans les provinces de *Hizen* et d'*Owari*, ainsi que dans la ville de *Kiotto*, l'art de la céramique fit des progrès de plus en plus rapides, et ces principaux centres prirent une importance qu'ils ont conservée jusqu'à nos jours.

Il existe au Japon trois genres distincts de produits céramiques : 1° la faïence représentée par l'*awata yaki*, le *satsuma*, l'*awagi yaki*; 2° le grès cérame à pâte ferrugineuse appelé *banko yaki*; 3° la porcelaine, connue sous les noms d'*arita, seto, kiyomidzu yaki*, etc. La faïence de Satsuma, d'une jolie couleur blanc-jaunâtre et ornée de fleurs, d'oiseaux, de semis d'or et d'argent, est une des plus estimées du Japon. Les grès cérames, les uns recouverts de glaçure, les autres sans glaçure, sont généralement des objets d'usage domestique. Leur élégance et leur délicatesse les font apprécier, et ils jouissent d'une grande réputation. Ces produits, exposés à Philadelphie (1876) et à Paris (1878), ont été l'objet d'une grande admiration. Les articles les plus curieux sont des pièces marbrées que l'on fabrique au moyen d'argiles brune et blanche, qui ont été découvertes récemment. On fabrique ainsi des objets d'un brun violacé, contenant des caractères et des dessins blancs, incrustés dans la pâte. Ce genre d'article est tout nouveau. Les décorations se font en employant une grande variété d'émaux.

Quant à la porcelaine, on peut considérer cette dernière comme une simple variété de la porcelaine chinoise. Les porcelaines japonaises, qu'elles soient décorées avec de la poudre d'or et d'argent, comme celles d'Arita, ou décorées en bleu comme celles de Seto, ou bien offrant des tons bleus, rouges, verts, vert-foncé, mauve et jaune pur, comme celles de Kutani, représentent presque toujours des scènes empruntées à la vie intime de la haute société chinoise. Les animaux symboliques sont également à peu près les mêmes dans les deux pays. Il ne faut donc pas rechercher un caractère original dans la porcelaine du Japon; néanmoins, un œil exercé sait bien la distinguer de la porcelaine de l'Empire du Milieu. Comme le témoigne le magnifique ouvrage récemment publié par MM. J.-A. Audsley et J.-L. Bowes, cette porcelaine est d'un blanc plus éclatant, la terre en est d'une meilleure qualité; les dessins en sont plus simples, les ornements moins chargés; les dragons sont moins monstrueux et les fleurs plus naturelles. Les formes dénotent aussi plus de goût et sont plus correctes que celles de la Chine. « En effet, remarque M. Philippe Burty, dont la collection japonaise contient des merveilles, fils d'une race fine, ardente et artiste autant et plus qu'aucune autre du monde, le Japonais saisit rapidement tous les secrets de la fabrication, et imprima au décor un caractère de charme et d'éclat qui, certainement, n'a jamais été dépassé ».

Il est temps maintenant d'examiner le rôle exact que peuvent avoir les différents produits de la céramique dans un mobilier de luxe et de quelle manière les collections de faïence et de porcelaine peuvent s'y classer avec goût. « Le premier conseil à suivre, recommande Albert Jacquemart, c'est de ne point mêler les espèces dans une promiscuité fâcheuse. La faïence, toujours plus ample et plus rustique dans ses formes et ses décors, ne peut s'allier avec la porcelaine, naturellement fine et plus éclatante dans ses tons. Les vases *da pompa*, en majolique italienne, peuvent orner le dessus des meubles élevés, comme une bibliothèque, ou garnir le pourtour d'une salle à manger. Les formes robustes des hanaps de Palissy, des buires d'Urbino, des *broccas* de Ferrare, s'accommodent très bien au voisinage des étagères où figure une belle orfèvrerie, et les murs peuvent se consteller alors de grands plats à reliefs, ou des histoires peintes par Avelli, Orazio, Fontana, Georgio et Andreoli, ces maîtres illustres de la majolique. C'est encore dans cette pièce qu'on peut suspendre les sévères fabrications de Rouen, de Nevers, de Moustiers et des autres usines françaises, ou bien encore les éclatants spécimens de la famille verte ou de la famille rose chinoises ; les fines productions du Japon restant réservées pour les étagères et les vitrines fermées.

« S'il s'agit d'une collection suivie, elle doit rester soumise aux mêmes lois générales ; pour les faïences, une tenture d'étoffe absorbante pour la lumière, telle que le drap, convient parfaitement : nous avons vu un fond garance produire le plus excellent effet. Pour les porcelaines, un damas grenat fait merveille.

« Ajoutons que les faïences sont le complément naturel d'un ameublement en bois sculpté du Moyen Age ou de la Renaissance, et que les majoliques italiennes ont leur place marquée sur les crédences et les cabinets à incrustations d'ivoire. Quant aux porcelaines de Sèvres ou de Saxe, leur rôle est tout tracé dans un mobilier de luxe. Si le style en est Louis XV bien déterminé, les girandoles à fleurs, les vases contournés de Meissen, feront le meilleur effet sur les cheminées, les consoles et les encoignures; le bronze se marie très bien à ces créations éclatantes. Mais la délicatesse des Sèvres s'accommode mieux des meubles simplifiés de l'époque Louis XVI. Les recoins ménagés des élégantes étagères et des bonheurs du jour semblent préparés pour recevoir les petits vases à fond turquoise, les trembleuses chargées d'amours, les tasses relevées de paillons aux perles d'émail.

« La céramique orientale prête également au mobilier un concours précieux : le développement exceptionnel de certaines pièces, la robuste composition et la parure noble et sérieuse de la plupart des autres, font des vases de la Chine et du Japon l'accessoire presque nécessaire de certains meubles, tels que les magnifiques ébénisteries de Boulle aux découpures de cuivre et d'écaille. Enfin, ce sont encore ces porcelaines qui relèvent le mieux les cabinets de laque ou qui éclairent, en y appelant la lumière, les angles d'un salon somptueux ».

Fig. 90. Tasse en porcelaine de Valenciennes.

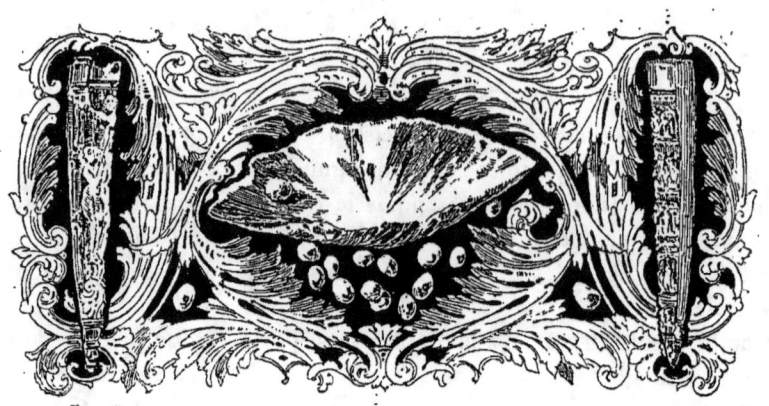

Fig. 91. Gaine ivoire (XVIᵉ siècle).   Fig. 92. Perles et Nacre.   Fig. 93. Gaine ivoire (XVIᵉ siècle).

XV.

LA PERLE ET LA NACRE, LE CORAIL, L'AMBRE, L'ÉCAILLE.

Qui de nous ne connaît la perle, suave création de la nature, d'un brillant à la fois mat et chatoyant, doux et agréable à l'œil ? « La perle réunit en elle la beauté de la forme, la teinte et les reflets opalins, l'éclat voilé qui s'harmonise avec toutes les carnations. Des ornements recherchés par la femme, c'est celui qui convient le mieux à la jeunesse, à la beauté simple et sans apprêt. L'art ne peut rien ajouter à ce chef-d'œuvre des mers ; au contraire, vouloir augmenter sa beauté c'est l'amoindrir »[1].

La perle se présente dans deux états différents : les gouttelettes ou boules plus ou moins sphériques, dont la grosseur varie d'une graine de coriandre à la bille de marbre des écoliers, c'est alors la *perle* proprement dite ; et en petites plaques ou lames, d'épaisseur variable, auxquelles on a donné le nom de *nacre*. Ces deux substances, si lisses et si belles, n'ont qu'une seule et même origine, soit que, nacre modeste, elles se laissent voir sous la forme d'un simple article de toilette, soit que, bijou superbe, elles se montrent fièrement posées sur un diadème royal[2].

[1]. Rambosson, *Les Pierres précieuses*.
[2]. Octave Sachot, *L'Ile de Ceylan et ses curiosités naturelles*.

Il y a des perles de couleurs variées ; outre les perles blanches, on en voit de roses, de jaunes, de grises, de teintes bleues et de complètement noires.

Les perles ont de tout temps été fort recherchées par les populations du midi de l'Asie. Les Grecs, qui appelaient les perles *margarites*, ne paraissent pas les avoir connues avant les conquêtes d'Alexandre. Ils en faisaient « des colliers très précieux », selon les expressions du naturaliste Théophraste. A Rome, elles furent d'une extrême rareté jusqu'aux guerres de la République avec Mithridate, roi de Pont. A partir de cette époque, elles devinrent plus communes et entrèrent définitivement dans la toilette des femmes, soit sous forme de collier à simple rang *(monolinum)*, soit de collier à double rang *(dilinum)*; mais le collier à trois rangs était celui qu'elles préféraient. Tertullien dit quelque part, à propos de ces colliers : *uno lineo decies sestertium*, « on attache à un seul collier pour un million de sesterces (200,000 francs) ». Ce curieux fragment nous donne d'abord une idée du prix fabuleux qu'atteignaient alors ces joyaux ; en second lieu, il nous apprend que les Latins appelaient un rang de perles *linea* ou simplement *lineum*. Il est question, dans les lois romaines, de ces lineæ comme désignant des perles qu'on nommait *insertæ*, lorsqu'elles étaient passées à un fil, et *extricatæ*, lorsqu'elles ne faisaient pas un collier à un rang, comme on peut le voir dans les fragments d'Aquilus et d'Ulpien.

Les auteurs anciens sont remplis d'anecdotes sur les folies auxquelles la manie des perles poussait les dames romaines. Jules César offrit à Servilie, mère de Brutus et sœur de Caton, une perle estimée plus de 1,100,000 francs de notre monnaie. Dans plusieurs circonstances, Lollia Paulina, femme de l'empereur Caligula, en porta pour plus de huit millions de francs. Sénèque le philosophe et saint Jérôme nous apprennent que les élégantes en mettaient jusque sur leurs chaussures de campagne. Les fameuses perles qui ornaient les oreilles de Cléopâtre coûtaient 3,800,000 francs.

Pendant le Moyen Age, on ne tomba pas dans les mêmes raffinements, mais on n'en rechercha pas moins les perles avec empressement. On les fit entrer dans la décoration des meubles d'apparat, aussi bien que dans celle des pièces de grosse orfèvrerie, des vêtements et des menus ouvrages de bijouterie.

La Renaissance vit pour la première fois paraître de superbes perles, originaires de l'Amérique, et que l'on considérait alors comme des « miracles de la nature ». Brantôme, dans son article sur Charles-Quint, après avoir parlé de perles et de pierreries, ajoute : « Tesmoing la belle et incomparable perle de cet Hernand Cortès qu'il rapporta des Indes, sur laquelle il fit graver ces mots : *Inter natos mulierum non surrexit major*, pour si monstrueuse grandeur et grosseur qu'elle revenait à la grosseur d'une poire, bien certes dissemblable à celle de Cléopâtre; laquelle il perdit depuis devant Alger, la montrant à un de ses amys, et par malheur, estant sur le tillac de son navire, tomba dans la mer et ne la peust jamais recouvrer, quelques recherches et pescheries qu'il peust faire ».

Le XVIIe siècle connut aussi la folie des perles. On connaît les amoureuses excentricités du beau duc de Buckingham et la passion insensée qu'il éprouvait pour Anne d'Autriche. Il se présenta un jour au bal de la reine avec un manteau couvert d'or et garni de perles d'un grand prix. Ces perles mal attachées tombèrent au milieu des danseuses, qui s'empressèrent de les ramasser et de les accepter, aux galantes sollicitations du duc. Le lendemain la reine lui fit remettre des bijoux enrichis des plus beaux diamants, pour l'indemniser de ses fastueuses libéralités.

Aujourd'hui les perles partagent avec les diamants le privilège d'orner les riches parures de nos élégantes; mais quoiqu'elles ne tiennent plus le second rang après le diamant, comme au temps de Pétrarque [1], elles n'en occupent pas moins une place distinguée parmi les plus précieuses valeurs.

Il n'y a guère que les Orientaux qui aient conservé la passion qu'ils avaient jadis pour ces gouttes de rosée solidifiées, ainsi qu'ils nomment les perles magnifiques dont sont rehaussés leurs splendides costumes. C'est principalement aux Indes et en Perse que se trouvent les perles les plus remarquables par leur grosseur. Il y a deux siècles, une perle fut achetée à Catifa, en Arabie, par le voyageur Tavernier, et vendue au schah de Perse pour 2,750,000 francs. Le schah de Perse actuel possède un long collier dont chaque perle est de la grosseur d'une noisette. Ce joyau est inappréciable.

Quant à la *nacre*, riche substance aux reflets irisés et chatoyants, agréable mélange de couleurs, particulièrement de pourpre, d'émeraude et d'azur, elle fut également utilisée par les anciens. Au rapport de Suétone, l'intérieur du fameux *Palais d'or*, élevé par Néron, était doré partout, « et orné de pierreries et de nacre de perle ». Ils

---

[1]. *Entretiens sur les plus beaux sujets de morale*, chap. VI. *Des perles et des pierreries.*

employaient aussi cette jolie matière comme objet de parure. Outre le coq et le perroquet en nacre trouvés à Pompéi et conservés au Musée National de Naples, on cite la colombe antique en nacre de perle du Musée Campana, au Louvre.

Le Moyen Age utilisa beaucoup la nacre. Les tabletiers et tailleurs d'images en faisaient des figurines de saints, des crucifix et des manches de couteaux ou de cuillers délicatement sculptés. La Renaissance fit mieux encore. Non seulement elle se servit de la nacre dans l'ornementation, la parure et l'ameublement, mais elle l'employa encore dans les travaux délicats de la glyptique. La collection Sauvageot, au Louvre, possède deux médaillons ovales du xvie siècle gravés en relief sur nacre ; le premier, sculpté avec la plus extrême délicatesse, représente Henri III, « roy des François et de Pologne ».

On voit également chez quelques amateurs des ouvrages de gravure et de sculpture sur nacre de perle. Citons, entre autres, le merveilleux médaillon de Louis XV, signé L. Durand, provenant de la collection de M. Philippe de Saint-Albin, et conservé aujourd'hui par Mme Achille Jubinal. « Je ne sache point d'image de Louis XV, dit M. Philippe de Chennevières, où le roi bien-aimé apparaisse plus ravissant de noblesse et de beauté ; c'est le type le plus exquis et le plus jeune, le plus fier, le plus adorable, le plus idéal de la beauté bourbonnienne. Et quelle grâce et quelle adresse dans l'ajustement du manteau et de l'armure. Le talent consommé de l'artiste, qui, à coup sûr, n'a point débuté par un tel chef-d'œuvre, la richesse de ton et de reflets de la matière, tout concourt à faire de cette petite merveille l'une des plus curieuses curiosités de ce temps-là ».

D'autres amateurs possèdent des collections suivies, où les différentes espèces de nacres figurent, à l'état naturel, à côté d'autres coquillages avec leurs nuances délicates, leurs prismes, leurs reflets changeants, leurs chatoiements d'arc-en-ciel, leur rose tendre et pâle comme une rose noyée, leur vert doux comme l'ombre d'une vague, leur blanc caressé d'un rayon de lune : les tuyaux de mer, les buccins, les pourpres, les volutes, les porcelaines, les huîtres, les pétoncles, végétations de perle, d'émail et de nacre, groupées comme des parures dans les meubles de Boulle, dans les cabinets de bois d'amaranthe [1].

Le *corail*, comme la perle et la nacre, sort du brillant écrin des mers. Aussi dur que la perle, le corail est travaillé comme les pierres

---

[1]. Edmond et Jules de Goncourt, *L'Art du XVIIIe siècle*. Boucher.

précieuses. Il est ordinairement d'un beau rouge incarnat, et parfois rosé ou couleur de chair, jaune ou panaché. On en fait des pommes de canne, des poignées d'épée, des manches de couteau, etc., ainsi que de splendides jeux d'échecs d'une haute valeur artistique. Il est aussi très usité dans la bijouterie, où il forme une spécialité.

C'est au XVIe siècle que l'usage du corail se répandit à la cour de François Ier. On s'en servait pour faire des bijoux et comme décora-

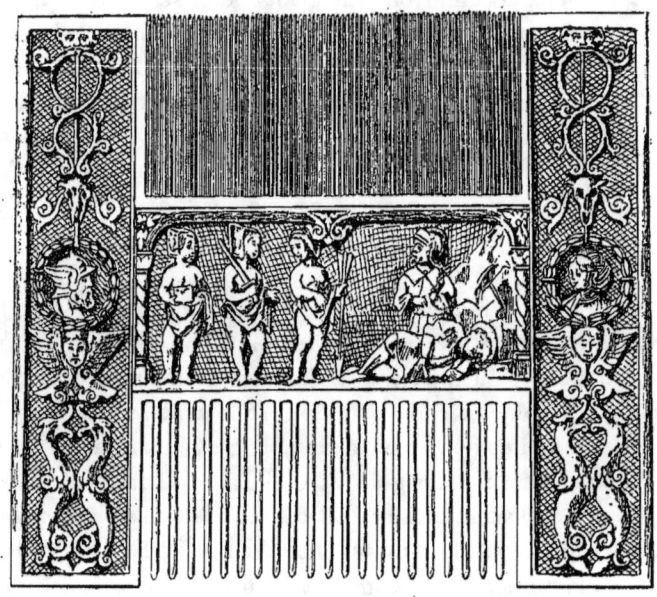

Fig. 94. Peigne en ivoire (XVIe siècle).
(Collection Sauvageot, Musée du Louvre.)

tion dans l'ameublement. L'inventaire des meubles de Catherine de Médicis nous apprend que dans un des coffres de cette reine on trouva 64 livres de corail en branches et en morceaux, élément futur de la décoration de ces miroirs et de ces cabinets dont les collectionneurs modernes conservent encore quelques exemplaires.

Le premier Empire mit en grande vogue les parures de corail. Cette mode s'est perpétuée jusqu'à nos jours. Ce qui a fait dire à Victor Hugo :

> Laissons Plaute à Chloé prouver qu'il la désire
> Par un triple collier de corail de Corcyre.

Jusqu'en 1875, les coraux de luxe, tels que ceux de la duchesse de

Portland dont l'écrin, le plus beau qui existe, est estimé un million de francs, plaisaient par leur belle couleur rouge vif. Aujourd'hui, le corail rose, espèce beaucoup plus rare, est préféré. On le juge d'autant plus beau qu'il est plus pâle.

L'*ambre,* substance onctueuse ressemblant à de l'or liquide et transparent, est une résine fossile d'un jaune plus ou moins foncé, diaphane et susceptible de recevoir un beau poli. Elle était primitivement fluide, comme le prouvent les insectes et les brins de plantes, les feuilles, etc., qu'on y rencontre quelquefois. Il y a de l'ambre d'un beau jaune rougeâtre, nuance que les anciens paraissent avoir eue en grande estime; il y en a aussi d'un jaune plus clair, mais le plus goûté aujourd'hui est celui qui tire sur le blanc et qui est à demi-opaque. On l'emploie dans la fabrication de gracieux ornements, dit M. Rambosson; on en fait des boucles d'oreilles, des colliers, des bracelets, des peignes, en un mot mille objets charmants recherchés par la mode ou le bon goût. Lorsqu'un morceau d'ambre se fait remarquer par la présence d'un insecte, d'une feuille ou de quelque autre objet, on le taille en cabochon mince, afin qu'on puisse mieux les distinguer. Les pièces ainsi formées étaient très appréciées des amateurs anciens. Le poète latin Martial a, de son style le mieux aiguisé, adressé de jolies épigrammes à l'abeille, à la fourmi, à la vipère emprisonnées de la sorte : « Une vipère rampait sur des rameaux humides des pleurs des Héliades; la perle liquide du succin la rencontre et coule sur elle malgré sa résistance; étonnée de se sentir retenue par la rosée visqueuse, soudain elle devient roide, captive dans cet enduit glacé. Ne te glorifie plus, Cléopâtre, de ton royal sépulcre, car une vipère repose dans un tombeau plus noble que le tien ».

Les Romains estimaient l'ambre à l'égal des pierres fines. Ils en faisaient des bijoux et des objets d'art. Pline se récrie avec véhémence contre ce luxe : « Parmi les objets d'agrément, l'ambre tient sa place après le cristal. Réservé cependant jusqu'ici à la parure des femmes, on est encore à deviner ce qu'il peut avoir de flatteur par lui-même; c'est la frivolité des Grecs et leur raffinement qui l'ont mis à la mode. Le plus précieux est le *falerne,* ainsi nommé à cause de la couleur du vin du même nom dont il imite la transparence et le brillant. Enfin on met des plaisirs de pure fantaisie à un si haut prix, qu'une petite figure d'ambre travaillé s'achète plus cher que des hommes pleins de vie et de force ».

Le comte de Caylus possédait une de ces figurines; c'était un buste d'empereur couronné de laurier en ambre antique du genre *falerne*, c'est-à-dire de couleur jaune rougeâtre assez foncée..

L'*écaille* provient, comme on sait, des grandes plaques qui recouvrent la carapace et le plastron des tortues marines.

Les Grecs employèrent d'abord cette matière dans la fabrication des instruments de musique; ils en faisaient des lyres extrêmement sonores. Mais ce ne fut que plus tard que les Romains apprirent à la travailler, lorsque Carvillius Pollion « homme prodigue par caractère et d'une rare sagacité pour tous les raffinements du luxe », dit Pline, eut imaginé le premier de couper en lames les écailles de tortues, et d'en revêtir les plateaux et les lits de table. « Je vois, dit Sénèque, les écailles de tortues travaillées artistement et divisées en filaments déliés; je vois les enveloppes de l'animal le plus lent et le plus difforme achetées des sommes immenses, et la variété des couleurs, qui en fait la principale beauté, réduite, par un enduit étranger, à ne ressembler qu'à du bois ».

Enfin Juvénal, parlant de Licinus, un collectionneur grand seigneur qui a toujours peur de brûler ou d'être volé, dit : « Toute la nuit, dans son palais, une cohorte d'esclaves est sur pied, les seaux à incendie sont tout préparés; car notre homme tremble pour ses statues, pour ses figures d'ambre, ses meubles d'ivoire et d'écaille ».

Le Moyen Age, tout aussi bien que l'antiquité, aurait pu tirer des mers de l'Inde la carapace des grandes tortues, que fournit également la mer Rouge. Mais il n'est pas prouvé qu'on en ait fait usage. Le Nouveau-Monde, en effet, n'avait pas encore livré à Fernand Cortez les innombrables trésors, de toute nature qui devaient plus tard étonner et enrichir l'Espagne, et c'est seulement à la fin du xvie siècle, lorsque les Portugais rapportèrent à Lisbonne les vases et les objets de toute sorte travaillés en écaille par les Indiens, que l'industrie européenne s'empara de cette jolie matière.

Le xviie siècle excella dans le travail de l'écaille. Non seulement alors les tabletiers employaient l'écaille pour faire des boîtes et des tabatières qui, d'après le *Voyage du Parnasse*, se vendaient 500 livres lorsqu'elles étaient incrustées d'or[1], mais ils en ornaient encore le dessus des petites brosses, dans le genre de la brosse à moustaches qui fait partie de la collection de Mme Jubinal de Saint-Albin, et que les galants du temps de Louis XIII et de Louis XIV portaient toujours sur eux, lorsqu'ils rendaient visite à quelque belle, comme Marion Delorme ou Ninon de Lenclos.

C'est vers ce temps que le célèbre ébéniste Boulle fit entrer l'écaille dans la marqueterie.

Au siècle suivant, les tabletiers avaient conservé leur supériorité dans l'art de découper

Or, nacre, ivoire ou bien l'écaille blonde,

selon les expressions d'un poète du temps. Ils firent, en effet, toutes sortes de pièces délicates et autres menus ouvrages en écaille incrustée d'or, tels que peignes, bonbonnières, étuis, boîtes à fard et à mouches, etc.

En résumé, l'écaille, l'ambre, le corail, la nacre et la perle sont de magnifiques produits que le génie de l'homme a su arracher aux abîmes profonds des océans. N'est-ce pas le cas de répéter avec le poète persan Saâdi, l'auteur du *Gulistân ou le Parterre de roses* : « Il y a des profits sans nombre dans la mer ».

1. Maze-Sencier, *Le Livre des Collectionneurs.*

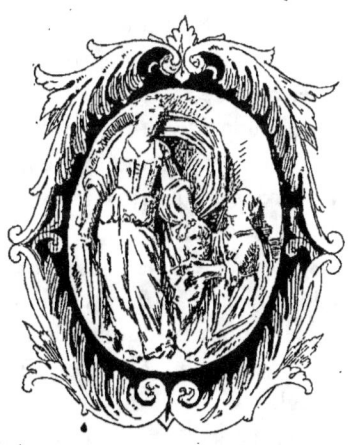

Fig. 95. Médaillon en ivoire sculpté.

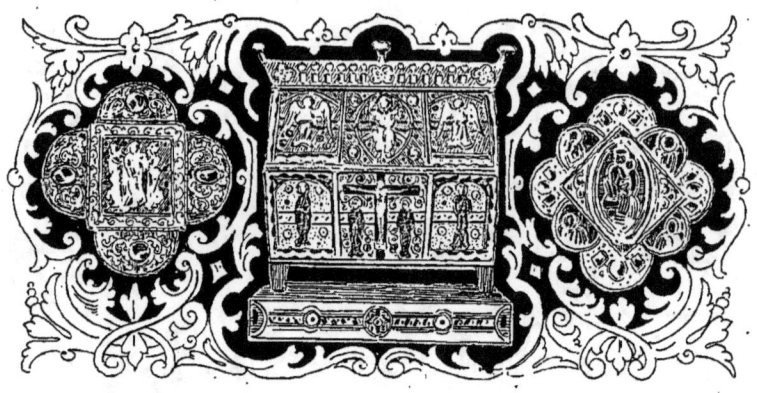

Fig. 96.	Fig. 97.	Fig. 98.
Phylactère en émail	Châsse en émail	Phylactère en émail
(XIIIᵉ siècle).	(XIIIᵉ siècle).	(XIIᵉ siècle).

XVI.

LES ÉMAUX.

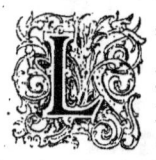'ÉMAILLERIE, qui aura toujours le privilège de plaire aux yeux par ses harmonieuses couleurs, de braver le temps par la fermeté de sa composition, qui est inaltérable, et d'attirer l'étude par sa longue existence, est un art charmant devenu chez nous un art presque national, car aucun pays, en Europe du moins, n'a produit autant d'émaux que la France.

Avant d'atteindre le rang qu'elle occupe, l'émaillerie avait accompli des progrès successifs. Les anciens peuples, tout en employant l'émail, n'avaient pas trouvé le moyen de varier, d'unir ses couleurs. Née dans l'Orient, l'émaillerie se renferma, durant de longs siècles, dans les tons monochromes, et ne parvint à la polychromie et au rang de peinture qu'au XVIᵉ siècle.

Mais d'abord, qu'est-ce que l'émail ? Dans son acception la plus large, ce mot sert à désigner toute substance vitreuse colorée par des oxydes métalliques, qui tantôt la laissent transparente, tantôt la rendent opaque. On l'emploie pour décorer les poteries et les objets d'orfèvrerie et de bijouterie. Par extension, on l'applique spécialement aux objets de métal, cuivre, or, argent ou fer, qui ont reçu ce genre d'ornementation au moyen de verres colorés réduits en poudre et fixés par le feu. Ces objets constituent les *émaux proprement dits*, les seuls dont nous ayons à nous occuper ici.

« Les émaux sont dits *cloisonnés*, explique M. Alfred Darcel[1], lorsque l'émail est fondu dans des compartiments formés par des lames métalliques qui, soudées sur un fond de même nature, ont été rapportées une à une et disposées de manière à former un dessin qui affleure l'émail.

« Lorsque les bandes métalliques qui tracent le dessin ont été réservées dans le métal lui-même par le creusement de toutes les parties intermédiaires qui forment les alvéoles où l'émail est déposé et parfondu, l'émail est dit *champlevé* ou en *taille d'épargne*.

« Parfois le métal est ciselé en creux, de façon à figurer comme un bas-relief sur lequel on coule des émaux translucides diversement colorés, qui prennent des tons d'autant plus foncés qu'ils recouvrent des parties plus profondément creusées. Ces émaux sont dits *translucides sur relief* ou de *basse-taille*.

« Enfin, si la plaque est entièrement recouverte d'émaux dans lesquels le dessin et le modelé sont obtenus au moyen de procédés fort divers, mais qui ne réclament que la main d'un artiste, ces émaux sont appelés *émaux peints*. Parmi ces derniers, on désigne sous la dénomination d'*émaux des peintres* ceux où l'artiste s'est efforcé d'atteindre aux effets de la peinture ordinaire ».

Quel ouvrier a le premier pratiqué l'émail ? où et dans quel siècle ?

« Tout semble prouver que les émaux cloisonnés sont les plus anciens et d'origine orientale. On a nié que les Egyptiens, qui étaient de si habiles céramistes et verriers, aient connu l'art de l'émaillerie. Il est probable au moins qu'ils ne l'ont que rarement pratiqué. On a peu trouvé jusqu'à ce jour, parmi ces milliards d'objets sacrés ou usuels qu'ils avaient enfouis dans leurs nécropoles, d'objets indiscutablement émaillés. Comment ce peuple, qui avait la passion de l'indestructible, aurait-il négligé un si précieux moyen ? Une expertise chimique pourrait seule décider si les cloisons du fin et gracieux bracelet du Musée de Munich, sont remplies par un verre fusible ou par un mastic.

« Les Grecs et les Etrusques ont connu l'émail et même ce qu'on nomme l'*émail des peintres*. La collection Campana, au Louvre, nous montre des couronnes funéraires avec fleurettes émaillées, des cygnes, des paons, des colombes, exécutés avec une adresse et une sûreté qui

---

[1]. *Notice des Émaux et de l'orfèvrerie du Musée du Louvre.*

sont les indices d'une pratique courante. C'est le même faire que pour les bijoux de la Renaissance où l'on voit des combats ou des chimères »[1].

D'autre part, quelques auteurs pensent avec le rhéteur Philostrate que l'art de l'émaillerie est originaire des Gaules où il paraît avoir été pratiqué dès le IIIe siècle de l'ère chrétienne ; suivant une opinion non moins accréditée, l'émaillerie sur métal, connue des anciens, aurait été perdue, retrouvée par les Grecs de Byzance, du VIIe au IXe siècle, puis cultivée successivement en Allemagne au Xe siècle, à Venise au XIe siècle, et enfin à Limoges au XIIe siècle[2]. Il est certain, du moins, que l'on ne saurait faire remonter avant le XIIe siècle les émaux de Limoges qui sont parvenus jusqu'à nous, et que c'est à partir de cette époque seulement que les fabriques de cette ville commencèrent à prendre une véritable importance.

M. Dussieux pense que l'émaillerie ne date véritablement en France que du XIVe siècle. Elle a pu être cultivée en France antérieurement à cette époque, surtout à Limoges ; mais malheureusement les émaux grecs fabriqués à Byzance, et ceux qui ont été travaillés en Europe pour les imiter, peuvent être si facilement confondus, que toute attribution sérieuse est impossible. Ajoutons à cela que la champlevure ou le cloisonnage ne sont pas l'indication certaine d'une époque bien arrêtée. On a pu champlever ou cloisonner en Grèce durant plusieurs siècles, et l'Europe pendant ces mêmes siècles reproduire le travail des artistes grecs. On ne connaît d'ailleurs que quelques mentions écrites de l'émaillerie antérieures au XIVe siècle. M. Dussieux en enregistre quatre : une charte de donation, faite en 1197, à l'église Sainte-Marguerite de Veglia, en Apulie ; une autre de 1218, faite par Nemours, évêque de Paris, à l'église de la Chapelle, en Brie ; un passage de l'*Anglicanum monasticum* ; une phrase d'un synode tenu en 1240. Dans ces quatre écrits, il est question de *tabulas de opere Limogiœ, coffros Lemovicences, coffrœ de opere Limovicensi, pixides de opere Limoviceno*[3].

Les progrès sensibles que l'émaillerie française accomplit au XIIIe siècle, sous le rapport du goût et du dessin, ne tardèrent pas à répandre sa réputation jusque dans les pays étrangers. Les émailleurs limousins décoraient alors des crosses épiscopales, des croix, des

---

[1]. Philippe Burty, *Chefs-d'œuvre des Arts industriels.*
[2]. Champollion-Figeac, *Documents paléographiques — Émaux.*
[3]. L. Dussieux, *Recherches sur l'histoire de la peinture sur émail dans les temps anciens et spécialement en France.*

ciboires, des calices, des coffrets, des bassins, des colliers, des agrafes, etc. Le Louvre et le Musée de Cluny possèdent d'intéressants spécimens de ces différents objets en cuivre repoussé ou gravé, découpé à jour, doré et incrusté d'émaux, ainsi que des plaques émaillées qui servaient à orner des reliquaires, des châsses, des candélabres et des bahuts [1].

Avec le xive siècle commence l'époque glorieuse de l'émaillerie. C'est alors que paraissent les *émaux translucides sur relief*, dont on attribue généralement la création à Nicolas de Pise. L'émail prend partout un plus grand développement, et les orfèvres de Montpellier rivalisent avec ceux de Limoges, dans l'art d'émailler les bijoux d'or et d'argent.

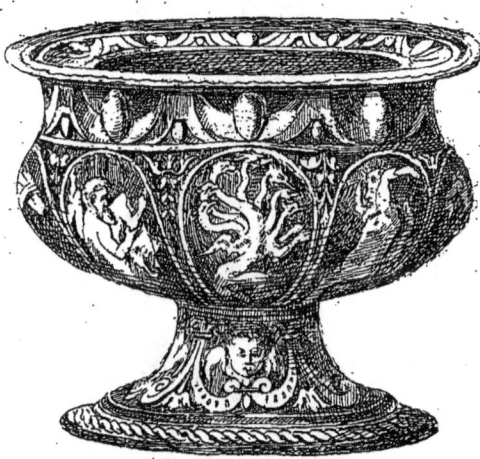

Fig. 99. — Coupe en émail
(Collection Sauvageot, au Louvre).

Mais bientôt arriva la décadence des émaux cloisonnés et champlevés. « Le goût de l'émaillerie incrustée sur cuivre devait diminuer et disparaître avec les progrès de l'art du dessin; la roideur des lignes, l'absence ou la crudité des ombres, la nullité des arrière-plans frappèrent les artistes qui, s'inspirant de la statuaire antique, cherchèrent pour l'art une manière plus savante. Sans renoncer à l'émail qui, par son éclat et sa durée, était éminemment décoratif, ils durent trouver un moyen de rendre avec souplesse et fidélité la nature et leurs inspirations. Bientôt les alvéoles recevant la matière vitreuse sont entièrement négligées; la France, à l'exemple de l'Italie et de l'Allemagne, adopte la peinture sur plaques de verre avec lustre métallique. La transition fut, comme toujours, hésitante et imparfaite durant le xve siècle; les émaux opaques et violacés dans les carnations, les tons bleus, violets et verts très vifs dans les vêtements, caractérisent cette époque où l'émail-

---

1. L'abbé Texier, *Essai sur les émailleurs de Limoges*.

lerie renonçant à l'imitation des ouvrages grecs, veut reprendre le travail des artistes verriers »[1].

Ce fut à cette époque que s'introduisit en France la peinture sur émail, c'est-à-dire l'art de peindre avec de l'émail simplement étendu sur le métal, dont l'invention revient à nos anciens artistes limousins, sur le compte desquels aucun renseignement n'a été transmis.

Jusqu'alors, les orfèvres n'avaient employé que les émaux incrustés, les émaux cloisonnés et champlevés, les émaux de basse-taille et les émaux mixtes qui participent de plusieurs procédés. Mais dans la peinture sur émail, le métal qui était le cuivre, jouait le même rôle que la toile dans la peinture à l'huile, et le dessin s'exécutait au pinceau avec des couleurs vitrifiables.

La peinture des premiers émaux de Limoges ressemble à une espèce d'enluminure à plat laissant transparaître les ombres et où

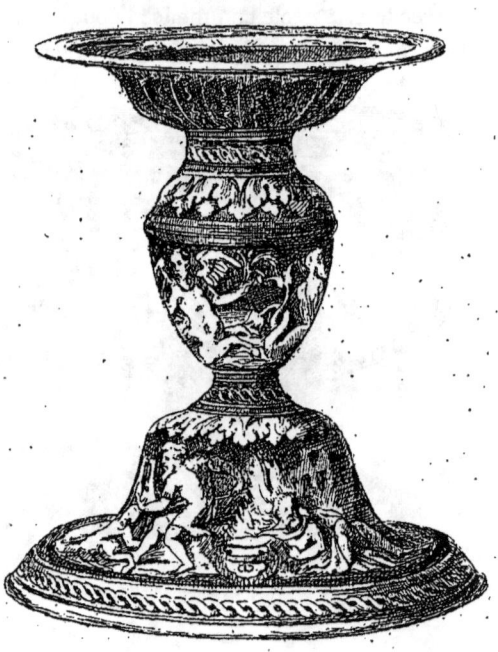

Fig. 100. Coupe en émail
(Collection Sauvageot, au Louvre).

des rehauts d'or en hachures donnent aux lumières le dernier éclat. « Du reste, l'aspect général est gothique dans le dessin ; les chairs sont violacées et l'ensemble procède du même ton ; des émaux en gouttelettes saillantes posées sur paillon brillent comme des pierres précieuses et rehaussent les vêtements, les coiffures, se répandant même jusque sur les fonds. Tout le monde connaît les plus caractéristiques de ces œuvres et notamment la précieuse pièce du Musée de Cluny signée par Nardon Péhicaud, en 1511 : elle peut être considérée comme un type dont les autres se sont plus ou moins éloignés, suivant leur talent relatif ; seulement les curieux devront se tenir en

---

1. Desnoyers, *Revue de l'Exposition rétrospective d'Orléans*, 1868.

gardé contre les nombreuses contrefaçons qu'on essaye de faire passer pour des œuvres du maître »[1].

Ce premier genre amena naturellement l'emploi des émaux opaques véritablement peints. C'est vers 1520 que les grisailles furent substituées aux émaux translucides. Le procédé le plus fréquent parmi les émailleurs limousins c'est la grisaille. L'un des premiers artistes en ce genre est Jean Ier Pénicaud. Afin sans doute de raviver l'ensemble, certains maîtres ont réservé les fonds, les couvrant ensuite d'une teinte rouge ardente. Enfin, pour donner plus de charme aux portraits, les émailleurs imaginèrent de rehausser leur travail par des glacis rosâtres sur les chairs et par des applications de verre coloré sur les vêtements ; c'est donc un procédé mixte entre les émaux opaques et translucides ; appliqué d'abord par les Pénicaud, ce genre fut porté à sa perfection par Léonard Limosin, le maître entre tous de la peinture sur émail. Il décorait des coupes, des plats, des pièces de surtout, des aiguières, des vases, des buires, etc., avec des savoirs de dessin, des richesses d'ornements, des opulences de couleurs, des habiletés de mise en scène qui élèvent l'émail presque au mérite de la grande peinture.

M. Léon de Laborde a ainsi caractérisé la manière de Léonard Limosin, à l'apogée de son talent, vers 1553. « L'effet général est éclatant, clair, harmonieux ; il est égayé par des bleus de ciel vifs, par des bleus turquoise, chatoyant sur paillon. Un ton jaune serin employé dans les cheveux lui est particulier, et des carnations rosées, limpides, ajoutent à la surprise séduisante causée par ces émaux qui ont quelque chose du brillant d'un satin changeant. Nul n'a su comme lui se servir de rehauts d'or pour agrémenter ses médaillons ou ses ornements sur fond noir »[2]. Il a beaucoup reproduit les compositions de Raphaël.

C'est à la célèbre école limousine que se formèrent Jean de Court, dit Vigier, Pierre, Jean et Suzanne Courtoys, Jehan Limosin, Pierre Raymond et Penicaud, artistes admirables dont les magnifiques ouvrages ne seront jamais surpassés. Les émaux de la fabrique de Limoges sont donc très recherchés pour la facilité avec laquelle le jour circule dans leurs compositions, pour la grâce des personnages et la beauté chatoyante des couleurs. C'est bien là qu'il faut voir l'éclat, la limpidité, l'harmonie qui distinguent les grands artistes français de

---

1. Albert Jacquemart, *Histoire du Mobilier.*
2. De Laborde, *Notice des émaux et bijoux du Louvre.*

cette époque, dont les œuvres se vendent aujourd'hui à des prix bien plus élevés que le poids de l'or.

Telles sont les œuvres de Jean de Court. Le poète J. Blanchon, en 1583, a vanté

> La suratiste excellence
> De l'estimable de Court,
> Veu en la royale court.

« Le plus charmant spécimen que l'on connaisse de lui, dit M. Philippe Burty, est cette jolie coupe qui figurait dans la vente Pourtalès, et qui fut enlevée par le Musée de Kensington au prix élevé mais non pas énorme de 35,000 francs. Elle était datée de 1556. Elle fut offerte par François II à sa belle fiancée Marie d'Ecosse. Répété deux fois, l'écu d'or, surmonté de la couronne fleurdelysée de France, éclatait au milieu des grisailles. Sur le couvercle, la chaste Diane victorieuse d'Eros, s'avance sur un char avec la troupe de ses nymphes et de ses lévriers; dans la vasque, le Repas des dieux aux noces de Psyché et de l'Amour; quatre superbes bustes en médaillons meublent le dedans du couvercle, et des arabesques du goût le plus pur courent, comme une vigne, sur le socle du vase, autour du pied et de l'extérieur de la vasque. L'aimable princesse qui s'appela depuis Marie Stuart, emporta-t-elle en Ecosse ce souvenir de l'époux qu'elle avait perdu après dix-huit mois de mariage? Comment ce frêle cadeau de noces avait-il échappé au naufrage du temps et aux révolutions de la mode? »[1]

Jamais on ne prodigua plus l'émail qu'à cette époque. Tandis que les peintres en revêtaient leurs bassins, leurs buires, leurs plats, leurs coupes, les orfèvres en couvraient tous leurs produits; le roi trouva même qu'ils en abusaient pour augmenter le poids de l'or, et le 23 mars 1540, il interdit l'emploi des émaux opaques, beaucoup plus lourds que les émaux transparents, en raison de l'oxyde d'étain qui entre dans leur composition. Cette mesure qui privait l'art de l'émailleur de l'une de ses plus précieuses ressources, souleva de vives réclamations. On objecta que l'émail clair ne pouvait être employé pour « les visages et carnations de figures, filets appliqués en bordures, carcans, chaînes, boutons et autres joyaux », et le roi, par une ordonnance datée de Sainte-Menehould (1543), consentit à rendre aux orfèvres le droit d'user de toute espèce d'émaux « pourvu que lesdits émaux y

---

[1]. Philippe Burty, *Chefs-d'œuvre des Arts industriels.*

fussent bien et loyalement mis en besogne et sans aucun excès de superflu ».

L'art de l'émail des peintres ne survécut pas au xvie siècle. Il périt avec les Valois. Seul, l'émail des orfèvres continua d'embellir les bijoux et les joyaux ; mais avec le xviie siècle, il perdit un peu de sa vogue, quand les pierres précieuses redevinrent en faveur. Néanmoins les Laudin soutinrent la réputation de la fabrique de Limoges. D'un autre côté, Jean Toutin, orfèvre de Châteaudun, qui florissait en 1630, fut le premier qui fabriqua en France avec succès des bijoux émaillés. Jean Toutin devint le chef d'une école dont les portraits, les médaillons, les bagues et les boîtes de montre furent vivement recherchés. Un marchand de la Galerie du Palais, dans la *Ville de Paris en vers burlesques*, par le sieur Berthod, s'adresse ainsi aux promeneurs :

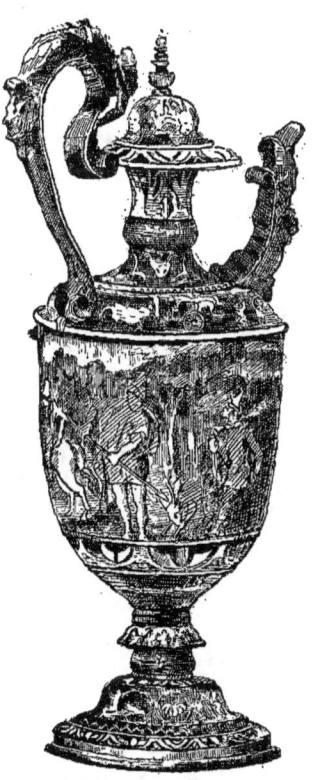

Fig. 101. Buire en émail de Limoges, par Pierre Raymond.

J'ai les cravates les plus belles,
Un manchon, un bel éventail,
Des pendants d'oreilles d'émail...

Les bijoux émaillés ainsi vendus au Palais étaient de fabrique parisienne. Spon, dans la liste de ses *curieux*, cite entre autres : « M. Hubin, émailleur, rue Saint-Denis, vis-à-vis la rue aux Ours ». Il y avait aussi le sieur Do, « émailleur rue du Harlay », dit le *Livre Commode*, et enfin le sieur Roault, autre émailleur rue Saint-Denis, lequel faisait, en émail, *toutes sortes de figures humaines, et autres représentations*. « Il vend aussi des aigrettes d'émail, qui, avec une grande beauté, ont cette propriété de ne pas prendre la poussière ». Son fils lui succéda, et ses émaux furent encore plus célèbres que les siens. Suivant l'*Année littéraire* de 1758, Piron en possédait, dont il était très fier.

Pour en revenir aux émaux de Toutin, ce genre de peinture fut per-

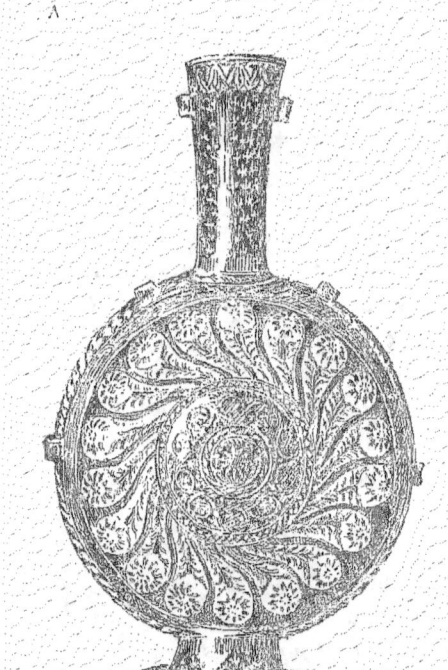
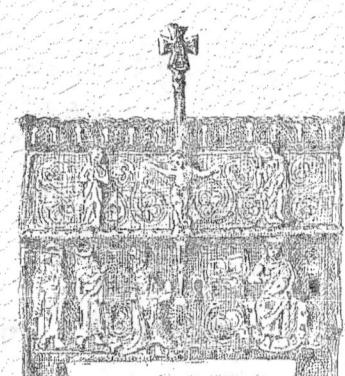
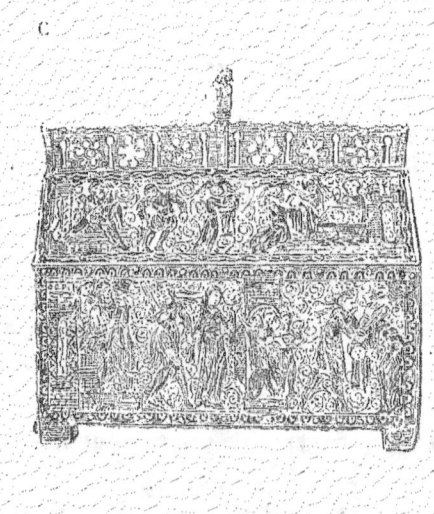
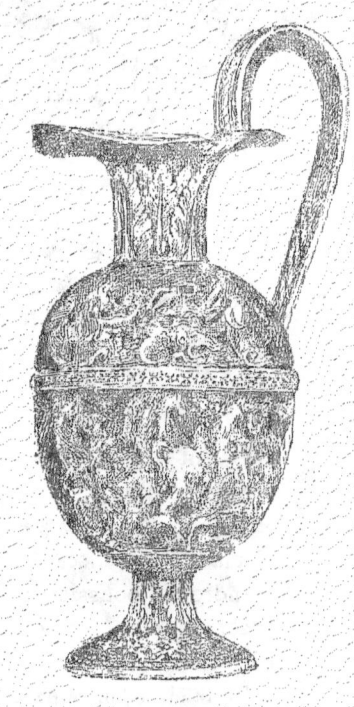

LES ÉMAUX.

fectionné par Gribelin, son élève, et ensuite par l'orfèvre Dubief, qui logeait aux galeries du Louvre, et par Morlière d'Orléans, qui travaillait à Blois. Celui-ci borna son talent à émailler des bagues et des boîtes de montre, qui étaient fort goûtées. Ce fut lui qui forma Robert Vouquer, de Blois. Ce dernier l'emporta sur tous ses prédéces-

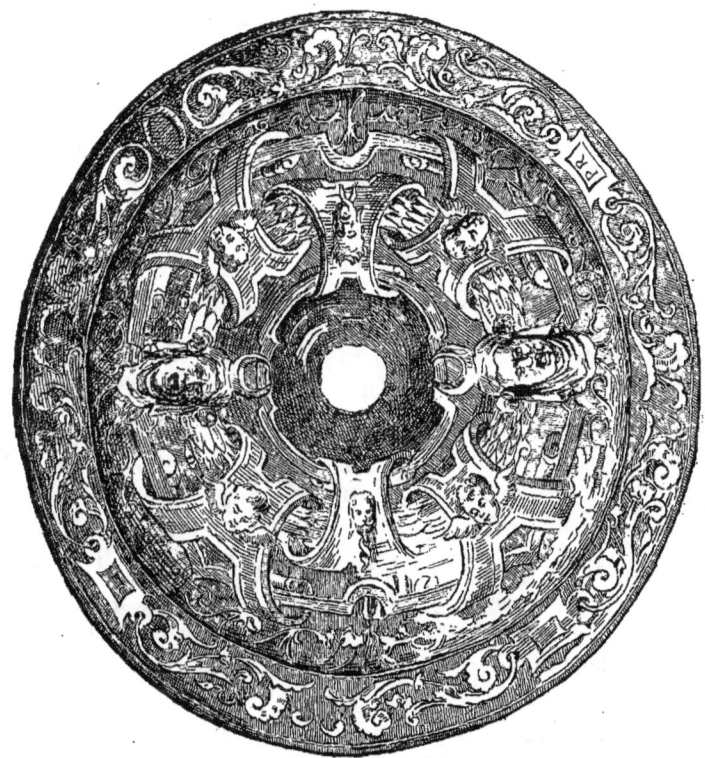

Fig. 102. Plat en émail de Limoges,
par Pierre Raymond.

seurs par la beauté des couleurs qu'il employait et par la perfection de son dessin. Vouquer mourut en 1670. On peut dire que ses ouvrages sont des chefs-d'œuvre de l'art.

Les premiers portraits peints en émail avec un soin tout particulier et finis comme une peinture à l'huile, furent apportés d'Angleterre par Jean Petitot et Jacques Bordier, son beau-frère, tous deux génevois. « Les peintres du XVIe siècle, dit M. Frédéric Reiset [1], avaient

[1]. *Notice des dessins, pastels, miniatures et émaux du Louvre.*

cependant fait d'admirables portraits émaillés et en couleur. Mais leurs procédés étaient tout différents de ceux que devaient adopter nos génevois. Leur émail est beaucoup moins travaillé ; il est toujours transparent et léger. La plaque de métal qui sert de fond se laisse voir ou du moins sentir. Leurs nuances sont délicates, leur coloris tient tout au moins à la grisaille. On voit qu'ils reproduisent le plus souvent un crayon dans le goût de Janet ou d'E. Du Moustier, et qu'ils ne songent nullement à lutter soit contre la nature, soit contre une peinture vigoureuse. Ce que cherchait Petitot, au contraire, c'était une palette qui imitât les couleurs de la nature dans toute leur intensité. Les émaux qu'il employait étaient épais et opaques. Ils produisaient des teintes fondues et puissantes, à l'imitation des peintures à l'huile les plus chaudes et les plus réelles : et pour parvenir à ce perfectionnement purement matériel, il fallait, outre le talent de l'artiste, des cuissons plus répétées et une manipulation chimique plus savante. Van Dyck, qui mourut en 1641, put jouir du prodigieux talent de celui qu'il prenait pour élève, et à qui il faisait copier ses propres ouvrages. Petitot joignait, en effet, à l'adresse raffinée de l'émailleur, l'art de reproduire avec exactitude, avec grâce, avec liberté, dans les proportions les plus réduites, le modèle qu'on lui présentait ».

Les principaux personnages d'Angleterre employèrent le pinceau de Petitot. H. Walpole, dans ses anecdotes sur la peinture, cite comme une merveille son portrait de la comtesse de Southampton, d'une grandeur inusitée pour notre artiste ; il mesure en effet 0,243 mill. de haut sur 0,135 de large. Petitot y inscrivit la date de 1642. Walpole mentionne aussi un portrait du duc de Buckingham, qui porte le nom du peintre et la date de 1640. Charles Ier, ami des arts, donna à Petitot un logement dans le palais de White-Hall, et le créa chevalier. Après la mort tragique du roi, son protecteur, il vint à Paris, en 1649, avec les Stuarts. Louis XIV lui accorda une pension considérable et un logement au Louvre. Dans le cours de sa longue carrière — il dépassa quatre-vingts ans, — il peignit maintes fois Louis XIV, la reine-mère, et plusieurs personnages illustres de la Cour, tels que la belle comtesse d'Olonne, d'après Mignard, sous la figure de Diane.

« Quelques-uns des portraits peints par Petitot, remarque M. Philippe Burty, ne sont guère plus grands qu'une pièce d'argent de cinquante centimes. Et cependant la science du dessin et la précision de la touche étaient telles, la physionomie du modèle était si bien conservée et le goût de l'ajustement si libre, que ni l'œil ni l'esprit ne sont blessés de cette extrême réduction. On oublie le tour de force pour ne chercher que le caractère intime du personnage et son tempérament. C'est la miniature élevée à la hauteur de la peinture d'histoire ».

Étant protestant, Petitot se retira dans sa patrie à la révocation de l'édit de Nantes et mourut à Vevey en 1691. Bordier, qu'il s'était associé, peignait ordinairement les fonds et les draperies des portraits; Petitot se réservait le travail des chairs. Le Musée du Louvre possède de ce célèbre artiste une collection de cinquante-six portraits émaillés sur des petites plaques d'or, et destinés à être portés en broches ou en bracelets.

Pendant les dernières années du règne de Louis XIV, il y eut encore quelques artistes habiles. Mais sous Louis XV, l'art de l'émaillerie ne se soutint que par le talent de quelques portraitistes; la peinture limousine dépérit entre les mains des Noailhier, et les émaux incrustés furent négligés par l'industrie. Les derniers portraitistes de cette période furent Henri Chéron et Charles Boit, peintre suédois reçu membre de l'Académie de peinture en 1718, « sur le portrait en émail de Mgr le duc d'Orléans Régent, et sur un tableau en émail d'une *Charité* ». Ces deux ouvrages sont au Louvre. On cite également André Rouquet, né à Genève en 1703, et mort fou à Charenton en 1759. Agréé à l'Académie en 1753, il exposa, en cette qualité, au Salon de 1755, le portrait de M. de Marigny, qui appartient au Musée du Louvre. Lafont de Saint-Yenne, dans ses *Sentiments sur quelques ouvrages de peinture*, fait en ces termes l'éloge du célèbre émailleur : « Je dois un tribut de louanges bien méritées au sieur Rouquet, peintre en émail, qui nous a exposé des choses excellentes dans un genre de peinture où il est si rare de réussir, par l'extrême difficulté de la préparation des couleurs... La beauté des portraits qui ont paru de lui au salon de 1753, ont fait augurer qu'il remplacera le célèbre Petitot, appelé le Raphaël des peintres en émail ».

Un retour de faveur attendait l'émail sous le règne de Louis XVI. C'est alors que brillèrent tour à tour Liotard et J.-B. Weyler. Liotard, mort en 1789, a peint la plupart de ses portraits d'une grandeur inaccoutumée. Ils ont ordinairement plus de 0,325 mill. Quant à Weyler, né à Strasbourg en 1745 et mort à Montmartre, près Paris, en 1791, il se fit connaître par ses portraits en émail et ses miniatures ; il fut reçu académicien le 25 septembre 1779. Le portrait de M. d'Angivillier, émail précieux acquis par le Musée du Louvre en 1853, et généralement admiré, servit à l'artiste de morceau de réception. Le continuateur de Bachaumont, dont la critique est souvent acerbe ou dédaigneuse, parle en 1755 de « M. Weyler, dont le pinceau brillant est surtout précieux par la vivacité du coloris et la vérité des étoffes ».

Quant au génevois Thouron, mort en 1788, il se fit connaître à Paris, en 1781, par ses peintures en émail, et exposa au *Salon de la Correspondance*, un portrait d'après Rubens, une tête d'après Santerre et la *Cruche cassée*, d'après Greuze. En 1782, il envoya à la même exposition un portrait d'homme d'après nature. Le Louvre possède de lui un *Portrait de Francklin*, un buste et une *Bacchante nue, assise, mêlant des pampres à sa chevelure*, d'après M. Lebrun. Thouron peut être considéré comme le créateur de son genre, qui consistait à peindre en *pleine pâte*, ce qui lui fit obtenir des résultats pareils à ceux de la peinture à l'huile.

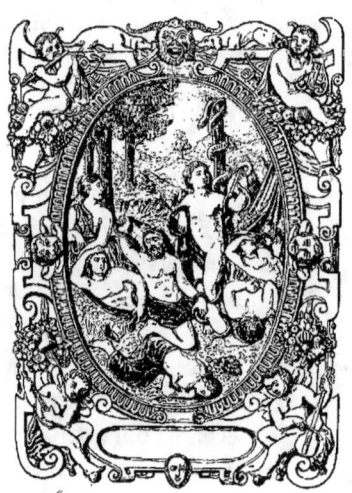

Fig. 103. Email de Bernard Palissy
(Musée du Louvre).

Le *Pausanias Français*, après avoir loué avec enthousiasme les ouvrages des principaux émailleurs de l'époque, exposés au Salon de 1806, termine par la réflexion suivante : « Un seul artiste, sous Louis XVI, avait ressuscité l'art de peindre sur émail ; il se nommait Thouron, et ses essais furent des coups de maître. » Sa réputation, dit M. Demmin, dépassa presque celle de Petitot. Une seule œuvre, les six portraits de la famille du duc de Luynes, lui fut payée 18,000 francs.

N'oublions pas Charles-François Hazard, né à Paris en 1758, et mort dans la même ville en 1812. Hazard n'était pas peintre sur émail, mais il pratiquait l'art de souffler et de modeler l'émail à la lampe, qui est une des branches de l'art de l'émailleur.

« On le voyait parfois, dit un de ses biographes, dans l'espace d'un quart d'heure à peine, avec une simple baguette d'émail, sans le secours d'aucun instrument, créer une gracieuse figurine. C'était, assez souvent, un *petit Amour*, haut tout au plus de 15 à 18 millimètres. Peu susceptible de développement dans cette dimension, la figurine offrait néanmoins les formes aimables et potelées de l'enfance. De la réunion de ces fragiles pygmées, pourvus d'ailes comme les abeilles et dont une douzaine pour le moins, se serait facilement cachée dans le sein d'une rose épanouie, l'artiste composait des groupes ravissants d'ensemble et de mouvements pittoresques. Parfois ces petits personnages atteignaient la hauteur de 10 ou 12 centimètres, et ils se groupaient aussi heureusement que les plus mignons d'entre leurs frères.

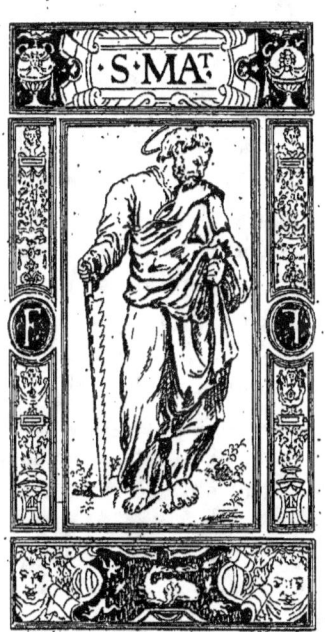

Fig. 104. Email de Léonard Limosin.

« On cite de M. Hazard, comme œuvres capitales dans cette branche de ses travaux, trois compositions sur l'importance desquelles j'appellerai particulièrement l'attention. En 1789, M. Hazard fut admis sous les auspices de M. Sage, membre de l'Académie, à exécuter, devant la Cour, une figure en émail. Il fit briller, dans cette occasion, l'habileté la plus grande, en modelant, sous les yeux mêmes de la reine Marie-Antoinette, l'image en petit du jeune Dauphin.

« A cette époque, il avait terminé son chef-d'œuvre, c'est-à-dire *le chef-d'œuvre de l'émail*. C'était une statue équestre de Henri IV, *haute de dix pouces* (0.270 mill.), dimension extraordinaire, exceptionnelle, eu égard à la matière; morceau d'émail dont quelques parties, et entre autres la tête du bon roi, étaient des modèles d'exécution » [1].

Ce morceau, fait à lampe et du premier jet, comme ferait le modeleur en terre glaise, offrait à la vérité quelque défaut dans le système musculaire du cheval ; mais, remarque l'auteur du rapport fait à la Société des Inventions et découvertes, 8 prairial an X, « si l'on réfléchit que peut-être, avant M. Charles Hazard, aucun artiste de

1. G.-F. Le Camus, *Un vieux peintre en émail.*

son genre n'a entrepris, avec les ressources de son art, un ouvrage de cette hardiesse, on ne s'arrêtera pas à ces défauts, parce qu'ils tiennent moins à la manipulation de l'émail qu'à une connaissance parfaite de l'anatomie vétérinaire qui lui est étrangère. Ces légers défauts sont bien compensés par l'exécution de la personne et du costume de son héros, dans lesquels l'artiste a fait disparaître la dureté et le froid de la matière par la souplesse des formes, la légèreté et les nuances des draperies : accessoires qui ont parfaitement réussi sous la main de M. Hazard, qui a prouvé, dans cette occasion, qu'il ne lui restait pas dans son art de difficulté à vaincre ».

La Révolution interrompit brusquement le mouvement en avant qui tendait à s'opérer dans toutes les branches de l'art. Après Counis, élève de Girodet ; après Augustin, loué avec enthousiasme par Chaussard, dans son *Pausanias français* (1806), et dont le Louvre possède le portrait sur émail peint par lui-même, en 1809 ; après Isabey et quelques autres portraitistes du temps de l'Empire, l'émaillerie fut un art complètement abandonné. On se demande pourquoi l'émail, qui présente tant d'avantages, fut négligé au point qu'on ne le vit plus appliqué qu'aux bijoux, comme dans son origine.

A l'heure actuelle, la France est à peu près le seul pays où la mode de l'émail ait repris depuis quelques années ; c'est aussi le seul pays où l'on trouve autant d'artistes et d'amateurs broyant l'émail, modelant la pâte et couchant les paillons. En effet, un certain nombre d'émailleurs, tel que M. Poiret, ont tenté récemment de vulgariser l'émail, en envoyant à nos expositions annuelles des plaques de Limoges en grisaille et sur paillons. M. Alfred Meyer, entre autres, fait de l'émail comme on fait un croquis ; chez lui, dit M. Falize fils, la chance, le hasard du feu, le bonheur de la palette ont autant de part que l'étude et la recherche. « Je sais de cet artiste des merveilles, comme sa *Renée de France*, que possède le musée de Kensington, et certain buste d'Indien coiffé de plumes éclatantes, emprunté à l'Armeria de Madrid, est le dernier émail qu'il ait sorti du feu. Sa promptitude est remarquable. Personne mieux que lui ne s'entend à couvrir d'un ton d'aventurine une plaquette d'or fin, et à y modeler en quelques coups de spatule et de pointe une de ces élégantes figurines qu'on trouve dans les pierres gravées. C'est croustillant, c'est joli, ça accroche la lumière ; tout y est et il n'y a rien. C'est une pochade qui tient dans le chaton d'une bague » [1].

---

2. L. Falize fils, *Les Bijoux, l'Orfèvrerie et la Joaillerie à l'Exposition de 1876*.

Avec MM. Grandhomme et Marshall, connus par leurs belles copies du Rosso et d'Etienne Delaulne, se place M. F. de Courcy, qui a su varier la note de l'émail et dont les œuvres ont un caractère personnel. « Elles s'écartent des émaux limousins, dit encore M. Falize, pour se rapprocher des procédés de Petitot, c'est-à-dire que les plaques et les portraits surtout sont touchés comme des miniatures. Cela fait tort, à mon sens, à la franchise de l'effet et forme un compromis entre l'émail et la porcelaine peinte. Il y a là des hésitations, des recherches, des enfantillages de détail que je regrette, et qui ne laissent pas que de nuire au talent du maître, et c'est à cause de ces petits reproches que je préfère, dans toute son œuvre, le beau médaillon de l'*Amour vainqueur*, que possède M. Christofle, puis le grand panneau de *Chasse*, dont les attributs sont modelés d'une façon bien plus vigoureuse que le reste ». D'ailleurs, M. F. de Courcy est un ami de Gustave Moreau, le peintre d'*Œdipe*, d'*Orphée* et de la *Salomé*; la plupart des plaques qu'il expose, hormis les portraits, sont exécutés d'après les dessins de celui-ci.

L'émaillerie, comme on le voit, est cultivée de nouveau par quelques artistes de talent qui, malheureusement, ont le tort de ne pas s'adonner spécialement au portrait. L'art de l'émail, dit M. Philippe Burty, — Léonard Limosin et quelques-uns de ses élèves ont montré quelle hauteur de style il pouvait atteindre, — répond à un des désirs le plus rarement assouvis du cœur humain : à celui d'une éternité relative. Et l'éminent écrivain demande la création d'un Musée des portraits traduits par des artistes d'élite et portant la ressemblance d'un caractère et d'une âme. Tout le monde viendrait étudier cette inaltérable galerie, car ainsi qu'en un sonnet précieux, Théophile Gautier l'a écrit à un émailleur contemporain,

. . . . l'émail
Tel que l'ambre en son or tient la fleur enchâssée,
Contre les ans vaincus abrite son travail.

« C'est à M. Claudius Popelin que ces vers sont adressés. Si M. Claudius Popelin n'a pas inventé l'art de l'émail dont la pratique n'est ni secrète, ni très malaisée, il l'a du moins remis en honneur en lui rendant sa véritable fonction qui est de traduire directement les pensées d'un artiste et non de servir à une banale traduction. Les œuvres de M. Claudius Popelin ont été très justement regardées et applaudies par les esprits justes et délicats, dans les dernières expositions. Erudit et travailleur, il a groupé dans de vastes ensembles décoratifs, des portraits de poètes, de savants, de maîtres; il les a reliés par des pensées communes, la Renaissance des lettres ou le triomphe de la vérité; il a varié la monotonie d'une série de profils par des banderolles, des inscriptions, des branches de laurier, des figures d'enfants. Cette année (1866), la figure nue de la Vérité qu'il avait peinte sur un fond bleu, était un morceau de dessin d'un goût remarquable et un chef-d'œuvre de fabrication. Mais nous le répétons encore, quand même des praticiens exécuteraient des copies sans reproches, M. Popelin aurait encore sur eux l'avantage d'inventer ses propres compositions, et de montrer par conséquent un mérite supérieur ». Sa belle plaque de *Gaston de Foix*, que M. Falize a la bonne fortune de posséder, le prouve d'une manière éclatante.

Nos émailleurs ne manquent donc pas de bons exemples à suivre. Qu'ils se mettent courageusement à l'œuvre, et le feu; suivant la devise empruntée à l'apôtre saint Paul, « le feu montrera ce qu'est l'ouvrage ».

Opus quale sit ignis probabit.

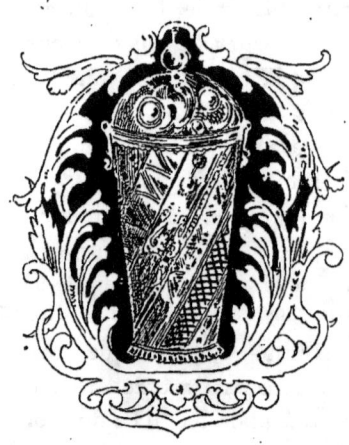

Fig. 105. Gobelet-reliquaire, émail et argent (xiii⁰ siècle).

L'ART INTIME   Planche XV.

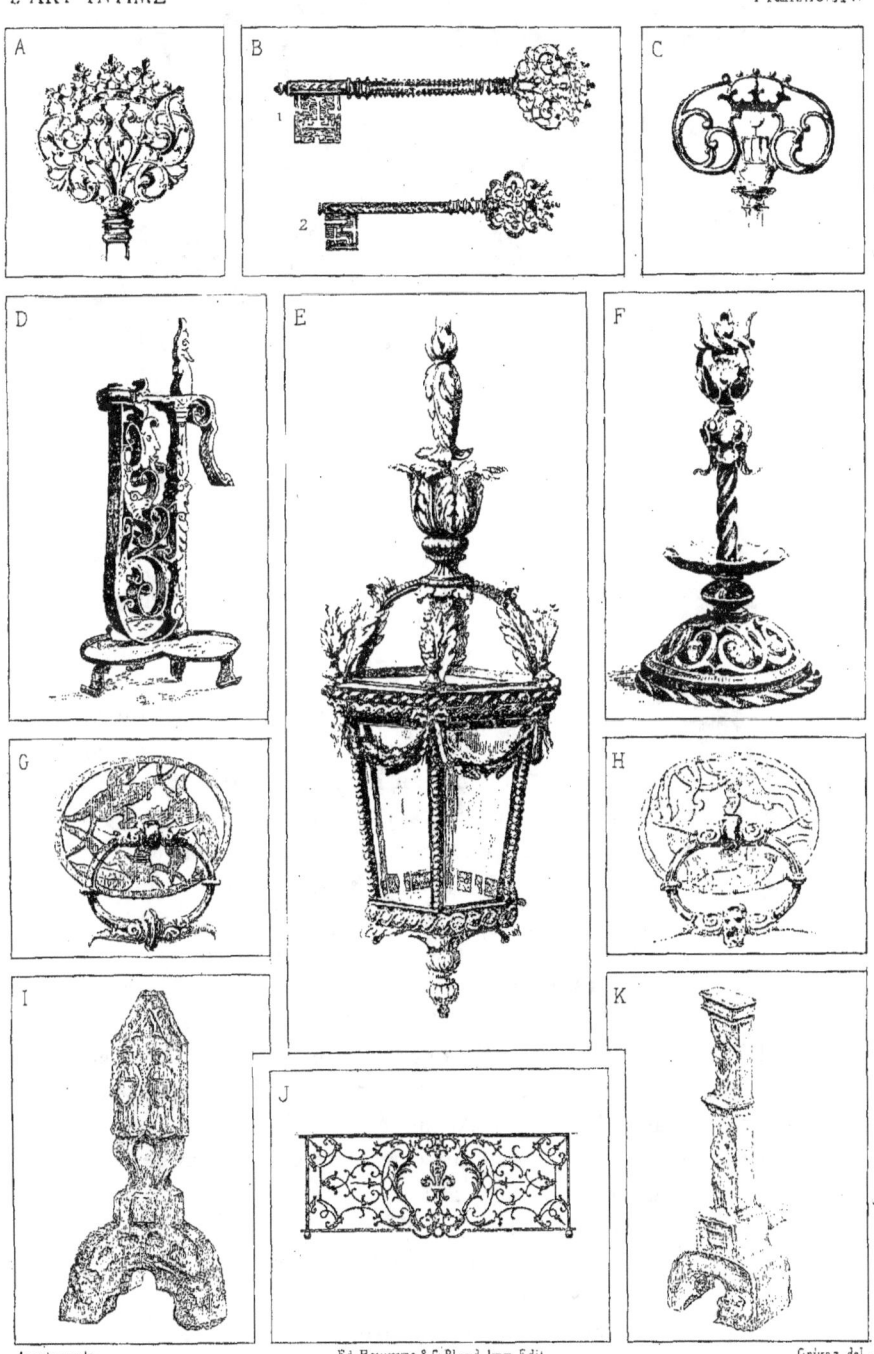

Arents sculp.   Ed. Rouveyre & G. Blond. Imp. Edit.   Grivaz del.

OUVRAGES D'ART EN FER FORGÉ REPOUSSÉ ET CISELÉ

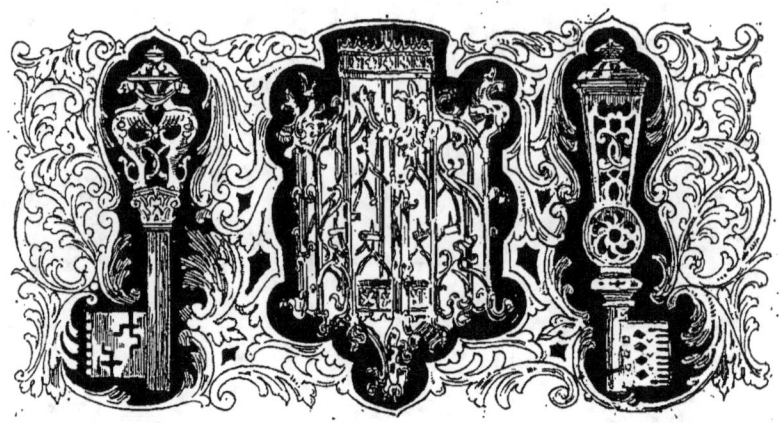

Fig. 106. Clef en fer (xvie siècle). Fig. 107. Lustre en fer (xve siècle). Fig. 108. Clef en fer (xvie siècle).

XVII

OBJETS D'ART EN FER REPOUSSÉ ET CISELÉ, BIJOUX EN ACIER POLI.

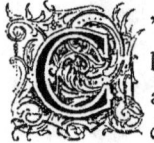'EST avec raison que les Romains préféraient le fer à l'or du riche sans courage, selon la belle parole d'un ancien, et que ce vrai roi des métaux a toujours été recherché pour les ouvrages d'art décoratif.

Les Grecs surtout se montrèrent très habiles dans le travail du fer « difficile à travailler », suivant l'expression homérique.

> L'airain ardent frémit dans une onde fumante,
> Et l'antre est ébranlé sur l'enclume tremblante.
> Cent bras tombent, cent bras se roidissent dans l'air,
> Retombent, et le fer s'amollit sous le fer [1].

L'histoire nous a conservé le nom d'Hippasis, célèbre ciseleur en fer, et Pline mentionne des statues de ce métal, notamment celles d'Aristonidas et l'Hercule d'Alcon.

De même le Moyen Age, qui désignait sous le nom de *ferrons* les « ouvriers en fer », tenait en grande estime

> Ceux qui les deux marteaux reçoivent,
> Et ne forgent si comme ils doivent,
> Droitement sur la droite enclume,

pour parler comme le *Roman de la Rose*.

---

1. *Les Forges de Vulcain*, liv. VII de l'Énéide, trad. par le cit. Gasion, *Almanach des Muses*, 1802.

L'ART INTIME. 27

Jusqu'à l'époque de la Renaissance, la ferronnerie s'appliqua particulièrement à exécuter des pentures de portes, des grilles, des chandeliers, des serrures, des clefs, des verrous, des enseignes, etc., œuvres dans lesquelles on reconnaît que l'ouvrier avait affaire à un métal ductile et malléable à chaud, il est vrai, se pliant à toutes les formes et conservant toutes les empreintes [1]. C'est ce qu'on appelle la serrurerie d'art, qu'on trouvera excellemment traitée ailleurs, et dont nous n'avons pas à nous occuper ici [2]. Les princes eux-mêmes, du reste, comme nous l'apprend Brantôme, prenaient plaisir à forger [3]. Aussi les beaux ouvrages de ferronnerie surgissaient de toutes parts. Le Musée de Rouen possède un *Saint-Michel terrassant le dragon*, en fer forgé de cette époque, très remarquable sous tous les rapports.

Mais à partir du xvie siècle, la ciselure et le repoussé ne tardèrent pas à faire concurrence au martelage, c'est-à-dire au travail de l'enclume. Le forgeron s'efface devant le ciseleur, et la ferronnerie proprement dite cède pour un temps la place à l'orfèvrerie de fer, si l'on peut ainsi parler, qui n'est autre que de la sculpture en métal.

Dès lors, les artistes du fer semblent jouer avec cette matière rebelle et se plaisent à la plier à leurs ingénieux caprices. Les serrures et les clefs, semblables aux merveilleux spécimens de la galerie Sauvageot ou à ceux légués au Musée de Cluny par le baron des Mazis, un de ces amateurs qui se spécialisent dans la collection de ces trésors d'art, deviennent de véritables bijoux de fer, découpés, repercés, repoussés, ciselés et gravés, où les bustes, les couronnes, les chiffres sont entourés d'acanthes mignonnes, de rinceaux fins et légers comme des dentelles.

Les heurtoirs ou marteaux d'appel eux-mêmes s'ingénient à reproduire des figures qui prennent dans l'ornementation une place prépondérante à partir de cette époque où le fer, combiné souvent avec l'or et l'argent, est complètement transformé, quant à ses produits, et sert à façonner des plaques de coffrets, véritables tableaux sculptés en bas-relief dans la masse même du métal. On voyait autrefois, dans la célèbre collection Debruge-Duménil, des fers exécutés au repoussé et ciselés de travail allemand, italien et français, de la plus grande beauté. Tels étaient, entre autres, le bas-relief représentant une chasse, dans le style de Virgile de Solis; la plaque d'escarcelle sur

---

1. Liger, *La Ferronnerie ancienne et moderne*.
2. Voyez Henry Havard, *L'Art dans la Maison*, chap. *Le fer et son emploi*.
3. *Hommes illustres*, Vie de Charles IX.

laquelle était figuré un roi à cheval ; le bas-relief représentant les noces d'Hercule et d'Hébé dans le ciel, avec bordure prise dans la masse. Mentionnons encore la plaque quadrangulaire oblongue en fer ciselé, de travail allemand, conservée au Musée Correr, à Venise. Cette œuvre magistrale, qui représente la famille d'Antoine Peffenhauser, n'a pas moins de 21 centimètres de hauteur sur 64 centimètres de largeur !

Le repoussé et la ciselure qui interviennent de plus en plus dans la ferronnerie, s'adjoignent la damasquinerie d'or et concourent, avec les autres arts, à la décoration des riches intérieurs. On ne s'étonnera donc pas de voir le fer ciselé et poli servir d'encadrement aux glaces de Venise. Tel est le magnifique cadre de miroir du xvie siècle en fer repoussé, doré et damasquiné, de la collection de M. Spitzer, et cet autre, de style Renaissance, appartenant à M. le comte de Montbrizon. Deux cariatides encadrent ce chef-d'œuvre de leur svelte profil, appuyées sur des consoles qui se réunissent en-dessous en guise de cul-de-lampe. L'œuvre entière est couronnée d'un fronton au cintre surbaissé, lequel en recouvre un second de forme triangulaire portant sur une frise. Dans un soubassement, entre les deux consoles, on lit ces vers à la Ronsard :

> Heureux le jour, l'an, le mois et la place,
> L'heure et le temps où vos yeux m'ont tué ;
> Sinon tué, à tout le moins mué (changé),
> Comme Méduse, en une froide glace.

Et pour servir de commentaire à ce quatrain, l'artiste a représenté dans la frise supérieure la fable de Diane et d'Actéon.

Ce miroir aurait appartenu à Diane de Poitiers ; et l'Actéon qui lui aurait fait ce présent serait Henri II, que cela ne nous surprendrait pas.

Nous allions oublier les fers splendides de l'ancienne collection Debruge, parmi lesquels on remarquait, exécutés au repoussé, ciselés et damasquinés d'or, Mars et Vénus surpris par Vulcain ; l'Aurore et Céphale ; l'Adoration des Mages, et enfin un bas-relief sur cippe ciselé, avec ornements damasquinés d'or. Trois scènes y étaient représentées : l'Enlèvement de Proserpine ; Cérès à la recherche de sa fille ; Mercure se présentant devant Pluton pour réclamer Proserpine au nom du maître des dieux.

---

1. *Le Beau dans l'Utile, Histoire sommaire de l'union centrale des Beaux-Arts appliqués à l'Industrie*, art. de Félix Deriège.

Un moment, on imagina de remplacer le fer par l'acier ; mais les artistes trouvant à ce métal trop de résistance, préférèrent sculpter, ciseler et fouiller le fer. Les amateurs connaissent les chefs-d'œuvre de nos musées en ce genre, tels que pommeaux d'épées ou de dagues, boucliers, médaillons, etc. Cela n'empêcha pas Benvenuto Cellini, si nous en croyons ses Mémoires, de ciseler sur acier le médaillon d'Alexandre de Médicis, dont il avait fait en deux heures le modèle en cire.

Le *Journal de la comtesse de Sauzay*, publié par M. le comte de la Ferrière-Percy, mentionne, à la date du 13 avril 1572, « une boîte d'acier », probablement un coffret à bijoux, ayant coûté « 6 soubz ».

Ajoutons que les bijoux eux-mêmes étaient quelquefois exécutés en acier ou en fer, témoin la jolie bague du temps de François Ier, conservée au Musée Sauvageot. Ce bijou est en fer ciselé à deux cariatides, hommes et femmes formant anneau. Sur le chaton on voit, gravé en creux, *un autel surmonté de flammes*, et autour, la devise : RIEN SANS AMOUR.

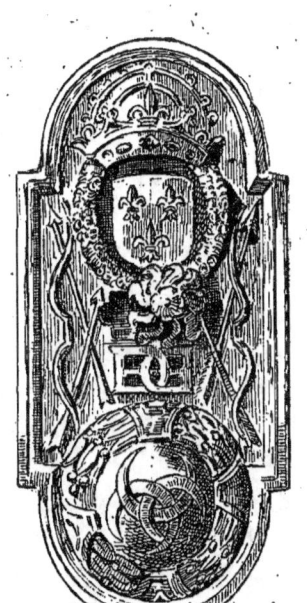

Fig. 109. Verrou en fer repoussé (XVIe siècle).

Le XVIIe siècle et le XVIIIe connurent aussi l'art de repousser et de ciseler le fer. On voyait encore, il y a deux ans à peine, dans la collection de Léopold Double, un beau médaillon ovale en argent repoussé et finement ciselé, du temps de Louis XVI, représentant la reine Marie-Antoinette de profil, en riche costume et portant une haute coiffure. Ce médaillon était monté dans un cadre en fer ciselé portant le blason de France, appliqué sur fond de velours noir, et le tout avait été placé dans un très beau cadre du temps, en bois sculpté et doré, surmonté d'un carquois et d'une branche de rose. Voici ce que dit à ce sujet M. de Lescure : « Le cadre en fer guilloché a été fait de main de maître dans l'atelier de serrurerie de Louis XVI et tous deux y ont travaillé, le roi et son compère Gamin »[1].

---

1. *Catalogue des objets d'art exposés à Trianon*. Paris, 1867.

De nos jours, quelques artistes se délassent de leurs travaux courants, mais exceptionnellement, en repoussant et en ciselant le fer. Charles-Édouard Georges, modeleur de talent qui se signala il y a peu d'années par des travaux remarquables de composition et de ciselure, dont quelques-uns lui avaient été commandés par MM. Stern et Froment-Meurice, a laissé de charmants objets en fer ciselé, tels que bagues, épingles, broches, etc., d'un travail délicat et d'un fini digne des beaux jours de la Renaissance.

Passons maintenant aux bijoux et autres objets en acier poli.

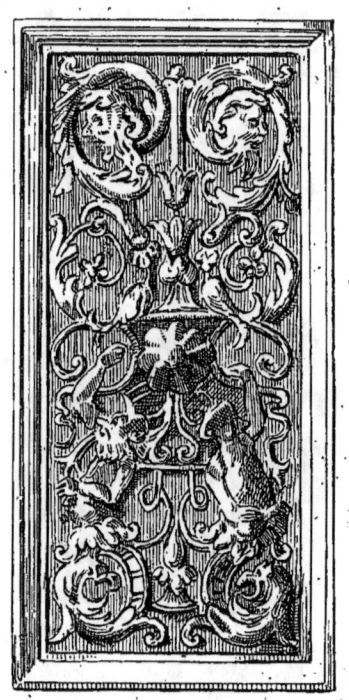

Fig. 110. Verrou en fer repoussé (XVIᵉ siècle).

L'industrie des parures en acier poli prit naissance en Angleterre et se répandit d'abord en Belgique, vers l'année 1740. La mode de ces nouveaux bijoux n'eut une réelle importance, en France, qu'à partir de 1767, époque où les diamants commencèrent à disparaître du costume. « On employait en achats de petits grains d'acier, dit Mᵐᵉ de Genlis dans son *Dictionnaire des Etiquettes*, l'argent que coûtaient jadis les pierres précieuses, qui, ayant une valeur intrinsèque, restaient dans les familles et faisaient partie de l'héritage des enfants ».

Effectivement, vers 1776, les bijoux d'acier obtinrent un succès incroyable qui se continua jusqu'à la Révolution. Cette vogue profita à Buffon ; une partie des fers de ses mines de Montbard y passa à un bon prix. Le bruit courait, d'ailleurs, selon la *Correspondance secrète* de Métra, que le grand naturaliste avait beaucoup aidé à mettre en faveur les boutons, les chaînes et autres bijoux d'acier poli.

Quoiqu'il en soit, le grand pourvoyeur de la mode était Granchez, mercier-bijoutier établi à la descente du Pont-Neuf, entre la rue Dauphine et celle de Nevers. Sa manufacture, située à Clignancourt, avait du reste été l'objet de deux articles élogieux insérés dans le *Mercure* d'avril et d'août 1775. La boutique de cet industriel, avec son enseigne: *Au Petit Dunkerque*, eut une réputation européenne; aussi devint-elle bientôt le rendez-vous de la noblesse et de la riche bourgeoisie. Voltaire lui-même, lors de son dernier séjour à Paris, se plaisait beaucoup à visiter cet établissement, et Mercier, dans son *Tableau de Paris*, ne peut s'empêcher d'admirer ces étagères où « le cristal, l'émail, l'acier, brillaient comme des miroirs taillés à facettes ». Ce fut au point qu'au moment des étrennes, il fallait placer des gardes aux abords de ce magasin féerique, tant il était envahi par la foule.

Granchez avait le talent de devancer la mode et son changeant caprice; et quoiqu'il ne fut pas orfèvre lui-même, il exerça sur l'art une certaine influence. « Il faut rendre justice au goût du maître, dit un auteur contemporain, il anime, il dirige les artistes, il imagine ce qui doit plaire... La bijouterie a fait plus de progrès depuis qu'il a mis sous les yeux du public des modèles élégants et variés, qu'elle n'en avait fait depuis longtemps ». En effet, dès 1775, Granchez avait conseillé aux ouvriers qui travaillaient pour ses magasins de s'inspirer des peintres ou des modèles étrusques récemment publiés par le chevalier Hamilton. Grâce à lui, grâce à ses collaborateurs, les dames portèrent, ou du moins elles crurent porter des bijoux renouvelés de l'antique.

La plupart des publications contemporaines font l'éloge des produits de Granchez. C'est ainsi que le *Cabinet des Modes* (15 décembre 1785) vante, comme une grande nouveauté, les bijoux d'or *taillés à facettes, et polis sur le moulin*, « ouvrages qui ne se sont jamais faits qu'en acier ». Telle est la chaîne de montre taillée à facettes, ayant appartenu à l'un des Vanloo, et exposée par M. Faure, en 1880, au Musée rétrospectif du métal. Et le *Cabinet des Modes* ajoute, à la date du 1ᵉʳ janvier 1786 : « L'on fait à présent beaucoup d'objets de ce genre, en acier, imités de l'Anglois, qui sont du plus beau poli, et d'un fini précieux. Tous ces articles se trouvent chez le sieur Granchez, bijoutier de la reine, *Au Petit Dunkerque*, quai de Conti, à Paris ».

Par la suite, Granchez eut pour rival un nommé Dauffe, son ancien associé, qui, également favorisé par la protection royale, établit, en 1785, une manufacture aux Quinze-vingts, près le célèbre cloître Saint-Honoré.

D'après le *Journal de Paris* (18 juillet 1787), Dauffe fariquait bontamment de superbes boutons d'habit, repercés à jour, véritables bijoux ornés de perles enfilées et de diamants à vis, « le tout en acier », qui se vendaient à raison de vingt-cinq louis la pièce. Louis XVI, enchanté de ces boutons, lui en avait commandé une garniture à titre d'encouragement.

Aux approches de la Révolution, la mode des bijoux en acier alla jusqu'à la folie. En janvier 1789, suivant le *Magasin des Modes françoises et angloises*, les hommes portaient, pour le bal, un chapeau avec *ganse d'acier travaillé*; au côté, une épée à *garde d'acier travaillé*; dans les goussets, deux montres d'or garnies de *chaînes d'acier travaillé*, ornées elles-mêmes de *breloques d'acier travaillé*. « Il seroit impossible que le règne de l'acier travaillé fut plus marqué qu'il ne l'est aujourd'hui, remarque l'auteur de l'article. Passera-t-il comme celui de l'acier uni? durera-t-il plus longtemps? Nous ne doutons pas que ce ne soit la superbe manufacture d'acier travaillé du faubourg Saint-Antoine, où l'on trempe et fabrique l'acier aussi bien qu'en Angleterre, qui ait fait naître cette mode, par les ouvrages qu'elle a répandus dans Paris, et qui ont été adoptés avec beaucoup de rapidité et de joie ».

Enfin, le 21 avril, le même recueil annonce que les femmes, aussi bien que les hommes, recherchaient avec passion les boutons d'acier travaillé. « Tous ces boutons et tous ces bijoux en acier travaillé sortent de la grande manufacture du faubourg Saint-Antoine. On ne porte aucun objet en acier d'Angleterre. Les Anglais eux-mêmes conviennent qu'à cette manufacture, on travaille mieux l'acier que chez eux ».

Un an plus tard, suivant le *Journal de la Mode et du Goût* (25 février 1790), une grande simplicité succéda, dans le costume, à la richesse des années précédentes. Le principal vêtement des hommes consistait en un habit de *drap noir à la Révolution*, orné de superbes boutons d'acier, dont les aspérités étaient taillées en forme de diamants. Quant aux femmes, elles portèrent pour tout bijou, à partir du 15 juin, des bracelets d'acier, en forme de manchettes, qui liaient la robe sur le poignet, au moyen d'un petit ruban bleu de ciel.

Cependant un écrivain philosophe, Jean-François Sobry, dans son *Discours sur la Parure chez les peuples républicains*, opuscule très rare, publié vers 1791, essaya de réagir contre la vogue de l'acier travaillé. « Si l'on doit interdire au diamant l'approche de la face de l'homme, dit-il, à plus forte raison doit-on se hâter d'éloigner à jamais de nos parures l'éclat de ce métal dur, triste et repoussant, que le mauvais goût de l'Angleterre a amené dans nos habits, et où il est d'autant plus hideux, qu'il y paraît mieux confectionné ».

Mais ces récriminations sévères n'eurent pas d'effet, et la mode des bijoux en acier, un instant arrêtée sous la Terreur, se prolongea jusqu'à la fin du Directoire. A cette époque seulement, la bijouterie d'acier tomba en discrédit. Les élégantes du Consulat pour lesquelles on avait fait renaître les bijoux d'or et les *camées*, ne portaient plus, suivant le *Journal des Dames et des Modes* (5 vendémiaire an X), que des peignes en acier provenant de la fabrique du sieur Schey, de Paris, un des industriels qui, à cette époque, essayèrent, mais en vain, de réhabiliter la bijouterie d'acier travaillé.

Comme les fers repoussés et ciselés, les bijoux d'acier poli avaient fait leur temps. Ce n'est plus aujourd'hui que dans les galeries de nos musées ou dans les collections des amateurs, que l'on rencontre ces objets superbes ou gracieux, qui portent pour ainsi dire l'empreinte du génie robuste de la Renaissance et de l'esprit futile du XVIIIe siècle.

Fig. 111.

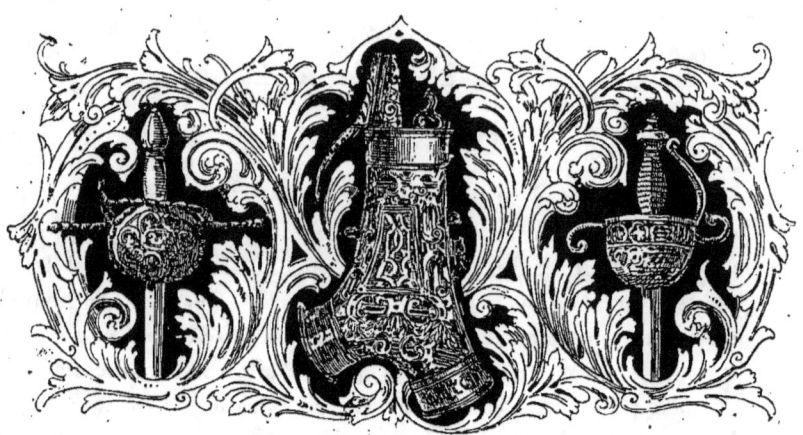

Fig. 112. Epée de ville (xvɪᵉ siècle).   Fig. 113. Pulvérin en ivoire (xvɪᵉ siècle).   Fig. 114. Rapière. (xvɪɪᵉ siècle).

XVIII.

DAMASQUINERIE, ARMES, COUTELLERIE D'ART.

RIEN ne surpasse en beauté le fer damasquiné; l'opposition produite par le trait brillant sur le fond sombre est d'un effet puissant et sobre tout à la fois.

L'art d'incruster l'or ou l'argent sur la surface du fer, de l'acier ou du bronze, sous forme de petits filets ou d'ornements, est particulier à l'Orient et tire son nom de la ville de Damas, en Syrie, d'où beaucoup d'objets damasquinés furent introduits en Europe dès l'époque des Croisades, et où les damasquineurs arabes lui firent atteindre la dernière perfection.

La Grèce connut de bonne heure, par des modèles venus de l'étranger, l'art de tracer des ornements sur des ouvrages de métal par les procédés de la damasquinure. Mais moins enclins que les Orientaux à chercher la beauté dans la richesse et l'éclat des couleurs, les Grecs ont usé avec plus de réserve, dans leur statuaire, des effets qui résultent de pareils contrastes. En général, ce sont les vêtements ou les accessoires qui ont été rehaussés et agrémentés par l'incrustation dans le bronze de dessins d'un métal différent. Dans certains cas, c'est sur le fer que l'or et l'argent se trouvent appliqués ainsi.

Les artistes romains ont quelquefois incrusté dans le bronze le fer lui-même. Mais plus fréquemment on rencontre des inscriptions tracées sur le bronze en lettres d'argent et sur l'argent en lettres d'or.

A l'époque franque, la damasquinerie était exercée par les peuples de race germanique qui se trouvaient déjà en possession d'objets décorés par les Arabes et se plaisaient à imiter jusque dans leurs inscriptions les produits de l'art musulman. Les Burgondes, entre autres, ont particulièrement excellé dans le damasquinage, comme le prouvent les nombreuses boucles d'agrafes et les plaques de ceinturons en fer incrustées de filets d'argent, recueillies dans les sépultures mérovingiennes.

Par contre, le Midi de l'Europe resta longtemps, pour ces ouvrages, tributaire de l'Orient, car on voit encore, en plein xie siècle, Constantinople fournir des portes en bronze damasquiné d'argent à la basilique de Saint-Paul hors des murs de Rome.

L'extrême rareté des produits de la damasquinerie au Moyen Age, semble établir que les peuples de l'Occident ne savaient plus alors enrichir de damasquinures leurs travaux de fer ou d'airain. Seuls les Arabes avaient conservé la prééminence dans l'art de décorer les métaux. Les Musulmans de Damas, d'Alep, de Mossoul et d'Egypte s'étaient, en effet, acquis une grande réputation en ce genre de travail, et leurs artistes découvrirent une palette dans les nuances des différents métaux. Sur une plaque en fer, habilement striée au moyen de la lime, ils dessinèrent leurs compositions, puis ils couvrirent ces dessins de feuilles d'or et d'argent qui, par la pression et le frottement, adhérèrent et s'incorporèrent au fer. Les parties de la plaque non recouvertes furent brunies, et ces métaux éclatants dans leurs différentes nuances, formèrent une sorte de peinture métallique. On possède des vasques, des coupes, des ustensiles de toutes sortes, des armes et des armures avec des inscriptions arabes, qui en constatent l'exécution pour les califes, pour les sultans ou pour les émirs qui existaient au xiie et au xiiie siècle.

Que l'art de la damasquinerie ait pénétré en Italie à cette époque par le commerce des Vénitiens, des Pisans et des Génois sur les bords de la mer Noire, à Damas et à Alexandrie ; soit que cet art ait été apporté par les artistes grecs que les Turcs avaient chassés de l'empire d'Orient, toujours est-il, remarque M. Jules Labarte, qu'on la voit en pratique en Italie, dès le commencement du xve siècle. La damasquinure est appliquée dès lors à une foule d'objets les plus divers. Ce sont surtout les artisans travaillant le fer qui s'emparèrent de ce genre de décoration. Ils s'en servaient principalement, rapporte Vasari, pour incruster ces magnifiques armures d'hommes et de chevaux qui font l'admiration des connaisseurs, pour enrichir d'élégantes arabesques et de superbes rinceaux les boucliers, les poignées et les fourreaux des épées [1].

Au XVIe siècle, le damasquinage était arrivé à son plus haut degré de perfection. Venise et surtout Milan se distinguèrent dans ce travail. Benvenuto Cellini, cet artiste universel, s'exerça dans sa jeunesse à faire des damasquinures; il nous l'apprend dans ses Mémoires. Mais le plus célèbre des damasquineurs est le vénitien Paolo Azzimino, auteur du magnifique coffret d'acier incrusté d'or et d'argent, si souvent reproduit. Au rapport de Vasari, les ouvrages sortis de ses mains avaient une telle perfection, qu'on désignait les plus beaux travaux en ce genre par cette épithète flatteuse : *lavoro all'Azzimina* (c'est un travail d'Azzimino). Dès lors, toute une pléiade d'artistes s'adonna à la damasquinerie; ceux qui réussirent le mieux prirent le nom d'*Azziministes* et étendirent leur art à une foule d'objets, à des tables, des coffrets, des cabinets, des toilettes en fer, dans les formes les plus élégantes, avec des ornements, des arabesques et des objets damasquinés, quelquefois entièrement incrustés de filets d'or et d'argent formant une ornementation riche et compliquée.

Quelques artistes français commencèrent à pratiquer la damasquinerie sous le règne de François Ier. Un certain nombre d'Azziministes italiens venus en France à cette époque y généralisèrent l'art de damasquiner les armes offensives et défensives. Henri II, qui avait une affection particulière pour les belles armures, logeait dans son palais même les frères César et Baptiste Gamberti, auxquels on peut vraisemblablement attribuer la célèbre armure dite de Henri II, conservée au Louvre.

Avec la disparition des armures, l'art du damasquinage perdit peu à peu son ancien prestige. On ne damasquina plus que quelques armes d'apparat, épées, canons de fusils ou de pistolets, et de petits objets de toilette. Mme Jubinal de Saint-Albin possède, en ce genre, un busc en fer du temps de Louis XIII, incrusté de fleurs et d'oiseaux d'or sur des tiges d'argent, ainsi qu'une navette à passementerie, du temps de Louis XIV, ornée de marguerites d'argent sur des tiges filiformes à rinceaux en or, encadrée dans un quadrillé d'or à fleu-

---

[1]. Jules Labarte, *Histoire des Arts industriels*, chap. *Damasquinerie*.

rons d'argent. Le premier de ces charmants objets pourrait bien être attribué au célèbre fourbisseur parisien Cursinet, mort vers 1670. « Il a fait, dit Félibien dans ses *Principes d'Architecture*, des ouvrages incomparables en cette sorte de travail, tant pour la beauté du dessin que pour sa belle manière d'appliquer l'or, et ciseler en relief par dessus ». Il n'y aurait non plus rien d'extraordinaire à ce que la navette en question fût sortie des mains de La Cousture, élève de ce même Cursinet, et établi, en 1692, cloître St-Nicolas-du-Louvre. Suivant le *Livre Commode*, par Abraham du Pradel, il avait « un particulier talent pour damasquiner sur l'acier, en Figures et Ornements de la Chine ».

Aujourd'hui, les bons damasquineurs sont d'autant plus rares que la damasquinerie est peu ou point encouragée. Chez M. le docteur Charcot, on voit de vastes cadres de glaces, des pendules dans le style de la Renaissance, des coupes, damasquinés par M. Joret, avec autant de goût que d'habileté.

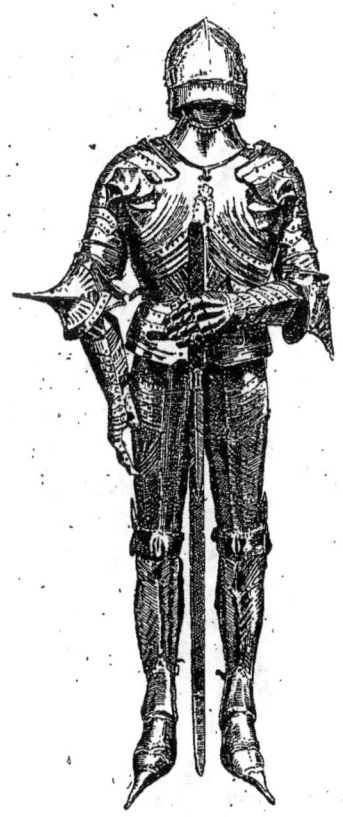

Fig. 115. Armure en acier (xv⁰ siècle).

D'autre part, M. Alfred Gauvain, bien connu des amateurs par des travaux remarquables, est l'auteur d'un magnifique coffret à bijoux de forme oblongue, dans les proportions générales des coffrets à bijoux de la Renaissance française. « Les bas-reliefs s'inscrivant sur les quatre faces et sur le couvercle sont en argent repoussé : ils racontent l'*Histoire de la Jeunesse et de l'Amour*, la Jeunesse toujours confiante et l'Amour toujours cruel, les sourires et les baisers suivis de pleurs et de reproches. La lisière ou la profondeur des bois solennels sont les asiles de ces drames toujours inédits... La saillie du repoussé est combinée pour saisir la lumière sans accuser des noirs qui morcelleraient la forme. L'argent est légèrement oxydé, pour que sa lueur s'allie plus naturellement avec le ton robuste du fer, encore celui-ci est-il partout rompu par le fil d'or de la damasquine, par le rinceau qui se déroule comme la soie au sortir d'une bobine ou comme font les vrilles d'une vigne qui se déroule en liberté. Le dessin de ce rinceau est d'une élégance sévère, dans le goût à la mode à la cour de Henri II. Le fil n'est point aplati dans le sillon, mais conserve une certaine saillie, qui engraisse le travail et lui imprime son caractère personnel »[1].

La ville de Damas, jadis célèbre par ses armes damassées, c'est-à-dire moirées de différentes nuances, conserva pendant tout le Moyen-Age, avec Mossoul, Alep et Bagdad, la supériorité pour la damasquinerie; mais depuis la prise et le sac de Damas par Tamerlan, en 1401, c'est dans la Boukkarie et dans le Khoraçàn que fut particulièrement cultivé le travail du damasquinage. Cet art se pratique encore avec le plus grand succès à Chiraz et à Ispahan, en Perse, à Zuluoga, en Espagne, et dans plusieurs contrées de l'Inde.

La damasquinerie reçut, comme on vient de le voir, sa principale application dans la décoration des armes, dont les collections sont très appréciées des amateurs. La grande valeur de ces collections

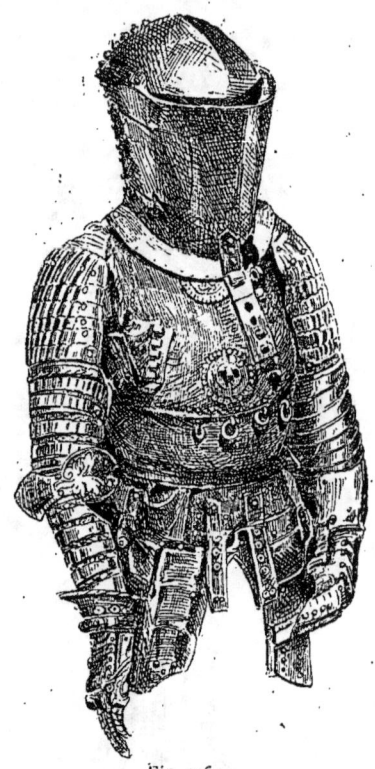

Fig. 116.
Armure composée de pièces rapportées.

réside dans le nombre, la beauté et la variété d'ornements forgés, ciselés, gravés, repercés, incrustés, niellés et dorés, des diverses périodes de l'art oriental, italien, allemand et français. C'est là que l'on peut admirer, à côté des cuirasses, des casques et des boucliers, les poires à poudre, les carabines et les pistolets incrustés d'ivoire, les masses, les poignards et les dagues de miséricorde, les hallebardes, les rapières et les immenses épées suisses à deux mains, et enfin les élégantes épées espagnoles et milanaises du XVIe siècle, ces

---

1. Ph. Burty, *Un Artiste en damasquine.*

merveilles de légèreté et de force, de délicatesse nerveuse, dont les gardes sont repercées à jour ou damasquinées d'or ou d'argent, ou forgées en volutes élégantes.

« En tête des armes offensives, a écrit Paul de Saint-Victor, brille l'épée, la plus noble de toutes, le symbole de la force et du commandement. De tout temps l'épée a fait partie de l'homme de guerre : on ne l'imagine pas plus sans elle que le lion sans ongles et l'aigle sans serres. La langue du Moyen Age en parle comme d'une chose vivante. On la baptisait souvent comme une chrétienne qu'elle était. L'épée de Charlemagne s'appelait « Joyeuse »; celle de Roland « Durandal »; celle d'Olivier « Haute-Claire »; celle de Renaud « Flambeau ».

On dit que Godefroy de Bouillon (XIe siècle) fendait un homme en deux d'un coup d'épée. Le P. Daniel ne voit rien là de bien étonnant, si l'on songe à la force des hommes de cette époque et au poids des épées qu'ils maniaient, du reste, avec une grande habileté. On conserve à Meaux une épée longue de plus de trois pieds (0^m,974), large de trois pouces (0^m,081) et pesant cinq livres (2^k,447), regardée comme étant celle d'Ogier le Danois, un des preux de Charlemagne, mort à l'abbaye de Saint-Faron, à Meaux, vers la fin du IXe siècle. Les épées de cette époque sont de forme et de longueur très variées. Les plus usitées sont désignées par les auteurs sous les noms de *flamberges, flambars, plommées, verduns, brans, braquemars, espadons, allumelles, guindrelles, estocades, colichemardes, etc.*

Presque toutes ces armes disparurent au XVIe siècle, et des formes nouvelles les remplacèrent.

A plusieurs reprises, depuis Philippe de Valois, le poignard avait trouvé place dans la toilette. Sous François Ier, on ajouta l'épée au poignard, et cet usage s'enracina si bien dans les habitudes, qu'aujourd'hui encore il en reste des vestiges qui ne paraissent pas près de s'effacer. Rabelais s'en est moqué en mettant au flanc de son pacifique Gargantua une belle flamberge de bois doré avec un poignard de cuir bouilli. Selon lui, les Français tenaient cette mode des « Indalgos bourrachous », nom sous lequel il désigne ces aventuriers espagnols, vantards, querelleurs et ivrognes, dont les guerres du XVIe siècle inondèrent le continent. Les épées de toilette du temps de François Ier sont les premières qui se montrent avec la poignée munie d'une garde pour couvrir la main [1].

[1]. Quicherat, *Histoire du Costume en France.*

A dater du règne de Louis XIII, on adopta l'épée d'escrime. Cette espèce a offert de grandes variétés de types ; il y eut alors des épées à pistolet, à coquille, à garde en croix, en panier, en grille, à miséricorde, etc. C'est l'époque où la *rapière* et la *brette*, d'où le nom de *bretteur*, eurent leur plus grande vogue. L'épée, que la fréquence des duels avait fait défendre, fut reprise et gardée malgré de fréquentes exécutions de police. A Paris, des exempts posés sur le Pont-Neuf arrêtaient les porteurs d'épée, et débarrassaient obligeamment de la leur tous ceux qui ne justifiaient pas du droit de sortir armés dans les rues. L'épée se portait au bout d'un large baudrier frangé et bordé de soie, tout pareil, pour la forme, à celui dont se parent encore aujourd'hui les suisses de paroisse. Dès lors, la manie de porter l'épée, qui n'avait jusqu'alors existé que dans la noblesse, s'empara de toutes les classes de la société. On imagina, pour la satisfaire, l'épée dite *à la financière*, dont le carrelet de nos jours n'est qu'une reproduction. Cette épée s'attachait à un ceinturon au lieu de pendre à un baudrier.

Pendant le siècle de Voltaire, au temps de la poudre, du fard, de l'habit de satin, antithèse de l'armure d'acier, on voulait de légères épées. « Quelque légères que soient aujourd'hui les épées, lit-on dans un journal du temps, intitulé : *la Feuille nécessaire* (29 octobre 1759), les hommes délicats les trouvent encore trop pesantes et regardent une épée ordinaire avec son ceinturon comme une surcharge qui les gêne. Pour leur désir, on en fabrique d'infiniment légères rue Saint-Honoré, *à la Grande Garde*, et sur le Pont-au-Change, *aux Quatre-Fils-Aymon*. Le tout ensemble, ceinturon et fourreau, ne l'emporte guère, dit-on, sur le poids d'un éventail ».

Le musée d'artillerie, aux Invalides, et le Musée de Cluny, possèdent plusieurs épées ayant appartenu à des personnages célèbres. Le *flambard* de Louis XI est surtout remarquable par une singularité qui caractérise ce prince : sur les deux côtés se trouve gravé l'*Ave-Maria*. La galante et vaillante épée de François Ier a une poignée en croix, émaillée avec des ornements en or ciselé, parmi lesquels on distingue des salamandres. C'est celle-là même, selon les magnifiques expressions de Victor Hugo, que rendit à la bataille de Pavie

> L'homme de Marignan, lui qui toute une nuit,
> Poussa les bataillons l'un sur l'autre à grand bruit,
> Et qui, quand le jour vint, les mains de sang trempées,
> N'avait plus qu'un tronçon de trois grandes épées.

Par une singulière dérision du sort, l'épée de Pavie qui, malgré l'orgueilleuse inscription émaillée sur sa garde : IN BRACHIO SUO FECIT POTENTIAM, ne put sauver le roi, nous a été conservée par l'Espagne victorieuse, qui nous l'a rendue lorsqu'elle fut vaincue à son tour.

Quand on visite les armes de la collection Ambras, au musée de Vienne, de l'Armeria Real à Madrid, de la collection Meyrich,

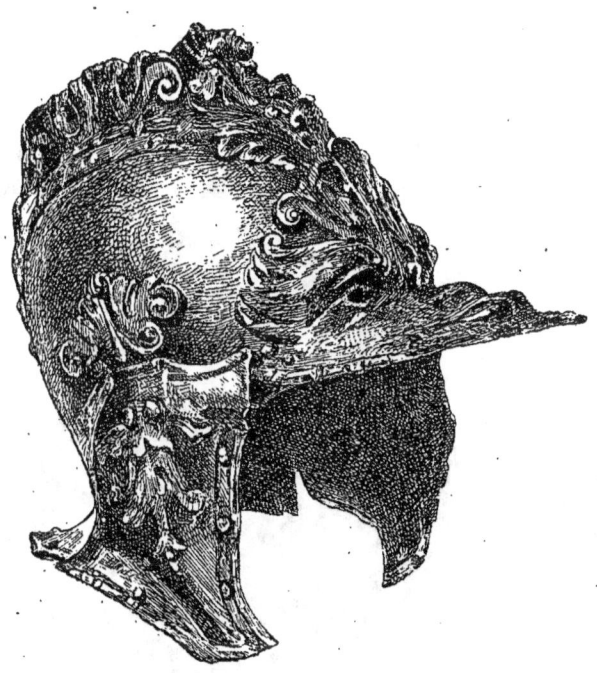

Fig. 117. Casque en fer repoussé.

exposée au South Kensington, à Londres, ainsi que celles qui forment les cabinets de quelques amateurs, le sentiment du beau ne tarde pas à dominer toutes les autres impressions. L'épée, cet instrument de mort, froid et nu, disparaît devant l'arme, produit du goût exerçant la fantaisie et l'habileté de l'artiste, et rehaussant, par son mâle éclat, la dignité naturelle de l'homme. Pour peu qu'on remonte le cours des siècles, on n'aperçoit bientôt plus que des lignes harmonieuses, merveilleusement appropriées à la forme de la main, d'ingénieux symboles de force et de courage, des ornements exécutés avec une rare délicatesse.

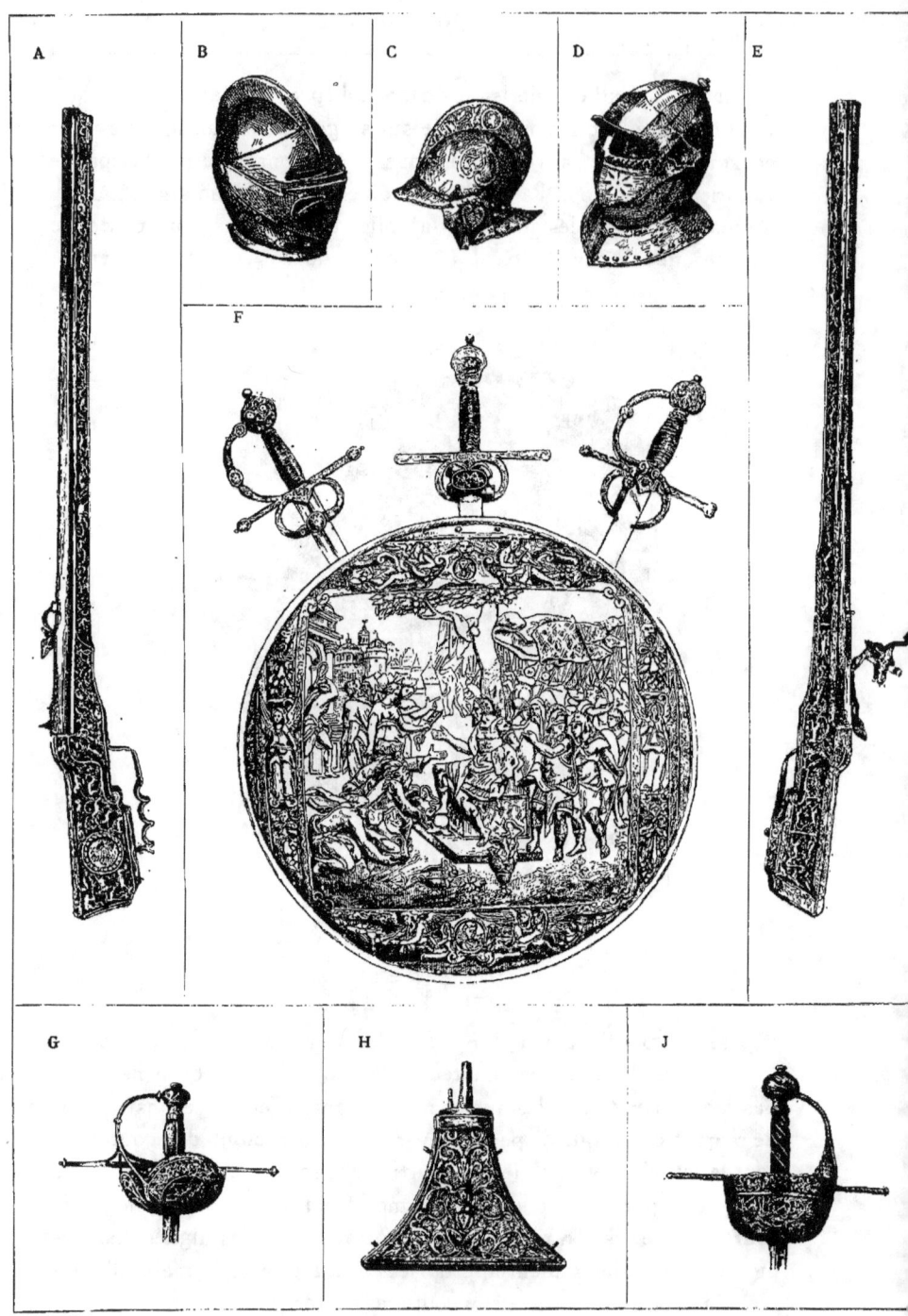

DAMASQUINERIE, ARMES.

Telle est l'épée de Rubens, splendide et précieux joyau historique, appartenant à M. le comte Alex. Van der Stregen de Scherieck, possesseur envié de ce remarquable spécimen de ces riches épées, que la noblesse d'alors portait à la ville et à la cour. « Ce chef-d'œuvre artistique était bien digne de figurer au côté de l'illustre peintre-ambassadeur, auquel le roi Charles Ier d'Angleterre en fit présent en 1630, après lui avoir donné de cette même épée, l'accolade de chevalier de l'Eperon d'or.

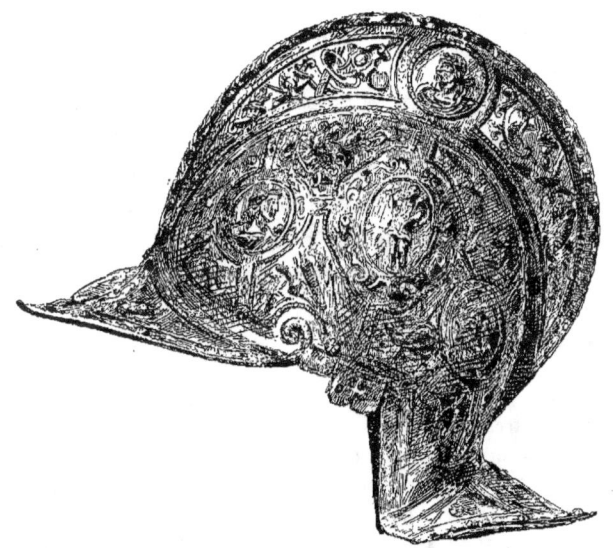

Fig. 118. Bourguignotte damasquinée d'or.

« La monture de cette arme de parade est entièrement en fer forgé; le burin délicat d'un ciseleur habile en a rehaussé les branches, le pommeau et les garnitures, les médaillons encadrant des sujets païens, reliés entre eux par des bandes ornées du meilleur goût et de l'époque de la plus belle Renaissance. Tout le décor, qui se détache en bas-relief, a été recouvert d'une épaisse feuille d'or, appliquée si exactement qu'elle ne dissimule aucun détail. Les petites places du fond ont été brunies, afin de mieux détacher encore l'ensemble de cette riche ornementation.

« Quoique la composition du dessin se ressente de l'influence de l'Italie, nous n'oserions attribuer à ce pays l'origine de cette épée; la forme de quillons, si capricieusement tordus à la flamande, s'éloignant sensiblement de la ligne droite, gracieuse et légère, généralement adoptée par les pays du Midi »[1].

Si l'on songe que le poignard a servi longtemps de couteau, la transition paraîtra toute naturelle pour passer des armes à la coutellerie d'art.

Certains amateurs possèdent quelques couteaux de luxe du xive siècle, ornés de manches en matières précieuses, tels que ceux décrits dans l'Inventaire des biens de Pierre Fortet, année 1397 : *unus cutellus cum manubrio de ebore... unus cutellus cum manubrio de jaspide*, c'est-à-dire deux couteaux, l'un à manche d'ivoire, l'autre à manche de jaspe. Le Compte des dépenses de l'hôtel de Charles VI, année 1404, cite également « une paire de grands couteaux à manches d'yvoire et de cèdre, chacun à trois virolles d'argent esmaillées ».

Les collections de couteaux ont donc leur intérêt. On y rencontre souvent le *coustel* qu'au xve siècle hommes et femmes avaient l'habitude de porter enfermé dans une gaîne et suspendu à la ceinture. Olivier de la Marche, décrivant l'accoutrement des dames de son temps, consacre deux strophes à ce qu'il appelle le *couteau de justice*, dans lesquelles on voit fort bien que le couteau servait aux dames en cas de légitime défense :

> Je sçay très bien que princesse a cousteaux
> Pour la servir pompeusement à table,
> Garniz, dorés, richement faiz et beaulx,
> Manches armoyés aussi bien que grands seaulx (sceaux).
> C'est d'un service très honneste et notable.
> Mais je trouve le cousteau prouffitable
> Que dame porte sur soy pour se servir
> A tout besoing qui lui peut survenir.
>
> Le cousteau pend à ung cordon de soye.
> Le manche doulx, la lamelle acérée ;
> La gaine gente combien que peu se voye,
> Selon les dames il est cher de monnoye.
> Ce cousteau sert bien souvent et aggrée.
> Dame ne porte ne dague ne espée,
> Et n'a glaive qui luy feroit offense
> Qu'ung coustelet de petite deffense.

Les collections de couteaux nous montrent aussi qu'au xvie siècle la lame des couteaux était encore fixée et enfermée dans une gaîne. Béroalde de Verville, dans son *Moyen de parvenir*, parle de

---

[1]. *L'Art ancien à l'Exposition nationale belge*, 1882.

couteaux de Chatellerault à manches « de belle corne de couleur. » Ces ustensiles étaient fort estimés puisque, dans un autre passage, le même auteur dit qu'ils se donnaient en cadeaux. Mais ce n'étaient pas là des couteaux de luxe. Ceux-ci consistaient généralement en couteaux à dessert. M. Basilewski en possède une paire montés en argent niellé, aux armes des Médicis, qui rivalisent avec les trois couteaux à manches de cristal de roche et à viroles en cuivre gravé et doré, de la collection de M. le baron Adolphe de Rothschild. Un couteau de ce genre, avec virole et dos en argent, mérite d'être cité. Le manche est en ivoire délicatement sculpté en haut-relief. Il représente Adam et Ève chassés par l'ange du paradis terrestre. L'arbre du bien et du mal, portant les pommes fatales, forme le haut du manche. Sur le dos du couteau, on lit cette inscription :

NOS CŒVRS SONT INSÉPARABLES.

La gaine est en galuchat. Ce couteau provient du château de Ligone, propriété de M. de Chazerat, intendant d'Auvergne, qui émigra en 1792. Il appartient aujourd'hui à M. Gabriel Marc, dont le frère possède un couteau de la même forme, — le pendant de celui-ci, — représentant la tentation d'Ève par le serpent.

Sous le règne de Henri IV, les couteaux de table élégants étaient ornés, au manche, de quelque figure bizarre, et surtout d'une tête de magot chinois; ce qui les avait fait nommer couteaux de la Chine. Régnier, Satire X, nous peint un homme fort ridicule,

. . . . dont la maussade mine
Ressemble un de ces dieux des couteaux de la Chine.

Le xviie siècle conserva quelque temps les délicatesses du xvie, comme en font foi les couteaux que possède Mme Jubinal de Saint-Albin, entre autres un charmant couteau à deux lames, dont une d'argent, avec manche garni d'argent découpé représentant des oiseaux et des fleurs entourant l'inscription : MO CŒUR VOLLE D'AMOUR.

Un autre genre de couteaux non moins curieux se fait remarquer dans la collection Sauvageot, au musée du Louvre. Ce sont des couteaux à dessert qu'on croit avoir appartenu à un réfectoire de couvent. Le premier porte un manche d'ivoire, avec incrustation en cuivre et en ébène. Sur la lame, damasquinée dans la partie près du manche, sont notés en plain-chant, d'un côté le *Benedicite*, et de l'autre le *Deo Gratias*, pour la *partie supérieure*. Le second est pour la basse. Les trois autres, semblables aux précédents, portent les indications suivantes : *Bassus — Tenor — Contratenor*, ce qui prouve que les moines chantaient ces prières à plusieurs voix.

Les couteaux fermants commencèrent seulement alors à devenir d'un usage général, et quelques amateurs de ce temps furent les premiers qui songèrent à collectionner les couteaux de luxe comme de véritables objets d'art. Spon cite un de ses contemporains, M. Tourtet, qui avait formé une collection de couteaux à manches d'agate. Il cite encore M. de Blois, attaché d'ambassade, et M. Tribou, qui faisaient collection de couteaux de Turquie.

Parmi les couteaux célèbres du xviiie siècle, figure en première ligne le couteau du Musée Vivenel, à Compiègne, désigné comme ayant appartenu à Jean-Jacques Rousseau. On cite encore le couteau de Louis XVI, exposé en 1867 au palais de Trianon et communiqué par M. Philippe de Saint-Albin. Ce couteau est à trois lames, le manche courbé en écaille avec dos en fer ciselé est orné de rosaces et de fleurs de lis en or. Enfin, dans la précieuse collection d'objets ayant appartenu à la reine Marie-Antoinette et léguée à M. Eugène de Thiac, on remarque deux couteaux de dessert, avec lames d'or et d'acier, montés sur des manches en malachite.

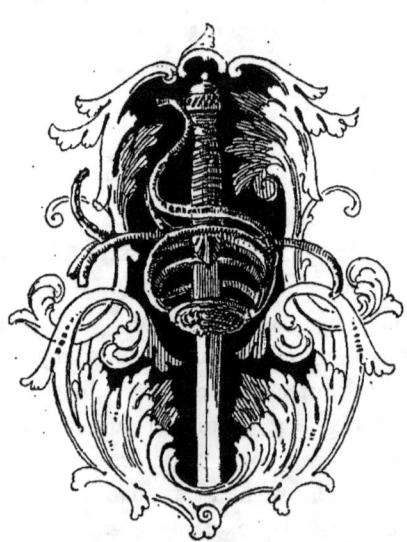

Fig. 119. Epée de ville (xviie siècle).

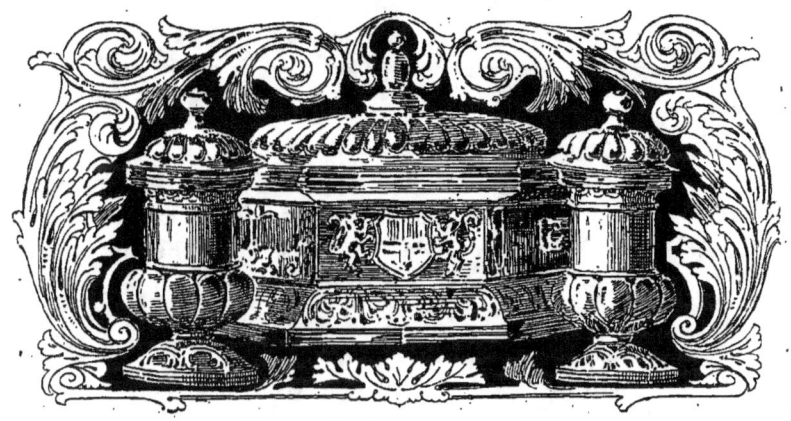

Fig. 120. Encrier en cuivre (XVIIᵉ siècle).

XIX.

DINANDERIE : CUIVRES REPOUSSÉS, PLATS, BASSINS, ETC.

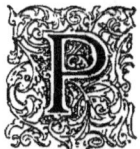AR le nom de dinanderie, on désigne le travail du cuivre repoussé appliqué aux œuvres d'art aussi bien qu'aux ustensiles usuels, tels que fontaines, plaques, bassins, plats, chandeliers, lustres, etc.

L'abondance du zinc aux alentours de Liège, dit M. Charles de Linas, engagea de bonne heure les fondeurs du pays à substituer ce métal à l'étain dans les alliages de cuivre. Selon toute probabilité, l'industrie du laiton prit naissance aux bords de la Meuse; il est certain qu'on l'y cultivait avant qu'il en fût question ailleurs. En effet, dès le xᵉ siècle, si l'on en croit Folcuin, l'évêque Notger avait enrichi sa cathédrale d'un pupitre destiné à lire l'évangile, meuble *ex œre ductili et fusili*, en partie doré et argenté, où le laiton perce sous la description artistique de l'ancien chroniqueur [1].

Autrefois, la chaudronnerie de cuivre rouge et jaune s'appelait *dinanderie* ou *dinanterie*, de la ville de Dinant, près Liège, « ville très riche, dit Commines, à cause d'une marchandise qu'ils faisaient de ces ouvrages de cuyvre qu'on appelle dynanderie ». On disait, pour

---

[1]. *L'Art et l'Industrie d'autrefois dans les régions de la Meuse belge, Souvenirs de l'Exposition rétrospective de Liège*, en 1881.

cette raison : « Coivre (cuivre) de Dinant », ou, comme le rapporte le *Dict du Pays* (xvi siècle) : « Les chauldronniers sont en Dinant ».

La chaudronnerie historiée prospéra de bonne heure dans cette ville, où naquit le *batteur* Lambert Patras, lequel exécuta en 1112 les célèbres fonts baptismaux de l'église Saint-Barthélemy. Le moine Théophile, qui vivait au xii siècle, d'après l'opinion presque universellement admise aujourd'hui, consacre trois livres de son *Essai sur divers arts* (*Diversarum artium Schedula*) à l'art de la fonte du cuivre, et les curieux peuvent y lire comment on procédait pour faire les encensoirs en cuivre fondu et en cuivre battu. Le savant religieux traite ensuite du travail du repoussé et décrit soigneusement la manière de s'y prendre pour obtenir des reliefs de toute espèce.

On rencontre la mention d'objets en cuivre manufacturés par les batteurs de Dinant, nous apprend M. Alexandre Pinchart, dans un tarif des droits de tonlieu, qui fut édicté, en 1252, par Marguerite, comtesse de Flandre et de Hainaut, et Gui de Dampierre, son fils, à la demande des marchands de l'Empire germanique. La réputation des ustensiles fabriqués par les Dinantais était devenue proverbiale au xiii siècle.

Quoi qu'il en soit, les batteurs dinantais furent longtemps en rivalité avec leurs voisins, les batteurs de Bouvignes, « par une vraye jalousie de gloire, comme dit un vieux chroniqueur, et pour soy mesler d'un mesme mestier de batterie ». Et cependant, un document de 1466 dit positivement « que les ouvrages de batrye que l'on faisoit et ouvroit audit lieu de Dinant, estoient autres et d'autre façon que ceux que l'on fait et œuvre en la ville de Bovingne », et dans une autre pièce de la même année sont déterminés les ouvrages que fabriquaient ceux de Dinant, parmi lesquels sont cités « les ouvrages de potrye, ymaiges et chandeliers ».

On faisait également à Bruges des ouvrages de *batterie* de toutes sortes. Nous trouvons dans un compte de 1433, que « un grant aigle de cuivre » fut conduit de cette ville à Anvers et mis « en pièces dedans ung tonneau, pour icelluy mener mieux et plus seurement à Dijon, pour mettre en la chapelle de Monseigneur », c'est-à-dire du duc de Bourgogne[1].

Dès lors, l'industrie de la batterie du cuivre ne tarda pas à se répandre un peu partout. « De la Meuse, dit M. de Linas, la dinanderie gagna les provinces belges et le Rhin ; je crois l'avoir reconnue

1. *L'Art ancien à l'Exposition nationale Belge*, 1882.

en Angleterre au XIVe siècle. Au XVIe siècle, il y avait à Avignon une corporation de *lothones* (ouvriers en laiton). L'Inventaire du Trésor métropolitain d'Avignon, mai 1511, mentionne effectivement.« Unum bassinum de *lothono*... in quo sunt arma confrariæ *lothonorum* ».

Comme on le voit, un grand nombre de batteurs dinantais, trouvant de l'avantage à exercer leur industrie dans d'autres localités, et même au loin, étaient allés s'établir à l'étranger. Des documents du XVe siècle fournissent la preuve qu'il y en avait, entre autres, à Orléans, sous le règne de Charles VII, et à Londres, dans les premières années de celui d'Edouard IV. En 1453, le magistrat de Dinant écrivit une lettre au roi de France, pour lui exposer que trois bourgeois de leur cité avaient « leurs denrées et marchandises de batteries » qui se trouvaient à Orléans, mises sous séquestre en vertu d'un mandement du prince qu'avait obtenu Etienne de Mondoret, « marchand de batteries » dans cette ville, à l'occasion d'un procès intenté par lui aux Dinantais.

Les belles pièces de dinanderie du Moyen Age sont fort rares et atteignent des prix élevés. Une bouilloire à eau du XIIe siècle, en cuivre jaune, formée d'un lion debout, dont l'anse ou poignée, en forme de lézard, reliait la partie postérieure de la tête à la croupe de l'animal, a été acquise au prix de 710 francs, en novembre 1877, par M. Georges Bal, à la vente de la remarquable collection de feu M. Meyers. Mme Jubinal de Saint-Albin possède également deux *aquamaniles*, sortes d'aiguières avec bassin servant à se laver les mains, qui datent du XIIIe siècle et représentent un lion et un chien. C'était, dit M. Jules Labarte, un goût général à cette époque, que l'exécution d'objets usuels sous la forme d'animaux, et ce goût s'étendait même aux vases destinés au service des autels.

A l'Exposition de l'art ancien, au Trocadéro, en 1878, les amateurs ont été à même d'apprécier à leur valeur les grandes œuvres de la dinanderie du Moyen Age. Parmi les magnifiques orfèvreries de cuivre, c'est le mot, exposées par la Commission belge, on remarquait surtout, comme spécimen du XIIe siècle, un encensoir de cuivre en forme d'église romane, orné d'ajours et d'imbrications gravées, appartenant à M. Jules Frésart, et une croix d'autel avec le Christ, aux pieds duquel se trouve le dragon. Ce dernier ouvrage faisait partie de la collection de M. Lupus, chanoine de la cathédrale de Liège.

Les Dinants, *potiers d'arain*, travaillaient grossièrement au repoussé;

mais, remarque Léon de Laborde, leur hâtive inhabileté empruntait à l'atmosphère de goûts distingués et de noble style qu'on respirait partout, au XIIIe siècle, quelque chose de sa grandeur et de son charme. C'est ainsi qu'il nous reste des œuvres d'art qui n'étaient que des chaudrons, et que les dinandiers sont classés parmi les potiers d'étain artistique et les orfèvres[1] : tels sont Ickan, d'Outre-Meuse, et le Français Étienne de La Mare, qui florissaient en 1385, époque où l'usage des objets en cuivre fondu et battu, comme motifs de décoration, prit une extension considérable.

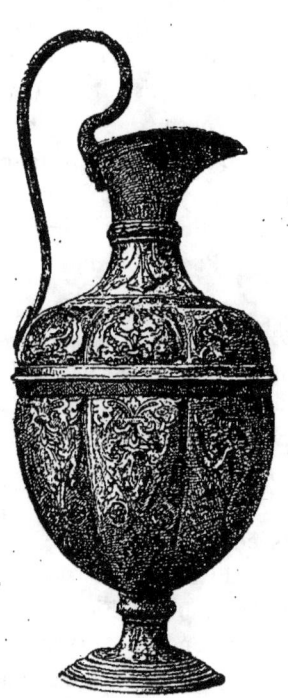

Fig. 121. Aiguière en cuivre repoussé (XVIe siècle).

Parmi les dinanderies remarquables du XIIIe siècle, nous citerons un Christ de croix d'autel (la croix est perdue) en cuivre repoussé, appartenant à M. Wilmotte, orfèvre à Liège, ainsi que deux mesures de jaugeage, en laiton, conservées au Musée archéologique de la ville de Gand. Ces dernières portent une inscription en caractères gothiques et leur pourtour est orné d'une bande avec fleurs de lis, lions, etc. Citons encore une aiguière à laver du XIVe siècle, en cuivre repoussé et gravé, formée par un buste d'homme sur trois pieds, avec une anse qui représente un animal chimérique portant sur la poitrine un écusson aux lis de France. Cette belle pièce appartient au Musée de Cluny.

Ce n'est pas seulement chez nous et chez nos voisins, dit M. Alfred Darcel dans un remarquable article sur le *Bronze à l'Exposition de 1867*, « c'est jusqu'en Hongrie qu'on trouve des exemplaires de cette belle dinanderie du XIIIe siècle, qui, transformant en vases les animaux et les monstres, et jusqu'à des chevaliers sur leur « courant destrier », comme disent les chansons de geste, devait donner un aspect si étrangement pittoresque à l'âtre des grandes cheminées des anciens manoirs. L'un de ces vases, trouvé en terre près de Cassovie, est un centaure, jouant d'une façon de tympanon, tandis qu'un petit homme, debout sur sa croupe, souffle

---

1. *Glossaire français du Moyen Age*, V° *Dinanderie*.

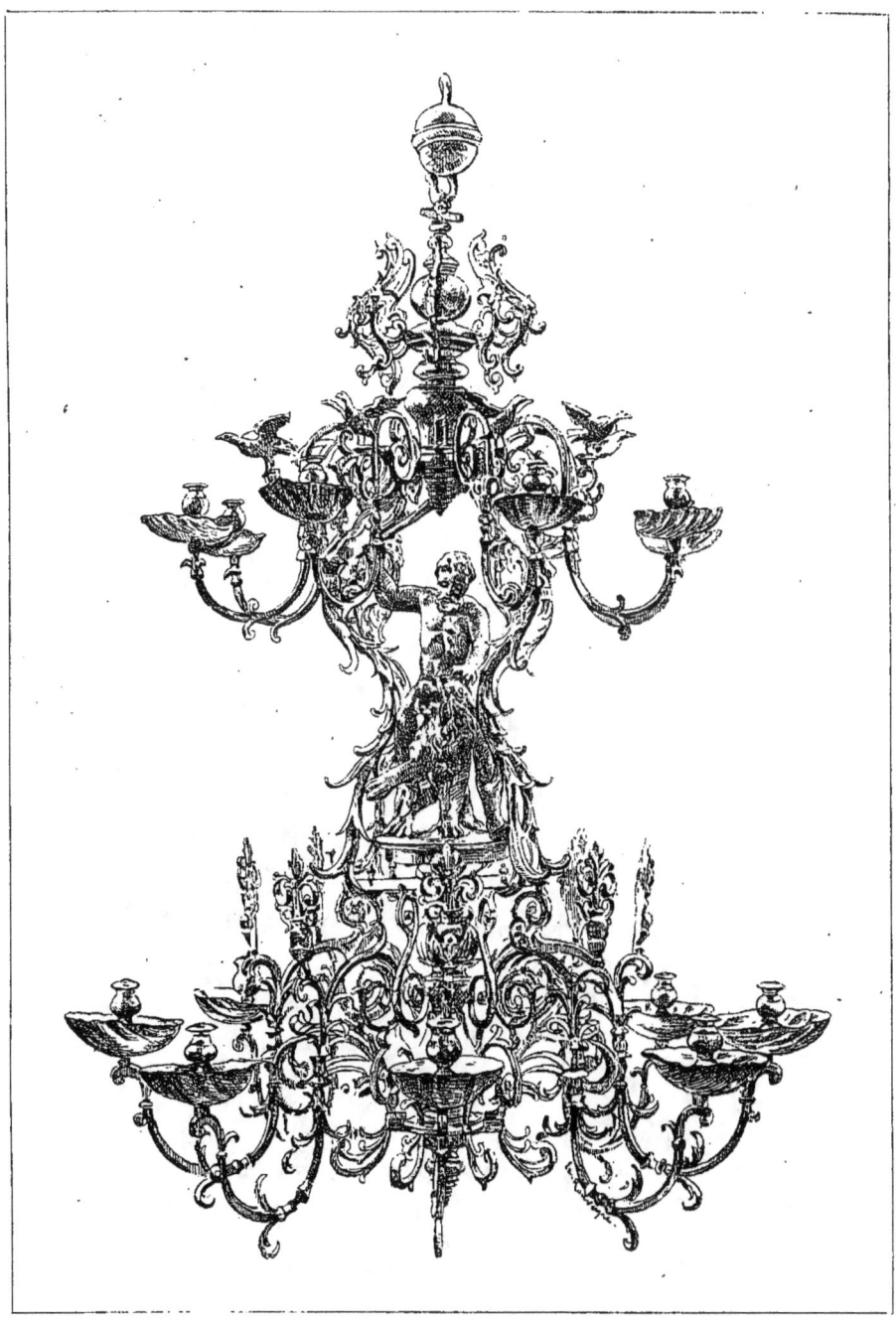

DINANDERIE.

dans une flûte. L'autre est un buste de jeune fille coiffée d'une double natte, qui nous plonge dans les plus insondables mystères ethnographiques ».

Au commencement du xv⁰ siècle, comme nous l'apprennent les lettres de Charles VI, mars 1415, relatives aux balanciers de Rouen, la ville de Dinant était aussi célèbre en France que ses ustensiles de cuivre. Elle avait même acquis une supériorité tellement incontestable dans les travaux de cuivrerie, que le mot de *dinanderie* fut définitivement appliqué, dans toute l'Europe, à l'industrie dont nous parlons, la ville en question se distinguant, entre toutes, par des travaux exquis en ce genre. Aussi, en 1450, lors des guerres du duc Philippe de Bourgogne, appelé le *Bon*, la ville de Dinant ayant été prise et ses habitants dispersés, nos chaudronniers de Normandie et d'Auvergne, qui étaient déjà artistes et bons imitateurs de Dinant, nous apprennent les Mémoires de Duclercq, se dirent *dinandiers de Dinant*. Et ils avaient raison. La chaudronnerie, à cette époque, n'était plus celle des chaudrons, des chaudières, des marmites, comme celle des anciens temps. On travaillait partout le cuivre comme à Dinant, ou mieux peut-être, comme à Lyon. « Item, deux coquemars de franc cuyvre de la façon de Lyon », lit-on dans l'*Inventaire des biens délaissés par feu messire Emard Nicolay, premier président de la Chambre des Comptes, année 1586.* Aux coquemars, ou sortes de bouilloires à anses, s'ajoutaient les pots de toutes sortes. Dans l'estampe d'Abraham Bosse, intitulée le *Présent de Noces*, on lit au bas les vers suivants d'une voisine à la mariée :

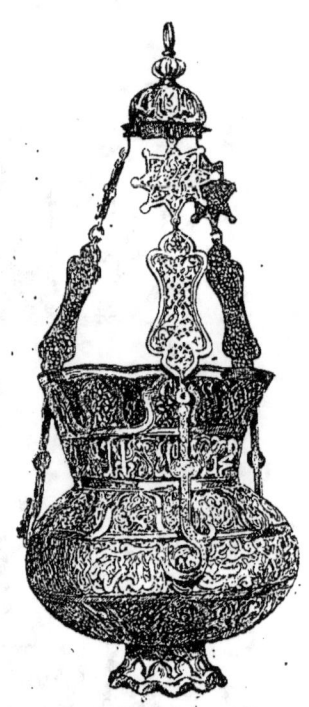

Fig. 122. Lampe de mosquée (xv⁰ siècle).

> Recevez, ma chère voisine,
> Ce beau pot de cuivre tout neuf ;
> On y ferait bien cuire un bœuf,
> Tant il est bon pour la cuisine.

Les autres ustensiles de cuivre étaient les poêlons, les poissonnières, les chaponnières, les tourtières, les chapelles ou fontaines, etc. L'*Inventaire de la dame de Billy*, veuve de Jean Nicolay (1597), mentionne « deux fontaines d'airin garnys de leurs couvercles et robinets ».

Les dinandiers s'occupaient aussi de la confection des coqs de cuivre, dont la mode gagnait de tous côtés, et qu'on plaçait sur le haut des clochers, pour indiquer le vent, du bec et de la queue. Le *Compte des dépenses du clocher de Notre-Dame de Condé*, année 1504, contient l'article suivant : « Pour le coc et caudière, xii livres ». Les orfèvres en cuivre fabriquaient même quelquefois pour les rois économes des couronnes de cette matière, qu'on faisait probablement dorer ensuite. L'historien Courtalon, dans sa *Topographie de Troyes*, liv. IV, ch. *Paroisse de Saint-Jean-au-Marché*, en fournit une preuve. Wecker ne se trompait donc pas lorsque, dans ses *Secrets de Nature*, liv. X, ch. *Tirage de l'Airain*, il affirmait que le cuivre, que le laiton étaient partout façonnés en vases de formes nouvelles, partout teints de diverses couleurs, partout étendus en placages, en filets sur les meubles, etc., etc.

Un dinandier habile, avec la pointe de son marteau, faisait au fond de ses plats, de ses bassins, des paysages, des personnages, des scènes, sortes de tableaux en relief que l'on argentait souvent et que quelquefois on dorait. Plusieurs amateurs conservent encore de ces anciens plats de cuivre ouvragé, dont le style et l'habillement des personnages annoncent qu'ils ont été faits au xve siècle. « La somme de vii livres pour deux grandes ymaiges de cuivre argenté, le chef desquels est doré, dont il y en a quatre en façon de tableaux... », nous apprend le *Compte de maistre Thomas Bohier, pour les menus plaisirs et privées affaires de la Chambre*, année 1491, manuscrit conservé aux *Archives nationales de Paris*. Tels étaient les deux bas-reliefs en cuivre, exécutés au repoussé et dorés, faisant pendant l'un à l'autre, de la collection Debruge-Duménil. Ils contenaient chacun deux sujets : dans l'un, Jésus couronné d'épines et la présentation au peuple ; dans l'autre, le crucifiement et la descente de croix.

Du xve au xvie siècle, les artistes liégeois et dinantais se sont spécialement adonnés à la fabrication de certaines pièces de mobilier ecclésiastique, telles que des candélabres, des lutrins, des lampes, des lustres, des grands chandeliers, des fonts baptismaux, tous objets que nos fondeurs de Paris fabriquaient encore à la fin du xviie siècle, semblant avoir acclimaté chez nous les traditions de leurs prédécesseurs flamands produits par les écoles de Dinant, de Bouvignes, de Bruges et de Tournay. L'église de Saint-Martin, à Chièvres (Belgique), possède, en ce genre, une pièce extrêmement curieuse. C'est un lutrin-pélican, avec pied hexagone soutenu par trois lions; du milieu s'élève un fût cylindrique orné d'anneaux, l'anneau inférieur richement bosselé. Le sommet du fût, crénelé, forme un bassin ; de son centre s'élève un globe, tournant sur un pivot et sur lequel est posé un pélican se déchirant la poitrine et soutenant de ses ailes déployées l'arête destinée à retenir l'antiphonaire. Sur la tige se trouve la marque du fondeur-repousseur avec la date de 1484; sur le pied, une légende de quelques lignes nous apprend que cette œuvre hors ligne a été fabriquée à Bruges.

Dans l'église de Saint-Vaast, à Gaurain (Belgique), on voit également un chandelier pascal en laiton, de deux mètres de hauteur, à trois branches munies de pointes, pied rond, tiges annelées. Les branches latérales sont reliées à la tige centrale par deux rampants ornés de crochets et percés de quatre-feuilles. Immédiatement sur l'embranchement se trouve le lectrin pour l'*Exultet,* travaillé à jour, avec l'Agneau de Dieu inscrit dans un cercle.

Citons encore un lustre en cuivre du xvie siècle, appartenant au Musée archéologique de la ville de Gand. Ce lustre est à douze branches figurant des pampres se rattachant, sur deux rangs, à une tige centrale terminée par une tête de dragon. L'amortissement est formé par une statuette de la Vierge, tenant l'Enfant Jésus.

Les villes de Nuremberg, Augsbourg, Brunswick, Erfürt, Leipzig, Magdebourg, Zwickhau et Mulhau, près Insprück, ont aussi produit une très grande quantité de ces objets, principalement, dit M. Demmin, des bassins plats d'offrandes pour les églises et des bassins creux pour les saignées domestiques, alors autant en usage que les purgations l'étaient au xviie siècle[1]. Un grand nombre de ces vaisseaux en cuivre repoussé se trouvent répandus en Belgique, et ils servaient plus spécialement aux agapes des prêtres et des laïques attachés à la *fabrique* des églises. « Le nom de *Martin Luther*, dont beaucoup sont marqués, n'a aucun rapport avec le schisme; car un fondeur de ce même nom a fleuri à Augsbourg au xvie siècle. En Belgique, où les plats portant la signature de Luther sont fort répandus, la croyance populaire s'est forgé une légende : selon elle,

---

[1] Voir *Les Pharmaciens*, par Spire Blondel, dans la Revue Britannique de juillet 1882.

les *Gueux* (parti politique hollandais) s'en seraient servis pour administrer le baptême et la communion »[1].

La pièce de dinanderie la plus importante du xvie siècle est, sans contredit, le grand fanal de galère aux armes de la République de Venise, en cuivre rouge battu, repoussé et doré, avec figures et animaux en bronze doré, ouvrage vénitien que possède le musée de Cluny. « Ce beau fanal, suivant la description de M. E. Du Sommerard, se compose d'une lanterne à six faces, séparées par des montants

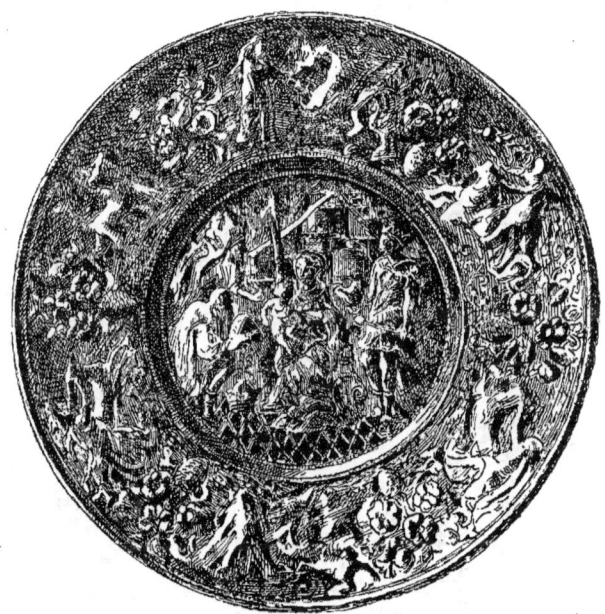

Fig. 123. Plat en cuivre repoussé (xvie siècle).

sur lesquels se dressent des branches détachées, chargées de feuilles découpées et de fleurons en émail de couleur. Ces montants sont eux-mêmes couronnés par des lions chimériques.

« Le fanal s'appuie sur une double base de forme sphérique, aux côtés repoussés et dorés. La partie principale de cette base porte, accolée à ses flancs, trois figures en bronze doré, d'un beau style, supportant la lanterne sur leurs épaules; ces figures alternent avec des chardons et des fleurons en haut-relief, rehaussés d'émail.

« La cloche qui surmonte la lanterne et l'élégant campanile qui

1. Auguste Demmin, *Encyclopédie des Arts plastiques*.

domine l'édifice sont également en cuivre repoussé, découpé et doré, avec écussons d'armoiries détachées. Le campanile lui-même, orné d'un lambrequin repoussé et découpé, se termine par une sorte de girouette en forme d'étendard ou de flamme en cuivre également repoussé, portant le lion de Saint-Marc ».

Ce remarquable travail, rapporté de Venise par M. Signol, a été donné par lui au Musée en 1875.

Dès le xv° siècle, le Belge Martin van Rode, repousseur sur cuivre,

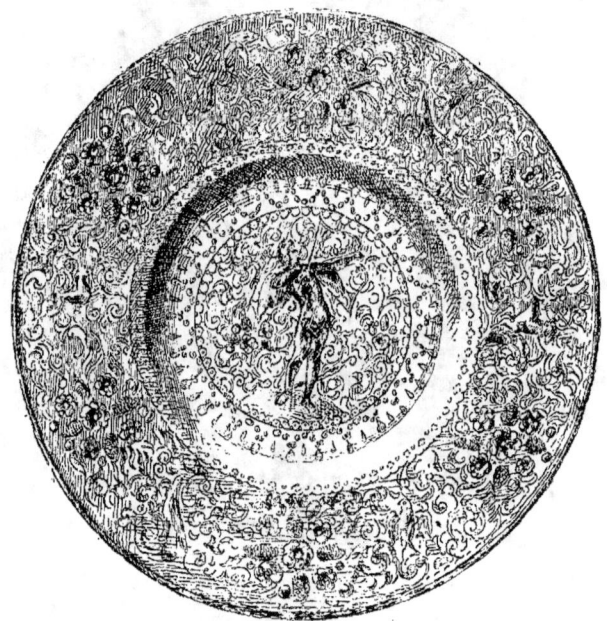

Fig. 124. Plat en cuivre repoussé (xvii° siècle).

se rendit célèbre par sa statue de l'Hôtel de Ville de Bruxelles (1454). Quelques années plus tard, le Hollandais Pierre Bladelin, fondeur-repousseur, établi à Middelbourg, vers 1467, était réputé par ses dinanderies. Au xvi° siècle, on voit le Belge F.-J. Byng signer, entre autres ouvrages, un étui en cuivre repoussé, daté de 1588 et conservé au Musée de la Porte-de-Hall, à Bruxelles. Un siècle après, le Français Goutte, de Lyon, rivalise avec l'Allemand G. Brentel, auteur d'un bocal en cuivre daté de 1611 et exposé au Musée de Sigmaringen, tandis que J.-W. Damman, orfèvre-repousseur à Augsbourg, exécute cinq grands médaillons-portraits en cuivre, que l'on voit aujourd'hui dans le trésor de Dresde. A la même époque, les amateurs belges recherchaient avec passion des plats dans le genre de celui du Musée de la Porte-de-Hall, signé du nom de Dursart, à Dinant, et daté de 1668. De leur côté, les collectionneurs hollandais accablaient de commandes Paul van Vianen, d'Utrecht, le célèbre orfèvre-graveur auquel on doit la *Sainte Famille* en cuivre repoussé, chef-d'œuvre daté de 1610 et qui est considéré comme un des joyaux de la Bibliothèque de Weimar. Enfin Louis Wiedemann, né à Nordlingen en 1694 et mort en 1754, s'est fait une grande réputation comme chaudronnier-statuaire et fondeur de canons, à Dresde.

La dinanderie était encore très florissante en Belgique au XVII° siècle. M°° la marquise de Grimaldi a exposé au Champ-de-Mars, en 1867, un magnifique plateau de cuivre repoussé représentant Samson tuant le lion, et accompagné de cette légende en flamand : « Le fort Samson vainquit le lion, une femme le vainquit » (1607).

En France, où, d'après le *Parfait Econome* (1640), un bassin de cuivre jaune coûtait 17 sols la livre, et un bassin de cuivre rouge 20 sols la livre, il y avait beaucoup de dinandiers, principalement à Aurillac. La Haute-Auvergne est, comme on sait, depuis longtemps le pays du cuivre et des ustensiles de cuivre. Suivant la *Description de la France*, ch. *Auvergne*, par Piganiol de la Force, les habitants mettaient leur luxe dans le nombre et la grandeur de leurs dinanderies. Mais les plus habiles « ouvriers en cuivre » étaient encore les *maîtres et marchands chaudronniers, batteurs, dinandiers de la ville de Paris*, ainsi que les appelle une estampe qui faisait partie autrefois de la collection de Leroux de Lincy. En effet, ils fabriquèrent non seulement la « grande marmite de cuivre rouge vallant la somme de huit livres tournois », citée dans l'*Inventaire des biens de Pierre Mignard* (1660), le célèbre peintre, ainsi que le « grand chauderon pour couler la lessive, cuivre rouge », et la « grande fontaine, cuivre rouge, tenant six voy d'eau », du *Testament et Inventaire des biens de Claudine Bouzonnet Stella* (1693-1697), femme artiste de ce temps, mais on peut parfaitement leur attribuer les deux grands bustes en cuivre repoussé d'Adrien et d'Antonin, décrits dans les *Inventaires de Bellavoine et de Leroy*, bourgeois de Paris, en 1667.

Déjà, vers l'époque de Henri IV et de Louis XIII, on avait vu s'introduire dans le mobilier des cuivres repoussés représentant des personnages, des sujets mythologiques ou historiques, qui, traités par des mains peu habituées à la figure, laissaient souvent à désirer.

« C'est cet art secondaire, dit M. Albert Jacquemart, qu'on imite aujourd'hui à profusion et qui, sous forme de jardinières ou de grandes plaques à plusieurs lumières, introduit dans beaucoup d'intérieurs des copies pour des originaux, ou, ce qui est pis encore, des cuivres de mauvais goût ayant la prétention de jouer l'élégance. Heureusement que les vrais connaisseurs ne peuvent s'y laisser prendre. Ajoutons, d'ailleurs, que beaucoup de pièces anciennes, faites en Hollande, vers la décadence, ne sont pas plus dignes que les cuivrailles modernes d'entrer dans un mobilier de grand luxe.

« On doit cependant savoir distinguer; la Flandre a produit, même aux basses époques, des ouvrages qui se ressentent encore des splendeurs des grandes époques de l'art. Nous citerons, entre autres, de grands lampadaires où la juste proportion des parties, l'abondance des godrons et des acanthes, la multiplicité des branches tordues en porte-lumières arrivent à former un ensemble riche et somptueux. En place, de pareils spécimens produisent l'effet désiré, et s'ils manquent de perfection dans les détails, de recherche dans l'arrangement des parties, on ne peut leur refuser une sorte d'opulence monumentale qui les rend dignes de pénétrer chez les gens de goût ».

Actuellement, fait remarquer M. Demmin, on a essayé et réussi de remplacer le repoussage au marteau du cuivre, toujours long et coûteux, par l'estampage mécanique, qui donne des dessins bien plus réguliers que le travail individuel, mais, par contre, d'un aspect aussi manufacturier que celui des productions de ce genre en zinc. C'est au moyen de parties d'abord modelées en plâtre et servant à produire les moules dans le sable que l'on fait couler en fonte de fer les *creux* et les *reliefs* ou contre-parties avec lesquelles les différents morceaux sont estampés par la machine à vapeur et qui, soudés ensemble, ciselés, les creux *mattés* au pointillé et les reliefs polis, donnent des modèles fort beaux, mais trop réguliers et absolument pareils les uns aux autres. »

En résumé, le cuivre est, après le fer, le métal le plus usité dans les arts.

Le nom de dinanderie, qui s'applique aux cuivres fondus et aux cuivres repoussés, comprend surtout ce dernier mode de fabrication, quelquefois employé par la statuaire monumentale. Les Grecs l'avaient appliqué comme nous à la confection de figures gigantesques dont le poids eût été considérable en fonte ordinaire. Chose remarquable ! il y avait alors un canon si sûr pour la proportion des statues, que l'on confiait différentes parties d'un même colosse à des artistes divers, et qu'au moment de la réunion des pièces il n'y avait à corriger aucune erreur. Ce genre de travail continua d'être employé pour la statuaire, et Benvenuto ne reproche aux dinandiers ou artistes fondeurs-repousseurs de son temps que le défaut de réunion des parties qui se faisait au rivet.

C'est ainsi qu'a été exécuté de nos jours, mais avec un talent exceptionnel digne de tous éloges, le fameux colosse de l'*Indépendance Américaine*, par le statuaire français Bartholdi. Les vers suivants, d'un poète philosophe du siècle dernier, n'ont donc plus leur raison d'être :

> Je fais peu d'état de la gloire
> Qui nous suit dans la tombe noire ;
> Le moindre crieur d'almanachs
> Qui sait le beau secret de vivre,
> Vaut mieux que cent héros de cuivre
> Faits de la main de Phidias.

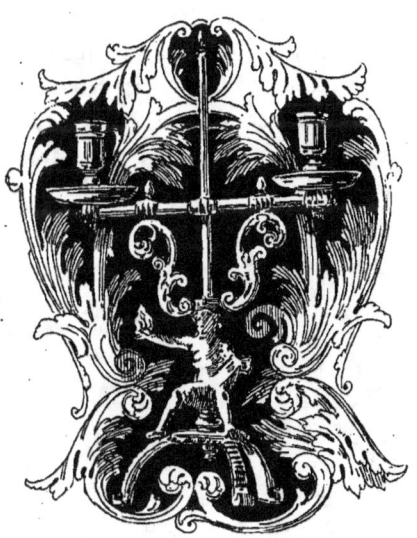

Fig. 125. Flambeau en cuivre (XVIe siècle).

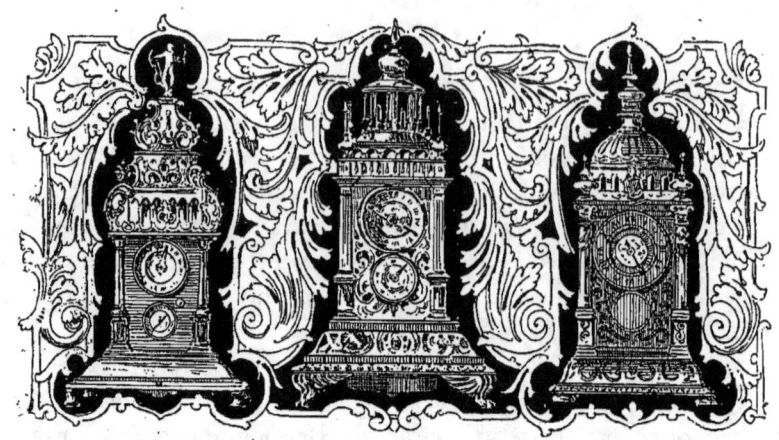

Fig. 126, 127, 128. Horloges (XVIIᵉ siècle).

XX.

LES HORLOGES, LES PENDULES ET LES MONTRES.

De tout ce qui touche aux manifestations de l'art intime, sous quelque forme que ce soit, rien ne doit rester indifférent à l'amateur. Les horloges et les pendules, par exemple, tiennent une place importante dans le mobilier de luxe ; d'un autre côté, les montres, qui ne sont à tout prendre que des horloges en petit, font, chez les deux sexes, partie intégrante du costume.

Nous n'avons pas l'intention de suivre pas à pas les progrès de l'horlogerie, dont l'histoire a été décrite et n'a pas besoin d'être refaite[1]. Nous rappellerons seulement pour mémoire que les anciens mesuraient le temps à l'aide du *gnomon* ou cadran solaire, et que c'est à l'Égyptien Ctésibius que l'on doit les premières horloges à eau.

Vitruve donne la description de cette pièce hydraulique, qui semble avoir été le produit le plus remarquable de l'horlogerie antique. Une nacelle renversée et surnageant à mesure que l'eau montait dans un vase, élevait une règle garnie de dents qui s'engrenaient dans celle d'une roue. Cette roue en poussait d'autres qui servaient à faire jouer

---

[1] P. Dubois, *Collection archéologique du prince Soltykoff* (Horlogerie). *Notice*

divers instruments, ou à exécuter divers jeux, comme de lancer de petites pierres, ou des œufs, etc. Les heures étaient marquées sur une colonne ou un pilier ; et une figure qui montait à mesure que l'eau s'élevait, les indiquait au moyen d'une baguette qu'elle tenait à la main.

Quant aux cadrans solaires, il y en avait dans toutes les villes d'Italie. Ces horloges primitives, dont plusieurs spécimens ont été trouvées à Pompéï, étaient fréquemment offertes par les magistrats, ce qui déplaisait fort à un certain parasite de Plaute : « Que les dieux exterminent le premier qui inventa les heures, le premier qui traça un cadran solaire dans cette ville ! le traître qui m'a découpé le jour par morceaux, pour mon malheur ! Dans mon enfance, il n'y avait pas d'autre horloge que l'estomac, et celle-là est la meilleure, la plus exacte pour avertir à propos, à moins qu'il n'y ait rien à manger. Maintenant, quoique le buffet soit plein, on ne sert que lorsqu'il plaît au soleil. Aussi, depuis que la ville est remplie de cadrans solaires, on voit presque tout le monde se traîner amaigri et affamé ».

Le fait légendaire de la fameuse clepsidre envoyée l'année 807 par le calife Haroun-el-Réchid à la cour d'Aix-la-Chapelle, où résidait l'empereur Charlemagne, permet d'ailleurs d'établir que l'invention de l'horlogerie est de date relativement récente. Cette horloge, disent les Annales d'Eginhard, était en *bronze doré, composée admirablement par l'art mécanique*. Le cours des douze heures y entourait le cadran, et il y avait autant de petites boules d'airain qui tombaient à l'accomplissement de l'heure et faisaient tinter par leur chute une cymbale placée au-dessous. Il y avait encore un même nombre de cavaliers qui sortaient par douze fenêtres, à la fin des heures, et fermaient, par l'impulsion de leur sortie, les fenêtres qui étaient ouvertes auparavant.

C'est au moine Gerbert, d'Aurillac, devenu pape sous le nom de Silvestre II, qu'est attribuée la première horloge à poids. Mais depuis l'invention de l'organe régulateur de cette machine, exécutée au Xe siècle, jusqu'à l'établissement de la magnifique horloge du Palais-de-Justice de Paris, établie en 1370 par l'Allemand Henri de Vic, sur la demande de Charles V, les horloges paraissent avoir été peu appréciées et ne se répandirent qu'avec une extrême lenteur. En effet, le vers suivant de la *Chronique rimée* de Philippe Mouskes,

Uns rice moult orloge d'arckal (laiton),

prouve que les horloges n'étaient pas alors chose commune pour qu'on n'employât à leur fabrication que des matériaux vulgaires.

Quoi qu'il en soit, les premières horloges n'avaient point de sonnerie : elles donnaient simplement l'heure. De plus, elles étaient en général d'une fabrication très grossière, et, par suite, très inexactes. Toutefois, avec le temps, elles parvinrent si bien à exciter l'admiration générale, que, malgré leurs nombreux défauts, on les regarda comme répondant suffisamment à tous les besoins. De plus, au lieu de les perfectionner, on ne chercha qu'à les compliquer de surprises et d'enfantillages. De là, les horloges à personnages et à carillons, et celles à mécanisme indiquant le cours des astres, le quantième du mois, les jours de la semaine, le flux et le reflux de la mer, etc., qui furent si à la mode au xive et au xve siècle.

Dans le principe, toutes ces horloges avaient de grandes dimensions et ne servaient qu'à orner l'extérieur des édifices. L'idée finit cependant par venir d'en faire d'assez petites pour être placées dans les appartements. Il existait déjà des horloges de ce genre, ou *horloges de chambre*, à la fin du xiiie siècle ; mais elles ne devinrent communes que cent cinquante ans plus tard, quand les grands centres d'horlogerie eurent répandu davantage leurs produits. On voit effectivement dans les miniatures du roman de Regnault de Montauban, manuscrit du xve siècle conservé à la *Bibliothèque de l'Arsenal*, des horloges assez semblables à nos pendules d'aujourd'hui.

Dès le temps de Louis XI, c'est-à-dire au déclin du xve siècle, il n'était pas rare de rencontrer dans les appartements des horloges portatives à sonnerie. Les horloges à *réveil* devinrent d'un usage fréquent sous le règne de François Ier. M. Mignet, dans le *Récit inédit de la mort du duc de Guise,* rapporte que, le matin de l'assassinat du duc, à Blois, ce fut grâce au réveil de du Halde que le roi et tout son monde purent être sur pied dès quatre heures du matin. Enfin, un Français, Carovage ou *Carovagius*, sur la fin du xve siècle, fit pour André Alciat, l'auteur des célèbres *Emblèmes,* une horloge-réveil qui sonnait l'heure marquée et, du même coup, battait le briquet et allumait une bougie. Ajoutons qu'un des emblèmes d'Alciat est orné de gravures représentant de petites horloges suspendues contre la cheminée ou contre la tapisserie.

A partir de cette époque, la construction des instruments d'horlogerie se modifia quant à la forme. Les horloges devinrent des modèles de goût, qui nous font regretter que la mode ne revienne pas de ces petits meubles qui, posés sur une console ou sur une table, étaient visibles de tous les côtés. Mais cela date d'avant l'invention des cheminées basses avec tablette, que l'on charge de ces choses généralement fort laides que l'on appelle une garniture de cheminée, et qui ont pour principal office de cacher la glace.

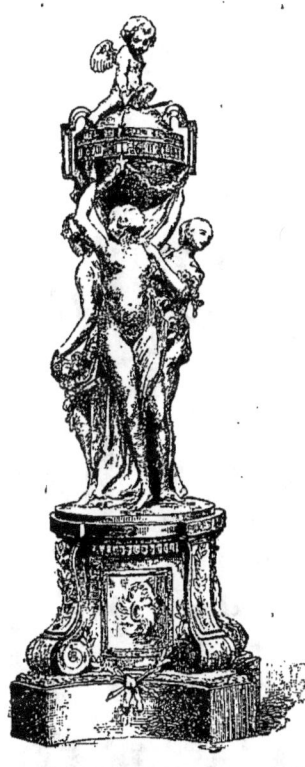

Fig. 129. Pendule en bronze ciselé par Vion (époque Louis XV).

L'*Inventaire de Charles-Quint* nous apprend que cet ex-empereur avait fait venir à son couvent de Yuste, dans l'Estramadure (et non pas Saint-Juste, comme le prétend Casimir Delavigne), un célèbre horloger, Giovanni Torriano, et un aide, Jean Valin ; il travaillait avec eux à faire des montres. De plus, il était entouré de quatre grandes horloges qui avaient des noms particuliers : *el portal*, le portique, *el espejo*, le miroir.

Plusieurs de ces horloges de la Renaissance, comme celles, par exemple, que l'on voit dans la collection de M. Leroux, sont en forme de monument hexagone, avec colonnes, soubassement et corniche. Une autre horloge est carrée, portant sur ses quatre faces une plaque de cuivre gravée de figures et d'ornements dans le goût d'Etienne Delaulne, qui sont parfois repercés à jour suivant leurs contours, de sorte que le sujet se détache dans le vide. Deux frises d'entrelacs sont comprises dans le soubassement, porté par quatre lions, et dans la corniche, que surmonte un dôme à jour, décoré comme les plaques inférieures. Une statuette de femme surmonte le tout. Le cadran occupe une des faces.

Ce monument, qui fait partie de la collection de M. Dutuit et qui appartient à l'art le meilleur de la fin du xvie siècle, fut possédé par Gaston d'Orléans, frère de Louis XIII, car l'étui en maroquin rouge qui le protégeait en voyage est couvert de fleurs de lis, qui accompagnaient un chiffre formé de deux G entrelacés.

Les premières années du xviie siècle apportèrent quelques améliorations importantes à l'horlogerie, qui, pour la première fois, fut soumise à des règles véritablement scientifiques. Avec Louis XIII arrive néanmoins la décadence. La Renaissance jetait ses derniers reflets. Les horlogers français se bornaient à imiter les ouvrages de leurs devanciers, la partie purement mécanique s'améliora, mais l'élégance et la pureté du dessin, l'originalité des ciselures avaient disparu. Enfin, la substitution, vers 1657, du pendule au balancier vinrent donner aux horloges publiques et privées une régularité qu'elles n'avaient jamais eue auparavant.

L'invention des pendules fit appliquer de nouvelles manières de mesurer le temps. On divisa l'heure en soixante parties qu'on appelle *minutes*, la minute en soixante parties que l'on nomme *secondes*, et la seconde en soixante parties que l'on appelle *tierces*; de sorte que la révolution journalière du soleil, d'abord divisée en vingt-quatre parties, le fut en 86,400 secondes que l'on peut compter. D'après ces divisions on commença à faire des horloges ou *pendules*

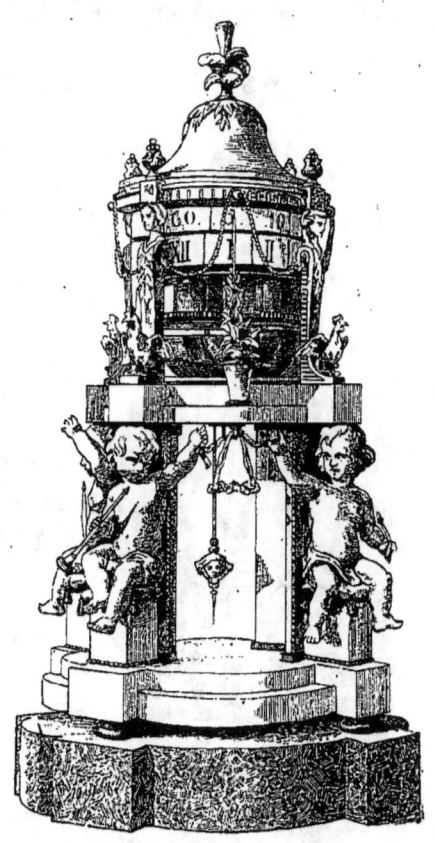

Fig. 130. Pendule en marbre blanc et bronze doré (époque Louis XVI).

qui marquèrent les minutes et les secondes. Dans les dernières années du XVIIe siècle, on inventa en Angleterre ce qu'on appelle la *répétition*, que l'on adapte aux pendules et aux montres, pour faire sonner les heures et les quarts.

C'est au commencement du règne de Louis XIV qu'apparaissent les horloges à gaîne; leurs boîtes élevées convenaient à merveille pour dissimuler les cordes et les poids. D'ordinaire, ces gaînes sont enjolivées de cartels, d'ornements habilement sculptés et même d'appliques en bronze doré. Mais c'est surtout grâce au talent de l'ébéniste Charles-André Boulle que les boîtiers de pendules deviennent de véritables objets de luxe. On sait avec quelle sage entente de la décoration ce grand artiste sut orner de feuilles d'acanthe, de draperies, de cariatides incrustées dans l'écaille, le bâti de ces belles pendules à consoles terminées, le plus communément, par un pendentif à fleuron, ou surmontées de sujets sculptés en bronze, car, à cette époque, la pendule de luxe est un véritable édifice au pied duquel se marient quelquefois d'autres figures, comme les trois Parques, la Renommée, etc.

Le succès de ce genre de pendule fut très grand et se répandit à peu près partout en Europe. On connaît les vers spirituels de Boileau, sur un amateur de pareilles horloges :

> Sans cesse autour de six pendules,
> De deux montres, de trois cadrans,
> Lubin, depuis trente et quatre ans,
> Occupe ses soins ridicules.
> Mais à ce métier, s'il vous plait
> A-t-il acquis quelque science ?
> Sans doute ; et c'est l'homme de France
> Qui sait le mieux l'heure qu'il est.

Il existe de Boulle quelques pendules à sujet, celle, entre autres, de M. le comte de Busenval, en marqueterie de cuivre sur écaille rouge, qui est une merveille d'incrustation ; mais c'est plus tard, sous Louis XV, que ce genre devint intéressant. Albert Jacquemart rappelle judicieusement, à propos du style Louis XVI, que la figure, très employée comme décor, le fut surtout sous forme mythologique, avec cette prétendue recherche de l'antique qui a produit la génération délicate et charmante des nymphes *grandes dames* à la taille svelte, aux extrémités soignées, aux poses d'une souplesse timide et voluptueuse à la fois. Falconnet, Boizot, Clodion, sont les plus éloquents interprètes du genre ; leurs modèles, souvent retouchés par eux-mêmes, toujours terminés avec soin, et dorés au mat pour en faire mieux ressortir les perfections, sont associés aux marbres précieux, à l'albâtre rehaussé quelquefois de fines peintures de fleurs, à la porcelaine tendre, à des bas-reliefs et accessoires enfin où se montre cette perfection inouïe de ciselure, caractère essentiel de l'époque [1].

1. *L'Art ancien à l'Exposition nationale Belge*, 1882.

Telle était là remarquable pendule qui se voyait chez Mme du Barry. « Sur la cheminée, une pendule dorée d'or de Germain ; elle représente les Trois Grâces supportant un vase dans lequel était un cadran tournant, et au-dessus un Amour indiquant l'heure avec sa flèche ; le tout était très élevé sur un piédestal très bien ciselé »[1].

Telle était aussi l'une des trois horloges que l'horloger Furet exposait chez lui, suivant les *Mémoires Secrets* (4 juillet 1784), et qui appartenait en dernier lieu à M. Léopold Double. « C'est, disent les *Mémoires*, un globe, dont l'équateur, en marquant l'heure de Paris, marque en même temps l'heure qu'il est dans chaque pays du monde ».

Mais l'histoire de l'horlogerie offre encore bien d'autres sujets d'étonnement.

C'est dans les dernières années du xve siècle que furent inventées les premières *horloges de poche* ou *montres*. Au commencement du siècle suivant, ces montres tant admirées n'étaient guère plus grosses que le poing. Ces montres marquaient les heures, même les minutes.

On ne tarda pas, il est vrai, à exécuter en petit des horloges merveilleuses. Pancirolli assure que, du temps de François Ier, on fabriquait de telles horloges de la grosseur d'une amande, que l'on portait au col ou à la ceinture, comme on avait coutume de le faire en Italie. Tiraboschi, dans son *Histoire de la littérature italienne*, cite un sonnet de Gaspard Visconti, poète du xve siècle, lequel fait mention des montres et compare un amant à un horloger. Un nommé Mirmécide se distingua à cette époque dans ce genre de travail ; il excellait pour les petites montres en forme de croix[2]. Un pareil luxe explique la boutade du célèbre helléniste Isaac Casaubon (*Lettres*, 1709) : « Aujourd'hui les horloges sont de formes extrêmement variées et de la plus grande élégance. Ce sont des objets de luxe et non d'utilité. Les femmes même des prolétaires en portent suspendues à leur ceinture, tant les mœurs publiques sont corrompues, ou plutôt tant il n'y a plus de mœurs ». Il est question d'une montre semblable dans l'*Histoire Comique de Francion*, par Charles Sorel, au chapitre intitulé : *Rencontre à Paris d'une belle bourgeoise*.

Ainsi, quoiqu'on ait bien ri de ces grosses montres pendant aux côtés de nos pères, remarque Edouard Fournier, il n'en est pas

---

1. *Archives de Seine-et-Oise*, publiées par M. A. Le Roi dans ses *Curiosités historiques*.
2. Jules Labarte, *Introduction au Catalogue Debruge-Duménil*.

moins vrai qu'on en savait déjà faire de si petites qu'on pouvait les enchâsser dans une bague. En 1542, une montre à sonnerie, contenue dans le chaton d'une bague, fut offerte au duc d'Urbin Gui d'Ubaldo della Rovere, et Robert Arnaud, dans ses *Mémoires* (1734), donne la description d'une montre à répétition également montée dans une bague, qui appartenait à la princesse Anne de Danemark, épouse de Jacques 1er, roi d'Angleterre. « Dans un cristal de grosseur ordinaire, au lieu de pierre on voyait une montre avec toutes ses roues, sonnant les heures non pas à la vérité sur un timbre, mais sur le doigt que le marteau frappait doucement par de légères piqûres ».

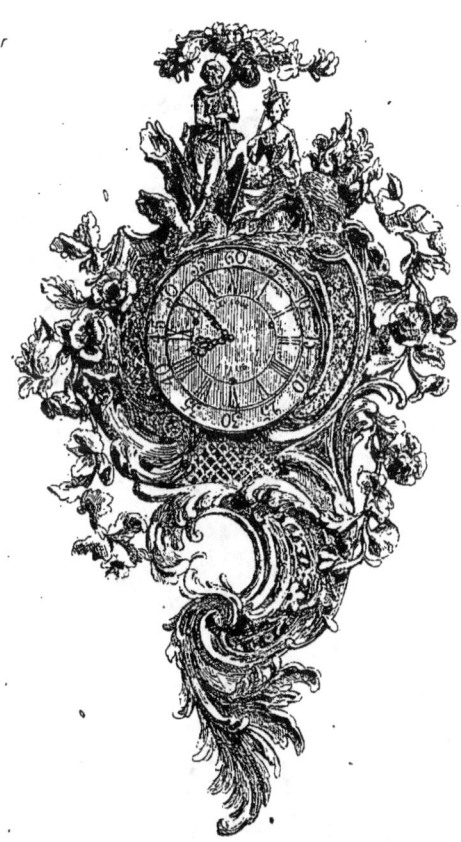

Fig. 131. — Cartel en bronze ciselé et doré (Louis XV).

Les horlogers parvinrent dès lors à loger dans le boîtier de quelques montres du plus grand prix non seulement une excellente sonnerie, mais toute une musique. Une lettre de Henri de Justel à Robert Southwell, datée du 11 décembre 1684, parle d'une montre destinée à Louis XIV, « et qui joue à chaque heure un air d'opéra des concerts de Mlle de Guise ». En 1770, Rasonnet, de Nancy, avait également fabriqué une montre qui jouait « un air en duo »[1]. Le *Dictionnaire* de Furetière, au mot *montre*, nous apprend encore que, de son temps, on vit pour la première fois des montres à trois, à quatre mouvements, des montres ingénieuses appelées *montres d'ivrogne*, parce qu'on pouvait, à volonté, les remonter à droite et à gau-

1. Wood, *Curiosities of clocks*.

che, indifféremment; et enfin le *Dictionnaire des Arts*, par Corneille, cite des montres qui allaient huit ou quinze jours.

Ajoutons qu'Arnold fit en 1764, pour Georges III, une montre pas plus grande qu'une pièce de vingt centimes et qui, avec ses *cent vingt* pièces, ne pesait que onze grammes! Le cylindre était en rubis.

On lit dans l'Almanach de Gotha de l'an 1776, que les premières montres furent faites à Nuremberg, en 1500, par Pierre Hele, et qu'elles portèrent d'abord le nom d'*œufs de Nuremberg*, parce qu'elles avaient une forme ovale. On verra plus loin à quoi se réduisent les prétentions de cet ancien organe allemand.

Le métier d'horloger était, comme tous les autres en ce même temps, doublé d'un art élégant, qui rehaussait par la délicatesse de l'enveloppe, le travail et le mécanisme de l'œuvre enveloppée. — Sous Charles IX, le boîtier des montres était le plus souvent un cristal de roche habilement travaillé qui laissait voir, à travers la transparence de ses ciselures, la merveille qu'il recouvrait. Lady Fellows possède dans sa collection, peut-être unique, de montres du XVIIe siècle, une montre dont le boîtier est aussi de cristal. Elle est de Jean Rousseau, d'Orléans, chef d'une nombreuse dynastie horlogère qui fit à l'horlogerie orléanaise une réputation presque égale à celle de l'orfèvrerie de Blois, sa voisine.

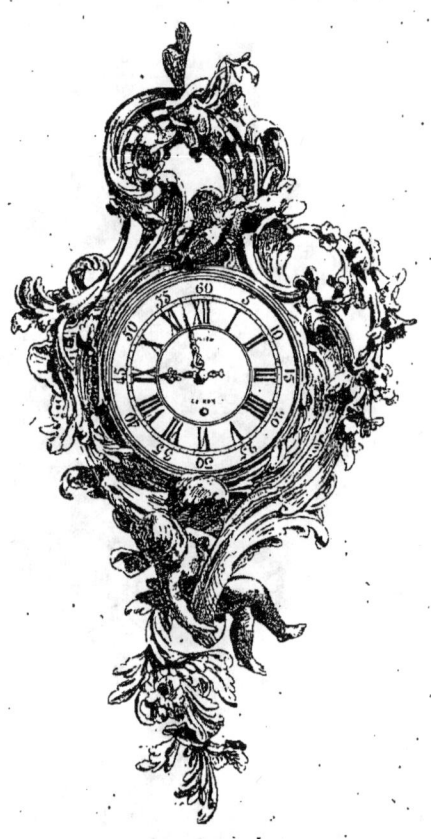

Fig. 132. Cartel en bronze ciselé et doré (Louis XV).

D'autres fois, comme aujourd'hui, le boîtier était en or, mais d'une forme toujours ingénieuse et façonnée d'après celle que le mécanisme

L'ART INTIME. 32

du mouvement, encore volumineux, avait dû prendre. Le prince Soltykoff, dans la collection spéciale qu'il avait formée et qui est restée célèbre, possédait, signé Jolly, un boîtier de montre ayant la forme d'une petite tulipe ; et un autre, de Rugend, horloger d'Auch, avec une forme pareille : fermée, c'était la tulipe en bouton ; ouverte, la fleur épanouie [1].

Moïse, horloger de Blois, ville qui fut la première célèbre par ses montres, où l'on croit même qu'elles furent inventées [2], en avait fait une pour Marie Stuart. Cette montre, que la célèbre reine d'Ecosse légua à sa femme de chambre Marie Setoun, appartient aujourd'hui à sir John Dick Lander, près d'Edimbourg. M. Wood en a donné la figure au frontispice de ses *Curiosities*.

Citons encore, parmi les horlogers blésois, Gribelin, dont M. Wilbraham exposa, en 1852, une montre datée de 1600, qui marquait le mouvement des astres et portait un almanach perpétuel sur son cadran. On sait d'ailleurs que Toutin, imité bientôt par son compatriote Vauquer, et par Morlière, d'Orléans, appliqua le premier les émaux opaques aux boîtiers des montres.

Sous le règne d'Henri IV, les montres étaient volumineuses, et on les portait sur la poitrine pendues au cou. L'*Inventaire de Gabrielle d'Estrées* mentionne « une monstre d'or, fort belle, avec une grande quantité de diamans, une perle au bout, estant en poire, prisée sept cens escus ». Beaucoup de ces montres étaient à sonnerie. Le *Testament et inventaire des biens de Claudine Bouzonnet Stella* (1693-1697), femme artiste de l'époque, enregistre « une montre sonnante, ayant la boîte d'or, laquelle boîte y compris la platine du cadran pèse 2 onces moins un demi gros », plus, « une petite montre octogone, la boîte de cristal, en coquille ». D'un autre côté, nous savons par une lettre datée de Paris (juin 1673) et publiée dans le *Mercure de France*, que la nouveauté alors en vogue consistait en montres quarrées avec des miroirs derrière. « On n'approuva pas partout cette mode, parce que l'on dit que les coins peuvent blesser quand on les porte sur soy ; on crût ainsi qu'elle changeroit, ou que du moins les montres rondes et quarrées regagneroient tour à tour, comme avaient fait les souliers ronds et les souliers quarrez. »

Néanmoins, les montres sonnantes étaient rares ; Gaston d'Orléans en avait une assez précieuse pour exciter la convoitise de quelques

---

1. Edouard Fournier, *Le Vieux-Neuf*.
2. Wood, *Curiosities of clocks*.

seigneurs. Tallement rapporte à ce sujet un mot qui mérite d'être conservé. Dans un petit traité sur les *Loix de la Galanterie* (1650), où l'auteur donne des conseils à un homme du monde sur la manière de se présenter en société, il est dit : « Ceux qui ont une montre sur eux, où ils regardent les heures, les demies heures et les quarts d'heures, s'en peuvent quelquefois servir pour la mesure de leur contenance et de leur visite ; néanmoins, cela sent trop son homme d'affaires, d'y regarder en présence de chascun. Pour les montres sonnantes, elles sont fort incommodes, à cause qu'elles interrompent la conversation, c'est pourquoi il faudroit mettre en usage de certaines montres nouvelles, où les marques des heures et des demies heures fussent si relevées qu'en les tastant du doigt on les put reconnoître ».

L'invention anglaise des pendules à répétition amena celle des montres du même genre. Mais c'est l'horloger français Thiout qui, le premier, fit au xviiie siècle sonner les montres en poussant un bouton de la boîte.

Nous citerons encore les noms de Julien Le Roy, Lépine, Berthoud et Bréguet dont les montres étaient très appréciées par leurs contemporains, qui, comme nous l'apprend Delille, les réglaient eux-mêmes au jardin du Palais-Royal.

>   Dans ce jardin, tout se rencontre,
>   Excepté l'ombrage et les fleurs ;
>   Si l'on y dérègle ses mœurs,
>   Au moins on y règle sa montre.

A cette époque, l'épaisseur des montres permettait de les orner intérieurement de peintures finement émaillées, représentant des sujets religieux, tels que l'*Annonciation* ou l'*Adoration des Mages*, ou des scènes quelque peu badines, pour ne pas dire licencieuses. Nous avons été à même de voir, chez un amateur passionné pour l'art du xviiie siècle, une de ces montres à secret : il suffisait de pousser un ressort pour soulever la double cuvette sous laquelle était représentée, près d'un moulin en mouvement, une bergère rose enguirlandée, entourée de jolis moutons, et étendue sur l'herbe avec un pâtre d'opéra-comique ; le moulin tournait, et la bergère faisait tourner... la tête au jeune berger.

Rectifions, pour finir, une erreur qui s'est répandue trop facilement depuis le xviie siècle jusqu'à nos jours. « On a cru, dit M. Pierre Dubois, cité en tête de ce chapitre, que les montres proprement dites étaient originaires d'Allemagne, de Nuremberg. Rien absolument ne justifie cette croyance générale. Les montres d'un petit volume sont nées en France, elles s'y sont perfectionnées plus que partout ailleurs. Sans doute on a fait des montres à Nuremberg et dans d'autres parties de l'Allemagne, dès le temps de Charles-Quint ; mais le nombre en est très restreint : j'en ai acquis la certitude en visitant les collections publiques et particulières de l'Europe, notamment celles de l'Autriche et de la Russie, dans lesquelles on trouve une grande quantité de montres françaises de toutes formes, simples ou compliquées, et fort peu de montres autrichiennes et prussiennes. Donc, les *œufs de Nuremberg* n'existent pas ; mais les œufs de France, soit de Paris, de Dijon, de Blois, de Sedan, de Rouen, de Lyon, ne sont pas rares, en supposant qu'on puisse donner le nom d'œufs à des montres d'un ovale allongé, mais presque plates des deux côtés. Le cas est différent quand il s'agit d'horloges. Celles-ci sont bien originaires de l'Allemagne, et il s'en est fabriqué dans ce pays, depuis le xve siècle jusqu'au xvie inclusivement, une quantité considérable. Les artistes français n'en ont établi relativement qu'un petit nombre, mais elles sont plus gracieuses et plus coquettes en général que celles des Allemands.

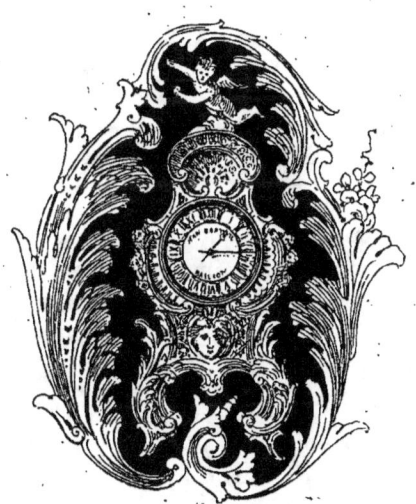

Fig. 133. Pendule style rocaille.

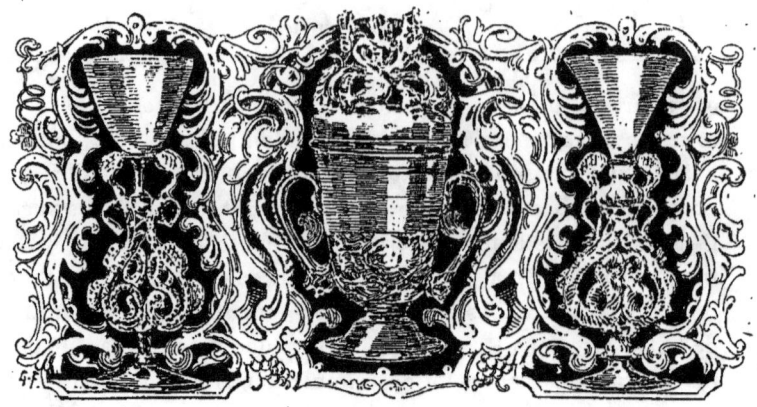

Fig. 134. Verre à ailerons.   Fig. 135. Hanap couvert. (xviie siècle).   Fig. 136. Verre à ailerons.

XXI.

LES VERRES ET LES CRISTAUX. — LES VITRAUX PEINTS.

Maintes collections d'objets d'art existent où l'on voit avec plaisir, rehaussant les vitrines destinées aux objets de choix, de charmantes verreries de l'antiquité et de la Renaissance, ou, transformant la fenêtre en un décor transparent, quelques vitraux du xvie et du xviie siècle.

On sait quelle variété, quel charme la curiosité peut tirer de ces délicats et fragiles produits.

Sans nous attarder à la question si controversée de l'origine du verre[1], nous commencerons immédiatement par l'antiquité, dont les admirables spécimens offrent une idée exacte du génie des artistes verriers de la période classique.

Il est probable que les Grecs connurent assez tard l'art de fabriquer le verre. Au rapport d'Athénée, les ambassadeurs grecs, pour donner une idée de la magnificence du roi des Perses, racontaient, à leur retour dans leur patrie, qu'on les avait fait boire dans des coupes « de verre et d'or ». Dans la comédie des *Acharniens*, par Aristophane, l'ambassadeur dit à Dicéopolis : « Partout, on nous forçait de boire un vin pur et généreux dans des coupes d'or et de verre. »

[1] Voir Eug. Pélicot, *Le Verre, son histoire, sa fabrication*.

A l'époque de la domination romaine, l'Egypte était encore célèbre par son habileté dans l'art de la cristallerie de luxe. Vospicus nous apprend qu'Aurélien se faisait payer par les Egyptiens un tribut d'objets en verre, et que cet empereur avait une vive admiration pour la ville d'Alexandrie, où il y avait des verreries en abondance. La supériorité de ces verreries était si incontestable que Sopâtre, poète cité par Athénée, dit : « Les Alexandrins travaillent si bien le verre, qu'ils lui font prendre toutes les formes qu'ils veulent pour en faire différents vases, imitant aussi la forme des vases de terre qu'ils se procurent dans toutes les contrées ».

De même que la verrerie égyptienne, la verrerie phénicienne a fait l'admiration et les délices de l'ancien monde, et l'on peut affirmer que les Phéniciens furent des verriers de premier ordre, qui surent opaliser, filigraner, souffler, émailler, tourner et tailler le verre tout aussi bien que nous le faisons aujourd'hui. Les beaux spécimens de verrerie phénicienne, provenant des fouilles faites à Saïda par M. Carlo Lansberg et exposés au Musée Ethnographique organisé, en 1878, à Paris, sont de véritables merveilles. On y remarquait, entre autres, un petit panier en verre, de différentes couleurs, travail qu'on exécute encore aujourd'hui à Murano, près Venise.

Prenons comme second exemple la précieuse collection Charvet[1]. Ses verres anciens sont tous d'origine romaine ou gallo-romaine; mais nous savons que les Romains ne devinrent d'habiles verriers que vers la fin du second siècle de l'ère chrétienne. C'est de la Phénicie qu'ils avaient reçu jusque-là ces vitrifications merveilleuses qu'ils mettaient au nombre de leurs bijoux les plus précieux.

La verrerie romaine ne fut donc qu'une imitation, peut-être encore très imparfaite, de la verrerie phénicienne. Ce que l'on dit de la première, on peut à plus forte raison le dire de l'autre. Ne sait-on pas d'ailleurs qu'on a trouvé dans des tombeaux égyptiens, remontant aux vieux Pharaons, des verres filigranés qui, certes, n'étaient pas romains.

Nous remarquons d'abord dans la collection Charvet trois aiguières en verre blanc filigrané, de profil rectangulaire et s'épanouissant en forme de coupe au-dessus du goulot. Les anses, d'une rare légèreté, consistent en deux festons accolés l'un à l'autre et soudés à feu de chalumeau. Or, veut-on savoir comment on s'y prend pour filigraner le verre?

---

1. W. Frohner, *La Verrerie antique* (Collection Charvet), Paris, E. Rouveyre et G. Blond, éditeurs.

On prépare de petites baguettes de verre blanc opaque et on les fixe verticalement l'une auprès de l'autre dans un moule cylindrique en métal ou en terre à creusets. Puis on souffle au moyen de la canne une partie de verre transparent que l'on introduit dans le moule; on souffle encore jusqu'à ce qu'on ait fait adhérer la soufflure aux baguettes et l'on retire le tout ensemble, en relevant la canne d'un côté et, de l'autre, en retenant le moule. On tranche alors la pièce un peu au-dessus du fond pour réunir toutes les baguettes en un point central, et si l'on veut avoir un filigrane en spirale, un simple mouvement de rotation imprimé à la canne suffit pour l'obtenir. Cette *paraison* faite, on la chauffe de nouveau et on lui donne sa forme définitive.

Tels sont les procédés d'une délicatesse extrême que les Phéniciens appliquèrent de temps immémorial à la fabrication du verre et que leurs ouvriers enseignèrent aux Romains.

Tout le monde connaît ces presse-papiers qui offrent des rosaces *engobées* dans une masse de cristal. On nomme ce genre de verreries mosaïques; les Italiens les appellent *millefiori*. Au moyen de couches de couleurs diverses superposées les unes aux autres, on forme une baguette de la grosseur du petit doigt; on la tranche en rondelles égales et, au moyen du soufflage, on en fait une *paraison*, que l'on modèle ensuite à sa volonté comme une paraison ordinaire. Eh bien, la collection Charvet possède deux petites coupes à mille fleurs, terminées à la roue, et que le savant antiquaire croyait être de travail grec, bien que les Grecs n'aient jamais été des verriers célèbres. Mais que ces coupes soient grecques, égyptiennes ou phéniciennes, qu'importe! N'est-il pas étonnant de voir que nos fantaisies elles-mêmes ne sont que du vieux-neuf, et qu'elles ont été renouvelées peut-être des Ninivites ou des Babyloniens?[1]

Par la suite, on composa plusieurs sortes de verres; sous le nom de verre *sanguin*, on faisait un verre tout rouge, et même d'un rouge si chargé, qu'il rendait ce verre tout opaque. On peut ranger dans cette classe les verres *obsidiens*, faits avec un verre imitant l'obsidienne, matière factice qui servait aussi pour faire des plats et autres vaisselles de table. Cette opinion est confirmée par l'empereur Adrien, dans une lettre qu'il écrivait à un consul, en lui envoyant *trois coupes (allasontes) d'un verre très curieux qui, comme le col d'un pigeon, avait la propriété de réfléchir différentes couleurs*, étant vues

---

1. *Le Beau dans l'Utile*, article de M. Félix Deriège.

dans un sens différent, en imitation d'une pierre précieuse nommée *obsidienne*.

Au reste, l'infinie variété des objets en verre que l'on rencontre sur tous les points habités par les Romains, prouve que, chez eux, cette substance était d'un usage fréquent, presque commun. Ils s'en servaient pour fabriquer différents vases, dont plusieurs nous sont parvenus, surtout les fioles à huile et à parfums, appelées à tort *lacrymatoires*.

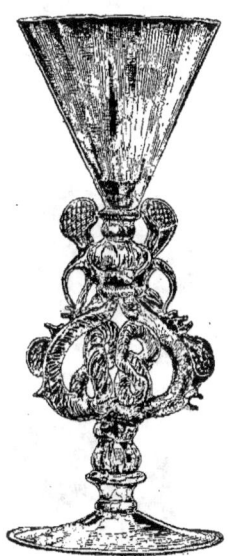

Fig. 137. Verre de Venise (XVIe siècle).

Des amphores, des ampoules, des buires, des boîtes à condiments pour le service de la table, complètent le petit trésor de la collection Charvet, les uns verts, les autres bleus ou jaunes, émaillés après coup ou colorés dans la masse. Un grand nombre de ces vases ont des nuances opalines que des savants attribuent à une altération chimique due à leur enfouissement prolongé dans la terre. La lettre de l'empereur Adrien citée plus haut prouve cependant que plusieurs des verres dont il s'agit étaient opalisés, et leurs tons nacrés sont d'autant plus sensibles qu'ils ont mieux résisté à l'action destructive du temps.

Ajoutons que la régularité qu'ils mettaient non seulement dans les formes, mais encore dans les épaisseurs, annonce dans les procédés employés par les anciens des moyens qui nous sont restés inconnus[1]. D'ailleurs, la collection de verres antiques du Musée National de Naples, la plus importante qui existe, — elle compte plus de 4,000 pièces, — atteste la merveilleuse habileté que les anciens avaient acquise dans l'industrie du verre, comment ils étaient parvenus à assouplir cette matière aux formes les plus variées, à la colorer, à l'unir, à l'argenter, à la tourner et à la ciseler comme une pièce d'argenterie.

C'est ce que les anciens appelaient *diatreta*, sortes de vases de verre à deux couches, travaillés comme les camées et découpés à jour. « Lorsque, naguère encore, dit Martial, le linge d'Aper était porté au bain par un esclave aux jambes torses; lorsqu'une vieille

---

1. Sur les merveilles que les anciens ont faites avec le verre et que notre industrie n'a pu reproduire encore, voir l'*Union des Arts et de l'Industrie*, par Léon de Laborde, tome II. p. 472.

L'ART INTIME.

Planche XVIII.

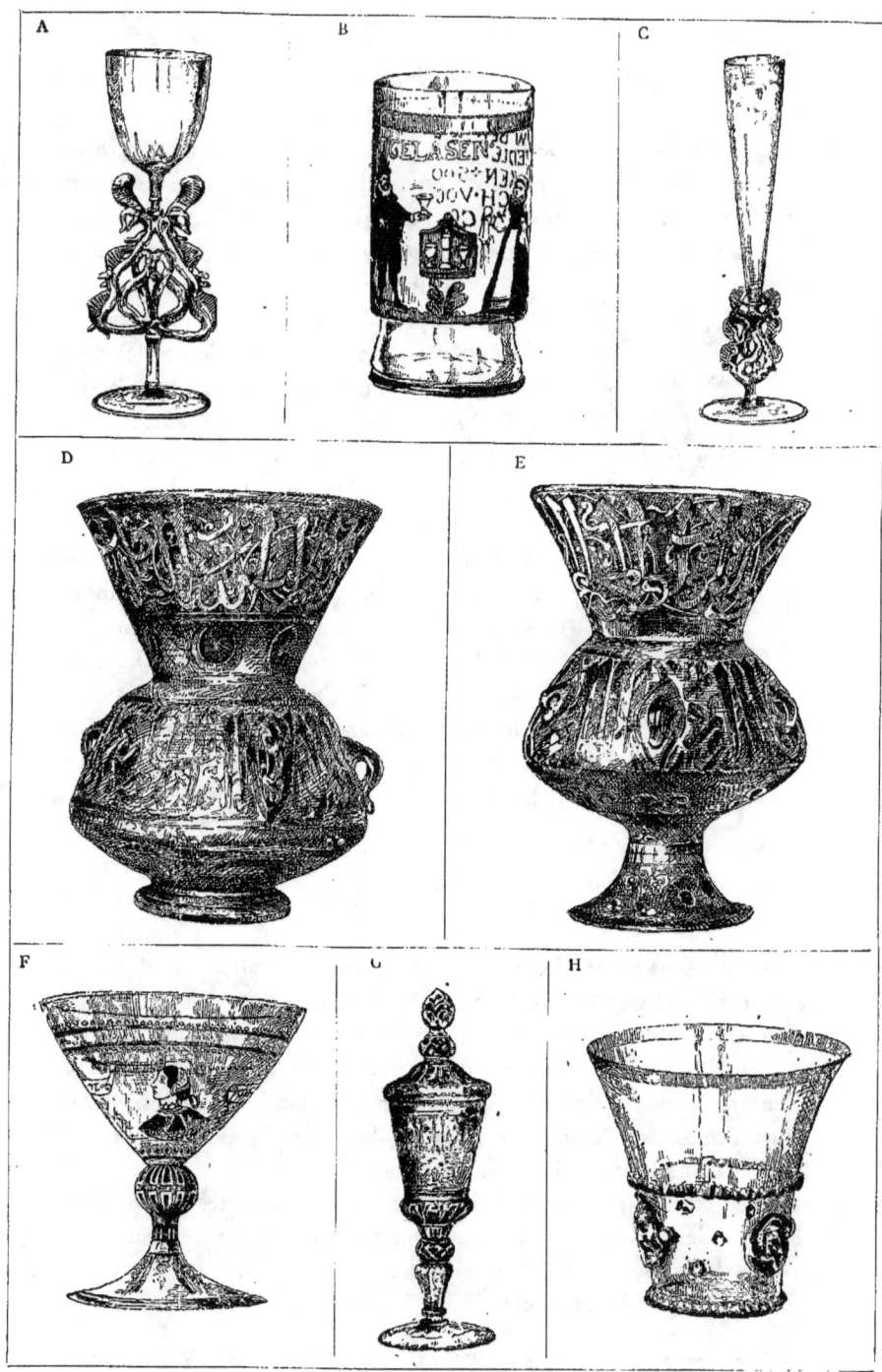

VERRES ET CRISTAUX.

femme borgne s'asseyait sur sa méchante toge pour la garder, et que le baigneur hernieux lui donnait à peine une goutte d'huile, les buveurs trouvaient dans Aper le censeur le plus âpre et le plus rigoureux. Voyait-il un chevalier boire en sortant du bain, il criait qu'on brisât les coupes et qu'on renversât le Falerne. Mais depuis qu'un vieil oncle lui a légué trois cent mille sesterces, il ne revient plus du bain sans être ivre. Voyez ce que peuvent sur un homme la vaisselle ciselée et cinq esclaves à la belle chevelure. (*O quantum diatreta valent, et quinque comati!*) Alors qu'il était pauvre, Aper n'avait jamais soif ».

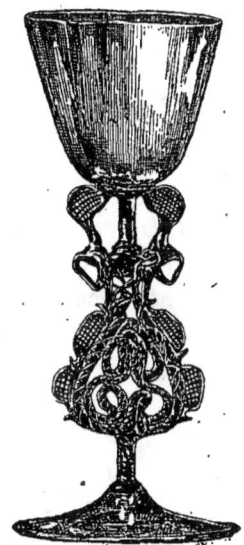

Fig. 138. Verre de Venise (xvie siècle).

Tel était l'admirable vase représentant le mariage de Thétis et de Pélée, et connu successivement sous les noms de vase Barberini et de vase de Portland. « Trouvé au xvie siècle dans un sarcophage en marbre des environs de Rome, ce vase, après avoir été pendant plus de deux siècles le principal ornement de la galerie du prince Barberini, à Rome, fut adjugé en vente à la duchesse de Portland au prix de 46,000 francs.

« Quoique légitime et unique propriétaire de ce chef-d'œuvre, la duchesse, qui ne se reconnaissait sans doute pas le droit de cacher à l'admiration publique un objet sans analogue, prêta ce vase au Musée Britannique, où il se trouve encore aujourd'hui. Aussi respecté qu'admiré par tous, peu s'en fallut cependant qu'un jour il ne restât plus que le souvenir de ce vase, car un fou nommé Lloyd le brisa en morceaux d'un coup de canne.

« Si le manque de raison avait commis le dégât, le talent d'un artiste sut le réparer de telle sorte et avec une telle habileté, qu'il est impossible de distinguer le joint des nombreuses fractures.

« Ce vase unique, qui est présumé de l'époque des Antonins (l'an 138 environ de J.-C.), se compose de deux couches de verre superposées. L'une (celle du fond) est bleu foncé, et l'autre blanc opaque, de telle sorte que les figures se détachent en blanc sur un fond bleu foncé »[1].

---

[1]. A. Sauzay, *La Verrerie, depuis les temps les plus reculés jusqu'à nos jours.*

On voit également au milieu de la salle des verres antiques du Musée National de Naples, une *amphore* de verre bleu, avec couverte d'émail blanc, sur le fond de laquelle se détachent de charmants bas-reliefs d'Amours vendangeant, travaillés aussi au tour à la manière des camées. Cet admirable vase, comparable à celui de Portland, fut trouvé rempli de cendres, à Pompéi, en 1837.

N'oublions pas les vases réticulés, dans le genre de la coupe dite de Novarre, de la coupe de la Bibliothèque de Strasbourg, coupe en verre blanc entourée d'une sorte de réseau ou de grillage en verre rouge et portant une inscription en verre vert, puis enfin la coupe de M. Lionel de Rothschild. Cette dernière, qui a été exposée en 1862 au *Musée Kensington*, à Londres, est considérée comme une des pièces les plus parfaites et les plus précieuses en ce genre. « C'est, dit M. Clément de Ris, un travail romain du deuxième siècle. Il se compose de deux pâtes de verre engagées l'une dans l'autre comme les porcelaines réticulées. La lumière, en traversant l'enveloppe unie d'un vert laiteux, lui donne une transparence irisée. Sur cette première enveloppe est fixée (comment? on l'ignore, et c'est là ce qui désespère les verriers) une seconde enveloppe également en pâte de verre, épaisse, découpée à pleins reliefs et représentant une bacchanale. La première enveloppe, absorbant la lumière, rend la seconde opaque et la fait se détacher en blanc sur un fond vert d'une incroyable douceur ».

L'industrie verrière s'implanta de bonne heure en Gaule. La quantité de rebuts de pâtes vitrifiées dans lesquelles on voit le mélange de plusieurs couleurs, découverts chaque jour sur tous les points de la France, à Arles notamment, prouve qu'il y eut jadis, dans cette « petite Rome des Gaules », selon les expressions du poète Ausone, une fabrique où l'on travaillait le verre à la façon de Sidon et d'Alexandrie. Il y eut d'autres fabriques de verre coloré en Poitou, dans le pays de Caux et sur les bords du Rhin.

Comme preuve de la vulgarité de la vaisselle de verre dans l'ouest de la Gaule mérovingienne, nous avons le témoignage de Rurice, évêque de Limoges, faisant des envois de cette sorte de vaisselle[1], et celui de Fortunat, évêque de Poitiers, recevant de l'abbesse de Sainte-Croix des poulets tout accommodés qui lui étaient envoyés dans un plat de verre :

Intu muit pullis vitreo scutella ralalu.

1. Du Cange, *Glossaire*, V° *Vitrarium*.

D'un autre côté, le plat de Grues, en Vendée, découvert dans la sépulture d'une femme de la fin du vie siècle, et décrit par Benjamin Fillon, nous donne une idée de celui dont le friand prélat a célébré le contenu dans son épitre à l'ex-reine Radegonde.

Les nombreuses verreries, établies en Gaule, durèrent jusqu'au moment où la civilisation étant refoulée par les barbares qui avaient pillé et incendié Rome, elles tombèrent, ainsi que toutes les autres industries, dans une décadence telle, que les procédés de fabrication furent perdus pour l'Occident.

Plus tard, il est vrai, la verrerie renaquit en Orient. Lorsque Constantin Ier, ayant transporté le siège de l'empire à Byzance (l'an 330), s'empressa d'attirer à lui les artistes et les ouvriers d'Occident. Mais le nouvel empire, comme le colosse aux pieds d'argile, ne tarda pas à s'effondrer, et, quelques siècles après, Venise arrachait à l'Orient le monopole presque exclusif que ses verriers étendaient sur le monde entier.

C'est au xiiie siècle, en effet, que Venise appela à son tour les artistes grecs réfugiés jadis à Constantinople, et les établit, vers 1289, dans la petite île de *San Michele de Murano*, où ils fondèrent des verreries devenues célèbres dans les deux hémisphères.

Les Vénitiens ne firent que recueillir les traditions des verriers romains. Leurs produits sont d'une grande transparence, quoique un peu teintés de vert par la soude; les formes en sont sveltes et jolies, ondées, cannelées, festonnées avec beaucoup d'art; les fleurs, les médaillons, les arabesques, les émaux de tous dessins et de toutes couleurs s'y marient à l'or avec une étonnante richesse. La petite gobeletterie vénitienne, si légère et si fragile, à la coupe allongée en forme de cornet et aux enjolivements façonnés à la lampe, est, comme service de table, un des luxes les plus charmants que nous connaissions, principalement quand on peut offrir à ses convives quelques bouteilles de vieux vin pour en agrémenter le décor.

De Venise, l'industrie des objets en verre passa en Allemagne, dont les fabriques commencèrent à produire des objets, non pas semblables, quant à la forme et à l'ornementation, à ceux de Murano, mais tellement différenciés par le galbe et le système décoratif, qu'on peut dire qu'elle créa une fabrication nouvelle. En effet, laissant à Venise ses verres filigranés, si fins et si légers, l'Allemagne fit des verres énormes ou *vidercomes* d'une pâte qui tire sur le vert ou sur le jaune, affectant généralement la forme d'un cylindre: elle les décora simplement de peintures émaillées représentant généralement des armoiries, ce qui leur donne un caractère très personnel et très héraldique.

A l'Allemagne succéda la Bohême, qui entra dans la lice avec des verres ou *choppes* d'une limpidité bien plus grande que celle des fabriques d'Italie et d'Allemagne, mais encore avec un système décoratif jusqu'alors inconnu — la gravure sur verre — inventée vers 1609.

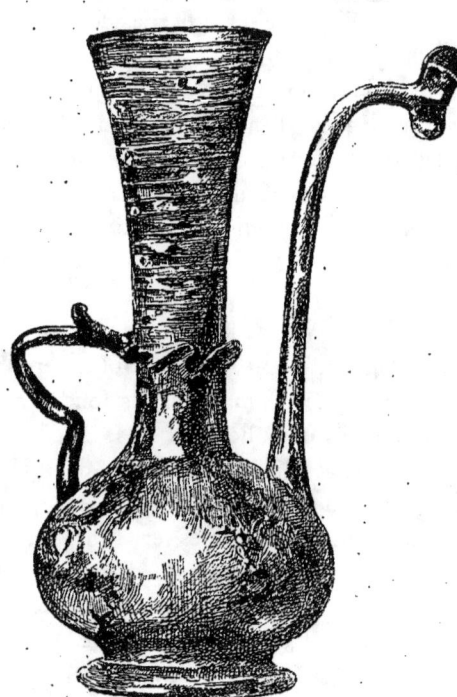

Fig. 139. Verrerie orientale *(Musée de Limoges)*.

« Le goût, ou plutôt la mode, dit M. Sauzay [1], qui faisait abandonner les verreries vénitienne et allemande pour les verres gravés de Bohême, prit une telle extension au XVIIe siècle, que des graveurs de Bohême manquant de verres indigènes unis, en rassemblèrent le plus qu'ils purent de fabrique vénitienne des XVe et XVIe siècles et se mirent à les décorer de gravures exécutées soit au touret, soit au diamant.

« De cette union de deux industries séparées par plus d'un siècle, et cependant accolées sur un même objet, naît souvent une grande indécision de provenance.

« Le meilleur moyen, et peut-être le seul à employer pour qui veut chercher à distinguer le lieu de fabrication d'un verre, consiste non à juger la provenance par la forme, car la Bohême a imité les formes italiennes, mais bien seulement par la nature du verre, tout à fait différente dans chacun de ces deux pays. Le verre italien est très léger, d'une couleur tirant souvent sur le vert, et laissant voir souvent ses bulles, tandis que celui de Bohême est excessivement limpide et

[1]. *La Verrerie depuis les temps les plus reculés jusqu'à nos jours.*

lourd. Le poids et la couleur sont donc, à notre avis, les deux seuls moyens de décider la provenance.

« Cette question intéressant les nombreux amateurs de notre époque, nous allons citer les propres paroles de M. J. Labarte, qui, dans la matière, est un des savants dont l'avis a le plus de poids. « Le Musée de Cluny conserve un verre à tige élevée, sur lequel est gravé le portrait en pied du prince Frédéric de Nassau, avec une inscription allemande; un autre verre avec les armes d'Espagne; un gobelet à pied, sur lequel on a reproduit une chasse avec une inscription hollandaise et la date de 1664; et un grand verre avec les écussons des sept Provinces-Unies : toutes ces gravures sont faites au diamant. Il ne faut donc pas prendre pour des verres de Bohême ces vases vénitiens dont la gravure n'a été faite que plus d'un siècle après leur confection »[1].

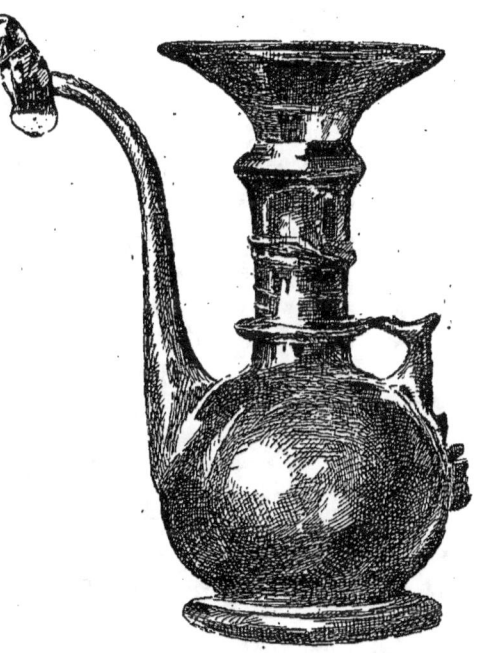

Fig. 140. Verrerie orientale *(Musée de Limoges)*.

Mais si l'Allemagne ne nous offre, à peu d'exceptions près, que des produits paraissant sortir tous du même moule; si, dans la Bohême, nous ne trouvons généralement qu'un mode uniforme d'ornementation obtenu par la gravure, en Italie, au contraire, mille formes variées prouvent combien l'imagination des artistes vénitiens était fantastique, folle parfois, bizarre, mais sachant conserver presque toujours cette élégance, ce cachet d'originalité qui plaît à l'esprit et captive le regard.

Un philosophe chrétien du temps de Louis XIII, René François, « Prédicateur du Roy », dans son *Essay des merveilles de nature et des plus nobles artifices*, feint de croire que le verre est une eau con-

[1]. J. Labarte, *Histoire des Arts industriels au moyen âge et à l'époque de la Renaissance.*

gelée, et il s'écrie : « Qui est allé chercher dans le sein du sable et du gravier ce métal frêle et délicat, fait pour les yeux et pour la lèvre, ce beau thrésor qui fait que le vin rit en se voyant enfermé dans le sein miraculeux de son ennemie mortelle, l'eau, façonnée en coupes et en cent mille figures ? Mourano de Venise a beau temps d'amuser ainsi la soif, et remplissant l'Europe de mille et mille galanteries de verre et de chrystal, fait boire les gens en dépit qu'on en ait : on boit un navire de vin, une gondole ! on avale une pyramide d'hypocras, un clocher, un tonneau, un oyseau, une baleine, un lion, toute sorte de bestes potables et non potables ! Le vin se sent tout étonné prenant tant de figures, voire tant de couleurs, car dans les verres jaunes, le vin clairet s'y fait tout d'or, et le blanc se teint d'escarlate dans un verre rouge. Ne fait-il pas beau voir avaler un grand trait d'escarlate, d'or, de lait ou d'azur » !

Voyez, en effet, ces verres sablés d'or ou décorés de parcelles d'or intérieures, ces verres craquelés ressemblant à de la neige durcie ! Voyez ces verres filés, tellement en honneur au commencement du xvie siècle, que Fugger, ce richissime banquier d'Augsbourg, qui, non content de chauffer Charles-Quint, son hôte, avec des fagots de cannelle, les allumait encore avec la reconnaissance d'une très forte somme que le souverain lui avait empruntée, ne trouva rien de plus rare, de plus digne d'être offert à son impérial visiteur, qu'un petit vaisseau en verre fondu, filé, coulé et tordu.

Eh bien, dit M. Sauzay, malgré ces mérites incontestables, la verrerie italienne a eu et a encore aujourd'hui des détracteurs qui lui reprochent d'être non seulement peu pratique, mais encore d'un usage impossible.

« Si, dans ces objets d'art, de curiosité même, on ne veut trouver que de simples verres à boire, remplissant le rôle de ceux dont nous nous servons tous les jours ; si, en un mot, l'usage pratique est la seule chose qu'on doive estimer ici-bas, certes, les improbateurs auront gain de cause ; mais, avant de condamner en dernier ressort tel système de fabrication que ce soit, il est indispensable de connaître pour quel usage l'objet a été fait. Nous allons tâcher de démontrer sur quelle erreur repose le reproche adressé à la verrerie italienne.

« De ces formes contournées, de cette superfétation de fleurettes, d'appendices en forte saillie et d'animaux enroulés portant sur leur tête une large crête, en un mot, de l'impossibilité matérielle de se servir de ces verres dans la vie habituelle, ne faut-il pas conclure, non seulement que les Vénitiens en avaient d'autres plus usuels, mais encore que ceux dont nous nous occupons n'étaient alors que ce qu'ils sont aujourd'hui, c'est-à-dire de simples objets de luxe, qui, placés sur des crédences, venaient se mêler à d'autres curiosités. »

Toutes les verreries qui nous sont parvenues n'ont pas été coulées à Murano, en Bohême et en Allemagne. Il en a été fait de charmantes en France, au XVIe siècle, dans le Poitou et en Lorraine particulièrement. On voit un de ces verres dans la riche collection de M. Félix Slade, en Angleterre, qui est très remarquable tant par le mérite de la forme que par celui de la peinture émaillée qui le décore. « Au centre de la coupe est un seigneur portant le costume de Henri II, tenant à la main un bouquet qu'il offre à une dame, et, afin qu'on ne doute pas de sa pensée, on lit sur une banderolle : IE SVIS A VOVS. Ne voulant pas, à ce qu'il paraît, être en reste de courtoisie, la dame tient un cœur cadenassé portant ces mots : MO CŒVR AVES. Dans un troisième compartiment se trouve un bouc, armes parlantes qui s'expliquent doublement par la légende placée sur la partie supérieure de la coupe : IE SVIS A VOVS. — JEHAN BOVCAV ET ANTOINETTE BOVC. La rareté de ces verres, surtout ceux à personnages, s'explique par deux raisons : la première, le prix assez élevé de la peinture ; la seconde, l'unité de chacun d'eux, car ces verres portant le portrait et souvent le blason du propriétaire, et ne devant servir qu'à lui, n'avaient que bien rarement leur semblable »[1].

Ajoutons que les collectionneurs de verreries artistiques ne datent pas d'aujourd'hui en France. Michelle Gaillard de Longjumeau, veuve de Robertet, ce riche financier du temps de Charles VIII, Louis XII et François Ier, mentionne dans l'Inventaire des biens de son mari, rédigé par elle en 1532 : « Quatre cens beaux verres de toutes les couleurs et autres vaisseaux de cristaux de Venise, gentillisez des plus jolies gayetés que les verriers ne sçauroient inventer ».

Consacrons maintenant quelques mots à la vitrerie d'art et aux vitraux peints.

« De toutes les importations de l'Orient, dit quelque part M. Vitet, il n'en est peut-être pas qui se soient répandues avec plus de faveur et plus universellement que le goût et le besoin des couleurs. On en vint à vouloir que tout fût coloré, tout, jusqu'à la lumière, et les rayons du soleil ne pénétrèrent plus dans les habitations qu'à

---

[1]. Sauzay, *La Verrerie*.

travers du rouge, du jaune et du bleu. L'usage des vitraux peints n'a pas eu d'autre origine. Déjà aux viie et viiie siècles, au commencement du ixe, puis au xie, cette passion avait fait quelques conquêtes, mais partielles et peu durables; au retour de la croisade, la couleur triompha, et pendant trois siècles la France en fut amoureuse, comme la Grèce l'avait été de tout temps ».

Mais ce n'est pas chez nous que la peinture sur verre a pris naissance. Suivant M. Jules Labarte, cette gloire pourrait bien être revendiquée par l'Allemagne. En effet, on lit dans la chronique de Richer, moine du monastère de Saint-Remy, qu'Adalbéron, Allemand de naissance, ayant fait restaurer l'église de Reims (en 989), « lui donna des cloches de bronze, et l'éclaira par des fenêtres où étaient représentées *diverses histoires* ».

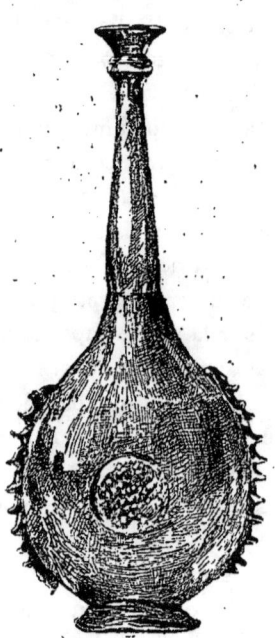

Fig. 141. — Verrerie orientale.

Après eux viennent les vitraux peints par le moine Vernrher (1068-1091) qui subsistent encore dans l'abbaye de Tegernsée, en Bavière, et qui ont été donnés par le comte Arnold, que l'abbé Gosbert remercie en ces termes : « Jusqu'à présent, les fenêtres de notre église n'étaient fermées qu'avec de vieilles toiles. Grâce à vous, pour la première fois, le soleil promène ses rayons dorés sur le pavé de nos basiliques, en pénétrant à travers *des peintures* qui s'étalent sur des verres de diverses couleurs ».

Quoi qu'il en soit, les vitraux peints ne s'introduisirent en France que vers le milieu du xie siècle. Si l'on considère l'effet général, l'harmonie des teintes et la richesse des couleurs, le bel âge du vitrail, c'est le xiiie siècle, surtout le temps de saint Louis. A mesure qu'on s'écarte de cette époque, les productions des peintres verriers perdent de leur mérite. Les vitraux sont moins brillants de ton, moins harmonieux de couleur. Il y avait dès lors une disposition évidente à substituer le dessin à la peinture; on faisait un plus grand usage qu'au xiiie siècle des tons jaune et vert pâle. Enfin, les morceaux de verre étaient plus grands, et les plombs conséquemment plus écartés.

C'est alors que le vitrail, devenu essentiellement religieux, fut appliqué de nouveau à la décoration civile. Au xive siècle, les riches avaient à leurs fenêtres des vitres peintes représentant des fleurs, des moissons, des fêtes villageoises. Avec des rubans de plomb, le vitrier unissait les divers morceaux de verre, il rassemblait et fixait dans les panneaux les diverses parties des belles scènes qu'avait dessinées le peintre verrier. Ces vitres peintes, il est vrai, étaient un objet d'apparat et de magnificence qui n'appartenait guère qu'aux temples, aux palais et aux maisons des grands seigneurs, comme le montrent les miniatures du temps. Les vitres en verre blanc, à carreaux losangés, étaient réservées aux bourgeois.

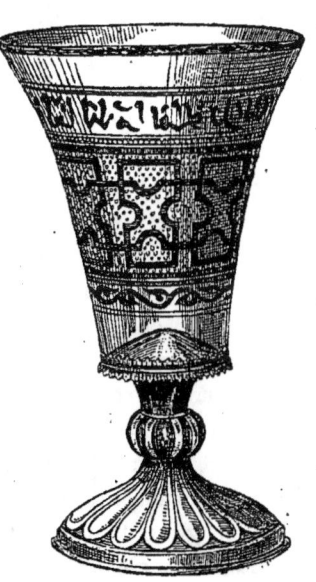

Fig. 142. Coupe de Charlemagne.

La couleur est une chose importante à considérer dans les vitraux du xve siècle et du commencement du xvie. Sans doute, à cette époque, il y a des vitraux éblouissants de coloris dans lesquels le rouge le plus éclatant rivalise avec le bleu le plus velouté, le vert et le jaune les plus transparents ; mais aussi bien souvent, à partir du xve siècle, les teintes blanchâtres ou jaunes dominent ; les tons clairs s'emploient surtout dans les dais et les pinacles qui encadrent les figures ; cette tendance à abandonner la couleur finit par faire de tels progrès que, au xvie siècle, on adopta presque généralement les grisailles ou vitraux dans lesquels le jaune pâle et le gris jaunâtre occupaient la plus grande place.

Chez les particuliers, les vitraux cédèrent également peu à peu le pas aux vitres blanches. Un grand nombre de manuscrits du xve siècle sont effectivement ornés de miniatures, où l'on voit des fenêtres de verre blanc relevé seulement de lacs, de chiffres et de devises en couleur. Montfaucon en a fait graver plusieurs au tome troisième de ses *Monuments de la Monarchie française*.

Ces vitres blanches, à légères lames de plomb, suivant les *Lettres patentes du roi* du 24 juin 1467, relatives aux voirriers, excitaient les regrets des admirateurs du temps passé, lesquels redemandaient les anciennes vitres jaunes, vertes, bleues, rouges, telles qu'on les voit dans les miniatures du siècle précédent. Cependant la mode nouvelle continua, d'autant plus que les images de couleur se voyaient bien mieux, enchâssées au milieu du verre blanc, et n'interceptaient pas, comme les anciens vitraux, l'éclat du jour. De là, cet universel changement qui rendit les vitres plus communes. C'est au point qu'au xvi° siècle les gens riches ne voulaient plus ombrager les vitres de leurs beaux appartements que par des grilles de plomb losangées.

Seules les fenêtres des églises et des palais avaient conservé leurs vitraux. Jean Cousin, qui vivait à cette époque, en peignit un grand nombre avec succès. On voyait autrefois dans une salle du *Musée des Monuments français*, organisé par Alexandre Lenoir, un portrait en pied de François Ier, en habit de cour, de la plus grande beauté, et deux autres vitraux immenses représentant des sujets tirés de l'Apocalypse, dans lesquels le célèbre artiste avait réuni toutes les ressources de ce bel art éminemment français.

« La composition, écrivait en 1806 le savant achéologue, en est vigoureuse ; elle représente la chute du monde ou les approches du jugement dernier : la terre est ébranlée ; des flammes soulèvent les flots de la mer roulant des malheureux qui cherchent à combattre la mort qui veut les frapper. Des anges, au milieu des éclairs, sonnent la trompette universelle. Ces contrastes sont frappants et touchent l'âme du spectateur. Chacun des sujets est divisé par encadrements peints en grisaille, formant des voûtes, de façon à donner de la profondeur aux tableaux. On voit dans les angles du haut, les chiffres de Henri II et de Diane de Poitiers, et, dans le bas, des groupes, des trophées de guerre, ornés de salamandres. Plusieurs de ces vitraux, que Jean Cousin avait peints pour la chapelle de Vincennes, ont été très dégradés par les passants, qui y lançaient des pierres. Au bas de l'un des deux, on voit la Vierge portant l'enfant Jésus sur ses genoux. Ces peintures sont sublimes ; elles ont plutôt l'air d'être exécutées sur la toile que sur le verre. Jean Cousin y a réuni et employé toutes les ressources de son art. Son dessin semble être celui de Jules Romain ; sa couleur et son faire celui du Corrège.

« Une fausse tradition annonçait que Jean Cousin avait exécuté ces peintures sur des cartons de Jules Romain ; c'est une erreur accréditée par des gens qui ne savent pas trouver dans les ouvrages des grands maîtres les traits sublimes du génie qui les caractérisent, de manière à ne pas douter de l'auteur. Je suis heureux de combattre un bruit suscité, peut-être du temps même du peintre, par la jalousie de ses contemporains, et que depuis l'ignorance ou l'indifférence des artistes a laissé parvenir jusqu'à nous. C'est une palme de plus que j'ai l'orgueil d'attacher à la gloire de Jean Cousin [1] ».

Tandis que le vitrail français rentrait dans le giron de l'église, en Suisse, il devenait purement civil. « Les Suisses, dit M. Ph. Burty, peignirent sur les vitres de leurs hôtels de ville, de leurs tavernes ou de leurs intérieurs bourgeois, des légendes gaies ou sentimentales. C'est là que l'on rencontre les frères de ces gros, gras et blonds soudards, avec des armoiries, des écus, des casques à panaches furieux, voire de charmants paysages. Ces vitraux suisses, qui ne sont pas rares, sont souvent d'un éclat incomparable. Ils disent la vie de foyer, avec la légende racontée au bruit du rouet qui ronronne, l'existence calme du savant qui suit son rêve, penché sur l'épais in-folio ouvert, et sur lequel la lumière irisée tombe en peignant vaguement des miniatures... Au Moyen Age, le vitrail avait été la Bible illustrée du pauvre monde. A la fin du xvie siècle, il fut le livre de la bourgeoisie ».

L'art de colorer le verre et de rendre sur cette matière des dessins de la plus grande perfection, tomba tout-à-coup en désuétude. Tout passe, tout change, et la vue continuelle des belles choses fatigue souvent celui qui en jouit. Cet abandon presque total que l'on fit de la peinture sur verre au xviie siècle multiplia les vitrages de luxe chez les particuliers.

Nos aïeux, en effet, ne cherchaient pas seulement dans l'usage des vitres blanches un abri contre les injures de l'air, ils y cherchaient aussi dans leur arrangement une récréation pour la vue. Les vitriers faisaient aux croisées et aux fenêtres différentes figures au moyen de compartiments, qu'ils façonnèrent successivement en leur donnant différents noms. Les plus anciennes de ces figures furent la *pièce carrée* et la *losange*. Il y en eut par la suite d'autres qu'on appela *bornes en pièces couchées*, *bornes en pièces carrées*, *doubles bornes*, *triples bornes*, soit en *pièces carrées*, soit en *bornes couchées* ou *tranchoir pointu*, *bornes longues*, *tranchoir en losange* ou *Miramondès*, *tranchoirs pointus en tringlettes doubles*, *tringlettes en tranchoir*, *chaînons debout* et *chaînons renversés*, *moulinets en tranchoirs simples*, *moulinets en*

---

[1]. Alexandre Lenoir, *Description historique des Monuments réunis du Musée des Monuments français*, 1806.

tranchoirs évidés, moulinets doubles, moulinets en tranchoirs pointus, à la table d'attente, croix de Lorraine, molette d'éperons, feuilles de laurier; bâtons rompus, du dé simple, du dé à la table d'attente, de la façon de la Reine, de la croix de Malte, de la rose de Lyon, de la façon du val de Grâce, etc., etc.

L'école romantique a non seulement fait revivre en France la peinture sur verre, mais la passion du Moyen Age, inspirée par le roman de *Notre-Dame de Paris*, poussa les amateurs d'objets d'art à rechercher et à collectionner les vitraux anciens, qu'ils ne tardèrent pas à appliquer à la décoration intérieure des appartements de luxe. Ce qui permit à Théophile Gautier d'écrire les vers suivants, tirés de ses *Premières Poésies* (1830) :

> Des losanges de plomb ceignent
> Les vitraux coloriés,
> Où les feux du soleil teignent
> Les reflets errants qui baignent
> Les plafonds armoriés.

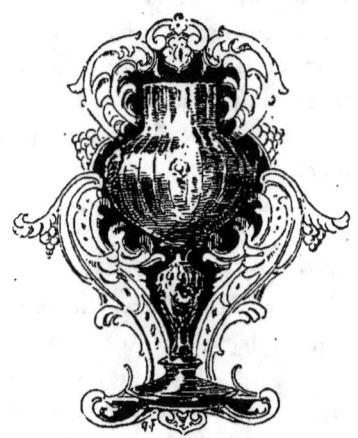

Fig. 143   Verrerie vénitienne (xvi° siècle).

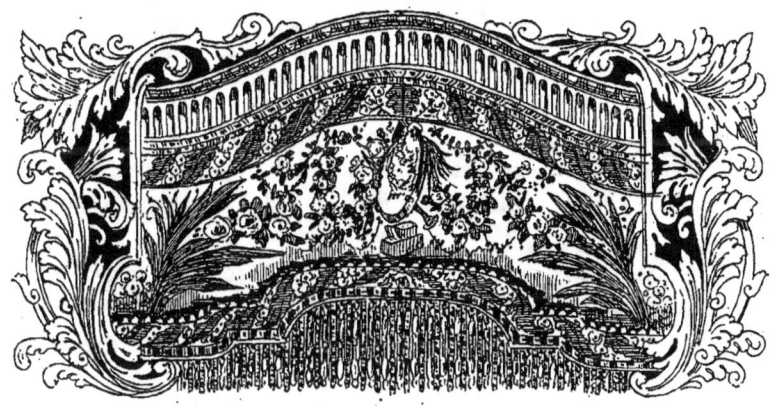

Fig. 144. Ciel de lit (xviiie siècle).

XXIII.

LES ÉTOFFES ET LES SOIERIES.

vant les tapisseries, qui couvrent le sol et décorent les murs, nous allons parler des étoffes précieuses qui, par leur couleur et leur ornementation, ajoutent tant de charmes à la splendeur des vitrines.

Parmi les tissus célèbres de l'antiquité, il faut citer certaines étoffes de laine fine et de poil de chèvre, qui devaient ressembler assez à nos mérinos. Celles de Tarente, selon Pline, passaient pour les plus belles et s'imposaient comme objet de luxe en ce temps où la soie n'avait pas fait encore son apparition.

Cette espèce d'étoffe fut surtout en vogue parmi les femmes. Dans les *Dialogues des Courtisanes* de Lucien, la mère de Musarium dit à sa fille qu'elle accable de reproches : « N'es-tu pas honteuse d'être la seule de tes compagnes qui n'ait ni pendants d'oreilles, ni colliers, ni robe de Tarente ? » Le rhéteur Alciphron, dans ses *Lettres grecques*, fait dire de même à l'hétaïre Pétala : « Je n'ose sortir de chez moi ni aller voir mes amies, avec cette vieille robe de Tarente que je porte depuis un siècle ».

La voluptueuse Milet n'avait pas moins acquis de célébrité par ses étoffes de pourpre, par les choses les plus rares et le plus à la mode, qu'elle fournissait au luxe d'Athènes. Telles étaient les robes de laine très fines, de différentes couleurs, qui portaient le nom du pays où on les fabriquait, entre autres « les robes superbes de Sicile » que, dans les *Lettres* d'Alciphron, Eutibule donne généreusement à sa maîtresse.

Cos produisait aussi ces fameuses étoffes connues sous la dénomination de *bombycina* ou *étoffes de Cos*. Quant aux étoffes mélangées de lin et de soie, si légères et si fines que saint Grégoire de Nazianze les nomme des étoffes aériennes, elles ressemblaient aux *bombycina*, beaucoup plus communes que les soieries; elles figuraient cependant parmi les étoffes de luxe, puisque Pline regarde comme une honte de les avoir adoptées pour les vêtements d'été, et Ovide, Properce, Tibulle et Juvénal en parlent comme d'une chose très recherchée. Il est remarquable que presque toujours chez ces poètes, c'est aux bombycines de Cos qu'il est fait allusion. Ces bombycines étaient légères, moelleuses, et formaient des plis gracieux. Horace et Martial font allusion à leur extrême transparence; il semble même que cette transparence et cette légèreté fussent le principal caractère de ce genre de tissu, dont les mousselines des Indes sont le type [1]. Ces étoffes précieuses, qui selon les expressions de Tertullien, quoique minces et légères en elles-mêmes, sont bien pesantes si l'on en considère le prix, étaient appelées par Pétrone du vent tissu, *ventus textilis*, parce qu'on voyait au travers comme dans une nuée, *nebula linea*. Varron comparait de même les vêtements faits avec ces espèces de gazes, à des vêtements de verre, *vitreas togas*. Elles avaient donc toutes les qualités qui mettaient en vogue une étoffe faite, pour ainsi dire, avec

> De l'or filé, de l'air tissu, comme ces toiles
> Qui flottent, blancs réseaux détachés des étoiles.

Au dire de Pline, Attale, roi de Pergame, est le premier qui ait fait mêler l'or aux matières textiles. Apulée, dans ses *Métamorphoses*, parle d'habillements de soie tissus avec de l'or; et Jules Capitolin, *Vie de Pertinax*, mentionne également une robe « tramée d'or sur chaîne de laine ou de soie », ayant appartenu à l'empereur Commode. Ces sortes de vêtements étant extrêmement lourds, Ovide, dans l'*Art d'aimer*, conseille aux femmes de ne point porter « ces brocarts tout pesants d'or, qui gêneraient péniblement leur démarche ».

L'usage des étoffes tissues d'or et de soie se répandit par la suite

1. Ernest Pariset, *Histoire de la soie*.

à un tel point, que les femmes chrétiennes, selon saint Clément d'Alexandrie, sortaient parées de « ces longs vêtements travaillés avec une curieuse recherche, où brillent et s'entremêlent des fils légers d'or et de soie ».

Les anciens avaient donc comme nous des étoffes tissues d'or sur trame de laine ou de soie, mais ils nous surpassaient comme luxe et comme richesse en fabriquant des étoffes tissues d'or pur et sans aucun alliage. C'est ce que nous apprennent Pline et Dion Cassius, lorsqu'en parlant d'Agrippine, femme de Claude, ils disent que cette princesse assista à une *naumachie* ou combat naval, vêtue d'un *paludamentum tissu d'or pur*. Le naturaliste latin remarque à cette occasion que Tarquin l'Ancien avait déjà porté une robe d'or *(tunica aureum)*. Lampridius dit également, en sa *Vie d'Héliogabale*, que cet empereur portait une robe uniquement de fils d'or *(inductus est aurea, omni tunica)*.

« Depuis mon séjour à Rome, écrivait au siècle dernier le savant Winckelmann, on a découvert deux urnes funéraires dans lesquelles il y avait des habits ainsi faits d'un or pur, que les possesseurs firent fondre sur le champ. Les Pères du collège Clémentin, dans la vigne desquels on a trouvé la deuxième urne, ont avoué qu'ils avaient tiré des habits qu'elles renfermaient, quatre livres d'or; mais il est probable qu'ils n'ont pas accusé juste ».

Les franges d'or et d'argent, le brocart et enfin les étoffes damassées ou brochées de dessins à compartiments qui n'avaient jusqu'alors servi qu'aux nations efféminées de l'Asie, prirent place dans le costume romain. Ammien Marcellin, dans le tableau qu'il fait de Rome à l'an 353, dépeint les élégants retroussant du côté gauche leur *lacerna* ou ample manteau gaulois, afin que l'on pût admirer les figures d'animaux introduites dans le tissu de leur tunique.

Les auteurs anciens nous laissent ignorer si, dans les siècles florissants de la Grèce, on connaissait la soie. Tout porte à supposer cependant qu'ils n'en firent point usage, Pamphile, de l'île de Cos, à laquelle plusieurs écrivains attribuent la découverte du parti qu'on pouvait tirer de cette matière, ayant vécu plusieurs siècles avant que l'on connût la soie du pays des Sères, ou de la Chine, c'est-à-dire la véritable soie. Le tissu si renommé, qui se travaillait dans l'île de Cos n'était, comme on l'a vu, qu'un très beau coton [1].

Mais il est certain que la soie s'introduisit à Rome au temps des

---

1. Bezon, *Dictionnaire général des tissus anciens et modernes*.

empereurs, époque où le luxe des étoffes précieuses ne connut plus de bornes. L'Italie alors faisait venir les soieries de l'extrême Orient. Aussi une livre de soie valait-elle une livre d'or. Aurélien, au rapport de Vospicus, en entendant l'impératrice, son épouse, lui demander une robe de ce tissu teint en pourpre, s'écria : « Que Jupiter me préserve de donner tant d'or pour si peu de fil » ! Tacite dit que vers la fin du premier siècle avant notre ère, non seulement les femmes mais les hommes adoptèrent les tissus de soie pour leurs vêtements : le pillage des riches et luxueuses provinces d'Asie avait sans doute momentanément rendu ces étoffes assez abondantes dans Rome. On en usa plus tard avec prodigalité. Solin déplore le dommage causé à l'austérité des mœurs par la coutume qu'ont prise les hommes de se vêtir avec des soieries.

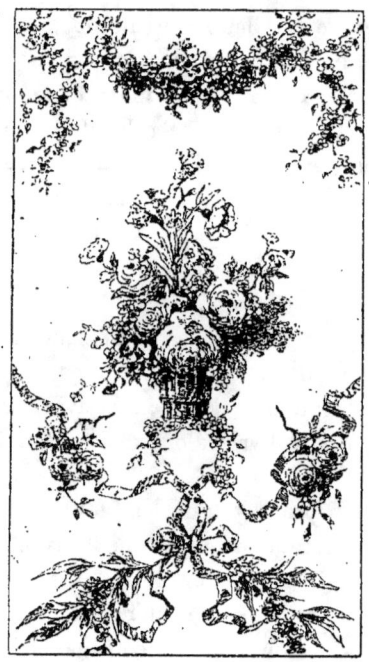

Fig. 145. Soierie lyonnaise (XVIIIe siècle).
Tenture dite à la Corbeille de fleurs.

Rome eut aussi connaissance des étoffes de soie à couleurs changeantes. Philostrate, parlant du manteau d'Amphyon, dit qu'il n'était pas d'une seule nuance, mais qu'il en changeait suivant les différents aspects. Il est probable qu'il veut parler de cette espèce de soieries.

Les draperies de plusieurs peintures antiques d'Herculanum et de Pompéi offrant plusieurs couleurs changeantes particulières, telles que le rouge, le violet ou le bleu céleste dans les creux, et le vert sur les saillies, ou bien le violet dans les creux et le jaune sur les saillies, ne laissent pas de doute à cet égard. « Ces nuances, dit Winckelmann, dénotent des étoffes soyeuses, mais dont le fil de la chaîne et celui de la trame avaient été teints à part, chacun dans l'une de ces deux couleurs, avant d'avoir été mis en œuvre. Au moyen de cet artifice, ajoute-il, les fils de la chaîne et celui de la trame reçoivent alternativement la lumière suivant le jet des draperies et selon la direction des plis ».

C'était bien là l'étoffe curieuse par excellence, celle qui devait surexciter le luxe et se prêter aux plus brillants emplois. L'art de travailler la soie se perfectionna à Byzance dès le règne de Justinien et de là passa en Sicile, où cette étoffe entra de bonne heure dans la toilette de luxe. L'écrivain arabe Ibn Djobaïr, décrivant le costume des dames de Palerme à l'occasion de la fête de Noël, en 1185, rapporte qu'elles sortaient « habillées de robes de soie couleur d'or, enveloppées de manteaux élégants, couvertes de voiles de couleur, chaussées de brodequins dorés, et se pavanaient dans leurs églises, surchargées de colliers, de fard et d'odeurs, tout à fait en toilette de dames musulmanes ».

De Sicile, la soie s'introduisit en Italie, notamment à Venise, puis en Espagne, en Portugal et enfin en France. L'étoffe employée alors de préférence était le *cendal*. Elle ressemblait au *taffetas*. Sa couleur la plus ordinaire était le vermeil. On en faisait des couvertures et des habits. Il y avait aussi des cendaux verts et bleu sombre, jaunes, gris, et *partis*, ou de plusieurs couleurs à la fois.

Après le cendal venaient le *paile alexandrin*, drap de soie brochée dont Alexandrie était l'entrepôt;

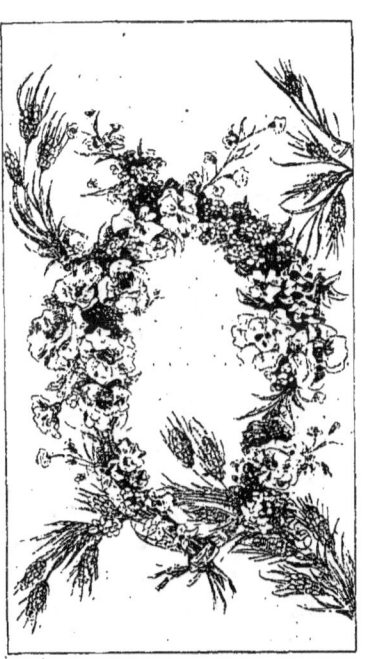

Fig. 146. Soierie lyonnaise (XVIIIᵉ siècle).

l'*osterin*, drap de soie teint en pourpre; le *siglaton*, espèce de brocart originaire d'Orient. Cette dernière étoffe, très en faveur aux XIIᵉ et XIIIᵉ siècles, est souvent citée dans les poèmes du Cid. On l'employait pour vêtements d'hommes et de femmes, et autres objets.

Al fu s'asiet sor biaux tapis
Sor oreilliers de siglaton,

dit l'auteur de *Parthenopex de Blois*. Ajoutons que l'amie du héros qui donne son nom au roman que nous venons de citer, est vêtue d'une robe de siglaton. Le siglaton, qui paraît avoir été surtout rouge, servait aussi comme tentures.

Selon M. Francisque Michel[1], on fabriquait en France, dès le XIIe siècle, des étoffes de soie tissues d'or. Dans le *Roman de Perceval*, il est question de tisserands qui font

<blockquote>Des dras de soie à or battus,</blockquote>

et l'ancien trouvère, auquel on doit *La Branche des royaux lignages* parle de

<blockquote>
Mainte cointise propre et gènte
Tissue à or à grant entente
Et à mainte couleur diverse,
Ynde, vermeille, jaune et perse.
</blockquote>

Suivant le chroniqueur Mathieu Paris, on appelait de son temps (1251) *cointises* les habits de fête, les vêtements de soie.

Au nombre des tissus précieux recherchés à cette époque, figure également le *samit*, étoffe de soie plus riche que le cendal. C'était, au XIIe et au XIIIe siècle, l'étoffe de luxe réservée aux gens de condition élevée. On teignait le samit généralement en vert, couleur fort en faveur alors pour les étoffes. Boccace nous montre une jeune fille vêtue d'un samit vert et très parée, « vestita d'uno sciamicto verde, et ornata molte », et Arioste habille de vert les folâtres demoiselles qui introduisent Roger dans le Paradis d'Alcine. On trouve des samits verts dans l'*Inventaire de Pierre de Gaveston*, dressé en 1313, et dans le *Compte de l'Argenterie* des rois de France, au XIVe siècle. Quel motif pouvait-il y avoir à préférer la couleur verte à toute autre? Le vert, comme le dit Armado dans les *Peines d'amour perdues*, de Shakespeare, est la couleur des amants. Il était aussi celle de l'inconstance, comme le remarque Tyrwhit dans l'une de ses Notes aux *Canterbury Tales* de Chaucer.

Le samit était aussi quelquefois une espèce de drap d'or, car vers la fin du XVe siècle, quand Charles le Téméraire épouse Marguerite d'Yorck, « elle estoit, dit Olivier de la Marche, vestue d'un drap d'or blanc en habit nuptial, comme il appartient en tel cas ». En effet, l'auteur du *Dictionnaire universel du Commerce*, Jacques Savary des Bruslons, art. *samis* ou *samitis*, définit ces mots par « étoffe très riche lamée et tramée de lames d'or ».

L'*Inventaire de Charles V* mentionne également « vingt pièces de draps d'or très fins sur champ roze », probablement en usage, comme tous les draps de cette couleur, chez les dames nobles, ainsi que cela

---

[1]. *Recherches sur le commerce, la fabrication et l'usage des étoffes de soie, d'or et d'argent, en Occident, principalement en France, pendant le Moyen Age.*

est démontré dans un Compte de la Cour de Bourgogne : « Sept aulnes de drap de layne rose », pour une demoiselle à qui cette nuance était permise en raison de son rang.

La Renaissance renchérit sur le Moyen Age. Les splendides étoffes dont on vient de parler étaient devenues encore plus somptueuses. Draps d'or frisé, diaprés ou damassés, toiles d'or et d'argent, tout était d'un luxe inouï. Puis c'étaient des soieries de Flandre, d'autres de l'Italie avec feuillages et oiseaux ; ailleurs des damas de Venise avec branches de chêne et brillantes arabesques s'enlevant sur fond d'or.

« C'est que l'art est désormais acquis ; voilà le XVI° siècle, avec son goût si pur, ses hardiesses magnifiques ; Florence, Venise, Lyon, Tours, vont entrer en lutte, rivaliser de chefs-d'œuvre ; l'or, le velours et la soie vont étaler leurs mosaïques sur les luxueux tissus, et pour juger à quelles splendeurs, à quelle variété pourront atteindre les artistes, ce n'est plus à de simples échantillons épars dans les collections qu'il faut recourir ; c'est aux tableaux des maîtres, depuis les primitifs qui rendront les draps d'or, les damas, avec cette minutie permettant presque d'en compter les fils, jusqu'aux grandes scènes de Paul Véronèse, qui nous montrera l'effet splendide, le ruissellement lumineux des brocards et des satins figurés, des velours à parterre et des brocatelles »[1].

Le velours, appelé *veloux*, *veluel*, *veluyau*, eut une telle vogue à partir du XV° siècle, qu'on se vit forcé de l'interdire, excepté pour les princes et les princesses. Ronsard en fit en ces termes compliment à Henri II :

> Le velours trop commun en France,
> Sous toi reprend son vieil honneur,
> Tellement que la remontrance
> Nous a fait voir la différence
> Du valet et de son Seigneur.....

Il n'en était plus de même au siècle suivant, où l'usage du velours devint général. Voici ce qu'on trouve à cet égard dans une satire de Courval Sonnet (1621), dirigée contre les vêtements des enrichis et des financiers du temps :

> Ce ne sont que manteaux doublés de plein velours,
> De velours figuré, relevé à feuillage,
> De satin esgraffé, en damas à ramage,
> De taftas façonné, découpé, chiqueté,
> Chamarré de clinquant, fil d'or ou argenté, etc.

1. Albert Jaquemart, *Histoire du mobilier*.

Les étoffes les plus usitées, après le velours, furent le satin, la moire et une soierie à petits bouquets d'or ou d'argent, qu'on appelait *brocatelle*. Venaient ensuite le tabis, le taffetas et la camelotine.

A partir de ce moment, le goût des étoffes de luxe tend à disparaître. En 1677, le *Mercure galant* disait, à propos du costume des hommes : « Plus d'étoffes somptueuses. L'élégance est dans la coiffure, la chaussure, la beauté du linge… ». On revint bientôt, il est vrai, pour les femmes, aux tissus brochés en or ou en couleur, à ramages si grands, dit un historien, qu'il n'y eut plus de différence entre l'habillement du corps et les rideaux des fenêtres.

Mais leur dernière heure était venue, à ces belles étoffes imitées de la Renaissance; et si le XVIIIe siècle conserva la mode, pour l'hiver, de draps de soie à grands ramages et des célèbres toiles peintes qu'Oberkampf avait inaugurées à Jouy, en 1750, l'été, on eut recours aux soies légères, aux cotonnades de l'Inde, au basin, à la mousseline, au tulle et à la gaze, frivoles avant-coureurs du *drap à la Révolution*, paru en 1789, et du linon transparent du Directoire.

Fig. 147.

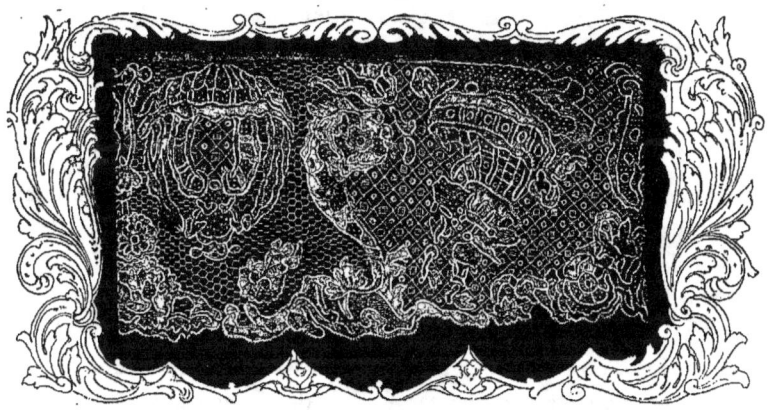

Fig. 148. Point d'Argentan.

XXIV.

LES BRODERIES ET LES DENTELLES.

Quel plus grand service à rendre aux arts, a dit Léon de Laborde, que d'écrire l'histoire de la broderie; ce serait non pas le complément, mais l'introduction et l'accompagnement obligé d'une véritable histoire de la peinture ».

Nous n'avons pas de si hautes visées. Toute notre ambition consiste à compléter les renseignements que nous avons donnés sur les tissus, en ajoutant quelques détails peu connus sur les merveilles enfantées par l'art du brodeur et par l'aiguille de nos aïeules.

C'est en Orient que la broderie ou peinture à l'aiguille, *acupictura*, a pris naissance. Les Egyptiens étaient d'habiles brodeurs; ils savaient représenter des animaux avec des fils de lin de couleurs diverses. Les étoffes assyriennes, célèbres pour l'éclat de leurs broderies, représentaient des figures humaines ou symboliques, des processions d'animaux, des fleurs et autres emblèmes[1]. Les châles babyloniens n'étaient pas moins estimés à Rome, où, suivant Lucrèce, ils servaient de couvertures de lit.

Servius, le commentateur de Virgile, attribue l'invention de la

[1]. Dupont-Auberville, *L'Ornement des tissus.*

broderie aux Phrygiens. C'est par leur intermédiaire et par celui des Phéniciens que durent venir aux Grecs les premiers produits de l'industrie orientale. La broderie était tellement en Phrygie un art national qu'on donnait à Rome le nom de *Phrygiones* aux brodeurs. En effet, dans l'*Aululaire* de Plaute, le *Phrygio* figure avec l'*aurifaber* (orfèvre) et le *lanarius* (tisserand).

Non seulement les Phéniciens teignaient en leur pourpre si vantée les fines toisons des troupeaux de la Syrie, mais ils avaient aussi la réputation d'être d'habiles brodeurs. Aussi voyons-nous dans Homère le ravisseur d'Hélène rapporter à Troie de riches voiles brodés par les mains industrieuses des femmes de Sidon. Hélène apprit peut-être des Sidoniennes cet art dans lequel elle excellait et qui, par sa délicatesse, semble fait pour des doigts féminins. La célèbre princesse grecque était effectivement passée maîtresse dans l'art de la peinture textile, puisqu'elle figurait de ses mains dans la toile des scènes de la guerre de Troie.

Plus loin, c'est un autre voile aux couleurs variées et non moins riches, que Minerve avait tissé et brodé, une robe sortie des mêmes mains et embellie des broderies les plus variées; c'est enfin un tissu, ample vêtement de pourpre sur lequel, dans sa haute demeure, Andromaque brodait mille fleurs variées, au moment où des cris de détresse lui apprirent la mort d'Hector.[1]

Mais bien qu'en parlant des broderies exécutées par ses héroïnes, Homère se complaît dans des descriptions magnifiques, il ne fait jamais mention que de laine d'une seule couleur. Les travaux à l'aiguille qu'il décrit sont des figures et des fleurs d'un même ton, représentées sur un fond différent, avec une teinte commune et sans aucune nuance. Il y avait loin de là aux étoffes brodées que le commerce des Indes introduisit plus tard en Grèce.

Quoi qu'il en soit, l'art d'Hélène devint celui des jeunes Grecques et paraît avoir fait partie pour elles de l'éducation domestique, comme on le voit par la tragédie d'*Ion*, d'Euripide, dont plusieurs passages ont trait à la broderie et à l'habileté des femmes dans cet art.

Pendant longtemps, les tissus brodés furent regardés comme des objets de luxe, plutôt faits pour les dieux que pour les mortels. Homère nous montre Hécube se rendant dans la « chambre parfumée » où étaient conservées les broderies rapportées de Sidon par Pâris. « Hécube prend le péplos pour le porter à Athéné; c'était le

---

1. De Ronchaud, *Le peplos d'Athéné Parthenos*.

plus riche en broderies, il brillait comme une étoile ». Dans Eschyle, Agamemnon refuse de fouler les tapis étendus au seuil de son palais par les soins de Clytemnestre. « C'est aux dieux, s'écrie-t-il, qu'un tel hommage est réservé. Un mortel marcher sur la pourpre richement brodée! » Poussé par Clytemnestre, il fait détacher ses brodequins, de peur de gâter « des tissus achetés à grands frais ».

Les Romains et les Toscans firent de la broderie un grand objet de luxe. Denys d'Halicarnasse cite Tarquin l'Ancien comme le premier qui parut dans Rome vêtu d'une robe brodée d'or. D'autre part, les douze villes de la Toscane, subjuguées par Tullus Hostilius, donnèrent au vainqueur des étoffes brodées; les Toscans tenaient cet art des Phrygiens.

Virgile, surnommé l'Homère latin, fait souvent mention de tissus brodés, si toutefois on peut traduire par ce dernier mot le participe *intextus, intexti*, dont il fait volontiers usage. Dans l'*Enéide*, le fils d'Anchise donne à Cloanthe, vainqueur dans une lutte navale, un riche manteau sur lequel l'art du brodeur avait déployé toutes ses merveilles. Dans le même poème, Virgile emploie le mot *pictus* et l'applique à des housses de cheval. Il en est de même de Cicéron, lorsque, dans ses *Tusculanes*, ce grand orateur, décrivant le trait de Damoclès, parle de son lit comme étant garni d'une couverture magnifiquement brodée, *magnificis operibus picto*. Ovide appelle aussi *picti tori* les lits décorés de la manière dont Catulle nous dépeint celui de Thétis et de Pélée. D'autres poètes, parlant de riches vêtements, Juvénal entre autres, emploient aussi l'adjectif *pictus*, par lequel Martial qualifie les rois barbares qui en portaient de pareils. Plusieurs de ces broderies étaient sans doute des productions de l'art oriental; mais, à coup sûr, c'était à Rome qu'avaient été décorées les nappes d'Héliogabale, sur lesquelles, au dire de son biographe Lampridius, étaient figurés à l'aiguille tous les plats qui devaient paraître aux différents services.

L'état sédentaire des femmes, leur aptitude aux travaux de l'aiguille et l'emploi varié qu'on fit, dans une vie agitée et peu stable, de vêtements et de tentures brodés, expliquent le maintien, au Moyen Age, de l'art déjà ancien de la broderie, — Aix, en Provence, était réputée du temps des Gaulois par ses broderies, — et établissent sa supériorité sur la peinture dans les premiers siècles, et la concurrence sérieuse qu'elle lui fit jusqu'à la fin du xve siècle.

Au Moyen Age, les brodeurs étaient en effet de véritables artistes, et l'*opus plumarii* que l'on trouve employé par les anciens auteurs pour désigner une broderie, devait être le *plumetis* ou point de plume d'aujourd'hui [1]. Ils peignaient souvent eux-mêmes les modèles de leurs broderies sur des cartons qu'ils piquaient ensuite, transportant sur l'étoffe le contour de leurs compositions par un procédé encore usité de nos jours. De là l'expression de *poindre*, *picquer*, de *punctare*.

La tradition, dit M. Francisque Michel [2], nous a conservé le nom de plusieurs brodeuses célèbres. On connaît, au moins de réputation, la tapisserie attribuée à la reine Maheut (Mathilde), femme de Guillaume le Conquérant, conservée à la bibliothèque du Musée de Bayeux. Le trésor de Saint-Jean, de Lyon, conservait encore, au XVIIIe siècle, une nappe d'autel brodée et donnée à Saint-Remy, évêque de cette ville, par Berthe, femme de Gérard de Roussillon. La reine Adhélaïs, femme

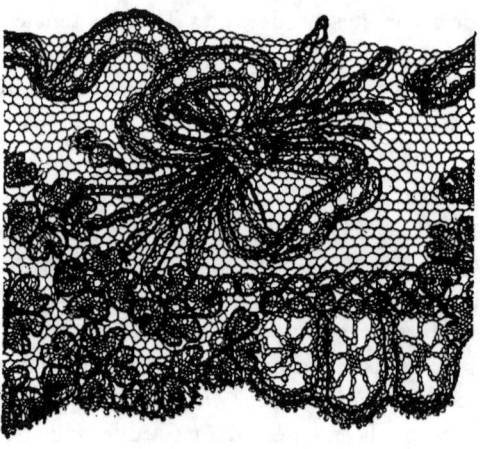

Fig. 149. Dentelle de Chantilly.

de Hugues Capet, et la mère de Charles le Chauve, l'impératrice Judith, excellaient également dans les travaux de broderie. La plupart des héroïnes de nos anciens trouvères sont représentées occupées à broder. On lit dans le poème intitulé *La Belle Yolans* :

> Bele Yolans en chambre coie,
> Sor ses genouz pailes (étoffes de prix) desploie,
> Coste (coud) un fil d'or, l'autre de soie.

L'auteur du *Roman de la Violette*, Girbert de Montreuil, nous représente la fille d'un bourgeois de Châlons occupée à *parer* chez son père, c'est-à-dire à broder, de soie et d'or, une étole et un amict, qu'elle semait de petites croix et de petites étoiles. Enfin, dans le *Roman de Garin le Loherain*, une de nos anciennes chansons de geste, le roi Floire se reconnaît, lui et sa famille, dans les figures brodées par

---

1. Félix Aubry, *Rapport sur les Dentelles, les blondes, les tulles et les broderies*, 1864.
2. *Recherches sur le commerce, la fabrication et l'usage des étoffes de soie*, etc.

L'ART INTIME

Planche XIX

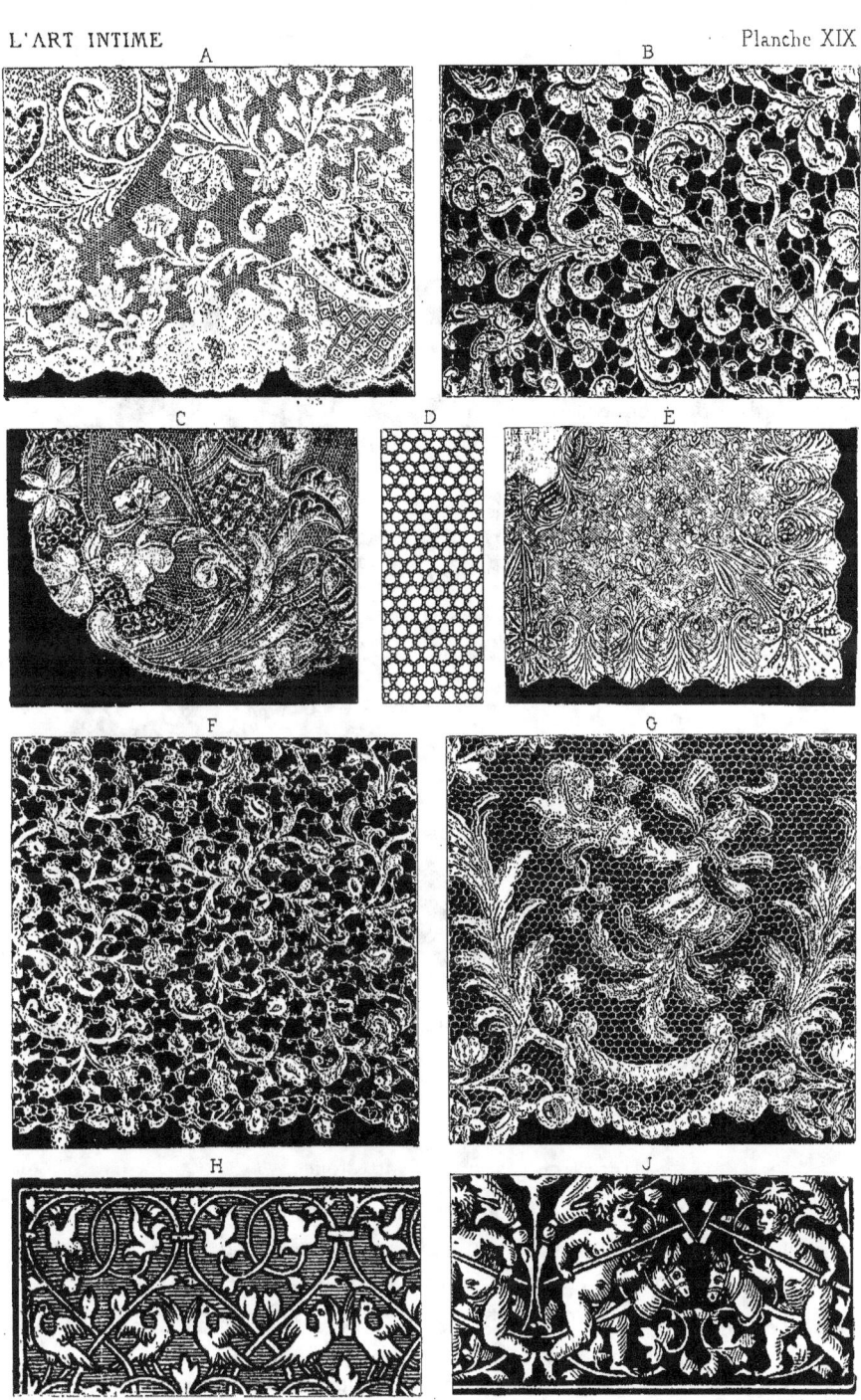

Arents, sculp.

Er. Rouveyre & G. Blond. Imp. Edit.

LES DENTELLES ET LES BRODERIES

sa sœur Béatrix, « sur un cher drap de samit ». Un autre trouvère, auquel on doit le *Roman de l'Escouffe*, dit d'une jeune fille qu'elle savait sur une ceinture

> Portraire l'ami et l'amie.

Concurremment avec les religieuses et les femmes du monde, la broderie occupait, dans les principales villes de France, vers la fin du XIIIe siècle, un grand nombre de brodeurs ou brodeuses, renommées pour leurs beaux ouvrages, tels que des gants et des bourses ou aumônières appelées *sarrazinoises*, sans doute parce qu'elles avaient été empruntées au costume oriental. Nous en donnerons pour exemple l'escarcelle brodée en or et en soie, que l'on croit avoir appartenu à Thibaut IV, comte de Champagne et de Brie, célèbre par ses *Chansons*, et qui a été reproduite dans le grand recueil de Willemin. Ce qui a fait dire à

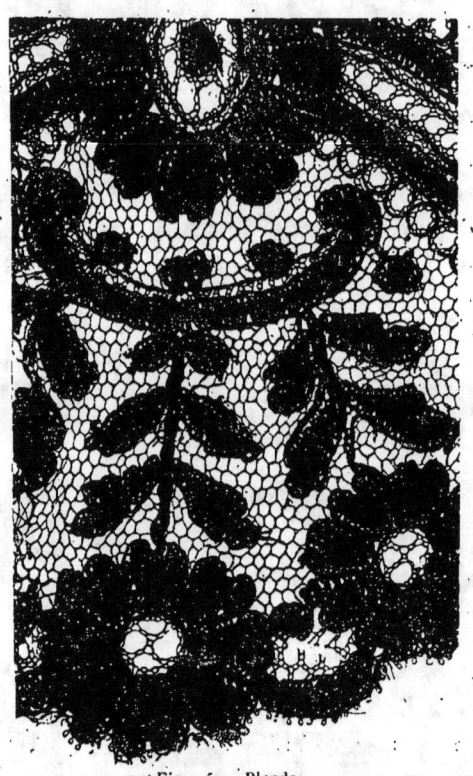

Fig. 150. Blonde.

Olivier de la Marche, dans son *Parement des Dames d'honneur* :

> Chascune femme ne peult pas bource avoir
> D'or et de soye richement estoffée.

Certains autres objets étaient d'une grande richesse et annonçaient une habileté merveilleuse, un goût infini. Tels étaient ces tableaux portatifs brodés à l'aiguille, qui rivalisaient avec les autels domestiques sculptés et peints. « Item ung ymage de Saincte-Agnès de brodeure. — Item ung ymage de Sainct Georges de brodeure », etc. Telles étaient ces superbes tentures, dont il est question dans les

Comptes des Ducs de Bourgogne (1420) : « Une chambre de veluel vermeil, brodée de bergiers et de brebis et de herbages, garnie de ciel, dossiers, couverture de lit, trois courtines de cendal vermeil et six quarreaux pareils à la dicte chambre, desquels les deux sont grans et les quatre autres petitz ». Citons encore la chappe exécutée en 1454 pour le roi Charles VII, par Colin Jolye, qui travaillait en même temps que Simone de Gaules à Bourges, Gillon Quinande et Jehan de Moucy à Tours.

Il est facile d'ailleurs de juger par les miniatures des XIIe, XIIIe et XIVe siècles que non seulement les bannières et les ornements sacrés, mais les *courtines* qui entouraient les autels, les *touailles* que l'on étendait dessus, étaient fabriquées en étoffes enrichies de figures et de sujets brodés; que les lits, les tables, les sièges, dans les riches habitations, étaient couverts d'étoffes semblables; enfin que l'art de la broderie avait pénétré dans toutes les parties de la vie militaire, civile et religieuse. De plus, dit Léon de Laborde, dans tout le Moyen Age, et jusqu'à la fin du XVIe siècle, broder était un art, une branche sérieuse, estimable de la peinture. L'aiguille, véritable pinceau, se promenait sur la toile et laissait derrière elle le fil teint, en guise de couleur, produisant une peinture d'un ton soyeux et d'une touche ingénieuse, tableau brillant sans reflet, éclatant sans dureté ».

La Renaissance italienne donna un grand développement à l'art de la broderie. Les broderies de Milan, de Venise et de Gênes dépassèrent alors en richesse et en perfection tout ce qui s'était fait jusqu'alors; elles étaient d'un prix si excessif qu'on en défendit ou réglementa souvent l'usage.

On brodait néanmoins beaucoup en France. L'auteur du *Panégiric de Loys de la Trémoille*, Jean Bouchet, nous apprend que Gabrielle de Bourbon, première femme de ce seigneur, « jamais n'estoit oyseuse (oisive), mais s'employoit une partie de la journée en broderie et autres menus ouvrages appartenans à telles dames, et y occupoit ses damoyselles, dont avoit bonne quantité, et de grosses, riches et illustres maisons ».

Ronsard, dans son *Ode à la royne de Navarre*, exalte ainsi le talent de Pallas, dans l'art de la broderie, et celui de la princesse qui imite la déesse des arts :

> Elle addoroit son courage
> A faire maint bel ouvrage

> Dessus la toile, et encor
> A joindre la soye et l'or.
> Vous, d'un parnil exercice
> Mariez par artifice
> Dessus la toile en maint trait
> L'or et la soie en pourtrait.

Louis XIII et Louis XIV essayèrent par de nombreux édits d'arrêter ou de régulariser le luxe de la broderie, mais l'élan était donné; ces édits tombèrent en désuétude, et cette industrie, limitée d'abord à la toilette des princes ou des personnes de haut rang, se developpa bientôt d'une manière générale.

On cite, comme le chef-d'œuvre de la broderie à cette époque, les ornements de « richesse admirable » exécutés, en 1619, par ordre de Louis XIII, qui les destinait au Saint-Sépulcre de Jérusalem. André Favyn, qui les vit chez Alex. Paynet, « brodeur du roy, de la royne et de Monsieur, près la rue Saint-Honoré », en donne, dans son *Théâtre d'Honneur*, une description assez étendue.

Le règne de Louis XIV fut fertile en habiles brodeurs. Les noms de quelques-uns d'entre eux ont été conservés, grâce au *Livre des peintres et des graveurs,* par l'abbé de Marolles :

> Jean Perreux est brodeur, tel que le fut la Fage,
> Et, pour la broderie, on discerne les traits
> Qui peuvent exprimer quelquefois les portraits;
> Mais pour y réussir, il faut un long usage.

Sous Louis XV, les brodeurs parisiens avaient atteint un grand degré de perfection. Ils brodaient pour la cour des étoffes d'une richesse extraordinaire, et à des prix inconnus aujourd'hui. Au rapport de Bachaumont (*Mémoires secrets,* 30 janvier 1770), le célèbre Trumeau exécuta les broderies des merveilleux carrosses commandés par le duc de Choiseul pour la Dauphine. Le même recueil nous apprend encore (2 et 5 avril) que ce fut chez Rocher que se fit, en 1779, le trône destiné à Louis XVI, pour la réception du chevalier du Saint-Esprit, la première fois qu'on le renouvelait depuis Henri III. Ce travail occupa trois cents ouvrières et coûta 300,000 livres.

Au dernier siècle, la broderie devint une fureur. On brodait de haut en bas des gilets de petits personnages galants, ou des scènes comiques, ou des chasses, ou des pastorales, ou des fables de Lafontaine. Sur tel ventre privilégié, dit plaisamment Feuillet de Conches, s'étalaient les amours de Mars et de Vénus, et sur un autre une revue de cavalerie. « On assure, disent les *Mémoires secrets* (1ᵉʳ décembre 1786), qu'un homme passionné pour les belles choses a fait commander une douzaine de gilets qui doivent offrir les scènes de *Richard-Cœur-de-Lion,* de la *Folle par Amour,* de la *Folle journée,* etc., afin que sa garde-robe devienne un répertoire savant de pièces de théâtre, et puisse, un jour lui servir de tapisserie. Il est fâcheux qu'on ne nomme pas ce petit-maître curieux ».

Avant la Révolution, la broderie était donc encore un art des plus

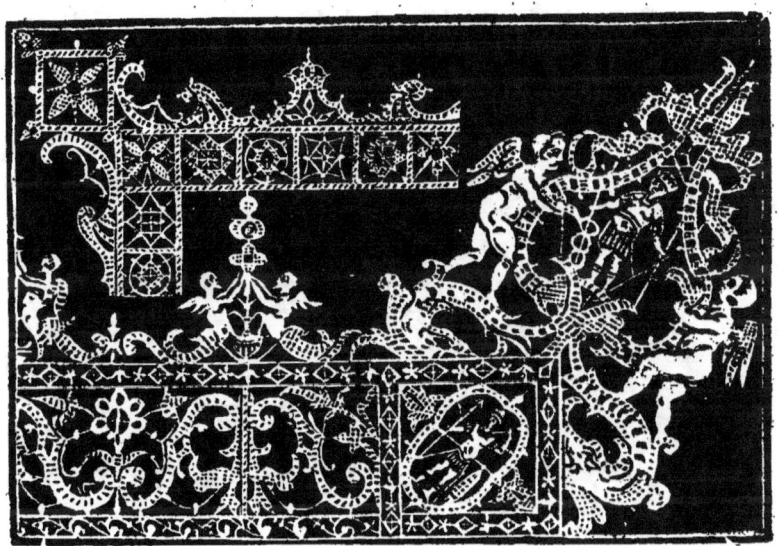

Fig. 151. Point de Venise (xvi° siècle).

recherchés, qui occupait un grand nombre d'ouvriers et d'ouvrières, sans compter les adeptes du grand monde dont on conserve de merveilleuses reliques dans les cabinets d'amateurs. Mais cette broderie si pure, si délicate, si imprévue de dessin et d'effet, où se reflète le génie créateur et artistique de celui qui s'y livre, devint une fatigue. La mode changea, et, par un de ces caprices étranges comme elle n'en a que trop souvent, elle offrit en échange, aux amis des sentiers battus et des plaisirs faciles, le canevas de tapisserie à mailles régulières, c'est-à-dire le travail somnolent du manœuvre contre l'ardente conception de l'inventeur; le champ de la réalité fastidieuse contre le domaine de la fantaisie.

Il en fut de même pour la dentelle.

La dentelle étant un des ornements les plus gracieux que puisse porter une femme, on peut en tirer cette déduction, c'est que son inventeur appartient à la plus haute antiquité. Mais il n'existe aucun terme qui puisse permettre d'assigner une date quelconque à ses commencements, comme aussi de préciser le lieu où, pour la première fois, on a confectionné ce léger tissu. La dentelle doit donc être considérée comme une invention des temps modernes. La délicatesse de son tissu et des fils qui la composent ne pouvait guère s'accommoder

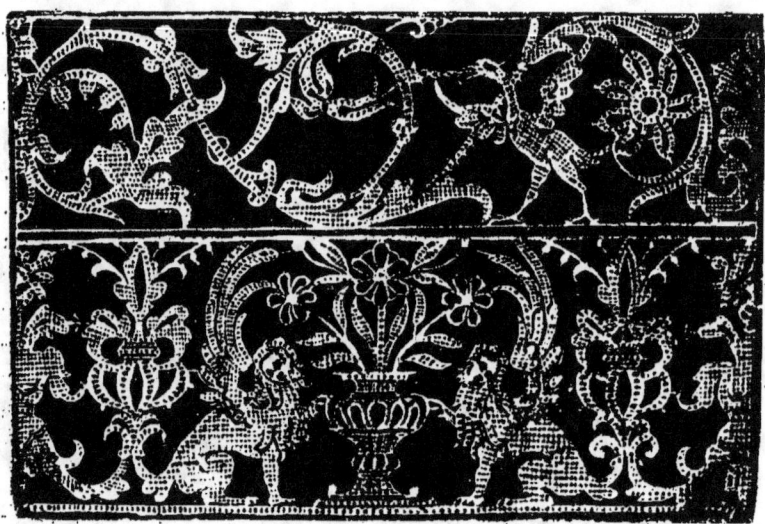

Fig. 152. Point de Venise (xvie siècle).

des procédés imparfaits de fabrication employés par l'Antiquité et le Moyen Age.

En effet, pendant cette période de transition qui sépare le Moyen Age de la Renaissance, la dentelle n'était encore qu'une passementerie blanche, en fil de lin, tricotée au fuseau ou à l'aiguille sans réseau. C'est ce qu'Olivier de la Marche, dans son *Parement des Dames d'honneur*, désigne par l'expression poétique de « doulx filet ».

Le point d'Espagne eut plus tard autant de réputation que le point d'Italie ou de Flandre. Il rivalisait avec la dentelle noire que la péninsule a choisie pour orner son costume national. Sans dentelle noire, pas de voile espagnol, pas de mantille ! Mais si Venise est le berceau de la dentelle à l'aiguille, la dentelle au carreau ou au coussin est originaire des Pays-Bas. Dans une petite chapelle du chœur de l'église Saint-Pierre, à Louvain, se trouve un tableau d'autel de Quentin Metzys (1444-1530), où l'on voit une jeune fille faisant de la dentelle aux fuseaux sur un carreau semblable à ceux dont on se sert encore aujourd'hui.

A l'époque de la Renaissance, sous l'impulsion de la mode et du luxe, le goût et la fabrication des dentelles prirent un nouvel essor, les artistes eux-mêmes prêtèrent à cette fabrication le secours de leur talent et lui donnèrent un cachet artistique qu'elle n'avait pas eu jusque-là. C'est alors que la dentelle se transforma. C'était une espèce de toile découpée à fortes nervures, qu'on appela d'abord *passement*. Le passement fut à son tour perfectionné. Le fil employé devint de plus en plus fin ; on varia le réseau, et la *guipure* naquit.

La guipure, qui n'est en réalité qu'une passementerie aux fuseaux, différant de la dentelle proprement dite en ce qu'elle est plus épaisse, qu'elle offre des parties convexes et des jours plus grands, régna en souveraine à partir de François Ier. Les dessins, exécutés sur une feuille de parchemin que l'on découpait ensuite pour la revêtir de fil et de soie tortillée, furent richement variés ; les devises, les armoiries, les emblèmes furent reproduits à profusion dans ces légers filets. Venise, pour cet article de toilette ainsi que pour les autres questions de mode, se mit à la tête du mouvement. Elle était même parvenue à faire des dentelles qui représentaient, en toile, des ornements, des figures, des personnages historiques. Mais son fameux point, qui pendant toute la durée des XVIe et XVIIe siècles, paraît avoir joui d'une réputation européenne, ne se fabrique plus aujourd'hui. L'ouvrage de mistress Bury Paliser [1] nous offre de magnifiques échantillons de sa riche contexture, ressemblant à de l'ivoire finement sculpté sous la forme de dessins qui rappellent les figures géométriques du kaléidoscope, ou les minutieuses et élégantes compositions de la Renaissance.

Après la guipure venaient le *point-coupé*, sorte de dentelle à jour, et le *lacis*, réseau fait de fil ou de soie. Dans les *Contens*, comédie par Odet de Turnèbe (1584), Françoise ayant à faire l'éloge de Geneviève, jeune fille qu'elle cherche à marier, dit qu'« en matière d'ouvrages de lingerie, de point-coupé et de lassis, elle ne craint personne, soit sur l'étamine, le canevas ou la gaze ».

1. *History of lace (Histoire de la Dentelle)*, traduite par Madame la comtesse de Clermont-Tonnerre, 1869.

Prises dans leur ensemble, les dentelles du xvie siècle ont des formes pures et harmonieuses ; d'élégantes arabesques, des ornements géométriques, pleins de vivacité et de fraîcheur, nous prouvent que le souffle de la Renaissance a passé par là. On dirait des ouvrages d'orfèvrerie ayant tout à coup acquis la souplesse, sans perdre la netteté de leurs lignes.

Quoi qu'il en soit, malgré tous les progrès du xvie siècle, en fait de luxe, Anvers et Bruxelles n'avaient point encore, à cette époque, trouvé le secret de ces dentelles gracieuses et légères qui font la richesse et l'orgueil de leurs fabriques. Les dentelles de Bruxelles, connues alors sous la dénomination de *point d'Angleterre*, pénétrèrent pour la première fois en France au commencement du xviie siècle [1]. Il ne paraît pas qu'elles aient orné la beauté de la célèbre Gabrielle d'Estrées. L'Inventaire des biens-meubles de la charmante duchesse, dressé en 1599, ne mentionne que des garnitures de lit en point coupé, lequel, parmi les ouvrages de fil à l'aiguille, semble avoir eu la principale vogue pendant la seconde moitié du xvie siècle, car on ne voit guère mentionnée d'autre dentelle dans les plus riches descriptions de toilette ou d'ameublement. Cette autorité permet donc d'affirmer qu'en France l'usage de la véritable dentelle ne commença, à proprement parler, qu'avec le règne de Louis XIII.

Lorsque la dentelle parut à la cour, elle y servit plutôt la vanité que la coquetterie et fut moins une parure qu'un signe de distinction. C'est ainsi que des nobles et des seigneurs en ornaient leurs carrosses et les harnais de leurs chevaux.

Le *Discours sur la Mode*, paru en 1613, donne une idée du luxe qui régnait alors en France. L'auteur dit qu'à toute « galante femme » il faut

> Cinq collets de dentelle haute d'un demy pié
> L'un sur l'autre montez qui ne vont qu'à moitié
> De celui de dessus.....

Autrefois, ajoute-t-il,

> ..... Il n'y avoient que celles qui estoient
> D'une condition honneste qui portoient

---

[1]. A ce propos, chacun sait que l'Angleterre fabrique à peine aujourd'hui quelques dentelles sans distinction, et pas un mètre de point d'Angleterre qui enrichit la toilette des dames françaises n'a passé la Manche. Ce nom trompeur vient de ce qu'anciennement les marchands anglais ne pouvant, à cause des prohibitions douanières, faire entrer légalement les dentelles belges dans leur pays, imaginèrent de les importer frauduleusement et de les vendre ensuite, en les débaptisant, comme provenant de leurs propres manufactures. A Londres comme à Paris, le commerce offre donc au choix du *point d'Angleterre*, mais ce point est dû à l'habileté des ouvriers de Bruxelles.

> Deux collets joints ensemble avec double dentelle...
> L'on ne portoit alors sinon de celles là
> Qui avoient à l'entour du col ces colets-là ;
> Les voilà maintenant laissez aux artisannes,
> Et je croy que bien tost aux pauvres paysannes
> La volonté viendra de s'en servir aussy,
> Et d'en couvrir leur col de halle tout noircy.

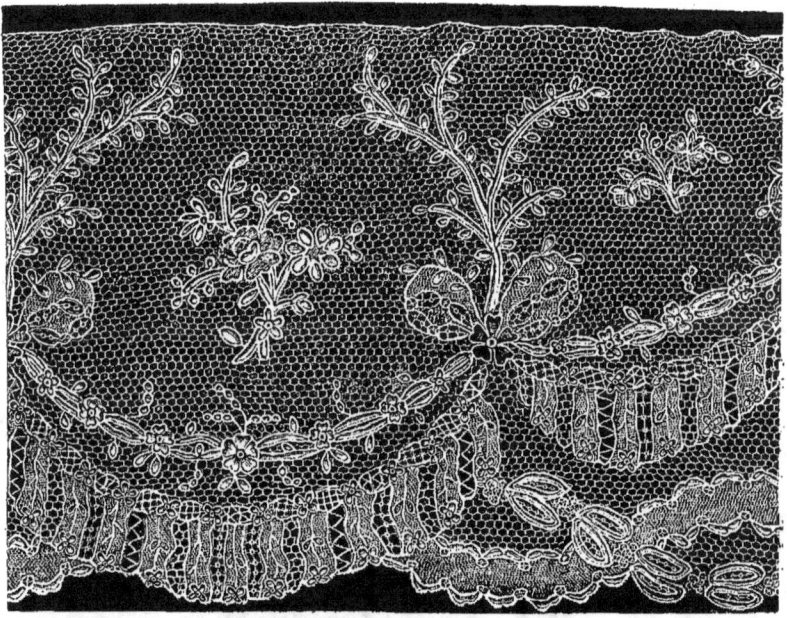

Fig. 153. Point d'Argentan (XVIIe siècle).

Le succès de la dentelle arriva à son apogée pendant le règne de Louis XIV. A un prince froid, mélancolique, avait succédé un roi jeune, ardent au plaisir, passionné pour l'éclat et le faste. La dentelle fut désormais l'ornement obligé du costume des hommes : les nœuds de dentelle furent remplacés par les cravates flottantes, au nombre desquelles se place en première ligne la *cravate à la Steinkerque*. On fit un usage encore plus extravagant de la dentelle en inventant les canons ou garnitures en dentelles qui tombaient des genoux jusqu'à mi-jambe. Dans le tableau du Musée de Versailles représentant l'entrevue de Louis XIV et de Philippe IV à l'île des Faisans, le grand monarque porte à chaque jambe un canon aussi ample qu'une petite chemise d'enfant. Ces ridicules appendices coûtaient quelquefois jusqu'à 7,000 livres tournois la paire. « A la cour de France, écrit Savinien, dans son livre des *Délices de la France*, on ne regarde nullement à acheter des rabats, des manchettes ou des canons d'une valeur de 30 à 40,000 escus ».

La dentelle ne se distingua pas moins dans la toilette des femmes. Jusqu'alors elle n'avait guère été employée que pour les collerettes et les guipures, elle se mêla aux rubans sur la robe elle-même. Mlle de Fontanges mit cet ajustement en vogue.

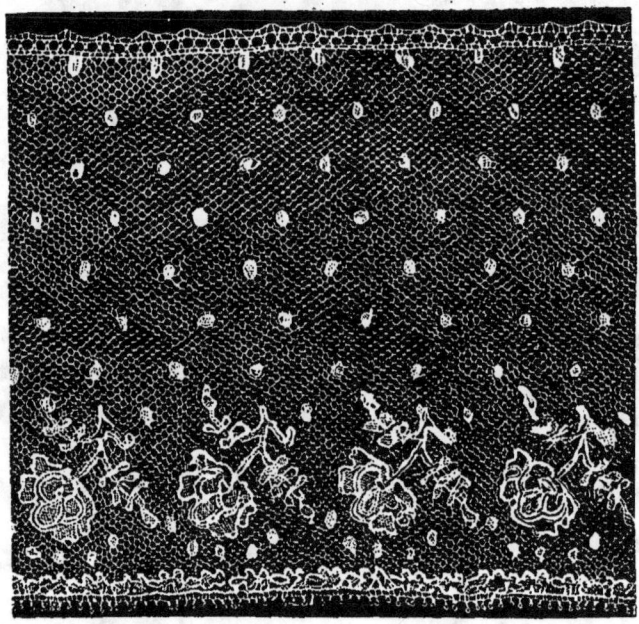

Fig. 154. Point de Malines (commencement du xix° siècle).

Comme de toutes les dentelles ou points, celles de Venise, de Gênes et de Bruxelles étaient les plus belles et les plus recherchées; — il faut dire qu'elles se recommandaient alors, par une très grande finesse et par un travail admirable, presque inconnu aujourd'hui, — les sommes qui sortaient ainsi du pays étaient considérables. Pour ne citer qu'un exemple, Mme de Puisieux, au rapport de Saint-Simon, « mangea à belles dents, pour s'amuser, pour 50,000 écus de point de Gênes à ses manchettes et à son collet ». Des lois somptuaires interdisant l'importation des dentelles avaient été, il est vrai, décrétées à plusieurs reprises. Mais il paraît qu'en 1652, époque où fut composée

L'ART INTIME. 37

la farce du *Baron de la Crasse*, par Poisson l'aîné, on portait encore des dentelles étrangères fort chères, puisque le baron, voulant prouver qu'il s'était habillé proprement pour paraître à la Cour, dit à propos d'un rabat :

> J'en voulus avoir un de ces points de Venise :
> La peste ! la méchante et chère marchandise !
> En mettant ce rabat, j'ai mis, c'est être fou,
> Trente-deux bons arpents de vigne à mon cou.

Colbert comprit qu'il fallait diriger le luxe et non pas le supprimer, et il s'appliqua à faire imiter dans les fabriques françaises les produits de l'étranger. La *Lingère du Palais*, pièce jouée en 1682, au Théâtre Italien, le prouve d'une manière convaincante. Arlequin, déguisé en limonadier, invective ainsi sa voisine la lingère : « Taistoy, vendeuse de poinct d'Angleterre fabriqué à Paris ». Enfin, dans la corbeille exécutée pour le mariage de la duchesse de Bourgogne, qui eut lieu en 1697, les broderies et les guipures étaient magnifiques. « On ne peut rien voir de plus beau que la toilette de la fiancée, raconte la princesse Palatine dans ses *Lettres Nouvelles inédites*, et sa contrepointe garnie de dentelles longues d'une aune. C'est du point de Venise, mais fait à Paris, aux armes et aux chiffres des deux fiancés ».

C'est alors que Colbert installa à son château de Lonrai, près d'Alençon, trente ouvrières vénitiennes, dans le but de faire rivaliser la dentelle française avec les fameux points de Flandre, de Belgique et d'Italie. Sous cette direction, les dentellières normandes commencèrent par faire des dentelles à peu près semblables au point de Venise pur ; mais la Correspondance administrative de Louis XIV nous apprend que l'industrie du point de Venise, très prospère du côté d'Alençon, fut combattue par le ministre en 1665 et en 1666 au profit du *point de France*, qu'il désirait voir en faveur.

D'importants changements furent apportés immédiatement dans les différents modes de fabrication : on modifia d'abord le dessin et le style, puis l'ouvrage fut simplifié, et cet ensemble produisit un point admirable de solidité et de richesse, mais qui ne ressemblait nullement à celui de Venise[1]. « Dès lors, le point d'Alençon devint assez couvert, opposant les blancs mats au réseau de petites mailles qui forment le fond. Peu à peu, on voit la fabrication prendre plus d'originalité. Une pièce de maîtrise nous montre des animaux et des cavaliers se détachant sur un tableau intitulé : *Vive la Chasse* !

---

1. Ph. de Chenevières, *Notes d'un compilateur, pour servir à l'histoire du point de France.*

Ailleurs une main d'une délicatesse extrême a brodé des bergers et des dames à la Vatteau, au milieu d'un jardin dont les arbres se couronnent d'ombrelles. Et puis, ce sont des fleurs, des rinceaux, des ornements où le goût français a marqué son empreinte » [1].

Louis XIV était très fier de sa manufacture de point de France. De Vizé, dans la *Suite du Voyage des Ambassadeurs de Siam en France* (1686), nous apprend que le célèbre monarque n'avait rien négligé pour faire réussir le point national français. « Le lit du roi, tout en point, était le plus grand et le plus bel ouvrage en ce genre qui ait jamais été fait. » Le couvre-pied, entre autres, ouvrage en dentelle dont M. Eudore Soulié a donné la description, fut exécuté vers 1682, époque où Louis XIV fixa sa résidence à Versailles. On a pu voir autrefois cette belle pièce de dentelle au Musée des Souverains, au Louvre.

L'approbation donnée par Louis XIV fit la fortune d'Alençon et d'Argentan, où s'était aussi formée une fabrique de point de France connu sous le nom de *bride d'Argentan*. La mode enfin s'en mêla. Les seigneurs attachés à la maison du roi, tous ceux qui étaient reçus à Versailles ne purent y paraître qu'avec des jabots et des manchettes, et les dames avec des garnitures de robes en point d'Alençon. Dans la lettre si curieuse de M⁽ᵐᵉ⁾ de Maintenon, datée de « Versailles, samedi au soir, fin de 1678 », où cette femme célèbre donne au comte d'Aubigné son frère, nouvellement marié, des leçons d'économie qui nous renseignent sur tant de choses, on lit ce qui suit : « Vous avez une erreur fort ruineuse, vous voulez toujours du plus cher. Vos points de France sont plus beaux que ceux du roi. Jamais les hommes ne les portent à cause du continuel blanchissage. Ces fins-là sont pour les femmes qui mettent un mouchoir six mois sans le faire blanchir ».

M⁽ᵐᵉ⁾ de Sévigné, autre témoin oculaire que tout amuse et enchante, peint M⁽ᵐᵉ⁾ de Montespan, dans sa lettre du 26 juillet 1676, « tout habillée de point de France et coiffée de mille boucles ».

Comme on le voit, la dentelle avait été définitivement adoptée par l'étiquette de la cour et devint obligatoire. Les hommes ne la recherchaient pas moins vivement que les femmes ; l'église elle-même la disputait à la frivolité du monde pour en parer ses autels et pour en former le rochet dont se revêtaient, les jours de grande solennité, les évêques et les autres princes de l'église. Nous citerons, en ce genre,

---

[1]. Léon Lagrange, *Les Dentelles à l'exposition rétrospective d'Alençon*, Gazette des Beaux-Arts tome XIX, 1865.

les deux splendides rochets en dentelle, de Fénélon et de Bossuet, qu'on a pu voir exposés en 1874 au *Musée historique du costume*, et qui appartiennent à M. l'abbé Bossuet, curé de Saint-Louis en l'Ile.

La dentelle d'Alençon, qui s'est appelée *point de France* jusqu'en 1790, est la seule qui soit entièrement faite à la main. Le soin que nécessitait sa confection la rendait excessivement chère. La *Valenciennes* n'avait pas moins de valeur, car il fallait plus d'un an à une ouvrière travaillant quinze heures par jour pour achever une paire de manchettes valant 400 livres.

Aujourd'hui, remarque Hippolyte Cocheris, on ne trouverait personne pour en fabriquer d'aussi belles, et peu d'amateurs pour en acheter d'aussi chères. « Il en est des broderies comme des dentelles ; il y a une certaine égalité dans le luxe, qui est plus nuisible qu'avantageuse au développement du beau ; mais comme le beau est éternel, je ne doute pas qu'il se manifeste un jour à notre admiration. En attendant, servons-nous de ce que les siècles antérieurs nous ont légué et cherchons, dans la contemplation des chefs-d'œuvre du passé, à faire naître les merveilles que nous réserve l'avenir ».

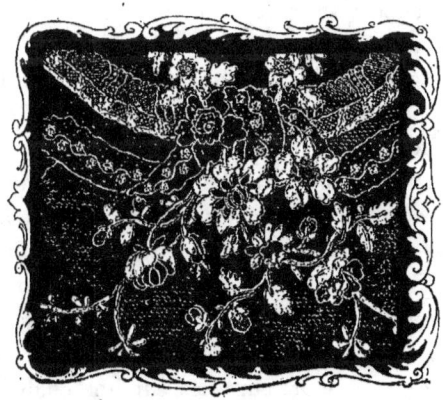

Fig. 155.

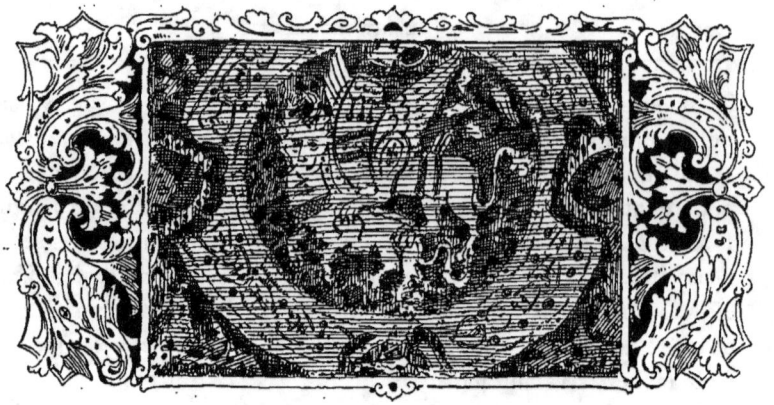

Fig. 156. Fragment de tapisserie du xie siècle (Musée de Lyon).

XXII.

LES TAPIS ET LES TENTURES.

L'un des aspects les plus séduisants sous lesquels l'art ancien se révèle dans les collections d'amateurs naît de l'exhibition des tapis et des tentures, appartenant à toutes les époques et à tous les styles, qui décorent le sol et les parois des cabinets spécialement affectés aux objets de haute curiosité.

Si l'on considère, en effet, que la tapisserie, molle et douce peinture, est un art essentiellement somptuaire, inséparable de l'idée de magnificence, on reconnaît immédiatement que les tentures et les tapis sont la décoration intérieure qui accompagne le mieux les statues, les céramiques, les ivoires et les bibelots précieux.

On appelle tapisserie, selon M. Eugène Müntz, un ouvrage dans lequel des fils de couleur, enroulés sur une chaîne tendue verticalement (haute-lice) ou horizontalement (basse-lice), font corps avec elle, engendrent un tissu et produisent des combinaisons de lignes et de tons analogues à celles que le peintre obtient avec le pinceau, le mosaïste avec des cubes de marbre ou d'émail. La tapisserie se distingue de la broderie en ce que les figures y font partie intégrante du tissu, tandis que dans celle-ci elles sont simplement superposées sur un tissu déjà existant [1].

C'est dans l'Inde, berceau de l'humanité et jardin des arts décoratifs, dit M. Philippe Burty, qu'a pris naissance l'art de la tapisserie. « C'est sous les tentes, c'est dans les palais de cette immense agglomération d'antiques royaumes que nous appelons l'Orient, que, pendant les longs repos d'une vie presque végétative, l'aiguille de la femme a tracé pour les premières fois sur la toile des fleurs, des oiseaux ou des rêves. C'est autant pour obéir à un besoin que pour satisfaire à un luxe que la navette de l'ouvrier s'est apprise à tisser des tapis, doux pour les pieds nus du maître comme la fourrure des bêtes fauves. Aujourd'hui encore, les tapis sont, avec les armes, le dernier signe des splendeurs fabuleuses des radjahs. Un voyageur russe raconte que lorsque ces radjahs traversent la ville, dans les cérémonies, on étend sous le pied de leurs chevaux des shalls de cachemire d'une beauté et d'une antiquité singulières. Un tapis, grossier comme une natte de jonc, est l'unique meuble de ces bijoutiers nomades qui travaillent l'or avec des mains et des outils de fées. C'est les jambes repliées sur un tapis que le fakir, dans une farouche immobilité, converse nuit et jour avec la nature clémente. C'est agenouillé sur un tapis, dont la valeur est, selon sa fortune, ou bien humble ou considérable, que le musulman s'oriente vers la Mecque pour y réciter ses prières » [2].

Les Egyptiens connurent de très bonne heure l'art d'orner les étoffes au moyen du tissage. Mais l'Egypte, dans les temps anciens, n'employait que le lin et le coton; aussi excellait-elle dans les peluches et les tapis veloutés. Elle ne commença que fort tard, peu de siècles avant J.-C., à travailler la laine et la soie, c'est-à-dire les deux matières sans lesquelles la tapisserie ne saurait atteindre à l'intensité de la couleur, qualité si appréciée de nos jours.

Limitée, chez les anciens Egyptiens, dans son rôle décoratif, la tapisserie brilla, au contraire, du plus vif éclat, de longs siècles avant l'ère chrétienne, chez les Babyloniens, les Assyriens et les Perses.

Les écrivains de l'antiquité sont unanimes à proclamer la magnificence déployée par Babylone et Ninive dans cette branche de l'art textile. Les tapisseries babyloniennes (*babylonica peristromata*) étaient achetées au poids de l'or par les riches amateurs romains. Au dire

---

1. *La Tapisserie*, dans la Bibliothèque de l'enseignement des Beaux-Arts.
2. Philippe Burty, *Chefs-d'œuvre des Arts industriels*.

de Pline, Metellus Scipion dépensa huit cent mille sesterces (168,000 francs) pour des « triclinia babylonica »; Néron paya pour ces mêmes étoffes une somme encore plus élevée : quatre millions de sesterces (840,000 francs).

L'art de la tapisserie était très florissant du temps de la guerre de Troie, et c'est parce que les Grecs eurent, pour la première fois, l'occasion de connaître ses produits, dans la partie de l'Asie-Mineure où cette ville était située, qu'ils les appelèrent, d'une manière générale, *tissus façon de Phrygie*, en latin *opus Phrygium*. Ce peuple se servait des tapisseries, soit pour former des portières, soit pour orner l'intérieur des temples et des habitations. Homère, dans l'*Iliade*, décrit une des chambres du palais de Priam, soigneusement parfumée, regorgeant de tapis, œuvre des esclaves sidoniennes enlevées par Pâris.

Le même poète, dans l'*Odyssée*, nous montre Eole et ses douze enfants reposant le soir sur des couches artistement creusées et sur des tapis épais ». Ainsi voilà trente siècles qu'existent non seulement les tapis, mais leur nom même. Homère, dans ces deux endroits, Aristophane, dans le *Plutus*, et Hézychius, dans son *Lexique*, emploient tous le mot τάπις, qui est notre mot français.

Les écrivains grecs ont laissé peu de notions sur la nature des tapis de leur temps. Ces produits, comme les draps couverts de gros flocons dont parle Aristophane dans ses *Guêpes* et que les Grecs tiraient d'Ecbatane, en Médie, n'étaient pas fabriqués en Grèce, mais venaient d'Asie, par les villes marchandes de l'Asie-Mineure et de la Phénicie. Plusieurs passages d'Athénée prouvent que dans les maisons athéniennes on usait de tapis babyloniens, représentant des Perses avec leurs robes traînantes, des vautours et d'autres animaux fantastiques. Sophron, dans une de ses comédies, parle de « tapisseries qui représentaient des oiseaux, et de grand prix », et le poète Ephippus nous apprend qu'on les parfumait d'essences précieuses. « Que j'ai de plaisir, dit-il, à sauter à l'aise sur des tapis qui exhalent le parfum de la rose, et à me laver, pour ainsi dire, dans les larmes de baumes exquis! »

C'est là l'art oriental qui passa d'abord en Grèce.

Le goût du luxe ayant pénétré dans Rome avec les dépouilles de l'Asie, les riches tentures furent recherchées avec passion et atteignirent quelquefois des prix excessifs. Dans le nombre figuraient les tapisseries à la façon d'Attale, « attalica aulæa », étoffes mélangées de fils d'or, citées par Properce comme des merveilles de délicatesse et de fini. Au rapport de Valère Maxime, ces belles tentures garnissaient les murs des riches intérieurs. On les drapait entre les [colonnes, elles servaient de portières, comme chez nos amateurs d'aujourd'hui. On se rappelle ce que raconte Horace, à propos du souper de Nasidienus : « Tout à coup, une tapisserie mal suspendue s'écroule sur la table, et nous ensevelit sous un nuage de poussière, tel que l'aquilon n'en soulève pas de plus épais dans les plaines de la

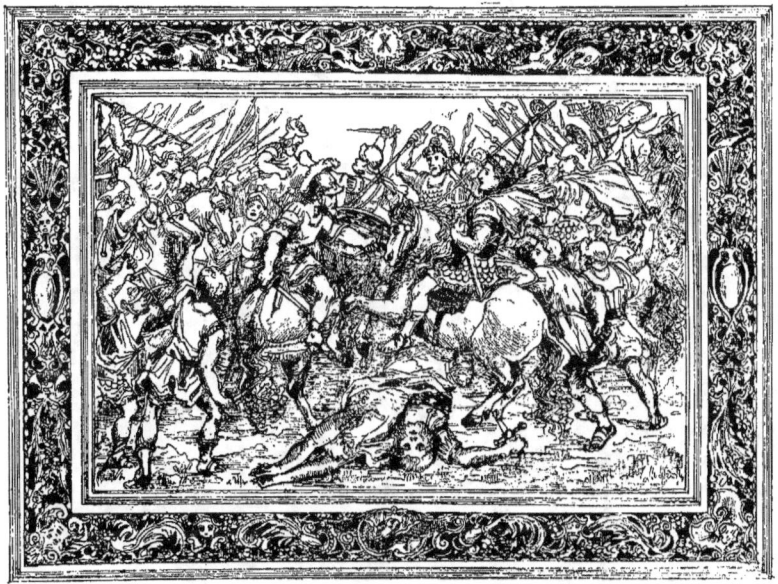

Fig. 157. Une Bataille, d'après Rubens. (Tapisserie parisienne du XVIIe siècle).

Campanie ». Enfin Sénèque, dans une de ses lettres, s'écrie : « Je m'appartiens donc aujourd'hui!... Je n'entends pas crier la porte; je ne vois pas soulever la tapisserie ».

Les Latins ont employé plusieurs mots différents pour désigner les mêmes objets, et, comme Homère, Virgile ne manque pas de mettre des tapis sous la tente et parmi les trésors de ses guerriers. Ovide, Stace et Silius Italicus parlent de hauts, d'épais tapis, « alti tapeta ». Avant eux, Plaute avait décrit des tapis sur lesquels étaient figurés des animaux, « belluata tapeta ».

Les peuples de l'Europe paraissent avoir connu fort tard le luxe des tapis. Des nattes grossières en tenaient lieu. Cependant les Gaulois s'appliquèrent de bonne heure à en fabriquer avec de la laine, et

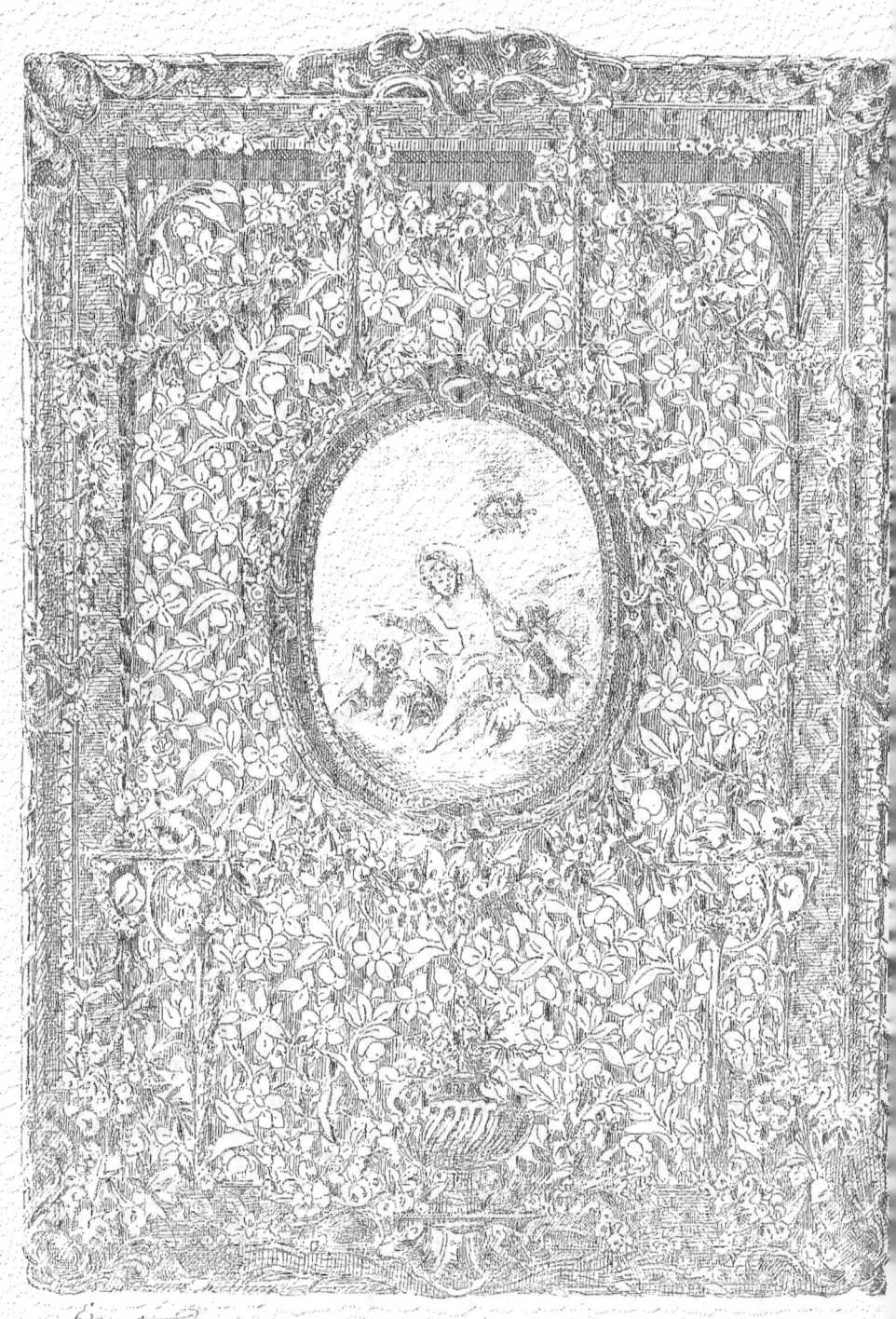

LES TAPIS ET LES TENTURES

Arras (*Atrebate*) acquit, du temps des Romains même, une certaine renommée pour ses tapis rouges.

Avec l'effondrement de l'empire romain et le transport à Constantinople de la puissance impériale, on voit de toutes parts affluer dans la nouvelle capitale du monde les débris du luxe de l'Europe épui-

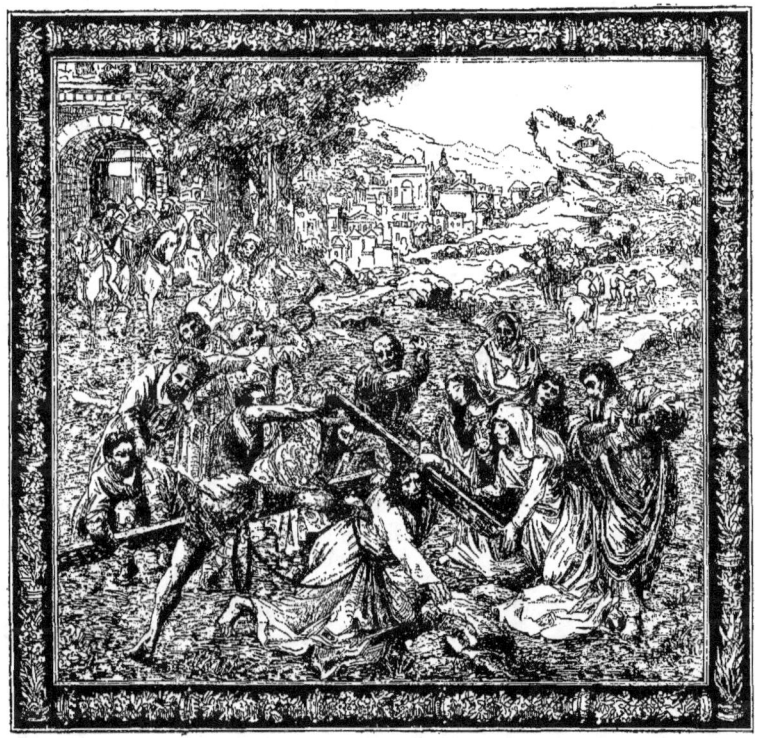

Fig. 158. Tapisserie de Bruxelles (XVIe siècle).

sée en même temps que les richesses inépuisables de l'Orient. Dès lors, les tapis asiatiques entrent dans la parure de la cité byzantine. Justinien en avait dans son palais qui probablement étaient venus de Turquie.

Après l'invasion des Francs, des Germains, des Goths et des autres peuplades barbares, les arts refleurirent sur les ruines. Au VIIe siècle, les rois mérovingiens avaient des tapisseries dans les églises. Dagobert fait tendre les murs et les colonnes de la basilique de Saint-Denis de tentures brodées de perles, qui remplaçaient alors les peintures. Il en était de même dans toutes les cathédrales et les abbayes. Le texte de Grégoire de Tours ne laisse aucun doute sur l'emploi de ces tapisseries. On ne s'en servait pas, dit-il, pour les portes, les autels et le pavé, mais pour les murailles.

Beaucoup de ces tissus venaient de l'Orient par l'empire grec; d'autres, au contraire, étaient d'origine nationale. Quand Charles Martel écrasa l'armée des Maures d'Espagne, la fabrique des tapis orientaux s'implanta dans le Midi de la France. Telle est l'origine des tapis d'Aubusson et Felletin, dans la Creuse, qui rivalisèrent longtemps, par leur riche décoration, avec ceux d'Arras et de Poitiers. Quoi qu'il en soit, en 985, il existait déjà une fabrique de tapisseries à l'abbaye de Saint-Florent, à Saumur. M. Jubinal, dans ses *Recherches sur les tapisseries historiées*, cite un abbé Robert commandant aux religieux de cette abbaye une masse de dosserets, de banquiers, de courtines, de tapis de pied et de tapis de muraille, le tout en laine. D'autre part, en 1025, Poitiers en possédait une autre dont les produits s'exportaient jusqu'en Italie. Limoges semble également avoir possédé, au xii° siècle, une fabrique de tapis; il est, du moins, question de productions de ce genre dans le roman d'*Erec et d'Enide*.

Comme on le voit par le témoignage des auteurs contemporains, non seulement on a des renseignements authentiques sur l'existence et la fabrication au Moyen Age des tapisseries de tentures, mais on sait encore qu'on faisait un fréquent usage de grands tapis de pied. Un vieux poème latin *(De conflictu ovi et lini)* publié par Edelestand du Méril, nous montre qu'au xii° siècle, en 1150, l'Espagne était célèbre par ses tapis violets et verts :

> Tunc operosa suis Hispana tapetia villis,
> Hinc rubras, virides inde ferunt species.

Enfin les Croisades mirent en présence l'Europe féodale et chrétienne et l'empire moitié africain, moitié asiatique des Arabes. La guerre fut cette fois un instrument de civilisation, et l'Europe admira et voulut posséder, parmi les productions de l'Asie, les tapis merveilleux qui excitaient sa convoitise. C'étaient les mêmes que ceux que nous envoient encore Smyrne et Alger. Venise se chargea de ce commerce, et le tapis d'Asie, fabriqué surtout à Damas, à Alexandrie et au Caire, commença à se répandre jusque dans le nord de l'Europe. Les grandes salles des châteaux de pierre de la féodalité furent bientôt revêtues de chauds tapis, et les fabriques de la Picardie, de l'Ile-de-France, de la Champagne et de la Touraine, à Reims, à

Troyes, à Beauvais, à Arras, à Tours, à Paris, se développèrent rapidement. La tapisserie de haute lice ne fut pas négligée; les Flandres conservaient leur réputation ainsi qu'Aubusson, célèbre par ses « tapis sarrazinois » créés par les Arabes à Aubusson même. Les tapis sarrazinois étaient des tapis à haute laine et veloutés, tandis que les ras recevaient le nom de « tapis nostrez », ras, lisse [1].

Les tapis de pied furent donc assez répandus en Europe dès le temps des Croisades. Ils n'étaient cependant pas très communs. Nous avons montré ailleurs qu'au xiiie siècle, en général, on répandait sur le sol une jonchée d'herbes fraîches, foin ou jonc, où, pour parler comme le *Dict des Crieries de Paris*, une « jonchéure de jagliaux ».

> Sur la verde herbe et sur les joncs,
> Fait bon boire privéement,

dit l'auteur du fabliau *Cortois d'Arras*. Quelquefois, comme on avait coutume de le faire dans les solennités ou les jours de cérémonie, l'herbe et le jonc étaient remplacés par le feuillage, les lis, les glaïeuls et les roses.

> Parmi la salle empimentée,
> De lis, de glaiaire en jonchée,
> De roses fresques et nouvelles,

lit-on dans le *Roman d'Athis*. Enfin l'auteur anonyme du poème de *Parthenopex* ajoute :

> Et n'est pas jonché de jonc,
> Mais d'Inde flor de violette [2]

Quand l'usage des tapis eut fait quelque progrès, on les sema de fleurs peintes et de feuillages qui rappelaient la coutume primitive, et les plus fleuris comme les plus ornés furent ceux qu'on recherche davantage.

Les tapis velus vinrent d'abord, au temps des Croisades, probablement d'Asie et de Constantinople. L'*Inventaire de la Royne Clémence* (1328) les nomme « tapis d'oultremer ». Aliénor de Poictiers, vicomtesse de Furnes, dans son ouvrage sur le cérémonial des cours de France et de Bourgogne (*Les Honneurs de la Cour*, 1485), nous apprend que la chambre à coucher des grandes dames de cette époque était tapissée de « tapis veluz aussy pleine qu'on la peut mettre jusques à l'entrée de l'huys ». De plus, elle indique l'usage que l'on faisait de ces tapis turcs ou plutôt de Rommélie (Roumélie),

---

1. W. Choqueel, *Essai sur l'histoire des tapisseries et des tapis.*
2. Spire Blondel, *Recherches sur les Couronnes de fleurs.*

selon l'expression de l'*Inventaire de la Royne Clémence :* « La chambre autour n'estoit tendue que de soye verde, et au bas toute tapissée de tapis velus jusques à l'huys, et entre les grands licts, et tout partout ». Enfin l'*Inventaire de la dame de Nicolaï*, qui est de 1554, parle

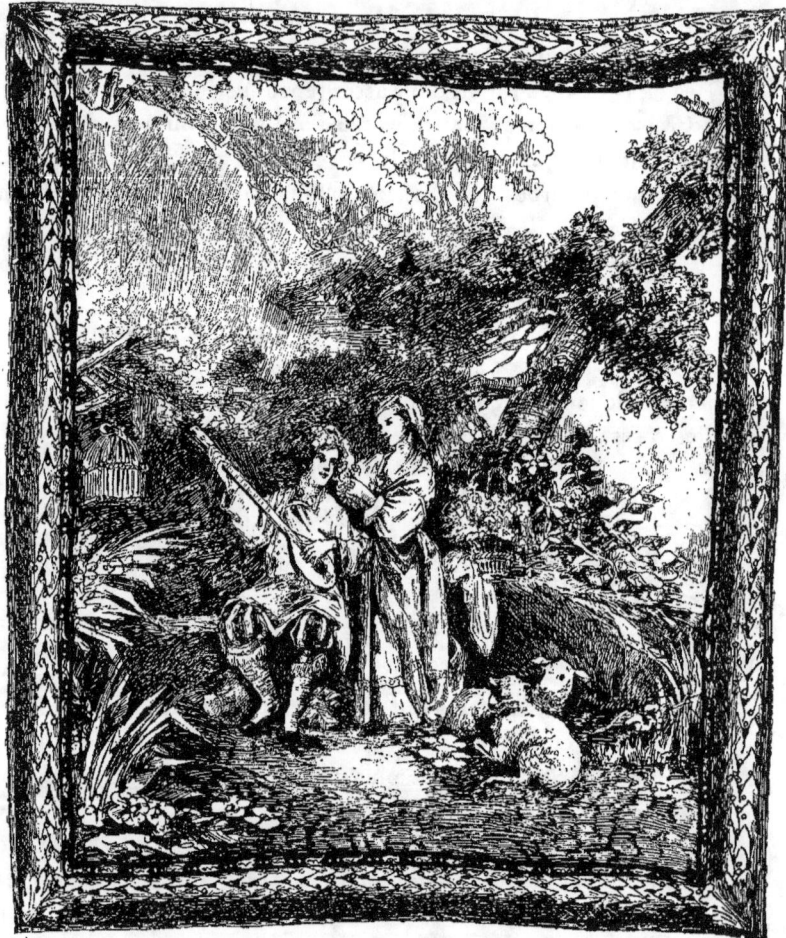

Fig. 159. Tapisserie de Beauvais (xviiie siècle).

« d'ung tapis velu, façon de Turquie », ce qui prouve qu'à cette époque on imitait déjà les tapis turcs, c'est-à-dire les tapis formés comme les peluches et les velours.

Les fabriques de la Flandre et de l'Artois, dont la réputation commence au xiie siècle, ainsi que celle d'Aubusson, excellèrent dans ce genre. Après les Croisades, commence l'ère de la tapisserie à *ymaiges*,

laine et soie. On connaît l'histoire d'Urbain IV, fils d'un cordonnier et devenu pape. Ce pontife, mort à Pérouse le 22 octobre 1264, était si glorieux de descendre d'un cordonnier, qu'il voulut que la chaire de l'église de Saint-Urbain de Troyes, où il était né, fut, aux grandes fêtes, parée d'une tapisserie représentant la boutique de son père, avec tous les instruments de son métier [1]. Enfin, l'Orient nous envoie ses tapis épais et envie nos tapisseries lisses. Lorsqu'en 1396, Jean, fils de Louis le Masle, comte de Flandre, fut fait prisonnier sur le champ de bataille de Nicopolis, sa rançon fut payée,

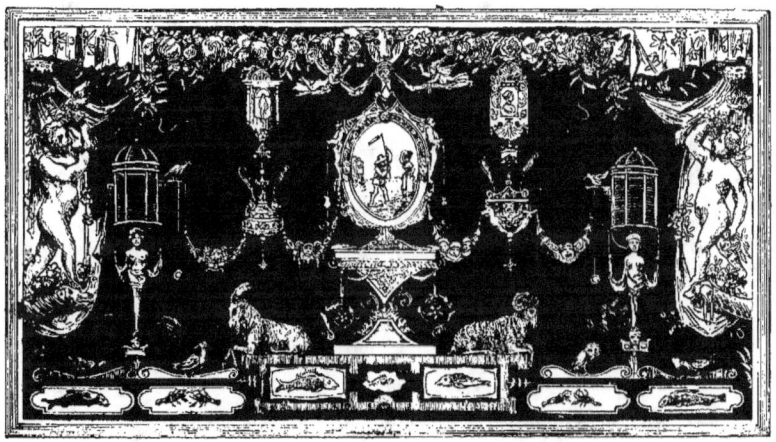

Fig. 160, GROTESQUES, tapisserie florentine (XVIe siècle).

moitié argent, moitié en une suite de tapisseries d'Arras qui représentaient l'histoire d'Alexandre.

La manufacture de Saint-Florent, de Saumur, était estimée à cette époque autant que celles de Flandre. Dès lors les œuvres riches se multiplient et l'émulation augmente leur mérite. C'est le début des grandes tapisseries historiées, dont de curieux spécimens sont cités dans l'*Inventaire des meubles de Charles d'Orléans,* entre autres celui représentant l'histoire de Thésée, décrit dans une cédule de Louis d'Orléans, datée du 11 janvier 1392, où l'on voit qu'il avait été acheté antérieurement 1,200 francs d'or (75 à 80,000 francs).

Ce même Louis d'Orléans, en 1393, faisait travailler pour lui deux tapissiers : Jehan de Foudroigne et Jacques Dourdan. Un autre tapissier célèbre du XIVe siècle est Jehan de Croizettes d'Arras, qui, en 1389,

---

[1]. *Histoire de Champagne,* article relatif à Urbain IV, fils d'un cordonnier de Troyes, nommé Jacques Pantaléon.

exécuta pour le duc de Touraine et pour le château de Beauté-sur-Marne, des « tapis sarrazinois d'or de l'histoire de Charlemagne ».

Le xve siècle, dit M. Eugène Müntz, est l'âge d'or de la tapisserie. « Les ateliers de la France septentrionale et des Flandres prennent un essor et atteignent à une perfection jusqu'alors inconnue. L'Europe tout entière leur témoigne son admiration. Désormais, plus de fête dans laquelle les tentures à la façon d'Arras n'occupent la place d'honneur ; s'agit-il du couronnement d'un pape, d'un empereur ou d'un roi, de la canonisation d'un saint, d'une entrée triomphale, d'un tournoi, d'une procession, d'un mariage, voire d'un simple banquet, partout on multiplie ces tissus souples et soyeux, aux couleurs éclatantes. On les emporte en voyage, même à la guerre, témoin ces tapisseries de Charles le Téméraire, qui, trouvées sur le champ de bataille, fournirent aux Suisses vainqueurs le plus riche trophée de leur victoire ».

Les tapis qui servaient pour l'ameublement étaient désignés sous le nom de *chambres*. On appelait chambre non seulement une pièce de l'appartement, mais l'ensemble des tentures, tapis et tapisseries qui garnissaient les murs et les lits d'une chambre à coucher. Le *dossier* se composait des rideaux du lit. On lit dans l'*Inventaire des bagues et joyaux, or, pierres, perles, vaisselles, tapisseries et livres de Mme la Duchesse d'Orléans, de Milan (Marie de Clèves)*, fait à Chauny, le vi^e jour de juillet 1487 : « Item, une chambre de tapisserie nommée la *Héronnière*, contenant ciel, dossier, couvertures et cinq parties de mesmes. Item, la *chambre des Joustes*, la *chambre d'Angleterre*, la *chambre aux étoiles*, et enfin la *chambre de verdure*, contenant en ciel, couverture et tour de la chambre, dix pièces ». Cette dernière était ainsi nommée parce que les tapisseries représentaient des paysages où le vert dominait.

Les tapisseries du xve siècle étaient quelquefois d'une grandeur considérable. En 1461, l'*Inventaire des ducs de Bourgogne* mentionne une suite de tapisseries de muraille représentant l'histoire d'Esther et d'Assuérus, qui avait de 8 à 900 mètres de longueur. Ces pièces, ouvrées de laine et de soie, étaient garnies de toiles, franges, cordes et rubans.

La Renaissance devait faire oublier les arts et les industries du Moyen Age. Mais ce n'est pas précisément au commencement du xvie siècle, c'est surtout xviie siècle que la fabrication des tapisseries prit en France une physionomie nouvelle, lors de l'établissement des grandes manufactures royales.

François Ier, créateur d'une manufacture de tapisseries à Fontainebleau, corrigea le goût gothique de ces curieux tissus, de ces riches décorations où, comme dans l'imagerie et la sculpture du temps, la naïveté domine la science, et dont le luxe nous étonne beaucoup plus que leur beauté ne nous charme. En effet, les tapisseries du Moyen Age sont, en général, grises, monochromes d'aspect, à figures byzantines, aux gammes invariables, aux détails uniformément répétés, aux tons criards, aux décorations cerclées de noir, néanmoins peintures très respectables, très estimables, très habilement faites pour l'époque et très intéressantes surtout pour les archéologues.

Cette manufacture de Fontainebleau, dirigée plus tard par Philibert de Lorme, employait des ouvriers habiles venus de Flandre et d'Italie. Le Primatice, de 1540 à 1570, lui a fourni de nombreuses peintures. Mais les guerres civiles qui troublèrent la fin du XVIe siècle, nuirent beaucoup à cet établissement, et l'on ne sait ce qu'il devint.

Le XVIe siècle ne consacra pas moins, en y apportant toutefois quelques modifications, le rôle que le Moyen Age avait assigné à la tapisserie. Les riches particuliers rivalisaient avec les souverains dans l'exhibition des tentures de prix. Si, par exemple, nous ouvrons l'*Inventaire des meubles, joyaux et tapisseries de Charles-Quint*, dressé à Bruxelles en mai 1536, on trouvera ce qui suit à l'article *Chambres* : « Une riche tapisserie or et soie, assavoir le ciel, dossier et couverture de lit, appelée la chambre des Dames, faite de font de soye cramoisi rouge, richement ouvrée, contenant, assavoir : neuf pièces de tapisserie vieille, trouées et faites à or de *fille d'Arras*, pleines de Dames portant oiseaulx et semez d'arbres et herbages... et le champ rose ».

D'autre part, dans l'Inventaire des objets d'art du financier Robertet (1532), les tentures et tapisseries forment « trente ameublements, tous complets, en broderie d'or et d'argent, de soye ou de laine,... propres pour les places et exhaussements des salles, chambres, cabinets, garderobes, entresoles et gallérie » du château de Bury, à Blois.

Henri IV reprit l'œuvre de François Ier. Il éleva, en 1597, une manufacture dans le faubourg Saint-Antoine, dirigée par Laurent, « excellent tapissier », dit Sauval, et à laquelle le peintre Dubreuil, alors en renom, fournit des dessins. La manufacture fut plus tard transférée au faubourg Saint-Marcel, sur la Bièvre, dans la maison qu'avaient habitée les frères *Gobelin*, fameux teinturiers du XVe et du xvi⁰ siècle. Sous la direction de Marc de Commans et de François de La Planche, originaires tous deux des Pays-Bas, on y fabriqua d'abord des « tapisseries façon Flandres ». En mars 1610, Henri IV accorda de nouveaux privilèges au sieur Fortier, premier inventeur en France de l'art de faire des tapis de Turquie et d'autres tapis à fond d'or, de soie et de laine.

En même temps s'élevait à Chaillot la manufacture dite de *la Savonnerie*, parce qu'elle fut établie dans un grand bâtiment où l'on avait d'abord fait du savon. On y fabriquait des tapis « façon de Perse et du Levant », sur les dessins du célèbre Pierre du Pont. Ces tapis ont été longtemps regardés comme des modèles. On n'avait jamais rien vu de si naturel, de si frais, de si heureusement peint, et l'éclat du velouté des ouvrages exécutés d'après cet artiste ajoutait à la richesse de ses compositions et à l'harmonie de ses couleurs.

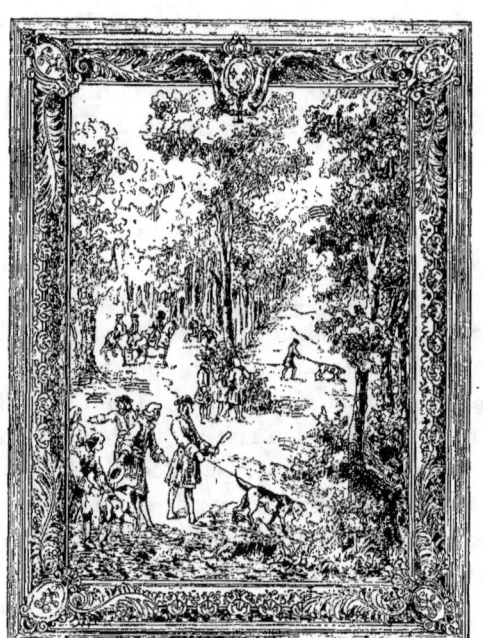

Fig. 161. Les Chasses de Louis XV, tapisserie des Gobelins (xviii⁰ siècle).

A partir de ce moment, le succès de la Savonnerie nuisit en quelque sorte à la manufacture établie au faubourg Saint-Marcel, qui finit cependant par se relever vers 1667, année où fut organisée définitivement la grande manufacture de l'Etat, qui, sous le nom de *Manufacture royale des Gobelins*, a poussé si loin l'art et la gloire de la tapisserie française.

Cette organisation fut entreprise par Colbert, lequel ouvrit, en 1664, à Beauvais, une manufacture spéciale de tapis de haute et basse lice.

Le génie universel du peintre Le Brun fit merveille dans la manufacture des meubles de la Couronne. Ses dessins de tapisseries sont d'admirables chefs-d'œuvre. « Le sentiment de la décoration est si vif en lui, dit M. Eugène Müntz, que ses peintures se transfigurent en passant de la toile sur la chaîne; leur traduction dans un art différent leur donne plus d'éclat, une harmonie plus riche et plus mâle. Il en est de même des grands tableaux de cérémonie qui forment l'incomparable suite appelée l'*Histoire du Roi*. Quand ces tentures éblouissantes s'agitent, on éprouve comme un frémissement religieux; on croit voir Alexandre, le roi-dieu, et Louis XIV, le roi-soleil, descendre de leur char triomphal ou des marches du trône pour se mêler à nous. Ces figures héroïques, les unes couvertes d'armures étincelantes, les autres d'étoffes brochées d'or et de soie, de pierreries, de dentelles, s'animent d'une nouvelle vie sur ces surfaces souples et ondulées. Fastidieux lorsqu'il se produit dans la peinture à l'huile ou à fresque, qui ne connaît pas que cette seule note, le besoin de pompe et de magnificence, inhérent au grand

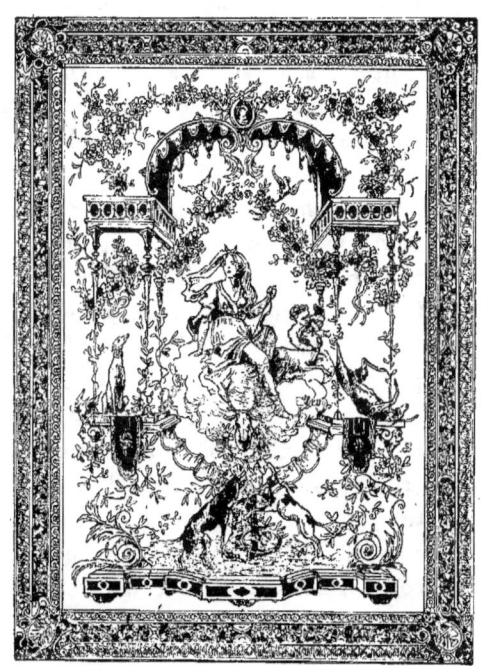

Fig. 162. DIANE ET LA TERRE, tapisserie des Gobelins (XVIIIᵉ siècle).

siècle, trouve sa plus naturelle et sa plus heureuse expression dans ces tissus dont l'or et la soie forment les éléments naturels ».

Pendant que les Gobelins tapissaient les murs, la Savonnerie couvrait le sol de ses tapis épais. Ceux de la grande galerie du Louvre et de la galerie d'Apollon étaient alors entièrement achevés. Le premier avait été commencé sous Henri IV; il comprenait quatre-vingt-douze compartiments de sept aunes et demie de longeur sur une largeur de quatre à cinq aunes; en tout, trois mille cinq cent cinquante mètres carrés! La composition n'en était pas uniforme : on y voyait des paysages, des trophées d'armes, des figures symboliques. C'est sans doute la plus grande tapisserie de pied qui ait jamais été faite. On croit qu'un morceau conservé aux Gobelins et même exposé sous le n° 99, se trouve être l'une des quatre-vingt-douze pièces de ce tapis. Le second se composait de treize grands morceaux qui, chacun, représentaient des sujets de l'histoire glorieuse d'Apollon.

A la mort de Le Brun, Mignard dirigea la manufacture des Gobelins. Mais les guerres des dernières années du règne de Louis XIV furent peu favorables au développement des arts. Les tapisseries n'en conservèrent pas moins une valeur positive.

Les tapissiers du xvii° siècle mettaient, du reste, toutes les combinaisons en œuvre pour faire valoir la beauté des tentures confiées à leurs soins. Dans une lettre datée de Paris, octobre 1672, et publiée par le *Mercure galant,* un gentilhomme de la capitale écrit à une dame de province ce qui suit . « Je fus dernièrement chez une femme extrêmement riche. On dit que l'on me voulait faire voir une salle fort proprement meublée, et l'on me mena dans un lieu dont la tapisserie estoit d'un fort beau damas. Pendant qu'on me fit regarder par la fenestre un jardin admirable, quelqu'un leva en un instant cette tapisserie, de manière qu'en tournant la teste, je vis cette salle tapissée d'une autre couleur, et que la première tapisserie estoit relevée en festons tout autour de la salle. Comme j'admirois cette invention, on me dit de tirer un contrepoids qui estoit caché dans un coin où il ne paraissait pas, et qui néanmoins estoit attaché avec des cordons de soye et d'or. Je le tiray fort aisément, et je vis tout aussitost cette seconde tapisserie s'élever, et quand elle fut en haut, elle parut en petites pentes qui firent les entre-deux des festons, et laissa voir une *tapisserie de verdure* ornée de plusieurs tableaux avec de très riches bordures. Jamais rien ne produisit un si bel effet, et je ne pus me lasser d'admirer ceux qui avaient trouvé une si belle invention, et si j'estois sorty de la salle autant de fois qu'elle changea, et que j'y usse rentré, je n'aurois pas cru être dans le même appartement ».

Au xviii° siècle, l'industrie des tapis et des tapisseries était arrivée, dans toute l'Europe, à un très haut degré de prospérité. On citait surtout les manufactures des Gobelins, de la Savonnerie et de Beauvais pour les pièces exceptionnelles ; celles de Venise, de Bruges, d'Oudenarde, d'Abbeville et d'Aubusson, pour les pièces moins riches ; et celles de Rouen et de Bergame, où l'on travaillait particulièrement pour la consommation ordinaire.

Boucher, qui fut directeur des Gobelins, et ses élèves, peignirent, pour cette manufacture, ainsi que pour la Savonnerie et Beauvais, des pastorales dont l'éclat et la fraîcheur n'ont point été dépassés. « Mais, par une erreur de goût manifeste, écrit M. Philippe Burty, ils firent descendre de la muraille les bergers entreprenants et les moutons à faveur lilas, et les posèrent sur le siège horizontal des canapés et des fauteuils. De sorte que — la donnée n'ayant été que trop suivie de nos jours, — on s'assied sur un pigeonnier ou l'on pose les pieds sur un port de mer. Certes, c'était déjà une grande erreur que d'imiter trop littéralement des personnages ou des arbres sur une surface qu'un souffle peut déranger ou qu'un pli coupe par la moitié, mais il y avait encore là une certaine convention à laquelle l'esprit peut se prêter. Mais quelle aberration que de semer à terre des bouquets de fleurs naturelles et des panoplies ! Ne craint-on pas à chaque instant, en foulant ces grands tapis de la Savonnerie et d'Aubusson, de se heurter à un cuir enroulé, ou d'écraser une corbeille de cerises ? »

En résumé, l'art de la tapisserie a commencé par orner les temples et les églises ; il contribua ensuite à parer la demeure des grands, à enrichir le palais des rois. Jusqu'à la fin du siècle dernier, toute famille un peu aisée possédait quelques tapis de tenture. « Je commence à pressentir comme très proche un embarras fort déplaisant », écrivait Mme Roland, alors Mlle Phlipon, dans ses lettres aux demoiselles Cannet (18 mai 1772). « Bientôt cloison abattue, tapisseries détendues, meubles d'appartement, ustensiles de cuisine, maître et maîtresses, tout cela remué, secoué, dérangé ; ce sera pire qu'un déménagement, parce qu'on déplace tout sans rien enlever ». Et la spirituelle épistolière ajoute (lettre du 5 janvier 1777) : « Rien n'est si charmant que de regarder les gens de dessous la tapisserie : on saisit tous les ridicules ; et l'observation, le raisonnement ou la malice en font leur petit profit ».

Aujourd'hui, l'industrie des tapisseries a complètement changé de destination : les papiers peints ayant généralement remplacé les tissus employés autrefois pour la tenture des murailles, ceux-ci ne servent plus guère que pour couvrir les meubles et le sol des habitations.

Il faut en convenir, dit à ce sujet Charles Blanc, dans son étude sur l'Art décoratif, nos ancêtres du Moyen Age vivaient dans un monde plus poétique et plus attrayant que le nôtre. « Poètes, ils l'étaient dans leur architecture, toute pleine de sentiments religieux et chevaleresques ; ils l'étaient dans la peinture de leurs vitraux qui interceptaient la lumière pour faire resplendir un paradis de couleurs; ils l'étaient aussi dans leurs tapisseries, dont ils se faisaient des murailles, et qu'ils savaient convertir en clôtures, lorsqu'ils divisaient en petites alcôves une grande chambre. Ces tapisseries les enveloppaient de mystère. Intrigues d'amour, secrets d'Etat, conspirations, surprises, issues dérobées, tout cela dans un temps de chevalerie, de guerres, de ruses, était tour à tour caché et découvert par ces lourdes tentures, dont les franges traînaient sur le plancher. Quand la châtelaine, dans quelque circonstance solennelle, écartait les pans de la tapisserie qui, le plus souvent, tenait lieu de porte, son entrée, sans bruit, dans la grande salle du château, devait produire l'effet d'une apparition ».

Voilà pourquoi les amateurs recherchent aujourd'hui les anciennes tapisseries, qui sont une prévenance pour l'imagination, un tissu de poésies, une jouissance donnée à nos regards. Il faudrait, en effet, dans les moments de repos et de rêverie, avoir une bien grande insensibilité de cœur, pour ne pas trouver du charme à cette vision de songes heureux sur les parois de nos demeures?

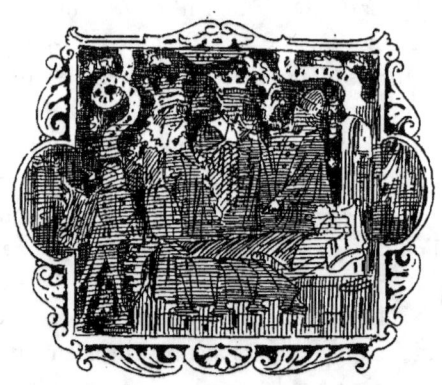

Fig. 163

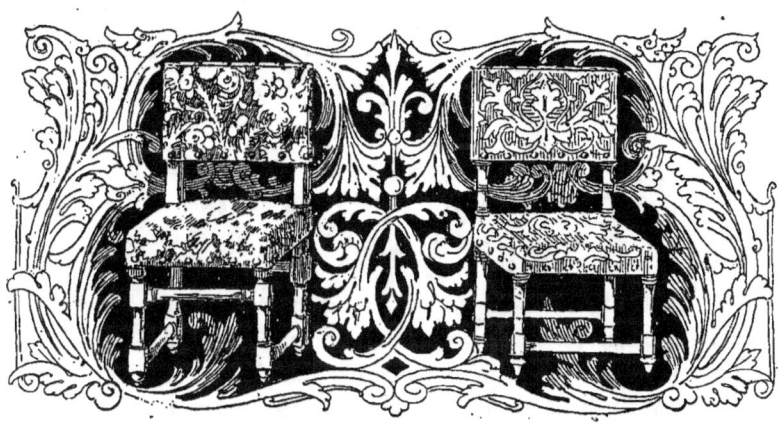

Fig. 164. Chaises recouvertes en cuir de Cordoue. Fig. 165.

XXV.

LES CUIRS DORÉS.

Employés autrefois dans l'ameublement de luxe, les cuirs estampés et dorés servaient surtout à faire des tentures. Nos aïeux du Moyen Age et de la Renaissance, plus amoureux du confortable qu'on n'est porté à le croire, remplaçaient en été par des tentures de cuir les tapisseries de laine réservées pour l'hiver. Le cuir était plus frais que la laine, plus résistant aux coups de soleil, et ne redoutait ni les vers ni la poussière. « Cuirs à estendre ès chambre en temps d'esté », dit un *Inventaire des ducs de Bourgogne* (1427).

Le moine Théophile, en mentionnant, dans sa *Diversarum artium schedula* ou *Essai sur divers arts*, les différents procédés de peinture alors connus et pratiqués, n'oublie pas de donner la manière de préparer le cuir pour recevoir le décor, ce qui prouve qu'au XIIe siècle on connaissait, en Europe, la fabrication du cuir doré. Mais il semblerait toutefois que, de son temps, on n'employait guère le cuir d'ornement que comme moyen de couvrir la nudité primitive des fauteuils, des chaises, des stalles, des bancs, etc.; il ne paraît pas qu'on en eût fait des tentures fabriquées comme celles que nous possédons et qui sont de beaucoup postérieures.

On n'a, en effet, aucune donnée positive sur l'origine de l'emploi de ce genre de décoration. M. Charles Davillier [1] assure que l'industrie du cuir gaufré était déjà en pleine prospérité au xiie siècle, dans la ville de Ghadâmès (Sahara). Le mot *guadamacil* est le mot espagnol qui sert à désigner le cuir doré; or, il résulte d'un passage du livre d'Ebn Abd el-Noûr el-Hamîri el Toûnsi (le Tunisien), intitulé: *Le jardin parfumé par les nouvelles contrées*, ouvrage géographique écrit au sixième siècle de l'hégire, que le cuir ghadâmesien provenait de la ville de Ghadâmès. « Comme l'hégire, ajoute M. Davillier, a commencé l'an 622 de notre ère, on doit conclure de ces quelques mots que, dès le xiie siècle après J. C., Ghadâmès avait déjà acquis une certaine célébrité pour ses cuirs ; et qu'un Tunisien, compilant une description de l'Afrique à cette époque, jugeait utile de dire que « le cuir connu à Tunis sous le nom de *djild Ghadâmesi* provenait de la ville de Ghadâmès ».

D'un autre côté, M. Paul Lacroix pense que l'on commença dès le règne de Louis IX à tapisser les appartements avec des peaux vernissées, gaufrées et dorées. Cette coutume aurait été empruntée aux Orientaux après les expéditions chevaleresques des Croisades. M. de Laborde présume, au contraire, que l'emploi des cuirs gaufrés et peints a été importée par les Mores d'Espagne, à Cordoue, d'où le nom de *Cordouan* donné à ces tentures. Le savant archiviste cite même un passage du dictionnaire latin de Jehan de Garlande, composé en 1080, qui prouverait que les *Cordouans* ont été fabriqués pour la première fois au xie siècle dans la ville de Cordoue.

Cette manière de voir est confirmée par l'italien Tomaso Garzoni, qui écrivait, en 1560, dans sa *Piazza universale di tutte scienze*, qu'on croyait de son temps que l'art des cuirs dorés avait pris naissance en Espagne : « Ceux qui trouvèrent l'art des cuirs d'or, cet art si noble et si estimé de nos jours, méritent vraiment beaucoup de gloire et d'honneur ... Et quelques-uns prétendent que le commencement et l'origine de ce très noble travail sont dus à l'Espagne, parce que c'est de ce pays que sont venus les meilleurs maîtres qui, dans les temps modernes, ont atteint le plus de renommée dans cet art».

Séville, Barcelone et Valladolid passent effectivement pour avoir eu anciennement des fabriques de *guadamaciles* une rue de cette dernière ville porte encore le nom de *calle de Guadamacileros*. «Le métier de *guadamacilero*, écrivait en 1779 l'historien espagnol Capmany,

---

1. *Notes sur les cuirs de Cordoue.*

métier qui comprenait l'art de dorer et d'estamper les cuirs, dont le goût des siècles passés tirait un grand parti pour tendre les murs des salles d'apparat, ainsi que pour les rideaux, les coussins et autres objets, ce métier ne pouvait manquer à Barcelone, centre où se trouvaient alors réunis tous les arts connus. Parmi les membres qui, en 1316, composaient la classe des artisans du conseil municipal, on voit figurer deux *guadamacileros*, ce qui prouve qu'ils étaient déjà réunis en corporation » [1].

Quoi qu'il en soit, les tentures de cuir peint et doré, désigné aussi sous le nom *d'or basané*, n'ont commencé à se répandre en France qu'à partir du xv⁵ siècle, comme le prouve un passage des *Mémoires sur l'ancienne chevalerie*, par Lacurne de Sainte-Palaye. D'autre part, les *Comptes royaux* nous montrent que la reine en envoyait chercher six, en 1416, pour s'en servir à Corbeil, et l'*Inventaire du duc de Berry*, daté de la même année, témoigne que ce prince avait dix-neuf grands cuirs semblables parmi ses meubles. Ces tentures, dans la fabrication desquelles on avait alors remplacé les anciens procédés par celui de l'estampage, étaient faites d'un cuir très fin, sur lequel se trouvaient imprimés en relief, et peints, des personnages ou des ornements rehaussés d'or. On en tapissait les appartements, on en recouvrait les meubles, les lits.

L'usage de décorer ainsi les lits subsista longtemps encore. Pierre Binard, tapissier de profession, établi à Paris et auteur d'un recueil de Noëls dédiés *à la vertueuse royne Marguerite*, première femme de Henri IV, fait mention de *l'or basané*, dans un de ses naïfs cantiques, comme une marque d'opulence. La bergère mondaine, pressée par la bergère humble d'aller saluer Jésus et sa Mère, interroge sa compagne et lui dit en parlant de la Vierge :

> Au moins est-elle bien coëffée
>   De fins rézeaux?
> Et sa couche est-elle estoffée
>   De beaux rideaux?
> Son ciel n'est-il pas de brodeure
>   Tout campané?
> N'a-t-il pas aussi pour bordeure
>   L'or bazané?

La Renaissance donna une grande impulsion à l'industrie des cuirs dorés, dont la fabrication était alors très florissante à Cordoue. « Le

---

[1] Capmany, *Mémoires sur la marine, le commerce et les arts de Barcelone*, Madrid, 1779.

commerce du cuir, rapporte un écrivain contemporain originaire de cette ville, Ambrosio de Moralès (1575), y est très important... Un autre avantage notable de Cordoue, c'est l'élégance de tout ce qui s'y fabrique et le profit qu'on en tire. Les basanes (peau de mouton) servent à faire des *guadamecis*, qui se travaillent si bien qu'on ne les égale en aucune autre partie de l'Espagne, et en si grande quantité, que Cordoue en approvisonne toute l'Europe et les Indes (Amérique). Cette fabrication apporte beaucoup de richesse à la ville et donne aussi à ses principales rues un joli aspect. En effet, comme on expose au soleil les cuirs une fois dorés, travaillés et peints, et qu'alors on les fixe sur de grandes tables pour les faire sécher, c'est un beau coup d'œil de voir les rues ainsi tapissées avec tant de splendeur et de variété. »

Après s'être montrées en Espagne, les tentures de cuir ne tardèrent pas à se généraliser en Portugal et en Italie, en France et dans le Brabant. Sous Henri II, les plus célèbres doreurs sur cuir étaient deux Parisiens, Jehan Fourcault et Jehan Louvet, qui logeaient à l'hostel de Nesle. On peut voir dans les *Comptes royaux* pour 1557, les détails d'une tente de chambre faite sur cuir de mouton, « argentée, frizée, de figures de rouge, pour servir en la chambre et cabinet du roi à Mouceaux ».

L'art des cuirs dorés, — des *corami d'oro*, — comme on disait en Italie, était donc très estimé, et ceux qui le pratiquaient en retiraient honneur et profit. « Celui qui a trouvé cet art des cuirs d'or, estoit certainement un homme singulier et de grand jugement, dit Leonardo Fiovarenti ; je ne croy néanmoins, et ne croiray jamais, qu'un seul en ait esté l'inventeur, et l'ait réduit à la perfection et beauté que nous voyons aujourd'huy... Les grands personnages le réputent beaucoup maintenant, et est fort en usage à Rome, à Naples, en Sicile, à Bologne, en France, en Espagne et aultres lieux... C'est un art de grand profit et sçavoir, moyennant lequel on fait amitiez avec grands personnages : car la plus grande partie de ceux-là qui s'en servent, sont hommes illustres et grands, pource que l'art est de grande beauté et fort délectable à voir : il est aussy de grand profit pour ceux qui le font, car il s'appelle l'art de l'or, et non sans cause, pour ce qu'il tire l'or et l'argent, faisant riches ceux qui le pratiquent, pourvu qu'ils soient hommes et s'y conduisent comme il faut »[1].

Mais il en fut de cette industrie comme de tout ce qui se rattache

---

[1]. *Miroir universel des Arts et des Sciences*, trad. par Gabriel Chappuis (1596), chap. XLI, *De l'art des cuirs d'or, et comme ils se font*.

aux arts. Les villes de Cordoue, de Lille, de Bruxelles, Liège, Anvers, Malines et Venise imprimèrent chacune à leurs produits un cachet particulier qui leur est propre, ce qui nous permet aujourd'hui de distinguer ce qu'on pourrait appeler les différentes écoles.

Les cuirs de Venise étaient surtout très appréciés. Catherine de Médicis en avait fait venir une collection considérable. Ces tentures, pour la plupart, étaient en cuir doré et argenté, au chiffre de la reine, sur fond violet, bleu, orangé, ou vert de mer, ou rouge, etc., sans compter les nombreuses tentures de deuil où le fond noir n'était relevé que d'argent [1].

A la fin du xvie siècle, les cuirs dorés, si recherchés auparavant, ne figuraient plus qu'au cinquième ou sixième rang après les riches tapisseries qui décoraient les appartements. C'est ainsi que, dans l'*Inventaire de Gabrielle d'Estrées* (1599), après un grand nombre de tentures d'étoffes historiées représentant soit de frais paysages, soit des sujets sacrés d'histoire ou de mythologie, on ne trouve guère de pièce importante qu'une «tente de tapisserie de cuir doré».

Tout porte à supposer que les peintures sur cuir entourées d'or et d'argent qui scintillaient par le jeu de la lumière sur les gaufrures, parurent également insuffisantes pour le luxe du xviie siècle. Néanmoins quelques riches particuliers affectaient d'employer ce genre si coûteux de tentures. Tallemant, dans son historiette de Nicolas Vauquelin des Yveteaux, rapporte que ce poëte épicurien, contemporain de Henri IV et de Louis XIII, avait « tous ses appartements tendus de cuirs dorés, sur lesquels, en plusieurs endroits, on voyait son chiffre avec des lacs d'amour ».

Au xviiie siècle, les cuirs dorés et peints étaient complètement tombés en discrédit. Suivant l'abbé Legendre, dans sa *Vie privée des François* (1779), ils étaient propres à meubler « les antichambres et les salles à manger des maisons de campagne ».

Nous allons maintenant faire connaître les principaux caractères de chaque fabrique.

« Les *cuirs de Portugal*, dit M. Ernest Rupin, ne sont pas dorés et peints, ils sont simplement gaufrés ; tout au plus voit-on quelquefois un petit filet d'or courir sur les nervures des feuilles ou accentuer quelques détails du fond. Ils servaient principalement à recouvrir des objets de toilette, des coffrets, des sièges, etc.

« Les *cuirs de Cordoue* sont fortement en relief ; ils sont dorés et

---

[1]. Ed. Bonaffé, *Inventaire des meubles de Catherine de Médicis*.

peints, et le dessin consiste en ramages ou grands fleurons dans le goût des étoffes de Damas ou des Indes. Le Musée de South-Kensington possède une curieuse série de cuirs espagnols ; ces spécimens, au nombre d'une vingtaine, sont ornés de fleurs, de feuillages, de vases, d'oiseaux, d'amours, de grenades, etc. Les couleurs des fonds sont ordinairement le vert, le bleu, le blanc, l'or, etc.

« Ceux de *Flandre* ont beaucoup d'analogie avec ces derniers, le relief est cependant généralement moins prononcé, le dessin offre plus de délicatesse ; ces cuirs quelquefois sont simplement gaufrés et dorés, tels qu'on les voit représentés dans le tableau de Pieter de Hooch, conservé au Louvre.

« Les *cuirs de Venise* ont pour caractère de n'être point en relief ; ils ne sont que dorés et peints ; il en existe où de véritables artistes n'ont pas dédaigné d'y peindre à l'huile des sujets rehaussés d'or qui ont souvent la valeur d'un tableau.

« La France n'a pas eu d'école proprement dite ; ses productions participent aux œuvres des nations voisines, mais se ressentent cependant du goût imprimé aux arts dans ces différentes périodes ».

Il faut faire exception pour les belles tentures du Musée de Cluny (n°ˢ 1776 à 1782). Ces tentures, au nombre de sept, dénotent un travail original tout-à-fait particulier. Elles représentent des sujets tirés de l'histoire romaine se détachant sur un fond d'or travaillé au petit fer. Ce sont, en un mot, de véritables tableaux peints à l'huile sur basane dorée, auxquels M. Davillier attribuait une origine espagnole, mais que M. Ernest Rupin a reconnu avec plus de vraisemblance comme appartenant à l'école française du xviie siècle.

Ajoutons qu'on rencontre des cuirs dorés où le décor dans le genre des dessins de Bérain (1637-1711) indique une fabrication française encore plus marquée. Ces tentures sont évidemment sorties des ateliers établis à Avignon, à Rouen, à Carpentras, à Lyon et à Paris.

Étincelantes de finesse, d'élégance et de grâce sous François Ier, Henri II et ses fils, les tentures de cuir doré deviennent lourdes sous Henri IV, plus lourdes sous Louis XIII, et non moins lourdes, quoique pleines de grandeur, sous Louis XIV. C'est au xviie siècle surtout que le goût de l'enluminure se donna libre carrière. Les cuirs de cette époque présentent une grande richesse de coloris et de composition : animaux, fleurs, fruits, mascarons, tout concourt à plaire aux yeux et à attirer l'attention. Mais, entraînés par le caprice de la mode, les artistes ne tardèrent pas à exagérer ce genre d'ornementation, si bien que, dès le commencement du xviiie siècle, le goût n'étant plus le même, la fabrication se transforma. On sentait comme un besoin de produire du nouveau, et l'industrie du cuir gaufré, tout en jetant encore quelques éclats, tomba rapidement dans la décadence.

Les tentures de cuir doré, si goûtées dans l'ancien ameublement, coûtaient alors excessivement cher et nécessitaient un travail considérable. Non seulement les ornements que l'on y figurait provenaient de l'estampage et du gaufrage, mais on les obtenait encore par la ciselure à main-levée, à l'aide de divers poinçons ou *fers*, et qui portaient gravés à une de leurs extrémités diverses figures, des fleurs, des rosaces et autres ornementations. Ces tentures sont très recherchées aujourd'hui par les amateurs. Malheureusement les cuirs espagnols sont devenus presque introuvables. A la vente San-Donato, une tenture de cuir de Cordoue, à fond d'argent, rehaussé de fleurs et de larges rinceaux d'or, ayant 15 mètres de longueur sur 2 m. 47 cent. de hauteur, s'est vendue 1,750 lires. Une autre tenture en cuir gaufré florentin du xve siècle et à dessins de feuillages, losangé d'or sur fond bleu, ornée de candélabres dorés avec frises représentant des génies, atteignit le prix de 7,050 lires. Rien n'égale, il est vrai, la richesse de ces décorations, à la fois splendides et durables. Dans les salles des vieux châteaux d'Angleterre, de Flandre et d'Allemagne, l'œil est presque toujours frappé de l'éclat royal que conservent ces tentures, souvent déchirées par le ravage ou la négligence, mais résistant toujours à l'action naturelle du temps.

Fig. 165. Coffret recouvert en cuir doré.

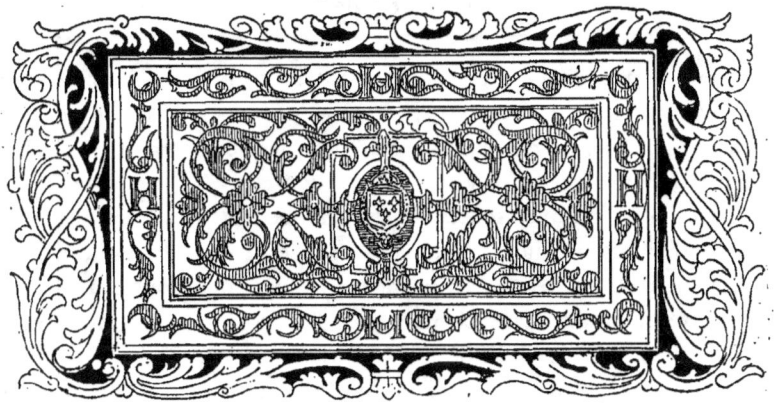

Fig. 166. Reliure aux armes de Henri II.

XXVI.

LES RELIURES.

OUR peu qu'ils aient le goût des beaux livres, les amateurs d'objets d'art et de curiosités possèdent toujours, dans le musée intime que chacun de nous établit en un coin de sa maison, quelques rayons choisis où sont rangées les reliures de prix.

Les bibliophiles, en effet, savent que le livre, profane ou sacré, fut toujours trouvé digne de devenir un joyau, et qu'il le devint naturellement sous la main soigneuse d'ouvriers, la plupart inconnus, dont cet art de la parure des livres fut la brillante industrie.

Les orfèvres du Moyen-Age avaient seuls le privilège de confectionner l'habillement des livres rares, soit en métaux précieux, soit en cuir orné d'un semis brillant de clous ouvrés, « cloans d'argent doré », soit en tissus, tels que le *veluyau* (velours), le *camocas* et les autres riches étoffes de soie. Parfois même les livres étaient constellés de pierreries [1].

Tandis que les relieurs privilégiés des cloîtres et des palais paraient somptueusement les volumes qu'ils enrichissaient d'or et de gemmes,

---

[1]. Gabriel Peignot, *Catalogue d'une partie des livres composant la bibliothèque des ducs de Bourgogne.* 1841.

les modestes relieurs des villes travaillaient à *empreintes* et gaufraient de leur mieux le cuir dont ils couvraient leurs livres. On rencontre souvent, dans les descriptions des librairies de ce temps, de ces livres *tympanisez*, c'est-à-dire *gaufrés*, sans dorure [1].

Les plats du livre soutenant l'enveloppe n'étaient alors que des *ais* de bois plus ou moins amincis, avec des coins et des fermoirs de cuivre. De plus, ces livres portaient souvent des clous d'un haut relief, représentant généralement des figures humaines, des têtes de lion, etc., destinés à empêcher le frottement et l'usure des plats ; cet usage fut abandonné lorsque l'on devint forcé, les bibliothèques s'augmentant de jour en jour, de mettre les volumes en rayons. On prit alors l'habitude de placer le titre sur le dos du livre au lieu de le mettre sur le plat, comme on l'avait fait jusqu'alors.

C'est en Italie que l'art du relieur, lors de ses premiers progrès d'élégance et de somptuosité, rompit avec les traditions, les grossières pratiques du métier, et fit disparaître l'usage de ces reliures barbares sous tous les rapports, puisqu'un volume de ce lourd calibre (c'étaient les *Lettres familières*, ouvrage conservé à la Bibliothèque Laurentienne) étant tombé sur la jambe de Pétrarque, le blessa si grièvement qu'il fallut presque en venir à l'amputation.

Au commencement du XVIe siècle, les Italiens trouvent une voie nouvelle sous l'influence des Aldes qui avaient probablement joint à leur imprimerie un atelier de reliure. Venise fut alors pour l'Italie l'école de la reliure, et pour la première fois les motifs en plein or des Aldes servirent de remplissages dans les premières reliures à entrelacs. Les reliures aldines méritent à tous égards la faveur dont elles jouissent auprès des amateurs éclairés. Généralement sobres, elles sont, malgré cela, d'un excellent effet décoratif; les plus simples même, aux doubles filets noirs avec fleurons aux angles et au centre, sont d'un goût parfait [2].

La mode des reliures de carton, tout en prenant faveur au XVIe siècle, n'avait pas fait disparaître complétement l'usage des reliures en bois, et l'on hésitait souvent à adopter les reliures en veau à la nouvelle façon. Cette perplexité des amateurs se trouve très curieusement indiquée à la première page du *Cymbalum mundi*, de Bonaventure Desperriers (1537). On y voit Mercure envoyé ici-bas par

---

[1]. Auguste Bernard, *Bulletin du Bibliophile*, 1860.
[2]. Marius Michel, *La Reliure française, depuis l'invention de l'Imprimerie jusqu'à la fin du XVIIIe siècle*, 1880.

Jupiter pour faire relier à neuf le *Livre du Destin*. « Il est bien vrai, dit-il, qu'il m'a commandé que je lui fisse relier ce livre tout à neuf; mais je ne sais s'il me le demande en *ais de bois* ou en *ais de papier*. Il ne m'a point dit s'il le veut en veau ou couvert de velours. Je doute aussi s'il entend que je le fasse dorer et changer la façon des fers et des clous, pour le faire à la mode qui court... » Après ces questions, Mercure se pose encore celle-ci, qui n'est pas la moins importante : « Où est-ce qu'on relie le mieux ? à Athènes, en Germanie, à Venise ou à Rome ? Il me semble que c'est à Athènes ». Il avait raison, remarque Edouard Fournier, car Athènes c'était Paris, c'était la France, et c'est là, en effet, qu'on faisait les reliures les plus splendides.

La première grande amélioration qui fasse époque dans l'histoire de la reliure, fut l'emploi du maroquin. Les reliures en veau fauve et surtout en maroquin, avec dorure sur la tranche et dans tous les ornements se trouvaient alors, et cela depuis le xviᵉ siècle, les seules qui fussent vraiment recherchées par les amis des livres. La mode s'en était même répandue assez rapidement.

Quoi qu'il en soit, l'Italie donne alors le ton à l'Europe. Les reliures à la Salamandre de François Iᵉʳ, conservées dans nos bibliothèques publiques, sont presque toutes dans le goût italien. Les Italiens furent donc nos initiateurs, mais on ne saurait méconnaître toutefois la grande part qu'ont eue, dans l'histoire de l'art et de la reliure en particulier, les artistes français de la Renaissance, notamment Nicolas Eve et son fils Clovis, célèbres libraires-relieurs de Henri III et de Henri IV.

Aucun règne n'a laissé autant de reliures importantes que celui de Henri II. C'est, disent MM. Marius Michel, l'époque des « doreurs sur cuir ». Quatre doreurs au moins participèrent à l'ornementation des six cents volumes environ connus comme pour avoir fait partie des collections particulières de Henri II, de Diane de Poitiers et de Catherine de Médicis. Le plus grand nombre des volumes de Henri II et de Diane appartient, comme style, soit aux reliures à entrelacs et fers à filets, soit aux reliures à entrelacs et *fers azurés* [1]. Mais le doreur anonyme auquel on doit les magnifiques reliures de Henri II, était un grand artiste dont les ouvrages ne sauraient trop être livrés à l'admiration des amateurs. Quelques-unes de ces reliures sont ornées de larges bandes d'entrelacs purs exécutés à filets, sans autre ad-

---

[1]. A l'imitation de l'*azur* du blason, représenté par des hachures horizontales.

jonction de fers que les emblèmes, croissants, carquois, chiffres, etc. Les entrelacs sont en général noirs, le fond fauve, les croissants blancs.

C'est sous les règnes de François Ier et de Henri II que fleurit Jean Grolier, le plus célèbre des amateurs de son temps. Les innovations qu'il fit faire à son retour d'Italie dans la décoration des livres eurent une grande influence sur la reliure française. « Grolier faisait ordinairement relier ses beaux volumes en excellent maroquin vert, noir ou citron, ou en veau fauve d'une qualité supérieure, très rarement en vélin; sur les plats, sur le dos, parfois même sur la tranche, sont dessinés, en or et en couleurs, de délicieux ornements, des filets, des fers entrelacés avec le goût le plus parfait. Les moyens d'exécution n'étaient certes pas alors ce qu'il sont devenus depuis; mais si les compartiments ne sont pas gravés avec une netteté suffisante, en revanche le goût en est toujours sobre et pur, l'invention charmante; c'est le style italien de la plus belle époque, et nos artistes modernes sont heureux de se servir de ces types comme des plus excellents modèles »[1].

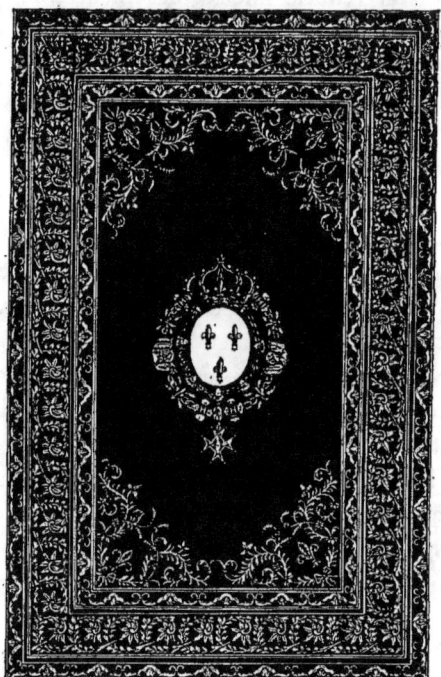

Fig. 167. Reliure de Padeloup, aux armes de Louis XV.

Les moindres exemplaires sortis de la bibliothèque de Grolier valent deux et trois mille francs. C'est lui qui, loin de partager l'égoïsme des collectionneurs, mettait sur chacun des joyaux qu'il entassait sur ses rayons cette touchante devise : *Jonhanis Grolierii et amicorum*, c'est-à-dire : *A Grolier et à ses amis*.

A ce sujet, nous signalerons aux amateurs quelques supercheries dont ils doivent se garder. En étudiant les reliures portant le nom de

1. *Gazette des Beaux-Arts*, 1859.

L'ART INTIME. Planche XXI.

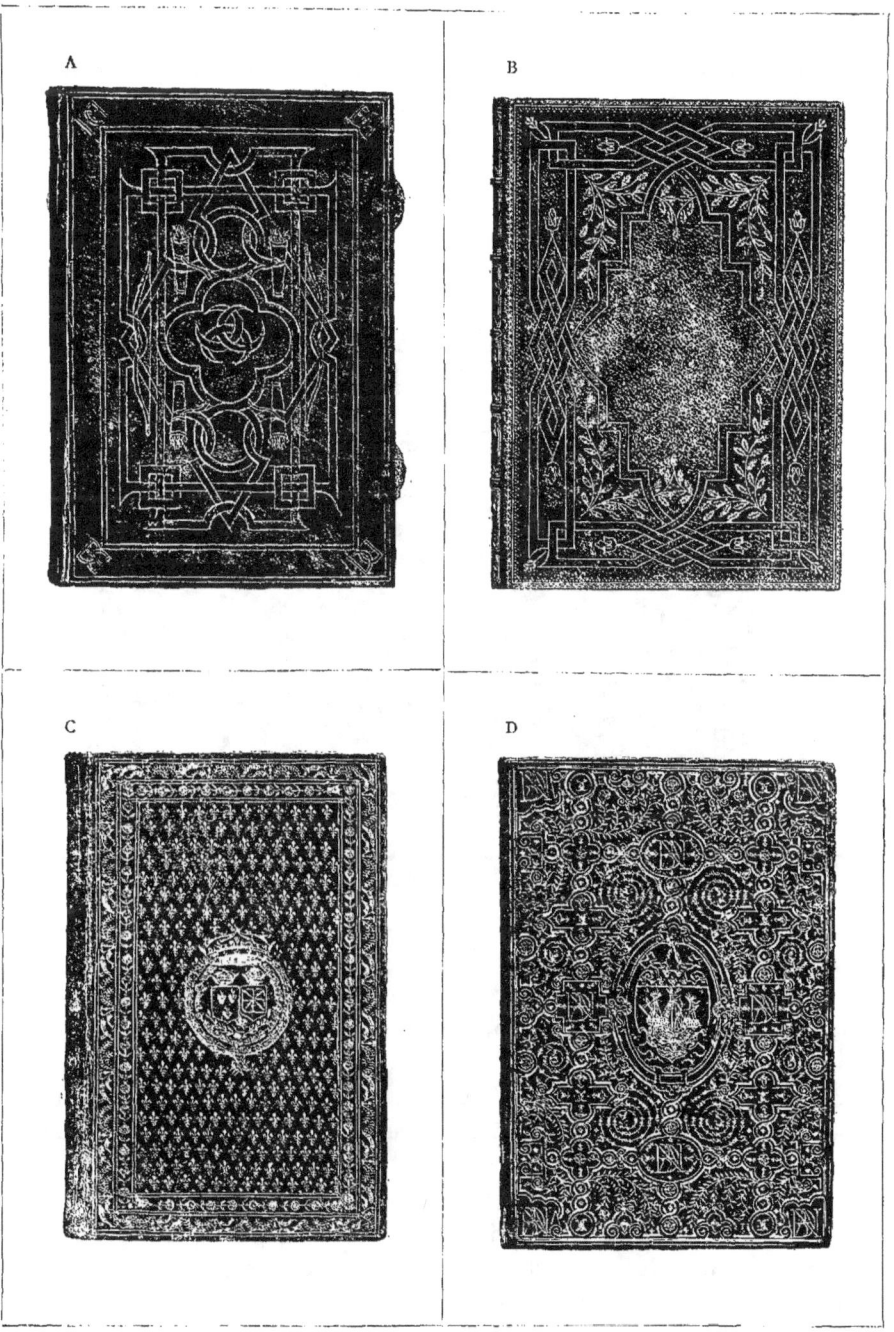

LES RELIURES.

J. Grolier, il est facile de se convaincre que beaucoup de ses livres lui étaient envoyés tout reliés par d'habiles artistes travaillant à Venise et à Lyon ; il n'est pas rare d'en rencontrer de semblables sans son nom, et ce nom, qui décuple leur valeur, rien n'est plus facile que de l'ajouter. Cette falsification se fait avec beaucoup d'art [1].

Ce fut à la fin du règne de Charles IX qu'on employa, pour la première fois, ces entrelacs géométriques, aux compartiments vides, qui tranchaient si complètement avec ce qui s'était fait jusqu'alors.

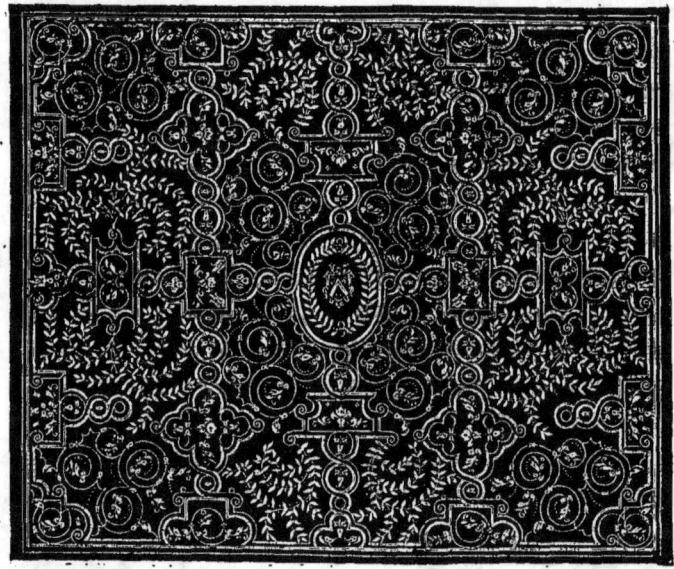

Fig. 169. Reliure d'un « Recueil d'Estampes ». Exemplaire ayant appartenu à J.-A. de Thou.

Henri III s'appropria ce genre de décoration. Il fit placer dans les compartiments du dos, presque toujours sur nerfs, ses sinistres emblèmes, des têtes de mort, des os, avec la devise : *Spes mea Deus*, et au milieu des plats le *Crucifiement*. Le fond est rempli par un semis de larmes entremêlées de fleurs de lis. Ces reliures sont des plus rares et des plus recherchées.

Un autre genre de reliure qui va bientôt se fondre avec celui-ci et donner des résultats extraordinaires est celui des reliures à branchages. Une des plus belles de cette école est aux armes, France et Pologne, de Henri III avec le chiffre, et de très riches coins de branches

1. Eug. Piot, *Le Cabinet de l'Amateur,* 1862.

sur un fond de fleurs de lis. Sur ce volume, conservé à la Bibliothèque Nationale, les fers sont poussés en argent. Ce métal fut employé, soit seul, soit avec l'or, sur beaucoup de livres du xvi° siècle.

La décoration froide des entrelacs réguliers, les funèbres emblèmes, pouvaient convenir au caractère étrangement superstitieux de Henri III, mais il fallait autre chose à sa jeune sœur, l'élégante et folle Marguerite. On créa donc pour elle un nouveau genre de reliures, dans les compartiments desquelles entraient des fleurons, des fleurettes, où la marguerite est naturellement répétée sous toutes les formes, et les fonds furent couverts de branches de feuillages. « Ce fut là une des plus heureuses inspirations des doreurs français. Ces reliures eurent un succès inouï ; ce fut une mode, une fureur ; les volumes que l'on attribue à Clovis Eve sont de cette école et l'on en fit, dans les vingt dernières années du xvi° siècle, dont les complications sont vraiment prodigieuses. Les plus anciennes de ces reliures dites aujourd'hui *à la Fanfare*, se distinguent facilement à la présence, dans les compartiments, de fers azurés. Dans celles de la seconde manière, les plus belles, les entrelacs sont d'une grande richesse, les branchages aux feuilles petites sont plus importants, et les tortillons, ou spires, coupés de culots azurés. Les fers sont devenus de petits fleurons, les fleurs et marguerites tout à fait mignonnes, les détails innombrables. Les amateurs du temps raffolèrent de ce genre de dorure, et le plus célèbre de ces délicats, de Thou en compte une grande quantité dans sa bibliothèque » [1].

Jacques-Auguste de Thou, grand historien et ami de Grolier dont il a fait l'éloge, possédait un nombre considérable de livres, lesquels étaient tous richement reliés. Nous savons par une lettre d'un amateur de ce temps-ci, M. le baron Jérôme Pichon, adressée à M. Paulin Paris [2], combien de sortes de parures Auguste de Thou avait adoptées pour ses livres : maroquin rouge, maroquin vert, maroquin citron, — celui-ci surtout pour les livres traitant des sciences exactes ; — veau fauve avec filets d'or, reliure modeste et solide ; vélin blanc à la façon des elzeviers, avec cette différence que de Thou non seulement marquait de ses armes, mais aussi, ce qu'on ne faisait pas chez les imprimeurs de Leyde, historiait de filets d'or, malgré la différence de ce travail sur le vélin, et même dorait sur tranche ses livres ainsi

---

[1]. Marius Michel, *La Reliure française*.
[2]. *Manuscrits français de la Bibliothèque nationale*, L. IV.

vêtus, afin sans doute qu'auprès des autres, en riche toilette de maroquin, ils n'eussent pas trop l'air en déshabillé [1].

Les reliures de cette époque se distinguent par une grande solidité. Les gardes sont en général de papier blanc, quelquefois de vélin ou de parchemin. Les livres doublés de cuir, veau ou maroquin, sont rarissimes. Les tranches sont souvent fort belles, et la mode de les couvrir de dessins est presque aussi ancienne que la reliure elle-même. Le volume aux armes de Louis XII, que l'on peut admirer dans une vitrine de la Bibliothèque Mazarine, a une tranche ciselée reproduisant un motif gothique.

Les grandes reliures de Henri II sont également ornées, sur les tranches, de chiffres, d'emblèmes et d'arabesques. L'usage de ces riches tranches dorées continua au XVII° siècle, mais on eut la malencontreuse idée de leur donner des colorations variées, et les jolis dessins de guipures Louis XIII que l'on copia prirent un aspect lourd et désagréable.

Le XVII° siècle emprunta à l'industrie de la dentelle, si florissante à cette époque, un grand nombre de dessins, et les appropria à la reliure. Les premières reliures à filets, très employées par la suite, appartiennent à cette période. Les doreurs ornèrent ces filets de milieux qui furent le point de départ des reliures *rayonnantes*. L'un d'eux, qui s'appelait Pigorreau, excellait plus qu'aucun autre à toutes ces délicatesses légères de la dentelle et du pointillé. Un document de l'époque, tiré des manuscrits de Delamarre et publié dans les *Annales du Bibliophile* (1862), nous apprend qu'il avait pour enseigne : « Au Doreur. C'estoit un homme qui *poussoit* une dentelle sur un livre, et au bas il y avoit : *En dépit des envieux je pousse ma fortune* ».

C'est alors que surgit un ouvrier artiste qui, par la valeur et l'extrême facilité de son talent, fit oublier son précurseur Pigorreau, et mérita d'être comparé aux maîtres du XVI° siècle. Nous voulons parler de Le Gascon. Le Gascon, dans la deuxième partie du règne de Louis XIII, fut en effet le dernier des grands doreurs anciens. « Quand un artiste de cette valeur apparaît, disent les deux plus récents historiens de la Reliure, il résume en un instant les efforts précédemment tentés, et l'on pourrait croire, en voyant son œuvre à deux siècles et demi de distance, qu'elle est sortie tout entière de sa seule imagination. Après avoir révolutionné son art et brillé du plus vif éclat, il a laissé une voie nouvelle et une immense moisson à recueillir.

1. Ed. Fournier, *L'Art de la Reliure en France*.

« Homme de tradition, il se servira pendant toute la durée de sa carrière des canevas si mobiles que lui fournissaient les entrelacs géométriques des « Fanfares » et les emploiera toujours quand il aura à faire une dorure hors ligne. Novateur prudent, il n'usera d'abord que d'un petit nombre de fers pointillés, les mélangeant avec les petits branchages de Henri IV. Puis enfin, après une époque de transition et de recherches, il inaugure un genre qui changera la décoration des livres.

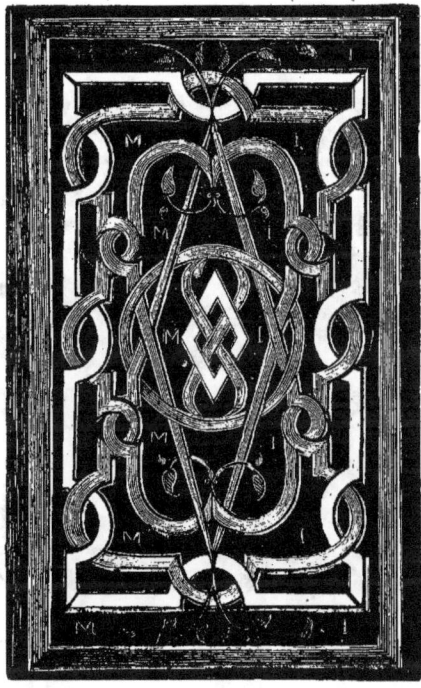

Fig. 170. Reliure pour Jean Marot.

« Le succès obtenu par les reliures royales l'enhardit, et il crée alors ces dorures à filets, droits et courbes, aux coins pointillés, avec des milieux simples, trèfles ou étoiles, d'où s'élèvent des globes de fers pointillés.

« Arrivé à l'âge mûr, en pleine possession de son talent, il donne alors toute sa mesure; les compartiments et les fonds sont entièment recouverts de pointillé; les entrelacs apparaissent rouges, se détachent avec une étonnante vigueur sur ce fond d'étincelles : l'effet est merveilleux ! » [1]

Le Gascon employait généralement pour les gardes le papier marbré, inventé vers ce temps par le libraire-relieur Macé Ruette (1606), luxe alors nouveau et très recherché.

Après la mort de ce grand artiste, les reliures devinrent très riches, mais pompeuses et lourdes. On y voyait les emblèmes de la royauté sous toutes ses formes, les fleurs de lis, les couronnes de chêne, le chiffre couronné du roi, son soleil et jusqu'à sa devise : *Nec pluribus impar.* (Il en vaut plus d'un), qui attirent le regard par leur masse d'or !

Les principes de l'art décoratif trouveront bientôt une plus juste

---

1. Marius Michel, *La Reliure française.*

application dans la reliure. « Là, comme ailleurs, dit Charles Blanc, l'élégance est l'ennemie de la surchage, et l'opulence même a besoin d'une certaine mesure, de certains repos. Là, comme ailleurs, la chose ornée ne doit pas l'être partout » [1].

Déjà, dans le courant du siècle, la réforme des mœurs que les Jansénistes venaient de tenter eut en reliure son expression, et ils laissèrent leur nom à un genre de reliure particulier, qui se reconnaît à l'absence de toute décoration, dont quelques relieurs ont de nos jours retrouvé la sévère élégance.

La plupart des livres du poète dramatique Longepierre sont en reliures jansénistes, c'est-à-dire sans dorure, doublés de maroquin à l'intérieur et d'une simplicité charmante. Elles se reconnaissent à la *toison*, très petit fer représentant un mouton lié et suspendu par le milieu du corps, qui est appliqué sur les angles des plats et sur le dos du volume. Mais les bibliophiles ne sauraient trop se garder des falsifications : il existe beaucoup de reliures

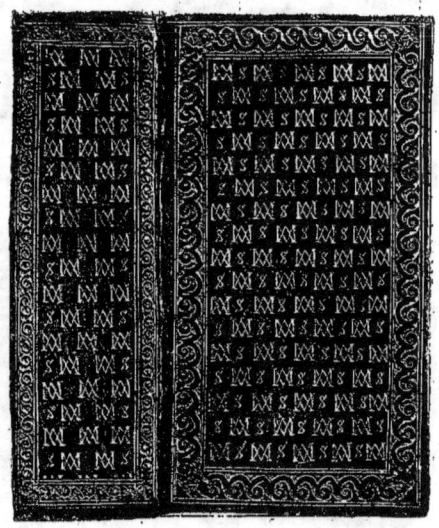

Fig. 171. Reliure aux chiffres de Marie de Médicis

jansénistes sur lesquelles on a appliqué une moderne toison de Longepierre pour leur donner plus de valeur.

Toutes les reliures du temps ne sont pas aussi simples. Il fallait remplacer l'ornementation absente par la présence de dentelles obtenues au moyen de la roulette. C'est ce que fit le rénovateur Boyer, relieur du roi, du duc du Maine et de Fléchier, qui était grand amateur de livres et bon juge en fait de reliures, puisqu'il ne se fiait qu'à Boyer pour la confection des siennes. Le Père Du Cerceau, recommandant au duc du Maine, dans la seconde épitre qu'il lui adressa, la lecture des excellents volumes dont on avait fait un choix à son intention, lui dit :

---

1. Charles Blanc, *Grammaire des Arts décoratifs*, chap. *Reliures*.

> Sur livres tels exercez vos talents,
> Tous sont complets et de bonne nature,
> In-folio reliés à profit,
> Dorés sur tranche et sur la couverture :
> Mieux n'aurait fait Boyer sans contredit.

Dès les premières années du règne de Louis XV, les Padeloup, « très célèbres relieurs », comme dit le *Catalogue des livres de la Bibliothèque du duc d'Aumont* (1783), tentèrent de sortir des sentiers battus en essayant un nouveau genre de décoration, dans lequel leur principale qualité brillait par le choix heureux des couleurs. La mosaïque fut dès lors appliquée à la reliure, et les livres furent couverts de carrelages imités des vitraux des xve et xvie siècles, genre qui décèle peu d'imagination et engendre la monotonie.

En dehors des Padeloup [1], il y avait aussi les De Rome [2], dont les reliures à mosaïques étaient fort goûtées. M. le comte de Soultrait possède un *Almanach Royal* de 1764, relié en maroquin blanc incrusté d'un bouquet de fleurs en maroquin rouge, vert et bleu, par « de Rome ». On peut voir également, dans la collection de M. E. Dutuit, un exemplaire du *Spaccio de la Berta trionfante* relié en maroquin bleu, incrusté de maroquin jaune, rouge et brun, figurant une grenade au milieu d'un cartouche, et signé : R. A. de Rome, rue Saint Jacques.

Au début du xviiie siècle, les doreurs cherchèrent à leur tour dans les faïences de la Régence l'idée première de leurs dessins, comme on le voit par quelques reliures également de De Rome. Les entrelacs forment des compartiments qui rappellent la disposition de certains parterres du siècle précédent ; les fonds sont remplis par des quadrillés dont les ornemanistes de ce temps on fait un si grand usage.

Les *dentelles à la De Rome* eurent longtemps la vogue, et le *fer à l'Oiseau*, si connu des bibliophiles, fut souvent employé par cet artiste, mélangé avec les fers qui ont formé la plupart de ses dentelles. Ces dernières, exécutées à la roulette, sont charmantes d'arrangement. Le grand *fer à l'Oiseau* aux ailes déployées était aux dos et aux divisions centrales des plats. Elles imitaient la ferronnerie d'art de l'époque, qui a inspiré toutes ces formes enroulées, élégantes et capricieuses que l'on retrouve encore de nos jours aux balcons et aux terrasses des maisons du xviiie siècle.

---

1. Voir à leur sujet le *Dictionnaire de biographie et d'histoire*, de A. Jal.
2. Ibid.

N'oublions pas le gendre de Philippe Padeloup, Augustin Du Seuil, « relieur de monseigneur et de Mme la duchesse de Berry, » cet artiste délicat, l'un de ceux que tout bibliophile doit le plus tenir à connaître. Le nom de Du Seuil rappelle en effet aux amateurs de magnifiques reliures en maroquin de toutes nuances, à filets et surtout à encadrements d'un goût parfait, dont nos relieurs modernes lui ont repris l'arrangement et le dessin, sans cesser de lui en faire honneur!

Une heureuse innovation des reliures du xviiie siècle, disent encore MM. Marius Michel, fut l'emploi de l'étoffe aux contre-plats et aux gardes. « L'étoffe dont on se servit le plus fut le *tabis*, sorte de tissu de soie très léger ; malheureusement l'usage n'en fut pas général, et l'on chercha, à la même époque, à donner aux gardes une apparence de richesse par de nouveaux papiers remplaçant le papier peigne. On fit en ce genre des tentatives de toutes sortes : papiers frappés, gaufrés, repoussés, papiers métalliques, or et argent, etc. » Quant aux papiers à semis d'or, fleurettes ou étoiles, ils n'auraient jamais dû servir qu'à fabriquer des cartonnages.

« Vis-à-vis d'une doublure de maroquin, tous les papiers peignes sont non-seulement laids, mais d'un emploi déplorable à tous égards ; on s'en sert parce que tel est l'usage, la routine. Ouvrez devant un artiste un volume dont la doublure recouverte d'une riche dorure a pour vis-à-vis ce bariolage de couleurs, et l'exclamation de surprise ne se fera pas attendre ; le conseil vous sera aussitôt donné de chercher autre chose, une étoffe ou un papier d'un ton neutre, qui ne vienne pas tuer l'effet de la décoration intérieure. Il faut donc en conserver l'usage pour les volumes les plus simples, mais l'abandonner pour les livres doublés. Si les papiers métalliques tachent promptement le maroquin, les papiers peignes leur font courir les mêmes dangers, les couleurs à base de fer marquant vite sur les maroquins clairs; tandis que les *tabis* du xviiie siècle, quand le ton était bien choisi, produisaient, soit aux deux gardes, soit opposés aux dorures, le plus agréable effet, et ornaient directement le livre ».

A la fin du xviiie siècle, l'art de la reliure entre dans une période de décadence. Les tentatives faites par De Rome jeune pour suivre le mouvement du style Louis XVI contre les exagérations du *rococo*, ne furent pas couronnées de succès.

La Révolution ne pouvait qu'être funeste aux relieurs, dont l'industrie était toute aristocratique. Des livres à reliure nouvelle s'étalaient aux vitrines des libraires. « Cette reliure n'était pas brillante, rapporte Édouard Fournier. Elle suivait l'époque et ses modes ; elle était démocratique, et moins un vêtement qu'un déshabillé. Le livre avait, lui aussi, sa carmagnole. Bradel, qui l'avait inventée, se fit ainsi une réputation qui, sans cela, lui eût manqué, puisque ses travaux à l'Arsenal pour M. de Paulmy n'avaient pu la lui faire ».

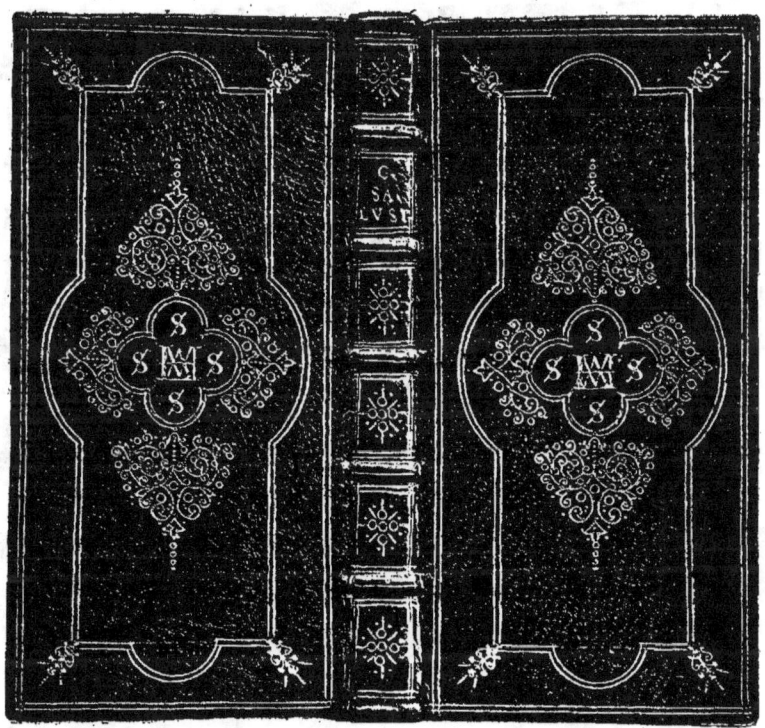

Fig. 172. — Reliure au chiffre de Habert de Montmor.

On dut à Bozerian des reliures plus complètes et plus sérieuses, mais non meilleures. Le *Catalogue de Renouard* (1854) nous apprend qu'il se faisait payer très cher pour faire croire qu'il avait du talent, il n'arriva qu'à la fortune. Sur la fin de sa vie, il était riche de plus de 500,000 francs. « Ses reliures, dit M. P. Jannet, dans un article de la *Revue Européenne* (15 août 1854), n'ont qu'un mérite, mais un grand mérite : les volumes sortis de ses mains ont assez de marge pour être reliés de nouveau ». Son fils fut plus habile et avec plus de goût. Quand le célèbre bibliophile anglais Dibdin vint à Paris, sous la Restauration, c'était le relieur *fashionable*, comme il l'appelle.

Thouvenin fit mieux encore. Le réveil date vraiment de lui. Il arriva peu à peu ensuite à l'élégance, au goût, à la délicatesse, enfin à la perfection. Si pendant longtemps ses reliures furent d'une ornementation pesante et baroque, la sûreté de sa main dans l'application des dentelles et des filets noirs combinés avec les filets d'or, la précision enfin, ainsi que la netteté de ces gaufrages dont il n'eut que trop la

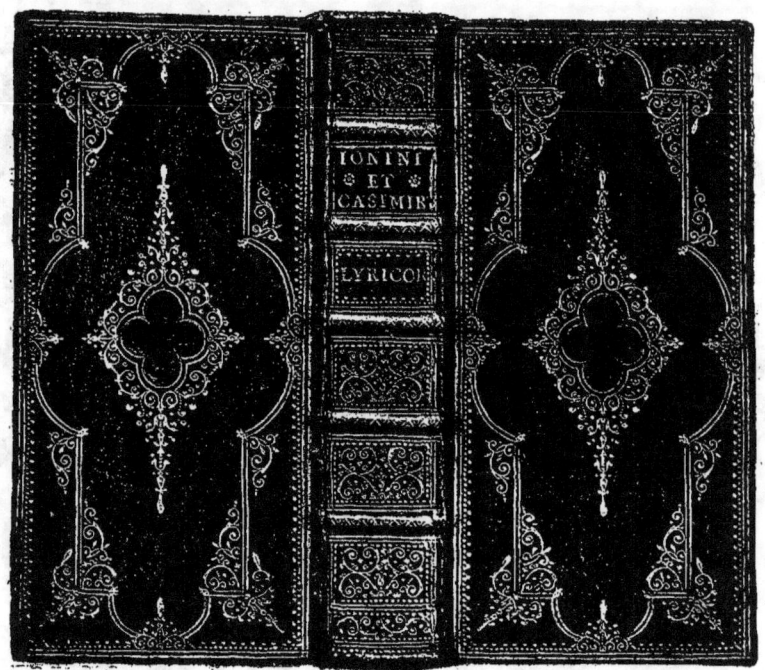

Fig. 173. Reliure de Eve.

manie, prouvent qu'il se modifia plus tard. Nodier, dans un article nécrologique du *Temps* (4 juillet 1834), dit que dans les deux ou trois dernières années de sa vie, Thouvenin se reporta avec un habile courage aux beaux jours des De Rome, Padeloup, Du Seuil, Boyer, Le Gascon, « pour les surpasser en les imitant ».

Simier, dans le même temps, remit en vogue les maroquins à mosaïques ou compartiments de couleur et les doublures en moires. On remarquait aussi ses gardes en papier d'or flambé, ses dos à triples nervures avec des tons variés sur les nerfs, et parfois son maroquin marbré en écailles. M. Charles Dugoujon, de la *Société des Amis des Livres*, dont la bibliothèque renferme un grand nombre d'ou-

L'ART INTIME. 42

vrages rares et de reliures signées par les meilleurs artistes modernes, possède, entre autres curiosités bibliographiques, un manuscrit autographe d'Alfred de Vigny, avec pièce inédite datée du 31 décembre 1830 et adressée à la célèbre actrice Mme Dorval. Ce manuscrit, précieux comme un joyau, a été enchâssé par « Simier, relieur du roi », dans une reliure romantique à compartiments qui a conservé toute sa fraîcheur.

La tradition de la reliure fut continuée par Capé et Trautz-Bauzonnet, morts, le premier en avril 1867, le second en septembre 1879. On reproche à Capé d'avoir exercé une pernicieuse influence sur la reliure moderne par une recherche d'extrême élégance qui paraît l'avoir seule préoccupé. Il faut, dit-on, que ses reliures si distinguées de forme, si gracieuses, si délicates et si pleines de goût, soient bien fragiles, puisqu'après vingt années seulement d'existence beaucoup d'entre elles sont déjà fatiguées, presque mortes avant d'avoir vécu. N'est-ce pas aller un peu loin ?

Jules Janin, cet ami sérieux des beaux livres, nous a révélé que Bauzonnet, qui s'y connaissait, écrivait le lendemain de la mort de Capé : *Pour moi, Capé était l'idéal !* Ceux-là seulement, ajoute l'éminent écrivain, qui sauraient comparer les reliures de Capé avec les meilleurs ouvrages des Bozerian et des Thouvenin, se rendraient un compte exact des progrès que Capé a fait faire à cet art charmant, ignoré de tant de gens. Il excellait à donner à chacun de ses livres le vêtement qui lui convenait le mieux. De chaque époque, il retrouvait volontiers la grâce et l'ornement. Rien qu'à voir, sur les rayons choisis, ce travail plein de fraîcheur, ces petits fers dont il était tour à tour sobre et prodigue, on reconnaît le travail de Capé. Les plus riches amateurs de l'Europe adoptèrent ce grand relieur, qui n'aurait pas eu d'égal si Bauzonnet ne lui avait fraternellement disputé la première place. Ils s'entendaient si bien l'un l'autre ! Ils se comprenaient à merveille! Ils se rendaient toute justice, et, si longtemps rivaux, ils restèrent deux amis. « Capé était la fête et l'espoir de quelques honnêtes gens qui lui devaient les heures les plus contentes de leur humble vie. Vous aviez confié à cet homme depuis bientôt deux années un de ces livres introuvables, tout souillés de la fange et des sueurs fétides des bouquinistes en plein vent.... il vous rapportait une lumière, une étoile, un chef-d'œuvre qu'il avait lavé dans la docte fontaine où s'abreuvent chaque matin les chevaux d'Apollon !.... Hélas ! le voilà mort, cet artiste excellent, ce grand relieur qui n'avait qu'un rival dans le monde. Pauvre et digne Capé, compagnon de nos heures les plus belles, ta mort est un deuil pour tous les livres du temps passé, du temps présent, s'il en est beaucoup dans ce siècle au papier moisi qui aient mérité l'honneur d'un manteau de pourpre ou d'azur, taillé par tes savantes et délicates mains »[1] !

Quant à Trautz-Bauzonnet, il a laissé des livres parés avec prédilection et dont les plats semblent être des plaques d'or pur ouvrées par le premier des orfèvres. Ce célèbre artiste en reliure, qui pendant quarante ans a travaillé pour la plus grande joie des amateurs, excellait surtout dans les reliures à compartiments de couleur variées, que l'on désigne sous le nom de mosaïques et dont l'invention est attribuée à Padeloup. On ne saurait imaginer ce qu'un travail de cette nature exige de patience, de minutie et d'application, même lorsque l'auteur avait pour nom Trautz-Bauzonnet. Aussi, l'artiste appréhendait-il avec terreur ce genre de composition : c'était avec la plus grande difficulté que les amateurs obtenaient la promesse d'une mosaïque ; pendant toute la durée du travail, Trautz était impatient, nerveux, plein d'inquiétude sur la réussite, et à chaque succès, car chaque œuvre nouvelle était un triomphe, l'excellent homme jurait que c'était le dernier.

Le nombre des mosaïques de Trautz est très restreint : il ne dépasse pas vingt-deux. Mais aujourd'hui, malgré la conscience de son travail et la solidité des dorures, les reliures de cet artiste ont un aspect un peu vieillot, un peu *Restauration*, et les reliures d'affection des fins connaisseurs sont des reliures de Capé et de Lortic. « Pour moi, dit M Edmond de Goncourt, — quand il est dans ses bons jours, — Lortic, sans conteste, est le premier des relieurs. C'est le roi de la reliure janséniste, de cette reliure toute nue, où nulle dorure ne distrait l'œil d'une imperfection, d'une bavochure, d'un filet maladroitement poussé, d'une arête mousse, d'un nerf balourd, — de cette reliure où se reconnaît l'habileté d'un relieur ainsi que l'habileté d'un potier dans une porcelaine blanche non décorée. Nul relieur n'a, comme lui, l'art d'écraser une peau, et de faire de sa surface polie la glace fauve qu'il obtient dans le brun d'un maroquin La Vallière ; nul, comme lui, n'a le secret de ces nerfs aigus, qu'il détache sur le dos minuscule des mignonnes et suprêmement élégantes plaquettes que lui seul a faites ».

[1]. Jules Janin, Notice du *Catalogue des livres rares et précieux composant la bibliothèque de feu M. Capé, ancien relieur* (1868).

L'art de la reliure, comme on vient de le voir, a conquis en France la première place et s'y est maintenu avec une telle supériorité que nulle autre nation n'a pu, depuis trois siècles, parvenir à lui disputer. La reliure de la seconde moitié du xixe siècle est non moins égale, mais supérieure à la reliure ancienne. On connaît les heureuses tentatives de quelques-uns de nos amateurs par la brochure d'Albert de la Fizelière : *Des émaux cloisonnés et de leur introduction dans la reliure des livres.* Les émaux peints ont eu le même honneur. MM. Edmond de Goncourt et Philippe Burty possèdent plusieurs volumes, sur la couverture desquels resplendissent de superbes plaques émaillées par Claudius Popelin. Il a fallu soixante ans d'efforts continus pour relever la reliure d'art, mais elle est aujourd'hui plus florissante que jamais. Il suffit de citer les noms de Tompson, Purgold, Duru, Thibaron, Thibaron-Joly, Niedrée, Belz-Niedrée, Cottin, Despierres, Hardy, Hardy-Mennil, Lortic, Cuzin, Kœhler, Gruel-Engelmann, Marius Michel, etc.

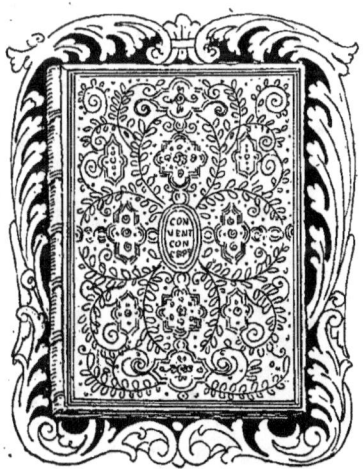

Fig. 174. Reliure de Le Gascon.

GRAMMAIRE

DE

LA CURIOSITÉ

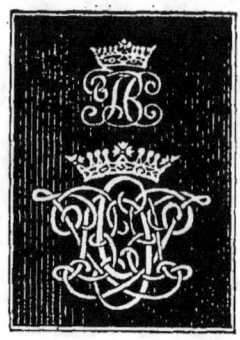 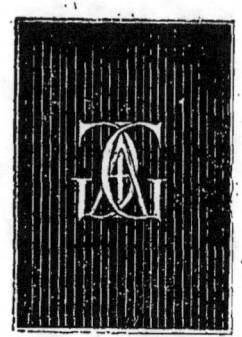

Fig. 175. Monogramme de J.-B. Colbert.　　Fig. 176. Monogramme de De Thou.

XXVII.

STYLES, MARQUES ET MONOGRAMMES

Dans la première partie de notre travail, on a pu juger de l'influence du goût appliqué à l'Art intime et de ses manifestations multiples à travers les siècles. Nous allons étudier maintenant les différents styles recherchés aujourd'hui pour la décoration intérieure ainsi que dans l'ameublement de nos habitations.

La succession des temps se divise, comme on sait, en plusieurs grandes périodes correspondant aux principaux styles de l'architecture dont les formes, prises comme modèles et considérées comme types, sont ensuite interprétées par les arts décoratifs.

Chacune de ces périodes s'incarne, en effet, dans une œuvre qui réalise le type du beau et de l'utile tel qu'elle le conçoit. Cette œuvre, création de son imagination et de son industrie, a une relation directe avec les idées qui agitent les esprits, avec ses aspirations et ses besoins ; c'est la traduction de ses mœurs, de ses habitudes, de ses institutions ; c'est la formule de sa civilisation trouvée par l'artiste de génie qui a su découvrir des harmonies nouvelles en restant, à son insu, l'écho fidèle du milieu qui l'entoure, de l'idée humaine qui le domine.

Le style n'est donc, à proprement parler, que l'expression raffinée du goût, de la mode et des mœurs du temps. C'est la concordance, la similitude des formes d'ornementation dans toutes les branches de l'industrie artistique qui constitue un style. Cette concordance est le résumé des aspirations, des goûts d'une époque.

Voici, par ordre de date, la succession des styles.

Le *style roman*, qui fleurit du ve au xiie siècle, est simple et basé sur les proportions des styles antiques, modifiés et embellis par des réminiscences byzantines et même arabes.

Le *style ogival* ou *gothique* substitua, du xiie au xvie siècle, l'ogive au plein cintre roman. Il est svelte, très contourné, fort original, et se prête au jeu de l'imagination, surtout l'ogival de décadence, désigné sous les noms de *fleuri* et de *flamboyant*.

Le *style de la Renaissance* (1500-1589) est fin, léger, et participe de tous les styles, entre autres le grec et le romain.

Le *style Louis XIII* (1590-1650) est plus sérieux, mais froid.

Le *style Louis XIV* (1650-1720) quoique boursouflé, lourd et disgracieux, ne manque cependant ni d'éclat ni de grandeur.

Le *style Louis XV* (1720-1775), appelé aussi *rococo*, est prétentieux, efféminé, surchargé de rocailles. Il est néanmoins très agréable dans les petits arts et pour l'ornementation intérieure des appartements.

Le *style Louis XVI*, plus pur, plus beau et plus simple, est la continuation des deux précédents.

Le *style Empire*, inauguré par Charles Percier, se rattache au néo-grec; mais il n'est pas exempt de sécheresse et manque de variété, d'élégance et de fantaisie.

Si nous essayons de dégager l'histoire des styles de l'histoire du mobilier, on verra qu'au commencement du Moyen Age, les meubles affectaient les dispositions gracieuses de l'architecture romane. Mais les meubles de cette période à l'usage de l'habitation ont toujours été rares ; à peine si quelques-uns ont survécu. Leur forme était massive; et l'ornementation consistait en chanfreins, moulures et nervures, accompagnés de quelques rares fleurons.

Malheureusement, à la date fatale de l'an 1000, toute trace de préoccupation artistique disparaît. Après cette espèce de nuit barbare, dont les incursions des peuples du Nord et de l'Est, les guerres, en un mot, paraissaient avoir été les causes les plus immédiates,

Planche XXII.

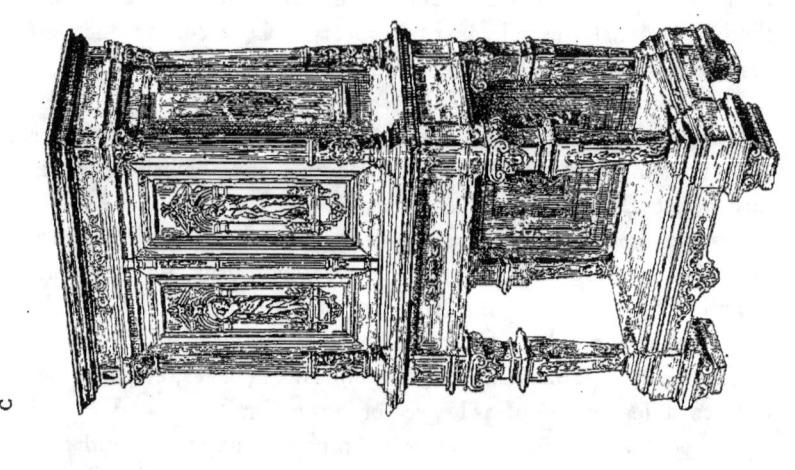

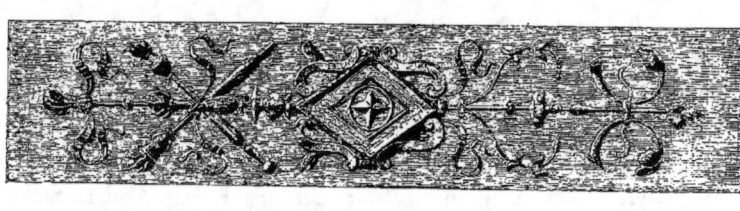

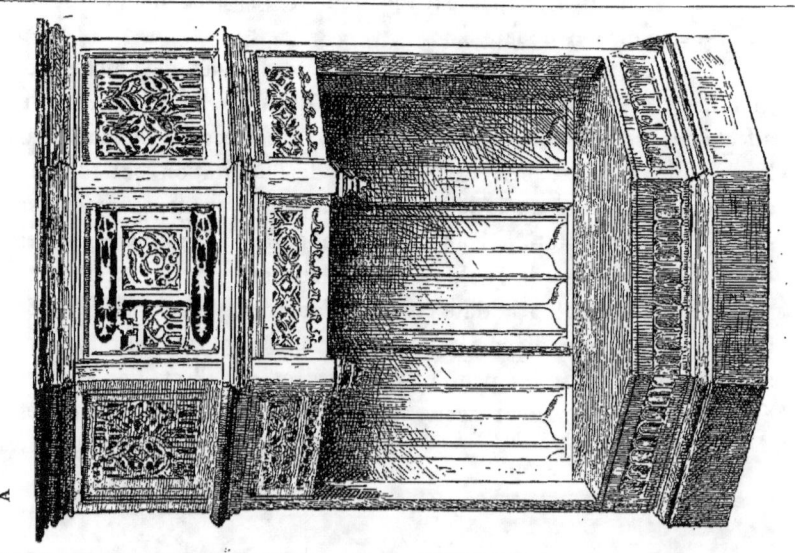

ÉTUDE SUR LES STYLES (RENAISSANCE. — XVᵉ SIÈCLE)

l'Europe secoue enfin le joug d'une aussi longue torpeur, grâce à l'éclosion de l'art gothique. Dès lors on décora les meubles riches avec des peintures qui se détachaient sur fond d'or. Ce système d'ornementation, emprunté à l'Italie, se perpétua pendant longtemps. Ainsi les lits, les sièges et les grands coffres qui servaient à renfermer les vêtements et les objets précieux, étaient recouverts d'armoiries peintes ou de sujets tirés de l'Écriture sainte, de l'histoire ou de la fable.

L'usage de décorer les ameublements plutôt par la peinture que par la sculpture se conserva pendant le xiiie siècle; mais à partir du siècle suivant, quand le style ogival de la nouvelle architecture exerça une influence directe sur les produits des autres arts, la peinture fut abandonnée et la sculpture donna lieu à une profession nouvelle et spéciale, celle des imagiers, qui travaillaient également la pierre et le bois. Ceux-ci exécutaient des figures, des animaux, des fleurons qu'ils semaient à profusion sur toutes les faces des meubles avec une ravissante délicatesse et une surprenante habileté de détail.

L'ameublement dit *gothique* régna pendant trois siècles en Europe et particulièrement en France. Les Comptes de dépense de la construction du château de Gaillon, publiés d'après les registres manuscrits des trésoriers du cardinal d'Amboise, par M. Deville, établissent que vingt-et-un sculpteurs sur bois étaient de Rouen, ce qui permet d'attester que, dans les dernières années du xve siècle, l'école rouennaise avait acquis une grande importance.

En Italie, où le chêne était moins abondant que dans l'Europe septentrionale, mais où l'on possédait en revanche des essences qui joignaient à la solidité la finesse et l'éclat de la couleur, telles que le citronnier, où enfin le commerce du Levant avait introduit des objets byzantins exécutés avec des bois précieux par leur dureté, leurs nuances, leur poli et même leur senteur, on confectionna des meubles dans lesquels ces bois de provenance orientale eurent une large place. On varia ensuite les couleurs à l'aide d'incrustations; on en vint même à insérer dans le bois, de l'ivoire, de la nacre, des ornements en métal, et, plus tard, des faïences et des pierres dures. De tous les bois, l'ébène, en raison de sa dureté, de la beauté de son poli, jointes à sa couleur noire, qui tranchait vivement sur les tentures de tapisserie ou de cuir doré, fut celui qui jouit de la plus grande faveur. Les Italiens construisaient surtout avec cette essence, de petits meubles dans le genre de ces cabinets si curieux et si riches, qui sont ornés à l'extérieur d'incrustations d'ivoire ou de métal, et de peintures à l'intérieur, avec fermoirs d'argent à secret. Ce fut là la grande mode de la Renaissance italienne.

C'est grâce au mariage de Catherine de Médicis, sous le règne de François Ier, en 1533, que l'on doit l'importation en France de l'art de décorer les meubles, si florissant en Italie. A Jean de Vérone succédèrent Philippe Brunelleschi et Benoît Maïano, auxquels succédèrent à leur tour le statuaire Jean Goujon et l'architecte Jacques Androuet, dit Du Cerceau. Le xvie siècle vit naître enfin le meuble français proprement dit, et c'est à ses chefs-d'œuvre que revient, par imitation, tout l'honneur du bel ameublement moderne. Nous n'avions véritablement rien encore qui fût nôtre et raisonnable. Nous vivions d'emprunts. Jean Goujon et sa pléiade ouvrirent sur ce siècle leurs mains pleines de merveilles, et ce qu'ils ont fait en ameublement, personne ne l'a dépassé. Dès lors les meubles reçoivent des bas reliefs et même des figures de haut-relief et de ronde-bosse. Les dispositions architecturales qui servent d'encadrement à ces fines sculptures sont partout empruntées à l'art italien. Les lits sont à baldaquin soutenu par des colonnes ou des figures ; le dossier, les corniches, la frise sont couverts d'ornements ; les crédences sont décorées de pilastres à figures ou à chimères avec des bas-reliefs ou des arabesques sur les fonds ou sur les vantaux. Les armoires sont flanquées de colonnettes cannelées sur leurs angles, et surmontées de frontons coupés ou à jour. Les buffets, les bahuts, les coffres de mariage et autres ont la même richesse d'ornementation.

Le meuble français, repris si vaillamment à l'abjuration de Henri IV, préluda, sous Louis XIII, à l'aspect majestueux du règne suivant. De ce style si fleuri, si élégant, si coquet du château d'Anet à celui de la place Royale la distance est grande. Après les guerres de religion qui avaient ruiné la noblesse, tout ce beau luxe de sculpture et de marqueterie qui donnaient tant de prix aux meubles de la Renaissance fut abandonné ; le style fut plus sobre, plus froid peut-être, mais aussi fier, aussi élégant et plus approprié.

Cette ébénisterie, il est vrai, est pesante et tourmentée. Cependant, il faut rendre cette justice au règne de Louis XIII, c'est que les meubles, sièges, boiseries, ont un aspect sévère et caractéristique qu'on ne rencontre nulle part ; les hôtels étaient construits d'une manière large et princière, et quoiqu'on éprouve un certain malaise à regarder les meubles de ce temps, on ne peut se défendre d'être surpris de leur cachet de grandeur et de force.

L'ameublement véritable, unissant les deux qualités suprêmes, le bon et le beau, ne parvint véritablement à son plus haut degré d'élévation que sous le règne de Louis XIV. A partir du xviie siècle, l'ébène étant devenu d'un emploi plus fréquent dans la fabrication des meubles, ce bois servit à faire des armoires, des cabinets, des tables, etc., enrichis de sculptures. Les vantaux, les montants, les frises, sont décorés de figures allégoriques, de sujets tirés de la fable ou des romans de chevalerie. Les colonnes torses sont en usage dans la plupart des meubles de cette époque. Déjà, à l'imitation des Italiens, on fait des meubles plaqués d'écaille avec incrustations de nacre, d'ivoire, décorations de mosaïque et lapis lazuli, et encadrements de cuivre doré, repoussé et à jour.

Bientôt les riches bois de l'Amérique sont employés massifs ou plaqués dans la confection des meubles et lambris d'appartements. C'est l'époque où se font remarquer les travaux de Jean Massé et de ses fils.

> . . . . . . , ... Jean Macé, de Blois,
> Et Claude, Isaac et Luc, ses enfants, font en bois
> Tout ce qui s'y peut faire en son juste intervalle.

dit l'abbé de Marolles dans son *Livre des peintres et des graveurs*. Jean Massé, le grand marqueteur, *pittore escultore a mosaïco*, est désigné comme « menuisier et faiseur de cabinets et tableaux en marqueterie de bois », suivant les lettres données en mars 1671, au profit des artisans qui vivaient au Louvre, où il logeait dès 1641.

C'est dans la seconde moitié du xviie siècle que le style français atteignit toute sa majesté. La réalisation de ce progrès revient à Colbert, qui avait établi dans l'hôtel des Gobelins la manufacture royale des meubles de France. Les meubles destinés aux châteaux royaux y furent modelés par Philippe Caffieri, grand-père du célèbre sculpteur de ce nom, sur les dessins de Le Brun, sculptés en ébène et enrichis de bronzes dorés et d'incrustations par l'ébéniste du roi Domenico Cucci.

Mais les lignes droites qu'on préférait, en 1696, pour la fabrication des meubles d'apparat, cessèrent d'être scrupuleusement gardées. On vit alors les bureaux, qui allaient bientôt se transformer en *commodes* pour les femmes, imposer à la table qui les surmontait, les contours ondulants et capricieux, tandis que les avant-corps renfermant les tiroirs affectaient des courbes et des renflements bizarres, et que les pieds se contournaient en manière d'S. Ces formes saillantes, bombées et tortueuses, n'avaient été jusque-là essayées que pour les

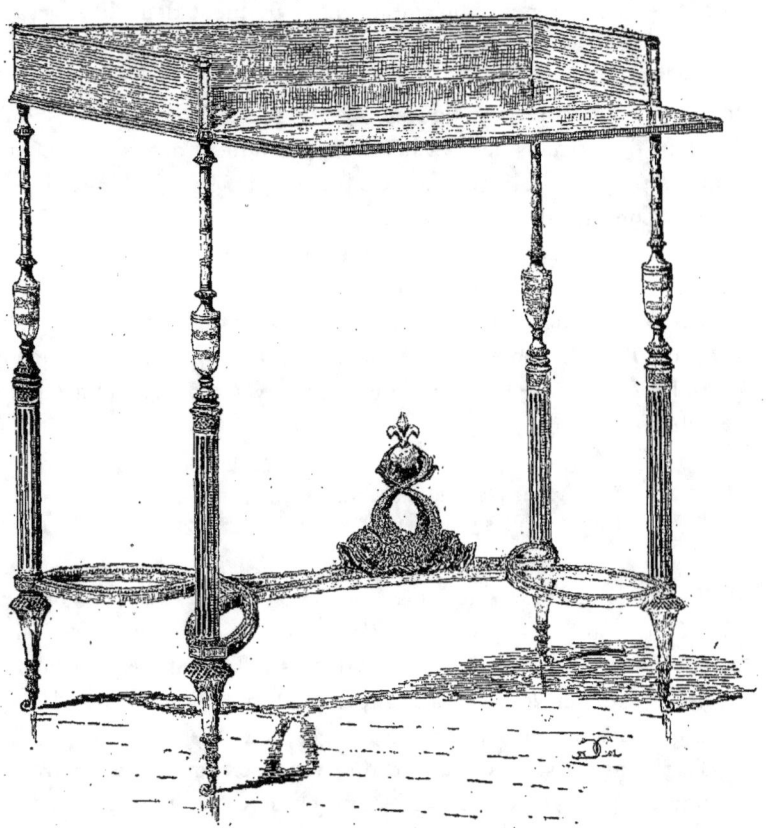

Fig. 177. — Table à ouvrage, dite *Tricoteuse*, en bois d'acajou (xviiie siècle).

sièges, dans l'intérêt des personnes qui avaient à redouter, pour s'asseoir, la rencontre désagréable des angles droits.

Jean Goujon et Du Cerceau avaient déjà prêté le concours de leur merveilleux talent pour embellir les meubles; mais ce fut André-Charles Boulle, ébéniste du Roi-Soleil, qui porta le style Louis XIV à son apogée. « Ce que Palissy avait fait au xvie siècle pour la faïence modelée et peinte, dit M. Charles Louandre, Boulle le fit au xviie siècle pour l'ébénisterie. Il créa la marqueterie de cuivre sur écaille, qui depuis a gardé son nom et l'a rendu célèbre, et ses meubles sont restés classiques comme les œuvres des grands écrivains de son temps ». Boulle était doué d'un talent supérieur pour la composition, la fabrication et l'ornementation de ses chefs-d'œuvre. Il excellait en tout : dessin, ébénisterie, gravure, etc.

Le style du mobilier alla ensuite toujours de plus en plus s'efféminant et se mignardisant. La Régence de Louis XV s'attacha à faire des meubles moins massifs et à leur donner plus d'élégance comme décoration ; mais leur forme, sous le rapport de l'ensemble, laisse beaucoup à désirer. L'ébénisterie se mit à faire du convexe et du creux. Cela s'appela *galbe* et *contour*. Une foule de meubles nouveaux, dus à l'imagination de Crescent, ébéniste du Régent, prirent place dans les boudoirs. Les plus goûtés étaient recouverts de marqueterie, véritable mosaïque imitant la peinture, où le bois de

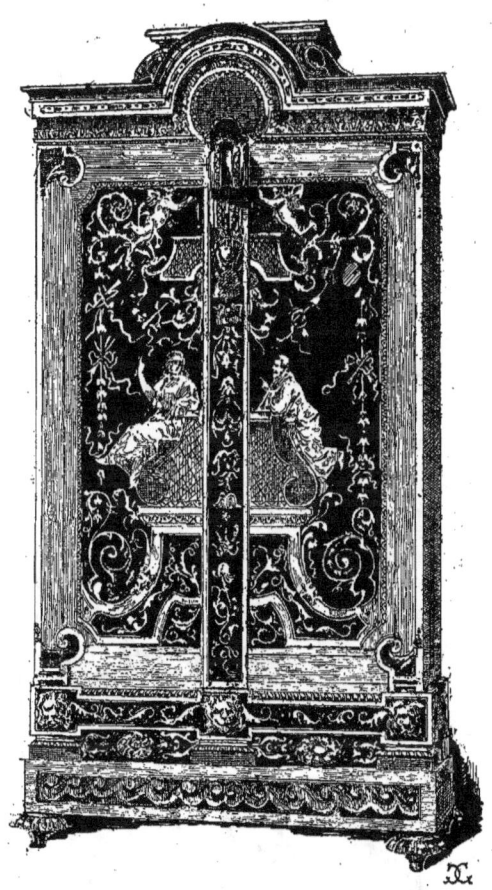

Fig. 178. Armoire de Boulle *(Musée du Louvre)*.

rose et le citronnier, essences exotiques rapportées à grands frais des pays tropicaux, rivalisaient d'éclat avec le bois d'amarante ou de violette.

A partir de cette époque, le goût de l'ameublement se manifeste dans toutes les classes de la société. Dans les campagnes, en Bourgogne, en Bretagne et surtout en Normandie, les armoires se couvrent avec un véritable luxe de sculptures en relief et de brillantes ornementations. Dans les villes, la bourgeoisie commence sérieusement à s'affirmer, chacun veut avoir un chez soi et y briller. C'est le règne de l'entrain et de la fantaisie. Dès lors, la transformation des styles appliqués à l'ameublement continue de suivre son cours. Au style sévère, grandiose et majestueux de Louis XIV, qui fut suivi d'un style de transition entre les deux règnes appelé par dérision style *rococo*, devait succéder le style fantaisiste et gracieux qui caractérise le siècle de Louis XV. Bientôt les bronzes et les bois dorés, les contours mouvementés et moelleux, les sculptures et les peintures légères suivront le relâchement des mœurs et dégénèreront plus tard en rocaille, qui deviendra le caractère particulier de ce style. Les fleurs, les feuillages, les guirlandes se mêlent à profusion dans l'ameublement ; les amours se jouent dans les panneaux ; on tombe parfois dans la mignardise et l'afféterie la plus raffinée en recherchant l'élégance, mais c'est une mignardise charmante, séduisante comme la marquise, coquette comme l'abbé, spirituelle et sceptique comme le chevalier.

Le meuble lui-même se met en harmonie avec la toilette des femmes et la galanterie des mœurs ; on recherche la grâce, la commodité personnelle plus que l'apparat ; les sièges s'évasent et s'élargissent ; les pieds tourmentés, les formes arrondies, les enroulements prodigués à l'infini, les moulures contournées, semblent brisées par la fatigue du plaisir ; c'est un genre d'une coquetterie charmante, une grâce d'une forme toute féminime, qui ne ressemble à rien de tout ce qu'on fit jusqu'alors, que l'élégance, le charme, le caprice, joints à l'esprit, ont seuls pu inventer ; un genre tout français, tout national, et qui trouvera toujours sa place dans nos habitations.

C'est alors que les ornements de bronze commencent à surcharger les meubles. « Mais, dit M. Paul Lacroix, avant de tout sacrifier à la monotonie du bronze ciselé et doré, on avait eu la sculpture en bois, qui se prêtait à contrefaire les plus audacieuses excentricités des cuivres contournés en chicorées. Les cadres des glaces, les consoles étaient en bois fouillé et sculpté avec un art inouï. On voyait partout des rocailles jetant des fleurs idéales, des rinceaux entortillés de branches et de feuillages, des végétations fantastiques enveloppant les chimères, les dragons, les serpents, le tout doré de différents ors. Les consoles, qui devinrent les accessoires indispensables de tout ameublement, étaient dorées ou peintes en couleur tendre ; leur décoration, chargée d'abord de rocailles, de guirlandes, de vases et de figurines, se fit bientôt plus sobre et se contenta d'enroulements de de perles, de rubans et de feuillages » [1].

La mode continua quelques années encore à brouiller les lignes, à rétrécir et abaisser les pièces ; à chantourner les dessus de portes, les bordures des miroirs, à mêler le droit et le tortu, le carré et le rond, à inventer des commodes aux ventres rebondis surchargées de cuivres ciselés. Quelques détails charmants en sont restés, malgré des formes bizarres ; l'art ne disparaît jamais tout entier.

Enfin, grâce au concours éclairé de la marquise de Pompadour, les dernières années du règne de Louis XV se signalèrent par un mouvement très énergique de réaction contre le goût exagéré des rocailles qui, notons-le en passant, étaient devenues ridicules et insupportables en passant par l'Allemagne. A cette nouvelle époque de transition, un double courant semble entraîner les artistes tantôt vers l'étude des vieux maîtres français, tantôt vers une sorte d'interprétation de l'antiquité. C'est de ce double mouvement que sortit ce qu'on est convenu d'appeler le style Louis XVI.

La sobriété des ornements inaugure dès lors une manière plus calme et en même temps plus douce. Au lieu de ces silhouettes hérissées et tourmentées, les meubles présentent une décoration plus sage, jointe à la régularité et à la pureté de la forme grecque. La gracilité et la légèreté sont avant tout recherchées. Le mobilier, moins opulent, est plus intime. L'ébénisterie d'art fait alors de grands progrès. D'autre part, l'art du placage se perfectionne ; le bronze doré est appliqué sous forme de guirlandes, de fleurs, de bouquets, de vases et autres ornements ; les médaillons en porcelaine de Sèvres s'enchâssent dans le bois de rose et s'encadrent dans le bronze.

Plusieurs artistes de talent concourent à cette heureuse innovation. On cite Joubert, ébéniste du roi, et surtout Riesener, qui avait donné un nouvel essor à la marqueterie, disparue depuis le règne de Louis XIV. Cet habile artiste excella dans le quadrillage des bois, dont il sut admirablement varier les tons et les couleurs dans ses *chiffonnières* et ses *bonheurs-du-jour*, accessoires indispensables du luxe féminin à cette époque. Il refit droits les pieds des meubles que la rocaille et le style appelé à tort *pompadour* avaient fait tortus. A ces bahuts à bedaine, chancelants et titubants, il rendit l'aplomb, la solidité, l'élégance et la grâce. Mais, comme l'a si bien exprimé

---

1. Paul Lacroix, *Le Dix-huitième siècle*

M. Paul Mantz, « sous sa main, plus coquette que puissante, l'art s'effémine un peu ; Riesener est charmant, mais il est grêle ».

Sous l'influence de Riesener, l'ébéniste à la mode dont les meubles élégants disent si bien quel fut l'idéal au temps de Marie-Antoinette, on sculpta, on dora les fauteuils avec une patience qu'on y a mise rarement depuis : orfèvrerie délicieuse qui atteste l'habileté des coupeurs de bois d'alors, sièges charmants, dont les médaillons délicats étaient montés avec des bergeries de Florian en tapisserie de la Savonnerie ou de Beauvais ; ameublements de grands seigneurs pour lesquels le prix n'était point considéré à la condition que rien n'y serait épargné.

Fig. 179. Monogramme de Mazarin.   Fig. 180. Monogramme de Montausier.

Lorsque la Révolution éclata, le bouleversement social entraîna avec lui le luxe monarchique, mais l'ameublement, quoique tombé dans une voie de décadence défavorable, ne fut pas complètement anéanti.

C'est alors qu'apparut un style étrange et tout nouveau, rejeté ou condamné par tous les manuels d'esthétique. Le style républicain de cette époque de transition a cependant sa place marquée dans l'histoire pour avoir été le précurseur du *style Empire*. Comme l'a si justement exprimé Jules Renouvier, « la Révolution a laissé dans l'art une trainée en proportion avec son énergie et avec ses illusions fatalement trompées ; mais les faits politiques dont elle est remplie ont tellement occupé ses historiens qu'ils ont passé, sans les voir, devant ses monuments ».

Nous avons essayé ailleurs de combler cette lacune [1].

Quoi qu'il en soit, lorsqu'avec le Directoire la tranquillité se fut

---

[1]. Spire Blondel, *Les Arts décoratifs pendant la Révolution*, Revue Libérale de Janvier 1884.

rétablie, le centre du luxe se fixa dans la Chaussée d'Antin, où les femmes élégantes abandonnèrent définitivement l'ancien mobilier du xviiie siècle et mirent en vogue l'ébénisterie d'acajou. Les secrétaires, les consoles, les bureaux, les commodes étaient ornés de filets de cuivre doré et de galeries de cuivre à jour.

Les architectes Percier et Fontaine, à leur retour d'Italie, en 1793, furent les instigateurs de cette renaissance de l'ameublement. Chargés d'une ample moisson de dessins recueillis parmi les monuments les plus précieux de l'antiquité, et pénétrés du sentiment classique et pur qui s'en dégage, ils tentèrent d'appliquer les règles de l'art gréco-romain à la décoration de nos intérieurs, et portèrent dans les for-

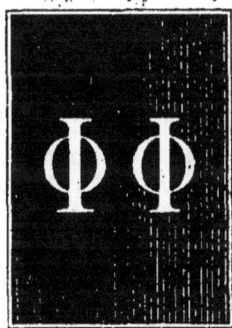
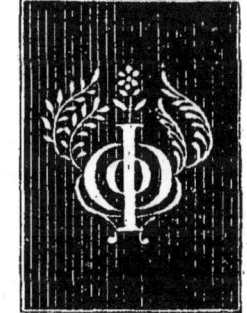

Fig. 181. Monogramme de Des Portes.   Fig. 182. Monogramme de Philippe de Mornay.

mes de nos meubles une élégance, une sévérité de style inconnue jusqu'alors.

Le style Empire était créé.

« Le goût de cette époque, dit M. Ernest Chesneau, a poussé la raison jusqu'à l'abstraction, la simplicité jusqu'à l'indigence, la pureté des contours jusqu'à la sécheresse, la pureté des formes jusqu'à l'aridité. Et malgré cela, malgré cette absence de variété, ce manque de souplesse et de fantaisie, malgré la pauvreté de l'imagination, malgré l'inélégance de certaines formes et leur lourdeur et leur peu de souci du bien-être, du confortable dont elles témoignent, il faut bien reconnaître qu'il y a là non seulement un style, mais du style, c'est-à-dire une simple date, mais une date durable par la solidité des matériaux employés et le soin apporté à leur mise en œuvre ; une date qu'en dépit des anathèmes fulminés contre elle par le romantisme triomphant, les amateurs et les artistes ont quelque plaisir à réhabiliter aujourd'hui, comme pour protester contre le capitonnage voluptueux et l'aimable chiffonnage de l'ameublement contemporain, art de modiste et de tapissier, art charmant, mais sans lendemain et sans style d'aucune sorte, qui n'autorise pas tant de sévérité contre le *style Empire* » [1].

Si l'étude comparée des styles est un guide sûr pour reconnaître au premier coup d'œil l'âge approximatif des objets d'art, la connaissance des marques et monogrammes n'est pas moins utile à l'amateur.

Les marques et monogrammes sont, comme on sait, des sortes de signes, de chiffres ou de caractères composés des principales lettres d'un nom, que les artistes et les artisans apposent en guise de signature. On rencontre des monogrammes sur beaucoup de sculptures et de médailles grecques, où ils indiquent tantôt le nom de l'artiste, tantôt le nom de la ville où la monnaie a été frappée. Un grand nombre d'imagiers, de mosaïstes, d'émailleurs, d'armuriers, de tapissiers, de potiers, de peintres céramistes du Moyen Age et de la Renaissance, n'ont pas moins fait usage de ces abréviations fantaisistes que les peintres et les graveurs.

Nous allons donner quelques exemples, tirés de la collection Sauvageot, au Louvre.

Le monogramme AR se voit sur un albâtre du xvɪᵉ siècle, représentant deux femmes tenant un écusson sur lequel on lit, en latin, les conseils suivants : « Les jeunes gens doivent respecter les gens plus âgés, fuir l'intempérance, avoir une retenue convenable, et cultiver les arts » (N° 16).

Les bois sculptés, les bronzes, les armes, la coutellerie d'art, la dinanderie et les étains ont aussi leurs monogrammes (Nᵒˢ 187 et 191, 476, 675, 714 et 728).

Il en est de même pour l'orfèvrerie (N° 387) et l'horlogerie. Une montre en forme de croix pastorale, renferme à l'intérieur le monogramme $\frac{1583}{HM}$, lequel (H étant pris pour la première lettre du prénom, et M pour l'initiale du nom propre) permet d'attribuer cette montre à Myrmécide, horloger de Paris qui vivait au commencement du xvɪᵉ siècle (N° 430).

Les marques des tapisseries ne sont pas moins intéressantes. Les fabriques d'Amiens avaient pour marque, soit un double S entortillé,

---

1. Ernest Chesneau, *Style Empire*, dans le *Dictionnaire de l'Industrie et des arts industriels*.

soit un A, initiale de cette ville, accompagné d'une fleur de lis. Un *cœur rouge* avec un pal blanc au milieu et deux B, composaient la marque de la fabrique de Beauvais, qui plus tard fut remplacée par l'*écu de France* et le nom de l'entrepreneur. Lille avait pour marque un *lis d'argent* sur champ de gueules avec les lettres LF. Quant aux ateliers parisiens de la fin du xvi° siècle et du commencement du xvii°, ils offrent des marques curieuses qu'on trouvera reproduites dans l'ouvrage de M. Eugène Müntz [1].

Les marques et monogrammes principaux de la céramique ont été reproduits dans quatre de nos planches hors texte (Planche XIV A, XIV B, XIV C, XIV D). Nous ajouterons toutefois, à titre de complément, que l'A seul ou couronné était la marque de la porcelaine de la Reine ; l'*Aigle*, la marque de Sèvres, sous Napoléon I°', de 1810 à 1814, et sous Napoléon III ; l'*Ancre*, la marque de la faïence et de la porcelaine tendre de Sceaux ; un *Cor de chasse*, la marque de la porcelaine de Chantilly ; les *Fleurs de lis* appliquées au poinçon, la marque de Bernard Palissy ; les *Fleurs de lis en bleu*, la marque de Rouen ; FP, la marque de Moustiers ; deux *LL surmontés d'une couronne*, la marque de Sèvres, pâte dure ; deux *LL cursif croisés*, la marque de Vincennes ; un *Soleil*, la marque de la porcelaine tendre de Saint-Cloud ; SX, la marque de Sceaux ; T, la marque de Saint-Cloud [2].

Pour en revenir aux monogrammes, la fantaisie, l'amour de l'individualité et l'attrait du mystérieux, ont porté de tout temps les possesseurs d'objets d'art à les décorer de monogrammes dont les ingénieuses combinaisons, confuses en apparence, ont un sens distinct aux yeux de l'initié.

« Parmi les objets susceptibles d'offrir un puissant attrait à la sagacité des chercheurs, dit M. Aglaüs Bouvenne, il faut nécessairement placer au premier rang ces admirables reliures que nous ont léguées les siècles passés. Beaucoup de ces charmants volumes, ornés, au milieu des plats, des armoiries de leur propriétaire, portent en outre son monogramme, à leurs angles et sur le dos, entre les nerfs ».

C'est ainsi que, sur les reliures monastiques du xv° siècle, on voit le *monogramme du Christ*. L'*Ancre aldine* était la marque des Aldes, célèbres imprimeurs-relieurs du xvi° siècle. Enfin, pour citer deux

---

[1]. *La Tapisserie*, dans la *Bibliothèque de l'enseignement des Beaux-Arts*.
[2]. Alphonse Maze, *Recherches sur la Céramique*.

derniers exemples, la marque de François I⁽ᵉʳ⁾, une *Salamandre* avec cette légende : *Nutrio et extinguo* (Je nourris le bon et j'éteins le méchant), se voit sur tous les volumes ayant appartenu à ce monarque, de même que sur la plupart des livres de Henri II on voit le monogramme de ce prince et de sa maîtresse Diane de Poitiers composé des lettres DDH.

Il n'est pas rare de rencontrer des monogrammes sur les meubles et sur les objets destinés aux usages les plus personnels. Certains meubles Louis XVI ont centuplé de valeur lorsqu'on eut découvert sous le marbre la marque inattendue de Riesener, le célèbre ébéniste de Marie-Antoinette.

Chacun aujourd'hui se plaît à avoir son monogramme. Les uns le portent gravé sur leur cachet ou sur le chaton de leur bague ; les autres en ornent leurs *ex-libris* ou le font frapper sur tous les volumes de leur bibliothèque.

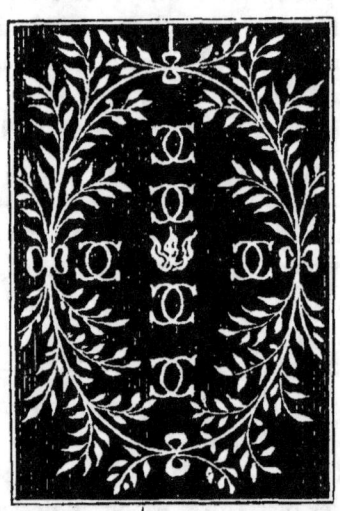

Fig. 183. Monogramme de Catherine de Bourbon.

XXVIII.

DU CHOIX, DE L'ORDRE ET DE L'HARMONIE QUI DOIVENT PRÉSIDER A L'AGENCEMENT RAISONNÉ DES OUVRAGES D'ART.

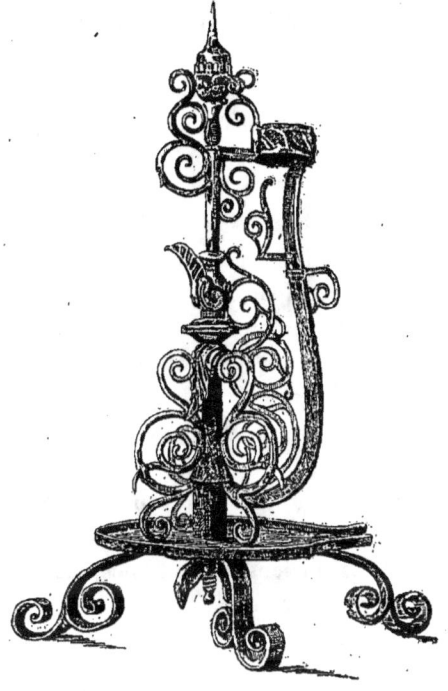

Fig. 184.
Chandelier en fer forgé (époque de la Renaissance).

Quels que soient les objets sur lesquels l'amateur fixe sa préférence, la première des conditions, s'il veut satisfaire le goût en satisfaisant aux exigences de l'utile, c'est qu'un choix éclairé, judicieux et délicat préside à leur acquisition.

La réalisation d'un pareil choix n'a lieu, — cela va sans dire, — qu'autant que l'acheteur est passé maître dans l'art de discerner le médiocre du bon, de distinguer le vrai du faux, art difficile et compliqué qui ne s'acquiert, comme on sait, qu'à force de travail, d'études et de patientes recherches.

Par ce temps de contrefaçon à outrance, dont M. Paul Eudel, dans son récent volume intitulé : *Le Truquage*, nous a dévoilé tous les mystères, il serait téméraire de s'aventurer dans le domaine scabreux de la curiosité, sans être muni d'un brevet d'expérience consommée, aiguisée par le savoir et développée par la pratique. Autrement le collectionneur deviendrait chaque jour la proie d'habiles faussaires sans scrupules, dans les pièges desquels le plus adroit n'est jamais sûr de ne pas tomber.

Pour citer un exemple entre mille, prenons, si l'on veut, l'orfèvrerie.

A la suite de vissicitudes nombreuses, l'argenterie française du xviii° siècle a presque complètement disparu. Fondue sous Louis XIV dans des jours de détresse, détruite par la peur sous la Révolution, vendue pour satisfaire aux caprices de la mode à l'époque de la Restauration, jetée en toute hâte dans des creusets, en 1848, pour être transformée en argent monnayé, l'argenterie ancienne est, en effet, tout ce qu'il y a de plus rare. *Rara avis*. Cependant, il y en a encore aujourd'hui pour tout le monde. Jamais on n'a tant vu de vieille argenterie.

Il est pourtant aisé, en ce genre de curiosité, de déjouer les fraudeurs. Le moyen le plus sûr d'éviter les acquisitions malheureuses, c'est de connaître les poinçons des principaux orfèvres.

Mais combien, dans le nombre des amateurs, ont une familiarité suffisante avec ces poinçons, que d'ailleurs les contrefacteurs imitent à s'y méprendre, pour des yeux peu exercés?

Les poinçons des orfèvres doivent être étudiés absolument comme les marques et les monogrammes.

Inutile d'ajouter que de pareilles tromperies se renouvellent journellement pour les antiquités, les armes et les armures, les faïences, les émaux, les tableaux de maîtres anciens et modernes, les vieilles eaux-fortes, les meubles de la Renaissance, etc., etc.

Les amateurs ne sauraient trop se tenir en garde contre la contrefaçon, sous peine de voir une foule de non-valeurs encombrer leurs vitrines ou surcharger leurs étagères.

Mais en admettant que le possesseur d'objets d'art soit doué jusqu'à la suprême acutesse de tous les organes du curieux, vue, goût, tact, flair, faut-il encore qu'il possède certaines qualités d'ordre absolument essentielles.

Ces qualités sont d'autant plus nécessaires que l'ornementation des appartements est d'ordinaire fort mal comprise. Le désir d'entasser richesses sur richesses, d'obtenir de l'éclat au détriment du bon goût, fait souvent perdre de vue aux amateurs de notre temps qu'il n'est rien de parfait en dehors de certaines règles établies par la logique et consacrées par l'expérience.

De là ces fâcheux anachronismes que les gens les plus instruits ne savent pas toujours éviter. Le véritable homme de goût ne se contient pas quand il voit dans l'arrangement d'un boudoir Louis XV une galvanoplastie du Moïse fièrement campée sur la console, au milieu des pâtes tendres de Sèvres et des Céladons de Saxe.

Les productions de l'Art intime ont donc besoin d'être classées d'après certains rapports, certaines conformités, certaines qualités respectives. « L'ordre nous plaît, dit Condillac, parce qu'il rapproche les choses, qu'il les lie, et que, par ce moyen, facilitant l'exercice des opérations de l'âme, il nous met en état de remarquer sans peine les rapports qu'il est important d'apercevoir dans les objets qui nous touchent ». Charles Baudelaire, le poëte des *Fleurs du Mal,* dans son *Invitation au voyage,* en donne un bien charmant exemple.

> Des meubles luisans,
> Polis par les ans,
> Décoreraient notre chambre ;
> Les plus rares fleurs
> Mêlant leurs odeurs
> Aux vagues parfums de l'ambre,
> Les riches plafonds,
> Les miroirs profonds,
> Les splendeurs orientales,
> Tout y parlerait
> A l'âme en secret
> La douce langue natale.
> Là tout n'est qu'ordre et beauté,
> Luxe calme et volupté.

Gardons-nous toutefois d'être monotones. Une trop grande uniformité dans la décoration intérieure devient fatigante pour la vue. La reproduction des mêmes lignes, des mêmes figures, des mêmes masses, engendre l'ennui, c'est-à-dire l'inaction de l'esprit, l'assoupissement d'une âme qui n'éprouve pas d'émotion.

> L'ennui naquit un jour de l'uniformité.

Par contre, on ne saurait trop éviter de tomber dans le défaut opposé, qui est l'exagération. Rien n'est plus monotone qu'une originalité excessive.

S'il faut de l'ordre dans les choses qui nous entourent, il y faut aussi de la variété. Sans cela, écrit Montesquieu, l'âme languit ; car les choses semblables lui paraissent les mêmes, et si une partie des objets qu'on nous découvre ressemblait à une autre que nous aurions vue, ces objets seraient nouveaux sans le paraître et ne feraient aucun plaisir. « Et, comme les beautés des ouvrages de l'art, semblables à celles de la nature, ne consistent que dans les plaisirs qu'elles nous font, il faut les rendre propres, le plus que l'on peut, à varier ces plaisirs ; il faut faire voir à l'âme des choses qu'elle n'a pas vues ; il faut que le sentiment qu'on lui donne soit différent de celui qu'elle vient d'avoir »[1].

1. Montesquieu, *Essai sur le Goût.*

La variété dans l'ordre s'obtient au moyen de gradations successives qui amènent des changements d'aspect propres à surprendre agréablement les regards. Ces passages insensibles d'un état à un autre, dans la chaîne ininterrompue des objets, est un artifice par lequel on fait saillir une œuvre exceptionnelle, quelle qu'elle soit, en lui opposant des choses de beauté moindre, dont l'expression s'affaiblit graduellement à mesure qu'elles s'approchent de l'objet principal qu'on veut mettre en lumière.

C'est là ce qu'on appelle fondre et graduer entre eux les objets dans une sorte de balancement sagement pondéré. L'ordre parfait n'admet pas de différences sans gradation, a dit un philosophe. Otez les gradations, vous n'aurez que dissonnance et désordre.

Le désordre inévitablement amène la confusion. L'œil troublé n'aperçoit plus que des choses disparates, au milieu desquelles il lui est impossible de rien distinguer. L'esprit lui-même, inquiet, irrésolu, flotte d'un objet à un autre, et le jugement, devenu indécis, hésite à se prononcer.

Cependant, dira-t-on,

> Un beau désordre est un effet de l'art.

D'accord ; mais c'est là un point extrêmement difficile, car le défaut d'ordre ne plaît que par intervalles, et nul esthéticien n'a pu encore établir des règles sérieuses pour en assurer le succès.

L'ordre est donc nécessaire, si l'on veut que la disposition des objets soit combinée d'une façon heureuse, utile, harmonieuse. L'harmonie résulte de l'agencement des parties d'un tout, de manière qu'elles concourent à une même fin. Elle ressort naturellement du choix et de la réunion des meubles, marbres ou bronzes, de l'ajustement des tentures ou draperies et de la disposition des principaux accessoires.

Sans nous arrêter à toutes ces merveilles qui nous retiendraient trop longtemps, combien, et sur les murailles, et sur les tablettes, et derrière les glaces des vitrines, combien d'objets éclatants, délicats, rares, réjouissants à l'œil et charmants pour l'esprit, attestent un goût exquis et varié, un ordre méthodique, harmonieux, parfait ! Lisez plutôt cette jolie description de l'appartement d'un célèbre collectionneur, datée de 1861 : « Où vous conduirais-je, écrivait alors le regretté Charles Asselineau, si j'entreprenais de vous parler avec détail de ce musée ? Ce musée, c'est l'homme lui-même, un homme qui

L'ART INTIME.   Planche XXIII.

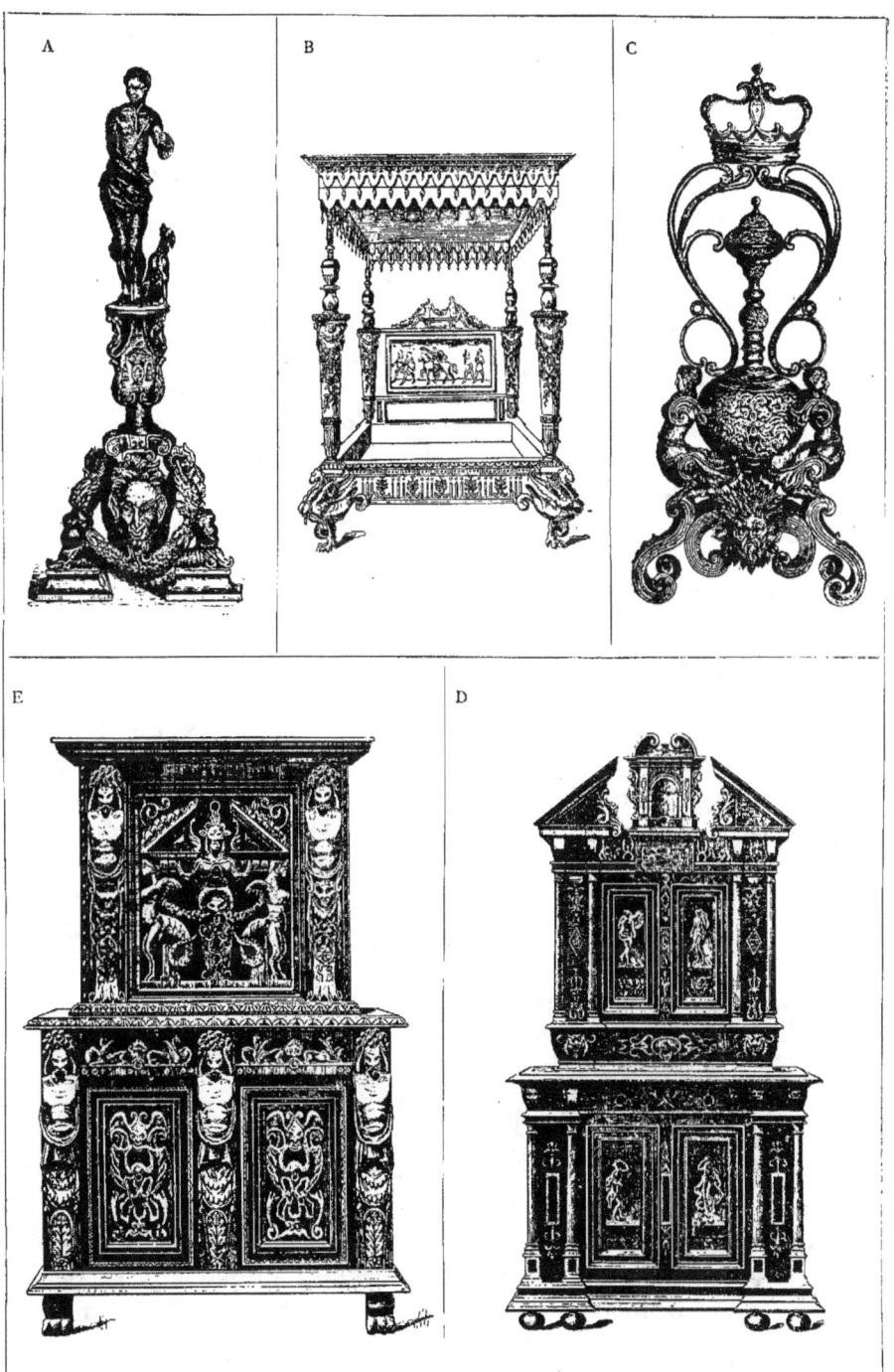

ÉTUDE SUR LES STYLES (XVIᵉ SIÈCLE).

a eu toute sa vie le culte de tout ce qui intéresse l'histoire, les beaux-arts, les lettres ; un homme qui a tout aimé et tout gardé, tout conservé, depuis les affiches arrachées dans sa jeunesse aux murailles fiévreuses du Paris de la République et des Cent-Jours, jusqu'aux caricatures contre *Hernani* ; depuis les annonces pittoresques des marchands en vogue jusqu'aux chefs-d'œuvre si longtemps dédaignés de Boucher et de Debucourt. Voici le sablier authentique de Henri II ; voici la cravache de Marie-Antoinette ; voici le marteau de serrurier du roi Louis XVI, gravé à ses armes ; un Lancret, que tout Paris a admiré ; une belle gouache de Bruandet, des émaux, des dessins, des gravures, des miniatures de toutes les époques, des souvenirs historiques de tous les temps, des spécimens de tous les arts. Et ce musée, cette collection d'objets si divers, où un fragment de sculpture antique se montre à côté des productions modernes du goût le plus décidé ; où l'émail, la peinture, la gravure, l'orfèvrerie, tous les différents procédés de l'art, toutes les manières connues se mêlent, s'avoisinent et s'harmonisent, vous ne vous y trompez pas ; ce n'est pas là le cabinet d'un amateur vaniteux, s'instruisant aux ventes, courant les enchères, et jaloux de faire montre à tous les coins de son appartement de la supériorité de ses goûts et du noble emploi de sa fortune. Vous n'êtes point davantage chez un de ces collectionneurs têtus et résignés, qui ne veulent voir dans l'histoire qu'une époque, et dans l'art qu'un filon et qui donnent pour règle à leur goût défaillant la lisière prudente de la *spécialité*. Non ! l'âme d'un homme palpite à travers ce charmant chaos, et s'illumine d'une sorte d'éclat domestique et personnel, malgré sa diversité, qui fait voir qu'avant tout il y a là un maître, un libre esprit qui ne relève que de lui-même et de sa fantaisie, et qui, sans souci du qu'en dira-t-on, court généreusement au beau pour la seule délectation de ses facultés. Quant à moi, dit en terminant le spirituel biographe, j'en ai assez de ces collections somptueuses, magnifiquement improvisées au poids de l'or et par ministère d'expert : et c'est pourquoi il me plaît de retrouver entre les quatre murs du cabinet d'un philosophe, une collection qui n'est qu'œuvre du temps, de science et de goût, la *folie* d'un sage, et non point l'enseigne d'un trafiquant ou la savonnette d'un vilain » [1].

Reste la symétrie, espèce d'arrangement décoratif suivant une certaine proportion. « La raison qui fait que la symétrie plaît à l'âme,

---

1. *Mélanges curieux et anecdotiques tirés d'une collection de lettres autographes ayant appartenu à M. Fossé-d'Arcosse*, 1861, *Notice*.

dit encore Montesquieu, c'est qu'elle lui épargne de la peine, qu'elle la soulage et qu'elle coupe, pour ainsi dire, l'ouvrage par la moitié ».

Dans la symétrie décorative, l'œil n'exige pas le rapprochement et la juste correspondance de deux parties semblables ; il se contente de simples analogies. « Ainsi, deux tableaux de sujets divers, d'écoles différentes, de dimensions autres, peuvent se faire pendant, c'est-à-dire concourir à la symétrie d'une décoration, parce qu'il y a analogie entre la nature même de ces deux masses décoratives. Une plaque en faïence, d'une tonalité claire, peut devenir symétrique à une aquarelle de même taille, montée sur de grandes marges, parce qu'il y a analogie de dimensions et de coloration ; ainsi de suite. La parité n'est donc pas indispensable, on peut se contenter de ce que Vitruve a si bien défini le *conveniens consensus* ; et certaines différences, à condition de n'être point outrées, peuvent même accentuer utilement le caractère pittoresque de la décoration » [1].

Il n'y pas de règle sans exception. C'est du reste ce qu'avaient remarqué les critiques d'art, à propos de deux superbes toiles de la collection Laurent-Richard, vendue en 1878. L'égalité des dimensions, qui fait quelquefois choisir pour pendants, sur les panneaux d'une galerie, des tableaux qui peuvent se nuire par le seul fait de leur confrontation, avait fait mettre, dans le salon de M. Laurent-Richard, la *Vallée de la Toucque* en regard de la *Chasse au faucon* par Fromentin. Mais c'était là un rapprochement fortuit. Une fois portés à l'Hôtel des ventes, ces deux tableaux qui contrastaient, l'un étant aussi délicat que l'autre est robuste, reprirent chacun leurs qualités propres : celui de Troyon, son exécution mâle et généreuse, celui de Fromentin, sa distinction, sa légèreté, sa finesse.

Aussi bien, cette dissonnance sera produite par deux meubles ou deux objets d'art ayant les mêmes proportions, mais d'un style différent.

Les mêmes lois régissent tous les produits de l'Art intime, et il en est de l'harmonie d'une chambre comme de l'harmonie d'un tableau ; car tous les deux, la chambre et le tableau, sont également soumis à ces principes indéfectibles, qui gouvernent toutes les variétés de l'art ; et l'on peut dire qu'à très peu de chose près, les lois par lesquelles nous jugeons les qualités principales d'un tableau suffisent pour apprécier l'arrangement d'une chambre.

---

1. Henry Havard, *L'Art dans la Maison, Grammaire de l'Ameublement*.

Qui parle ainsi ? Le célèbre conteur américain Edgard Poë, dans sa *Philosophie de l'ameublement*.

Mais, dit à son tour l'auteur de la *Grammaire des Arts décoratifs*, l'arrangement symétrique des meubles n'est pas nécessaire partout. « Autant il donne un air de repos et de dignité aux appartements de réception, autant il serait froid et déplacé dans un cabinet d'études, de retraite ou de conversation, dans un atelier de sculpteur ou de peintre, dans un boudoir. Même chez un homme d'un esprit méthodique, la régularité ne serait pas longtemps possible dans une pièce où il travaille en compulsant des papiers, en consultant des livres, des cartes, des plans, des gravures. Un artiste qui se recueille avant de se mettre à l'œuvre, ou qui déjà s'occupe à réaliser les rêves de son imagination, a besoin d'être entouré d'objets variés et nombreux, qui favorisent la liberté de son esprit et qui la provoquent par l'inattendu de leurs rapprochements, par l'étrangeté de leurs contrastes. Çà et là, des moulages en saillie sur un mur sombre, appellent un instant l'attention. L'œil glisse sur de vieilles tentures et s'arrête un moment sur des armes dont la ciselure étincelle. La monochromie des plâtres ou des marbres fait valoir les colorations environnantes. Une ancienne armoire, à pentures en fer forgé, laisse voir, par un vantail ouvert, de vieux livres reliés en parchemin, des verres singuliers de galbe et de couleur, des faïences. Une étoffe d'Orient est négligemment jetée sur le dossier d'une chaise du moyen âge : une plante fleurit, verte et rose, dans son cache-pot de porcelaine, sur un bahut de chêne noir ; un bouquet se rafraîchit dans un verre d'eau. Sur un coussin de velours gît une bordure oubliée et fanée, tandis que des gravures jaunies par le temps s'échappent d'un portefeuille qu'elles ont crevé de leur poids ou déformé. Au milieu de ce beau désordre, l'esprit, vaguement sollicité en divers sens, n'en est que plus libre... »

« Une jolie femme dans son boudoir n'a que faire non plus de la symétrie. Chez elle, un aimable désordre est aussi un effet de l'art et de la grâce. Là il n'est pas besoin que les sièges soient pareils, que la causeuse soit vêtue de la même soie qui recouvre les fauteuils ; il n'est pas besoin que telle miniature, accrochée près de la glace, ait son pendant de l'autre côté. Au contraire, une apparence de liberté sied à merveille dans ces petits salons intimes où l'on n'entend que menus propos, riens élégamment dits, galanteries de madrigal... Rien n'est plus de mise dans un boudoir, que la fantaisie, l'irrégulier, l'imprévu ».

L'apparence du désordre est ici dans le détail ; l'ordre parfait est dans l'ensemble.

Somme toute, l'amour de la curiosité, la passion fervente du bibelot, ont engendré cet art délicat de raffiner sur les pures et honnêtes jouissances du luxe, d'en multiplier le nombre, d'en varier les espèces d'en réveiller le goût, de rendre les objets extérieurs séduisants, plus enchanteurs, plus propres à captiver notre attention, en répandant l'élégance et le charme dans l'ornementation de nos demeures. Aussi, pour résumer ce chapitre en peu de mots, nous terminerons par un axiome qu'on ne saurait trop méditer: LES PRODUITS DE L'ART INTIME, QUELQUE MAGNIFIQUES, QUELQUE LUXUEUX, QUELQUE PRÉCIEUX QU'ILS PUISSENT ÊTRE, PERDENT TOUTE LEUR VALEUR DÉCORATIVE S'ILS NE SONT GROUPÉS AVEC GOUT, ORDRE ET SYMÉTRIE. C'EST ALORS SEULEMENT QUE, EN SE FAISANT MUTUELLEMENT VALOIR, ILS DEVIENNENT UNE SATISFACTION POUR LES YEUX ET UN AGRÉMENT POUR LA PENSÉE.

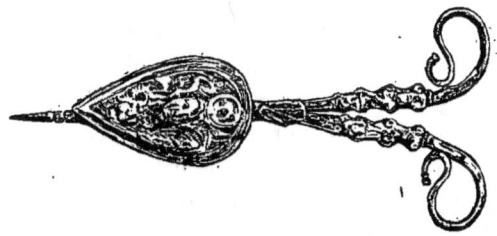

Fig. 186. Mouchettes en fer forgé (époque de la Renaissance).

XXIV.

EFFETS DU GOUT SUR LES RELATIONS SOCIALES.

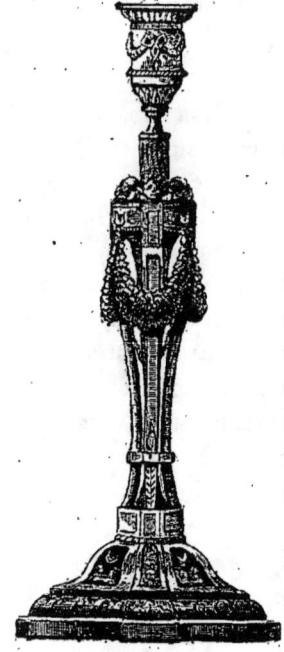

Fig 187.
Flambeau en bronze doré et ciselé
(XVIIIe siècle).

Après les Musées ouverts aux études de tous, rien n'est plus propre à former le goût que les cabinets d'amateurs. Tout cabinet, vanté à juste titre par ceux qui le visitent, devient bientôt le rendez-vous des artistes et des gens du monde, attirés vers ce petit temple de l'art et de la curiosité, dont rien ne trahit au dehors l'existence.

C'est, en effet, dans la fréquentation de ces hommes distingués, patients, dévoués, intelligents, érudits, désintéressés, qui recherchent et conservent aux dépens de leur fortune tant de monuments précieux, que l'on acquiert un commencement d'amour pour les belles choses. N'est-ce pas déjà beaucoup que de n'être pas quelqu'un qui n'a rien vu, qui voit tout avec étonnement? L'œil devenu savant dispose l'esprit à le devenir, et lorsque le bon goût nous a appris à savoir tout estimer, on en atteint bien vite la perfection qui consiste à pouvoir tout apprécier.

Quoi de plus intéressant, pour l'homme du monde, que d'être en état de reconnaître l'époque d'un ivoire, de contrôler l'authenticité d'un émail, constater la valeur d'une pièce d'orfèvrerie, deviner la fabrique d'une majolique? Trouver la confirmation, ou la négation, ou l'explication d'un fait historique, artistique ou industriel; appuyer son raisonnement de toutes les preuves, de tous les témoignages qui établissent l'importance et la validité d'un objet, c'est là sans contredit un art, un talent qui supposent le concours de diverses qualités des plus subtiles et des plus rares : discernement, savoir, finesse et étendue d'esprit.

L'amateur éprouve alors l'impérieux besoin de communiquer ses impressions, d'interroger ses confrères, de recevoir leurs avis, de profiter de leurs conseils. De là, des correspondances instructives et intéressantes, parfois suivies de visites souvent renouvelées, dans lesquelles les uns et les autres tirent toujours quelque profit.

Les relations sociales entre collectionneurs ont donné lieu à de piquantes anecdotes. Charles Sauvageot, qui, avec un admirable désintéressement, a donné au Musée du Louvre la belle collection d'objets d'art formée par ses soins, se porta, dès le principe, vers les chinoiseries. Un hasard pour ainsi dire providentiel le détourna de la recherche de ces produits exotiques pour le livrer sans partage à celle de nos curiosités nationales.

Ses premières acquisitions se concentrèrent sur les porcelaines de Chine. On put voir longtemps dans son cabinet des assiettes payées trente sous en 1804, dont les pareilles se vendirent 300 francs et plus à la vente de la duchesse de Montebello. Mais, en furetant les boutiques des marchands de bric-à-brac, le jeune collectionneur rencontrait souvent un collègue de l'Opéra [1], M. Lami, qui, plus âgé, avait réuni déjà un assez grand nombre de pièces rares, et lui faisait une concurrence insoutenable pour sa bourse. Le danger rend ingénieux et l'intérêt conciliant. Ils s'entendirent donc. M. Lami continua à surveiller la chinoiserie, Sauvageot concentra ses recherches sur les objets du Moyen Age et surtout de la Renaissance. Célibataire et habitant un véritable appartement de garçon, il dut forcément circonscrire ses acquisitions aux œuvres d'un petit volume et repoussa toutes celles qui dépassaient une certaine dimension. Le sacrifice ne fut pas grand, son goût fin et délicat le portait vers ce genre d'objets. Il eût volontiers appliqué à l'art ce que l'on dit de la nature : *Maximè miranda in minimis* [2].

Fidèle à l'engagement qu'il avait pris avec son confrère, Sauvageot ne porta plus son attention que sur les produits de l'art français, principalement sur les produits du xve siècle, du xvie et de la première moitié du xviie, dont les spécimens merveilleux forment aujourd'hui sa collection sans rivale [3].

Veut-on un autre exemple ?

M. Bonnardot, l'amateur d'estampes bien connu par ses ouvrages sur l'art de la gravure, nous initie en ces termes à ses propres débuts :

---

[1]. Charles Sauvageot se livra très jeune à l'étude de la musique. Admis au Conservatoire dès l'ouverture de cet établissement, qui eut lieu en 1795, il remporta le premier prix de violon en 1797. Les succès du jeune virtuose lui valurent une place à l'orchestre de l'Opéra ; il devint premier violon et y resta jusqu'en 1829, époque où il obtint sa pension de retraite.
[2]. Clément de Ris, *Moniteur universel* du 20 avril 1860.
[3]. Voir l'intéressant *Catalogue du Musée Sauvageot*, par A. Sauzay, 1861.

« En 1830, je ne m'étais pas encore épris du vieux Paris. Le roman de Victor Hugo, une œuvre de génie, apparut en 1831. L'histoire d'Esmeralda et de Frollo m'inspira la curiosité d'étudier la topographie de nos anciennes églises, debout ou détruites, de nos vieux cloîtres abolis; puis mon projet en resta là. Vers 1837, après trois voyages en Italie, je repris mes idées relatives aux monuments détruits ou en ruine de ma ville natale ; j'allai visiter les recueils de la rue Richelieu, et je résolus d'amasser sur les antiquités de Paris tous les documents imprimés, dessinés ou gravés que le hasard m'offrirait.

« Je débutai par une lourde bévue : je négligeai d'acquérir pour *vingt francs*, chez le libraire Crozet, la première édition, d'une condition fort satisfaisante, de la *Fleur des Antiquités de Paris*, par G. Corrozet, opuscule qui vaudrait aujourd'hui (écrit en 1858) au moins dix fois ce prix. Je compensai cette maladresse par l'achat, moyennant *un sou*, d'une belle épreuve de la grand'salle du Palais, de Ducerceau : ce fut ma première estampe. En 1838, j'en possédais une centaine environ, mais la lithographie dominait beaucoup trop. Il y avait alors peu d'amateurs en ce genre, au plus cinq ou six, y compris M. Gilbert[1]. Cette même année, un quidam, une personne dont j'ai oublié le nom, et que je rencontrai devant un marchand étalagiste, me signala ainsi M. Gilbert: « C'est un collectionneur érudit, fin connaisseur, très complaisant et communicatif. Allez le visiter tout simplement, expliquez-lui votre but, et il vous fera voir des trésors ». Je suivis le conseil.

« Je fus reçu avec une extrême aménité. *Veni, vidi*..... victus sum. Je veux dire qu'après une séance de deux heures, la conversation de M. Gilbert et l'examen de ses portefeuilles m'avaient initié au culte d'une religion dont les mystères, pressentis depuis longtemps, venaient de m'être révélés. Dès ce moment, je devins pour lui tout à la fois un disciple et un concurrent infatigable, ce dont il ne s'affecta nullement; il ne m'en prodigua pas moins ses bons conseils, avec une complaisance et une libéralité inépuisables. C'est qu'il possédait trois rares qualités, qui honorent le vrai savant, et qui sont l'opposé de l'envie, de l'égoïsme et de l'amour-propre ».

Depuis ce jour, il se passa peu de semaines sans que M. Bonnardot revît l'aimable collectionneur qui l'avait si obligeamment initié à la

---

1. Auteur de la *Description historique de la basilique métropolitaine de Paris et des curiosités de son trésor*, 1821.

connaissance des estampes. Ses fréquentes visites ne lassaient jamais la patience du savant professeur, car celui-ci était convaincu que son studieux élève avait la vocation et le zèle nécessaire pour marcher sur ses traces dans cette voie si fertile en émotions. Plus d'une fois, à son retour d'une tournée aux environs du Louvre ou de l'Institut, M. Bonnardot allait lui montrer une pièce intéressante, un détail dérobé pour ainsi dire à son monument, et qui sans lui, peut-être, fut arrivé droit à ses portefeuilles ; il le félicitait sans amertume, sans jalousie, sans rancune. Quand il venait à son tour visiter la collection naissante de son jeune rival, cet édifice à peine élevé alors au-dessus du sol, et qui, comme le sien, ne devait jamais avoir de comble, il le complimentait de tout cœur et semblait jouir au même degré que lui-même de ses nouvelles trouvailles.

Si maintenant nous passons à un autre genre, celui de la curiosité, nous verrons que Léopold Double ne fut pas moins heureux dans ses découvertes que dans ses relations de société. Une fois la Russie laisse échapper la tabatière de l'impératrice Catherine, tabatière d'or, avec des peintures microscopiques de Blarenberghe, représentant l'érection de la statue de Pierre le Grand sur une place de Saint-Pétersbourg. La tabatière de Catherine II ne devait plus retourner en en Russie, au moins du vivant de Léopold Double, qui, plus tard, répondit à la grande-duchesse Marie, qu'il voyait décidée à reconquérir à tout prix ce joyau impérial : « Votre Altesse ne voudra pas, en me forçant à lui céder un bijou qui est partie intégrante de ma cellection, me faire manquer à un serment solennel, que je me suis fait à moi-même, de ne jamais rien distraire de cette collection ». Puis, il ajouta, avec cette politesse gracieuse qui lui venait toujours en aide : « Je fais des vœux cependant pour que votre Altesse puisse me survivre et reprendre alors cette boîte qu'elle désire, quand je ne serai plus là pour la défendre à regret »[1].

Une autre fois, Léopold Double traverse la rue du Sentier ; sa voiture est arrêtée par des travaux de démolition ; il regarde et se rappelle que la maison qu'on démolit avait appartenu à Le Normand d'Etioles, qui se souvenait d'avoir été le mari de la marquise de Pompadour. C'est là qu'il avait vu, dans l'étude de M. Denormandie, l'avoué du roi Louis-Philippe, deux superbes fontaines en plomb doré, attribuées à Falconet, et, dans un salon de cette même maison, un beau plafond peint par Boucher : il s'arrête, s'informe et achète sur

---

[1]. Paul Lacroix, *Catalogue de la Collection Léopold Double*, Notice.

place le plafond et les fontaines. Ce sont les deux fontaines qui décoraient, du vivant de Léopold Double, le grand escalier de l'hôtel de la rue Louis-le-Grand ; c'est le superbe plafond qui avait pris place dans le salon du second étage de cet hôtel.

Et puis, un des plus séduisants attraits de ces sortes de relations, c'est la fréquentation des femmes élégantes qui savent éblouir le monde par leur splendide parure, mais dont la coquetterie charmante réserve aux intimes des trésors cachés de grâce enchanteresse et de goût parfait. Les femmes, dit M. Jean Alesson, n'ont pas toutes l'esprit frivole ou le goût versatile. Un certain nombre parmi celles qui fuient la lumière malsaine de la vie mondaine ont, au contraire, ce que l'on appelle l'esprit de suite, c'est-à-dire la persévérance exclusive dans l'étude qu'elles ont choisie.

« On obtiendrait une liste assez respectable en inscrivant les noms des femmes d'esprit qui aiment à rassembler des objets curieux ou rares, à s'enfermer avec ces richesses pour les étiqueter, les cataloguer, les décrire, en rédiger l'histoire et en faire connaître l'origine et la provenance, toutes particularités fort goûtées de ceux qui poursuivent cet idéal — cette sœur de l'espérance — que l'on nomme « collection complète ».

« Qu'il nous suffise d'indiquer les noms les plus fameux de nos femmes amateurs.

« Commençons par les bibliophiles.

« Depuis qu'il existe des livres il existe des gens qui les aiment ; mais les bibliophiles féminins sont une découverte beaucoup plus moderne. On n'en connaît pas beaucoup avant Diane de Poitiers. Il faut franchir le xvie siècle pour atteindre Mme de Sévigné ; la duchesse du Maine ; la Grande Mademoiselle (duchesse d'Orléans) ; Mme Chamillart, femme du ministre ; la princesse Palatine, mère du Régent ; Mme de Saint-Balmont, qui avait l'habitude, dit Tallemant des Réaux, d'inscrire son nom sur le titre de ses livres.

« Le xviiie siècle a été plus fécond. On se souvient de la célébrité acquise par les bibliothèques de Mme de Pompadour et de la Du Barry, de la comtesse de Verrue et de la duchesse de Grammont, de Mme du Deffant et de Marie-Antoinette, etc., etc.

Enfin, notre siècle a l'honneur de compter la duchesse de Berry, la reine Amélie, la vicomtesse de Noailles, Mme Standish, sœur de Mme de Balzac (née Sabine de Noailles), la duchesse de Mouchy, la tragédienne Rachel, etc. Et parmi les vivantes, on peut citer Mme Gabriel Delessert, Mlle Dosne, Mlle Clément de Ris, Mme la comtesse de la Ferronays et Mme la marquise de Nadaillac, membres, ces deux dernières, de la Société des Bibliophiles français.

« Ajoutons à ces noms celui de Mme la duchesse d'Uzès, qui cultive le goût des manuscrits anciens.

« Les autographes, si recherchés par les hommes, n'ont encore captivé, suivant nous, que les beaux yeux de Mlle Bartet, de la Comédie française.

« Restons dans notre siècle et cherchons-y d'autres femmes amateurs.

« S'agit-il de tableaux, de dessins, de gravures, d'aquarelles, etc., immédiatement la plume écrit le nom de la comtesse Duchâtel, qui a légué sa collection au Louvre, collection dont fait partie la fameuse *Source* d'Ingres. Vient ensuite le souvenir de la comtesse de Caen, qui a laissé la sienne à l'Institut. De tels noms en appellent d'autres : Mme de Nicolaï, Mme d'Yvon, Mme la princesse Mathilde (statuaire, comme on le sait), Mme la vicomtesse de Terray de Morel-Vindé, Mme la marquise de Saint-Clou, à Compiègne; Mme la marquise de Courtils, à Poitiers; Mme la comtesse de Rohan-Chabot; Mme de Gaudard d'Allaines, qui entasse dans son château de Suèvres, des miniatures de toute époque, etc., etc.

« Les femmes qui recherchent les porcelaines, les faïences, les terres cuites, se sont multipliées depuis la baronne de Meillonnas, qui, au XVIIIe siècle, étant céramiste elle-même, fondait la fabrique de Meillonnas. Mlle Gabrielle Fillon, sœur de l'auteur connu, est une des plus riches en porcelaines et en terres cuites anciennes. Mlle Granjean recherche les Palissy, ainsi que le font Mme Sluis, Mme Pommery, de Reims, Mme Isidore Davette, d'Amiens, etc. On peut également signaler les galeries spéciales de Mme la baronne Nathaniel de Rothschild, de Mme Charcot, de Mme la comtesse de Cambis-Allais, de Mme la baronne Denain-Peuguilly, fille du grand peintre; de Mme la marquise de Saint-Chamon, etc.

« Les éventails, par leur destination, devaient avoir pour conservatrices les mêmes mains qui les agitent. En effet, Mme Achille Jubinal et Mme la comtesse de Chambrun, l'heureuse propriétaire de l'éventail enrichi de diamants ayant appartenu à Ninon de Lenclos, ont pour concurrentes sérieuses de nombreuses femmes du monde, telles que Mme la comtesse de Pourtalès et Mme de Nadaillac, Mme Duvauchel et Mme la marquise de Rochambeau, Mme la comtesse de Beaussier et Mme Dubois, Mlle Th. Bligny et Mme la comtesse de Lancey, etc.

« Si des éventails on passe à un genre de curiosités susceptibles d'intéresser les femmes : les tapisseries, on nomme Mme la comtesse de Raulincourt, Mme la comtesse de Rohan-Chabot, la princesse de Beauveau, morte il y a deux ans à peine, Mme la baronne de Soubeyran, qui brode elle-même avec des doigts de fée, etc. Enfin, Mme la comtesse de Flaux possède en broderies, dentelles et lingerie fine ancienne, les vitrines les plus curieuses et les plus rares.

« Les meubles ont, eux aussi, de fiers chercheurs en Mme la marquise de Saint-Chamon, en Mme la comtesse de Cambis-Allais, en Mme Grillon, qui a fait des dons royaux au Musée de Cluny, etc.

« Certaines dames se sont créé des spécialités plus difficiles à enrichir. Ainsi, Mme la comtesse d'Enval collectionne les peignes anciens ; Mme de Vatry, les crosses du Moyen Age ; Mlle Grandjean, des ivoires ; Mlle Bligny, la vieille argenterie ; Mme Nathaniel de Rothschild, les instruments de musique, Mme Chavet, les cires.

« Mme veuve Rougier, de Lyon, et Mme Humbert de Molard ont fait don de leurs bijoux et de leurs étoffes anciennes, la première au Musée de Lyon, la seconde au Musée de Cluny.

« Les médaillons, les monnaies et les reliures plaisent fort à Mme Récamier, de Lyon. Les vieux objets de toilette allègent vigoureusement les revenus de Mme la comtesse des Isnards-Luze.

« Deux séries d'antiquités remarquables conservées au Musée de Cluny, rappellent la noble passion de deux donatrices, la baronne Dornier et Mme de Brébisson, de Caen.

« Enfin, on pourrait désigner comme ayant aimé et recherché tout ce qui est rare et précieux, Mme Achille Jubinal, Mme Joly des Haies, Mme la marquise de Sommery, Mme la baronne Sickler, Mme la comtesse de Saint-Félix, etc. [1] »

De telles personnalités expliquent les relations confraternelles qui se nouent entre *curieux* et *curieuses*, comme on disait encore au siècle dernier. Ces relations sont les fruits de notre *sociabilité*, mot charmant et expressif que notre dictionnaire seul possède. Les Anglais se contentent de nous l'emprunter. Ni l'Italie, ni l'Espagne n'ont l'équivalent de ce gracieux vocable. Le *sittlichkeit* des Allemands indique l'état des mœurs et des âmes, et rien de plus. Mais la *sociabilité* ! c'est le besoin de nos vies et de nos esprits, la chose française

---

1. Jean Alesson, *Les Femmes collectionneurs*, dans la *Gazette des Femmes* du 25 janvier 1883.

par excellence. On ne s'aime pas toujours, surtout entre collectionneurs ; ce n'est pas nécessaire. On ne se recherche pas moins pour cela, on se lie, on va les uns chez les autres, on fait des échanges, on se rend des services. Parfois, il est vrai, on se joue de petits tours dans les ventes et chez les marchands, mais rien n'est dérangé dans le groupe intelligent des amateurs, et tout va pour le mieux dans le meilleur des mondes, le monde de l'Art intime. Les anciens avaient inventé l'amitié, qui est gênante, bonne pour des barbares, et nous obligerait, nous sceptiques, à mille œuvres disgracieuses. Mais la sociabilité! elle exige seulement le « savoir-vivre ». Félicitons donc les amateurs de notre époque d'avoir cultivé la sociabilité sous ses meilleurs, sous ses plus aimables et plus utiles rapports. Rien ne rend les hommes plus sociables, n'adoucit plus les mœurs, ne perfectionne plus leur raison, que de se rassembler pour goûter ensemble les plaisirs purs de l'art et de l'esprit.

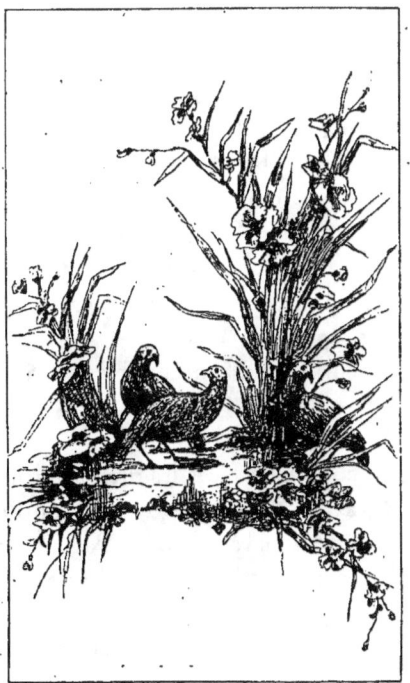

Fig. 188. Soierie lyonnaise (xviii siècle).

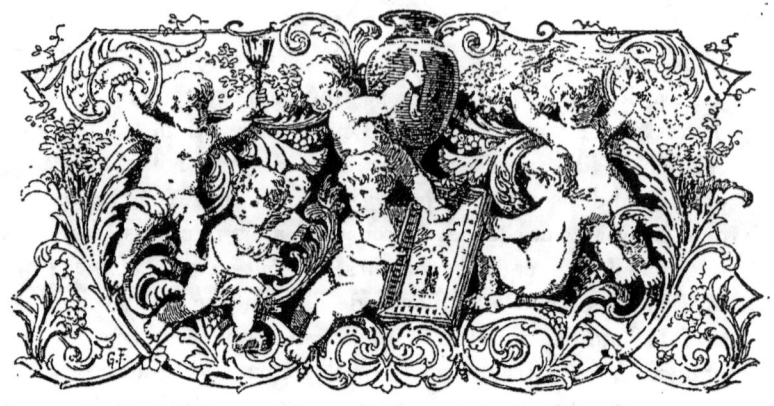

Fig. 189.

XXX.

NETTOYAGE, RESTAURATION ET CONSERVATION DES OBJETS D'ART.

C'est par l'abondance des lumières et par le soin qu'ils apportent à former leurs collections, que les amateurs ont contribué à perfectionner l'art de restaurer et de réparer, dans toute leur intégrité, les objets de leur préférence, lorsque par hasard il est survenu quelque accident fâcheux.

Il s'est même établi de nos jours un certain nombre de chirurgiens et de médecins spéciaux, dont le talent consiste à soigner et à remettre sur pied les malheureux blessés de la Curiosité; en un mot:

A réparer des ans l'irréparable outrage.

Car trop souvent, hélas! ces fragiles souvenirs du passé ne nous arrivent qu'en fragments ou affreusement mutilés. Il faut donc savoir gré à ces habiles artistes réparateurs d'avoir communiqué au public, dans des ouvrages aussi utiles que modestes, les secrets de leur art[1]. Grâce à ces Esculapes d'un nouveau genre, chacun peut désormais guérir chez soi les blessures de ses malades, ou tout au moins pro-

---

1. Voyez l'*Essai sur l'Art de restaurer les faïences, porcelaines, etc*, par F. Thiancourt, 1865, et la *Manière de restaurer soi-même les faïences, porcelaines, cristaux, etc.*, par Ris-Paquot, 1876.

longer leur existence en les préservant d'une rechute qui peut-être serait irrémédiable.

Nettoyer et réparer ses objets soi-même est une occupation non seulement utile à l'amateur, mais rien ne peut lui procurer une jouissance plus piquante, que de voir renaître sous ses doigts une belle production de l'art qu'il croyait perdue, et à laquelle son travail donne une seconde vie.

Parmi les gens du monde, il en existe un grand nombre qui ont été assez heureux pour apprendre quelques bons procédés, mais il en est beaucoup chez qui cette connaissance devient stérile, par leur timidité, ou par la mauvaise réussite que le manque de pratique donne à leurs premiers essais. Il faut avouer, en effet, que sans un peu d'exercice et beaucoup de prudence, les meilleures méthodes ne sont pas sans danger. Mais cela ne doit point effrayer l'amateur. Il acquerra de l'expérience en renouvelant ses tentatives sur des choses de peu de valeur, nos conseils lui feront connaître toutes les précautions nécessaires; son intérêt, le plaisir de bien faire et la crainte de nuire à une collection chérie feront si bien le reste, que ses objets trouveront bientôt entre ses mains une sûreté qui leur manque souvent dans des mains mercenaires où, n'étant plus la surveillance de l'œil du maître, ils sont traités parfois si lestement que, s'il survient un accident, on a la ressource perfide de cacher la plaie par un emplâtre, qu'un masque adroitement mis rend invisible au possesseur, jusqu'à ce que le temps et une étude plus attentive lui fassent découvrir la maladresse.

L'amateur espérerait en vain de trouver, chez les autres, la patience dans le travail qu'il aura lui-même, animé par le désir de conserver un morceau qu'il aime, et disposant à son gré du temps dont il est le maître. D'ailleurs, la difficulté qu'il a de rencontrer d'habiles réparateurs, particulièrement dans le lieu qu'il habite, l'obligeant à chercher le secours fort loin, et à exposer ainsi ses objets aux dangers des transports, comment ne serait-il pas charmé de pouvoir se passer de tout secours étranger, sauf dans des cas exceptionnellement graves?

Ces considérations décisives nous ont suggéré l'idée de consigner, dans cette *Grammaire de la Curiosité*, les recettes les plus faciles et en même temps les plus efficaces. Puissent-elles encourager les collectionneurs à restaurer eux-mêmes autant que possible leurs objets d'art, et leur éviter l'ennui de recourir aux mains d'autrui.

MARBRE. Lorsqu'il s'agit de recoller un marbre cassé, soit une statuette ou un buste, on commence par faire un savonnage en règle à l'aide d'une petite brosse. Si ce premier lavage ne suffisait pas, il faudrait remplacer le savon par l'eau seconde, dont l'action est plus corrosive. On rince ensuite à grande eau et on laisse sécher. Dans ce cas, l'opération exige presque toujours l'emploi de petits tenons de bois ou de cuivre, qui doivent donner plus de solidité à la partie restaurée. On recolle ensuite avec la cire blanche, étendue sur les morceaux chauffés à l'avance; on les rejoint et l'on enlève les bavures avec un couteau bien chauffé. Les éclats et les petits morceaux manquants se refont à la cire. Pour les marbres anciens, d'une couleur jaunâtre, on ajoute à la cire blanche un peu de cire jaune, et on les fait fondre ensemble. La cire, employée de cette manière, conserve une transparence qui imite parfaitement le ton doux du marbre.

On recolle aussi les marbres blancs avec du silicate de potasse uni au blanc d'Espagne, ou avec de la gomme laque blanche.

Les marbres de couleur se recollent par les mêmes procédés, à cette différence près que, pour les marbres noirs, jaunes, rouges ou verts, on remplace le blanc d'Espagne ou la gomme laque blanche par le noir de fumée, l'ocre jaune, l'ocre rouge ou la terre verte en poudre, selon la nuance du fond ou des veines. Une fois sec, le morceau raccommodé est aussi solide qu'un neuf.

ALBATRE. Beaucoup de jolies sculptures de la Renaissance sont en albâtre. Pour les réparer, on commence par bien savonner les morceaux. On prend ensuite de la poudre d'albâtre mêlée à de la gomme arabique fondue et on la pose sur les morceaux cassés, que l'on joint ensuite. On enlève alors les bavures, et on use au papier de verre fin quand la pièce est sèche. Il est quelquefois nécessaire de consolider les pièces d'albâtre comme celles de marbre ou de terre cuite, au moyen de petits tenons de bois ou de cuivre.

L'albâtre oriental ou marbre onyx ayant des veines jaunes et brunes, on fait une teinte avec un morceau pulvérisé et de l'eau gommée, et l'on peint l'endroit cassé. Quand le tout est sec, on passe à l'encaustique à la cire que l'on frotte ensuite avec un morceau de drap afin de donner à la partie restaurée le poli de l'albâtre.

TERRE CUITE Toute terre cuite à réparer doit être d'abord nettoyée au savon, à la potasse ou à l'eau seconde, puis lavée à l'eau pure. Les morceaux sont ensuite recollés à l'aide de plâtre fin gaché très clair, ou, ce qui vaut mieux, avec le secours du silicate de potasse et du blanc d'Espagne. L'objet une fois sec, le plâtre ou le silicate formant saillie le long de la cassure est gratté au couteau, puis on termine en usant au papier de verre. Ceci fait, on enduit entièrement la pièce avec une teinte à la gomme arabique. Cette teinte est composée de quatre parties d'ocre jaune, de deux parties de rouge de brique, une partie de noir et quatre parties de blanc. On broye le tout sur une palette avec de l'eau gommée ou avec du lait, et l'on pose également cette couleur sur la terre cuite au moyen d'un pinceau doux. Quand la première est sèche, on en met une seconde, et ainsi de suite, jusqu'à ce que le ton désiré soit obtenu.

BRONZE DORÉ. Pour nettoyer les bronzes dorés, on les frotte avec un pinceau un peu dur trempé dans du vin chaud ordinaire ou dans de l'eau de savon chaude. On lave ensuite à grande eau et on met les objets dans la sciure de bois. Celle-ci s'introduit dans toutes les cavités et absorbe l'humidité qui, sans cette précaution, ferait oxyder le métal. On enlève la sciure en brossant fortement avec un pinceau, après quoi on essuie avec un linge, puis avec une peau qu'on passe sur les parties brunies.

Si le bronze est oxydé, le moyen le plus prompt et le plus sûr consiste à faire dissoudre, dans un litre d'eau chaude, 80 grammes de cyanure de potassium. Au moment de s'en servir, on verse une quantité suffisante de ce liquide dans une terrine, suivant l'importance de l'objet. A l'aide d'une éponge, on lave vivement la pièce et on la plonge aussitôt dans l'eau fraîche. On recommence l'opération jusqu'à complet résultat.

Il est urgent de ne pas laisser les bronzes trop longtemps imprégnés de cyanure, autrement la dorure noircirait. De plus, le cyanure est un poison violent dont l'emploi demande beaucoup de précautions. On fera donc bien de n'y pas trop longtemps tremper les mains.

DORURE SUR BOIS. Quand cette dorure est ternie par la poussière ou par la fumée, on prend un pinceau en blaireau, et avec de l'eau de puits on lave légèrement et à grande eau, afin de faire disparaître les corps étrangers; on laisse bien sécher; ensuite, un simple jaune d'œuf étendu légèrement avec un pinceau suffit pour rendre à la dorure sa fraîcheur primitive.

L'ART INTIME. Planche XXIV.

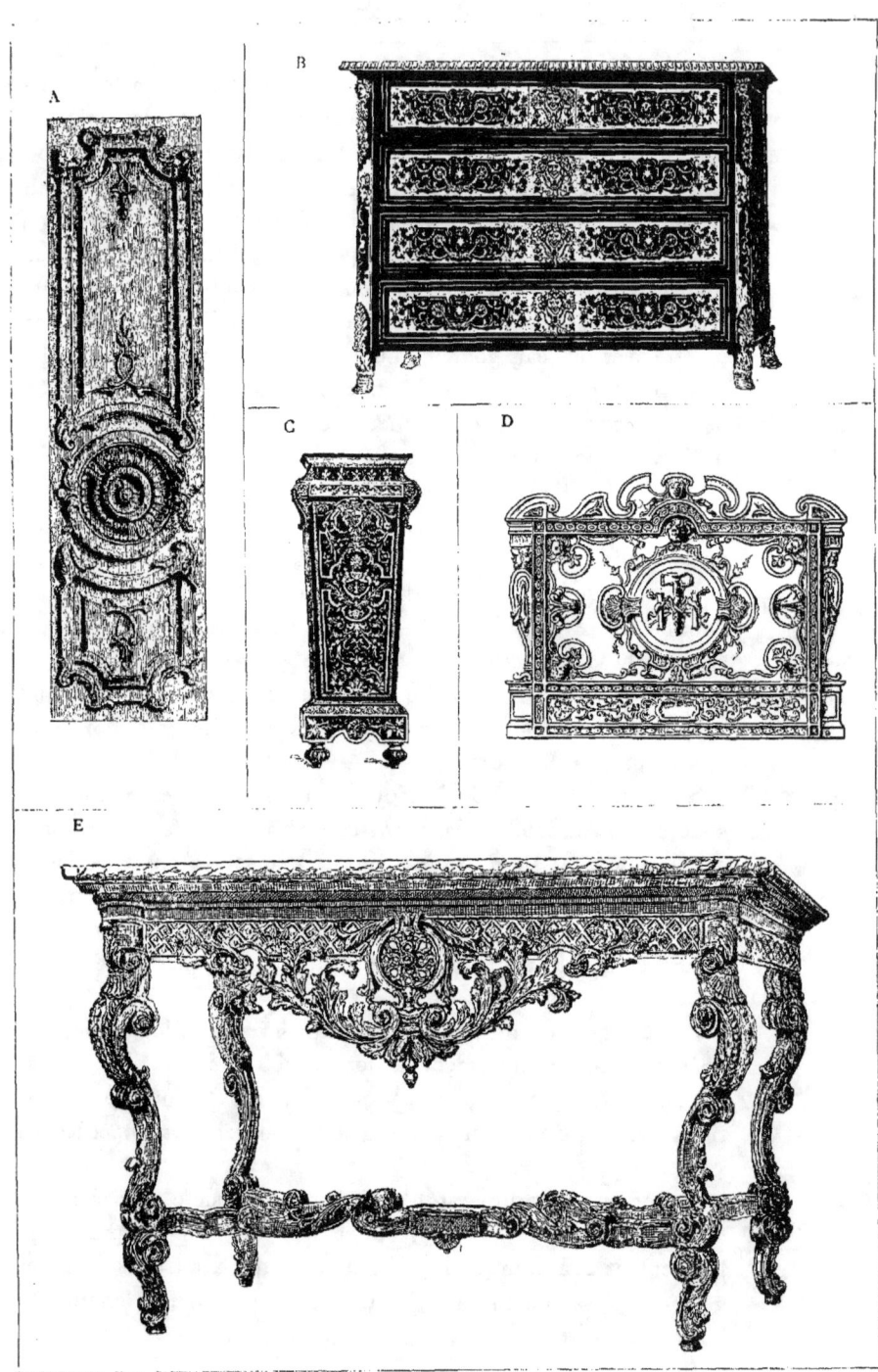

ÉTUDES SUR LES STYLES (XVIIe siècle).

Rien n'est plus difficile, rien n'est plus délicat, que la réparation de ces charmantes œuvres d'art. Le matériel est pourtant des plus simples. Il se compose de pains de cire vierge, d'une spatule à dents de scie, d'une lampe à esprit-de-vin et d'une boîte de couleurs d'aquarelle. Le travail se fait avec la spatule chauffée, servant d'ébauchoir. Par la chaleur, les couleurs s'assemblent et se fondent dans la cire. Mais, nous le répétons, rien n'est plus délicat, rien n'est plus difficile.

MÉDAILLONS ET SUJETS EN CIRE.

Quant au nettoyage des cires abimées par la poussière, il s'opère au moyen d'un petit tampon de coton ou d'un pinceau doux trempés dans de l'eau légèrement additionnée d'eau-de-vie.

Au bout d'un certain temps, quelque soin qu'on ait eu, le vernis des tableaux finit par se couvrir de salissures ou par être enlevé par l'air, et les dernières couches prennent une teinte jaunâtre qui détruit tout l'éclat de la peinture. On est alors obligé d'enlever cette couche et de la remplacer par un nouveau vernis, en un mot, de procéder à un nettoyage.

PEINTURE A L'HUILE.

Cette opération se pratique de deux manières : par voie sèche ou par voie humide. La première consiste à frotter légèrement la surface du tableau avec la pulpe des doigts jusqu'à ce que le vernis, s'échauffant sous le frottement, s'enlève sous forme de poussière blanchâtre. On reconnaît qu'on est arrivé à la pâte, non seulement par la différence de ton qui existe entre elle et le vernis, mais parce que le doigt sent qu'il glisse sur une partie plus ferme qui ne cède pas. Ce moyen, appelé le *déroulage*, est surtout applicable aux tableaux de petite dimension, d'une exécution légère et peints par glacis en couches successives ; mais, quand on l'emploie, il faut aller avec précaution et essuyer souvent la poussière produite, parce que, dérobant la peinture à la vue, elle empêche de savoir si l'on ne va pas au delà du nécessaire, si on ne dépouille pas le tableau dans un endroit plus que dans un autre. Ensuite, quelque fine que soit cette poussière, on a toujours lieu de craindre qu'elle n'endommage la surface des tableaux fins.

La seconde manière consiste dans l'emploi des réactifs, c'est-à-dire d'agents chimiques qui, se combinant avec le vernis, le détruisent. On a recours alors à un mélange d'esprit de vin, d'essence de térébenthine et d'huile de lin, à parties à peu près égales. Dans le mélange susdit on trempe un peu de coton filé ou de vieux linge fin,

L'ART INTIME. 47

roulés légèrement, ou un morceau d'éponge fine, et on en frotte délicatement le vernis du tableau par de très petits mouvements circulaires, comme si l'on dessinait autant de zéros entrelacés et retournant sur eux-mêmes. A mesure qu'on a dissous le vernis sur une petite partie, on l'enlève promptement au moyen d'un linge sec et doux, qu'on tient de l'autre main. Ainsi, de proche en proche, on dépouille successivement toutes les parties du tableau de leur vernis et de leur crasse, en ayant toujours soin de n'y laisser séjourner le mélange que le temps nécessaire, et de ne plus frotter les places qui sont déjà sans vernis. Dans le cas où le vernis ou la crasse qui recouvre le tableau résisteraient, il faudrait employer l'esprit de vin pur, en tenant tout prêt, de l'autre main, un tampon de coton imbibé d'essence dont on se hâte de frotter la partie nettoyée, afin de laisser le moins longtemps possible l'alcool en contact avec la pâte du tableau. Ce système de nettoyage ou de dévernissage par voie humide a en général la préférence, non seulement parce qu'il est applicable aux grands tableaux, mais encore parce que dans l'autre procédé les doigts ne pouvant pas pénétrer dans les profondeurs où les anfractuosités des empâtements, y laissent subsister la crasse et le vernis malpropre qui les remplit.

Pour les vernis, les plus clairs sont les meilleurs; mais dans aucun cas il ne faut se servir de vernis préparé à l'esprit de vin ou de vernis copal, parce que si l'on était obligé, pour une raison quelconque, de dévernir le tableau, on ne pourrait le faire que par des moyens qui compromettent toujours la finesse du travail et en enlèvent ainsi la valeur.

Quant à la manière de vernir, elle est des plus simples; on se sert pour cela d'une brosse plate, douce, souple et bien propre; on la trempe dans le vernis et on en enduit le tableau par couches successives en frottant dans les deux sens opposés. L'opération doit se faire avec légèreté, surtout pour les tableaux modernes, et assez promptement pour que les couches s'unissent bien et ne laissent aucune trace de leur union. Une fois le tableau verni, on le laisse sécher quelques heures à plat pour que le vernis ne coule pas et que le tout soit parfaitement uni. S'il arrivait que le tableau ne fût pas entièrement ou fût irrégulièrement couvert [1], il faudrait réparer l'ou-

---

[1]. Dr Lachaise, *Manuel pratique et raisonné de l'amateur de tableaux*, 1866. — F. Xavier de Burtin, *Traité théorique et pratique des connaissances nécessaires aux amateurs de tableaux, etc.*, Valenciennes, 1846.

bli de suite, autrement le vernis nouvellement ajouté, ne s'unissant pas au premier, ferait une tache. Mieux vaut souvent attendre quelques jours et recommencer l'opération.

Nous ne parlerons pas de la restauration des tableaux. Autant nous engageons les amateurs à apprendre à nettoyer et à vernir eux-mêmes leurs tableaux, autant nous leur déconseillons d'y mettre la main pour les retoucher ou les repeindre. Cette besogne est trop dangereuse et trop difficile. La restauration d'une peinture est toujours une opération délicate, qu'il ne faut confier qu'à des hommes non seulement habiles comme artistes, mais encore expérimentés dans cette matière spéciale, parce que, indépendamment de l'art en lui-même, la restauration exige la connaissance d'une foule de choses, de procédés, de petits moyens même, qui ne rentrent pas dans l'art proprement dit.

PASTEL, AQUARELLE, GOUACHE.

Si les tableaux sont peints à la gouache, à l'aquarelle ou au pastel, c'est-à-dire sur papier, l'humidité les altère très vite. D'un autre côté, toute lumière en mange promptement les couleurs qui, dans ces sortes de peintures, sont en grande partie végétales. On doit donc les préserver soigneusement de l'humidité et les soustraire à la chaleur des rayons solaires, dont les verres les plus épais ne peuvent même les garantir.

Les aquarelles, les gouaches et les pastels se dédoublent ou se décartonnent à sec et au grattoir. Quand on ne peut pas faire autrement, on les étend sur un marbre, bien à plat; puis sur la feuille doublante collée au verso, on passe doucement une éponge fine légèrement humectée, de manière que le papier entrecollé seul absorbe l'eau; au bout de deux minutes on l'enlève par parcelles, en raclant au moyen de la lame, avec beaucoup de précaution, de peur d'écorcher le fond de la peinture; à l'approche d'une lacération ou d'un trou, on redoublera de soins. On répare ensuite sans danger à sec et à la gomme, les avaries produites par l'humidité, consistant en petites moisissures et en taches dites *mouillures*. Ces dernières sont malheureusement indélébiles. Il faut se garder de blanchir de semblables peintures, même par le chlore gazeux, car ce chlore enlèverait avec le jaune d'enfumage les couleurs végétales. L'amateur devra donc se résigner à conserver enfumés les aquarelles, les gouaches et surtout les pastels, s'il les possède en cet état, quitte à les faire retoucher ou à les retoucher lui-même avec légèreté et, pour ainsi dire en retenant son haleine ; sinon l'on risquerait de détruire à jamais leurs teintes aussi délicates que fugitives.

MINIATURE SUR VÉLIN, FEUILLES D'ÉVENTAILS. Les anciennes gouaches, quelquefois à fond d'or et ornées de vives couleurs, ne peuvent se nettoyer facilement. Les couleurs tiennent fort peu, s'encroûtent aisément, redoutent la moindre goutte d'eau et la majeure partie des agents chimiques usités ; l'enlèvement d'une tache nécessite presque toujours la retouche du point détaché.

Le redressage du vélin n'est pas non plus fort aisé. Un pli léger disparaît à l'aide du procédé suivant. On mouille légèrement le verso, puis on met en presse à l'aide de quelque chose de lourd, en ayant soin de poser le recto sur un marbre bien poli et bien sec, sinon une partie de la gouache pourrait y rester adhérente. Cette recommandation est importante.

Quant aux feuilles d'éventails, gouachées, comme on sait, sur peau de chevreau, nous en avons vu plusieurs du xviie et du xviiie siècle qui avaient été retirées anciennement de leurs montures et collées sous verre : les plis primitifs de la feuille n'avaient pu disparaître à la presse, les fibres de la peau ayant été brisées au moment de la fabrication et détériorées ensuite par l'usage.

ESTAMPES. Tous les amateurs sont d'accord sur ce point, qu'il faut *désenfumer*, éclaircir au besoin les vieilles estampes, mais leur conserver, s'il est possible, cette légère teinte jaune qui fait ressortir la beauté de l'épreuve et la finesse du burin.

Il ne faut donc pas croire qu'on a réparé une estampe en la rendant blanche comme neige, car le plus souvent, dans ce cas, le noir d'impression est tourné au gris, et l'âme de la gravure n'existe plus.

Nous allons indiquer sommairement les meilleurs procédés propres à la conservation de ces monuments, quelquefois si précieux, de l'histoire de l'art.

Dédoublage et redressage des estampes. — Beaucoup d'estampes se rencontrent ordinairement doublées, c'est-à-dire renforcées d'une feuille de papier. Quand ce renfort a été mal appliqué, il faut d'abord procéder au dédoublage, soit pour le supprimer, soit pour le rétablir plus habilement. On commence par plier mollement ou rouler l'estampe, et on la plonge dans une bassine remplie d'eau pure et froide, pendant une durée de douze à vingt-quatre heures, suivant la ténacité ou l'épaisseur de la colle qui a servi au doublage.

Ce laps de temps écoulé, on retire la gravure du récipient (faïence, verre ou porcelaine), on la pose à plat sur un marbre poli, sur une feuille de verre ou sur une planche bien unie, et on opère le dédoublage à l'aide d'une lame fine, flexible, amincie et arrondie à l'extrémité, en ayant soin d'éviter les déchirures.

L'estampe étant toujours à l'état de moiteur, et toute la colle ayant été enlevée, on applique sur le recto des feuilles de papier buvard, et l'on pose à plat dessus un carton épais et bien sec, que l'on charge de 5 poids de 5 kilos, un au milieu et un à chaque coin. Les poids peuvent être remplacés par des cubes de marbre ou de verre. Pour accélérer le séchage, on renouvelle plusieurs fois le papier buvard.

Blanchiment des estampes. — Un simple bain d'eau froide suffit souvent, au bout de vingt-quatre heures, pour nettoyer une vieille estampe. Si l'eau pure ne suffit pas, on a recours à une dissolution de chlore; mais il faut en user avec circonspection, car il a une action destructive sur la fibre du papier, qu'il rend cassant. Quand on emploie le chlore mêlé à 10 ou 12 fois son volume d'eau, il ne peut y avoir aucun danger, surtout si on trempe ensuite les estampes pendant douze heures dans de l'eau légèrement acidulée à l'aide de vinaigre, pour leur faire perdre l'odeur du chlore qu'elle pourrait retenir. C'est le seul moyen inoffensif d'éclaircir et non de rendre blanches comme neige les vieilles gravures enfumées au point d'être presque indéchiffrables.

L'eau de Javelle, ou chlorure de potasse, est un procédé généralement fort usité parmi les amateurs; mais la potasse ou la soude qu'elle contient comme élément, outre le chlore, a une action funeste sur le noir d'impression, même quand elle est étendue de six à huit fois son volume d'eau. En somme, le chlore donne au papier une excellente blancheur, et il n'altère en rien le noir d'impression. L'eau de Javelle, au contraire, altère les vieilles estampes d'une manière déplorable : le noir devient grisâtre, terne, sans cohérence; entraîné par le liquide, il déteint en partie sous l'éponge. Il n'y a que la lithographie et les gravures modernes qui sortent de l'eau de Javelle avec le noir aussi brillant qu'avant l'immersion. Ce résultat fait l'éloge de l'encre de nos graveurs et de nos imprimeurs, laquelle est bien plus tenace que celle employée aux xve, xvie, xviie et xviiie siècles.

Enlèvement des taches. — Il est difficile, pour un véritable amateur, de se décider à mettre en portefeuille une estampe souillée de taches, surtout aux endroits les plus intéressants, sans avoir tenté de faire disparaître ou du moins d'affaiblir ces teintes légères qui la déparent.

Voici quelques recettes basées sur l'expérience et employées avec succès sur des épreuves tirées sur papier non encollé (circonstance la plus défavorable)[1].

Quand on a reconnu la nature des taches, la première tentative à faire, c'est de tremper pendant quelques heures l'estampe dans l'eau froide; puis, sans la retirer de la bassine, on frotte soit avec le doigt, soit avec une éponge ou un blaireau à l'endroit de la souillure. Il arrive souvent, surtout quand le papier est bien encollé et bien lisse, que la tache, cédant à ce simple frôlement, glisse et disparaît. Quant la tache est épaisse et empâtée, elle est au moins très atténuée, si elle ne s'efface pas tout à fait. Mais il faut agir avec beaucoup de légèreté, de peur d'excorier la superficie de la gravure.

Il n'est pas toujours nécessaire, pour un seul point à réparer, de soumettre toute la surface de l'estampe à l'action de l'eau ou de dissolutions détersives, car s'il devait en résulter une altération ultérieure, il vaut mieux qu'une seule place en coure la chance que l'estampe tout entière.

Une tache qui se trouve sur un des coins de l'estampe n'offre aucun embarras; on maintient cette partie d'une manière quelconque au fond d'une soucoupe ou d'une assiette, et l'on verse le liquide froid ou chaud qui doit agir. Mais si la tache est isolée au milieu d'une grande pièce, le moyen le plus simple est encore d'étendre toute l'estampe dans un bain entier.

Taches d'huile et de graisse. — Les *taches récentes* s'enlèvent assez facilement, soit avec l'essence de térébenthine, soit avec l'alcool ou avec l'éther acétique, que l'on fait préalablement chauffer au bain marie. Il faut procéder avec précaution surtout avec l'essence, qui s'enflamme spontanément à une certaine température. Pour ôter à l'estampe l'odeur de térébenthine, on peut la passer à l'alcool chaud ou la placer entre deux couches de plâtre d'albâtre, qui finit par l'absorber.

Une dissolution faible de potasse pure ou caustique (2 ou 3 grammes dans un verre d'eau) agit sur les taches récentes assez rapidement. Si le noir de l'estampe après l'opération paraît grisâtre ou voilé, on

---

[1]. Pour encoller une estampe, on la trempe dans de l'eau contenant en dissolution un peu de colle de pâte, d'alun (6 à 8 grammes par litre) et de savon blanc. La chaleur favorise beaucoup l'opération;

trempe dans l'eau légèrement acidulée, et le noir reprend tout son éclat.

Les *taches anciennes* sont plus difficiles à détruire. Elles font le désespoir des iconophiles à cause de l'altération que les substances détersives occasionnent sur le noir d'impression. Cependant, l'emploi de la dissolution de potasse concentrée et versée chaude produit toujours, au bout de quelques heures, la disparition des taches les plus opiniâtres ; mais si l'on agit sur un point gravé, le remède est pire que le mal. Le noir perd son éclat, devient pulvérulent, et, entraîné par le liquide, s'étale sur les jours que forme l'intervalle des hachures ; la tache serait encore préférable.

Il est donc encore impossible d'enlever sans altération aucune vieille tache d'huile ou de graisse sur une gravure. Mais pour ne pas désespérer les amateurs, nous allons leur indiquer des palliatifs, des moyens atténuants. On pourra, par exemple, sur toutes les taches anciennes, essayer les agents chimiques conseillés pour les taches récentes. Si l'opération ne réussit pas, on est sûr au moins que, dans ces essais, l'alcool, l'essence, la potasse faible, ôteront à toutes les taches leur transparence, et les réduiront à une légère trace, tantôt d'un jaune faible, tantôt d'un vert très clair.

Sur une petite estampe, on peut facilement dissimuler cette tache en donnant, au moyen de réglisse en dissolution ou de sépia, une teinte semblable au reste de l'estampe ; la couleur générale sera d'un ton léger et chaud, qui, loin de nuire à la gravure, avantagera quelquefois les tailles du burin. Il ne faut pas toutefois que la teinte ajoutée empiète sur le contour de la tache qui, devenant plus foncé, se dessinerait avec trop de vigueur. On réussit à donner une couche bien uniforme en lavant vivement au pinceau sur le papier humide. On termine ensuite par le *redressage* ou mise en presse.

Taches de bougie. — Les taches produites par la stéarine, sorte de graisse saponifiée employée aujourd'hui pour remplacer l'éclairage à la cire, traversent le papier d'outre en outre et lui communiquent une transparence désagréable ; elles disparaissent dans l'eau bouillante et l'alcool chaud, mais le papier reste toujours raide en cet endroit, et le noir d'impression perd quelquefois un peu de son brillant, sans que l'on puisse y remédier.

Taches de boue. — Les taches légères provenant d'une éclaboussure s'enlèvent à l'éponge, sur l'estampe maintenue dans l'eau. Si le papier est bien encollé, il ne restera aucune trace, à moins que ces taches n'aient pour origine une forte pression; tel serait le cas où l'on aurait marché sur l'estampe. L'éponge ne pouvant pénétrer dans les excoriations produites sur le papier, on couvrirait les taches de savon pateux, de colle d'amidon, ou de toute autre matière gluante et mucilagineuse, susceptible de l'entraîner et de se délayer elle-même dans l'eau chaude ou à froid. Si, après cette opération, il restait encore quelques traces opiniâtres, il faudrait essayer successivement le chlore, la potasse ou l'acide hydrochlorique très affaibli.

Taches de rouille. — Ces taches disparaissent dans l'acide oxalique chaud.

Taches d'encre. — L'encre cède assez promptement à une application de sel d'oseille (oxalate de potasse) qu'on arrose d'eau *bouillante;* cette dernière condition est essentielle au succès rapide. On réussit encore mieux avec une dissolution chaude assez concentrée d'acide oxalique pur. Quant à l'encre de Chine, si elle est fraîchement appliquée sur un papier lisse et bien encollé, on peut l'effacer avec une éponge humide; dans ce cas, le noir glisse et est entraîné mécaniquement; mais aucun agent ne peut chimiquement le décomposer ou le résoudre, quand une fois il est adhérent à l'épiderme du papier.

Taches de café, de thé, de chocolat, de tabac, de vin, etc. — Toutes ces taches de nature végétale disparaissent dans le chlore liquide ou l'eau de Javelle. Il suffit ordinairement de passer le liquide plus ou moins concentré sur la tache avec un pinceau. Le chocolat, contenant une matière huileuse, exige l'emploi de l'essence de térébenthine, d'alcool ou d'éther acétique, chauffés au bain-marie.

Mouillures. — On appelle ainsi les taches d'une teinte jaunâtre plus foncée vers les bords, formées sur le papier par le séjour de l'eau ordinaire. Un bain de quelques heures dans l'eau pure suffit d'ordinaire pour les effacer; si la disparition tarde trop à s'effectuer, on ajoute à l'eau un peu de chlore.

Encrassement des estampes. — Une estampe mise souvent en contact avec la main en transpiration, se couvre bientôt d'une crasse plus ou moins épaisse, surtout sur les marges. Si la gomme élastique ou la mie de pain n'agissent pas, on trempe la gravure dans la bassine d'usage, on la recouvre de savon blanc en gelée ou de savon noir; au besoin on ajoute de l'eau bouillante, et on laisse le tout en contact pendant une nuit. En frottant ensuite l'estampe avec un blaireau très doux ou une éponge, toute la crasse disparaît, entraînée par le liquide.

N'oublions pas d'ajouter que la plupart des recettes concernant les estampes peuvent servir également aux bibliophiles, pour le nettoyage et la restauration des livres [1].

PIERRES GRAVÉES ET PIERRES PRÉCIEUSES. OBJETS EN MATIÈRES DURES.

La meilleure manière de nettoyer les camées ou les intailles encrassés par la poussière, consiste à les laisser tremper quelque temps dans de l'eau de savon chaude. On frotte ensuite avec une brosse à dents, après quoi il ne reste plus qu'à faire sécher dans de la sciure de bois et à essuyer légèrement avec une peau.

Si par hasard une pierre gravée était fendue, on ferait chauffer de l'huile d'olive pure, de première qualité, et l'on mettrait la pierre dans cette huile pendant au moins six heures, puis on la retirerait et on l'essuierait : il n'y aurait plus de cassures. Mais si celles-ci n'étaient pas entièrement disparues, il faudrait remettre le camée ou l'intaille cinq ou six fois de suite dans un petit vase sur un feu doux, afin de faire tiédir l'huile et la pierre contenue dans ce vase ; alors on ne trouvera plus de défauts : la pierre sera intacte [2].

Si les camées sont gravés sur des agates communes d'Allemagne, il suffit de leur faire absorber de l'huile en les laissant tremper dans ce fluide pendant quelques heures ; on nettoie ensuite leur surface, on les met dans de l'acide sulfurique et l'on fait chauffer cet acide jusqu'à ce qu'il n'y ait plus de dégagement de vapeur. Les agates, retirées de ce liquide et nettoyées avec de l'eau auront sensiblement gagné ; la couleur noire ou grise du fond sera plus intense, et la couche blanche, qui était translucide, deviendra plus opaque ; en un mot, les pierres auront plus de valeur.

Possède-t-on des pierres peu remarquables, telles que des calcédoines et des cornalines jaunes ou roussâtres (sardoines)? Il suffit, pour les changer en superbes onyx, de les faire chauffer dans un petit récipient rempli de miel étendu d'eau, placé au-dessus d'une veilleuse ou d'une petite lampe, mais sans que la liqueur puisse atteindre le point d'ébullition. Au bout de deux ou trois semaines, on retire les pierres du miel, on les lave, on les transporte dans un

---

1. Pour de plus amples renseignements, on consultera avec fruit l'*Essai sur la restauration des estampes*, par A. Bonnardot, 1846, ainsi que les *Connaissances nécessaires à un Bibliophile*, par Edouard Rouveyre, T. I. p. 157, 3ᵉ édition.

2. Th. Chriten, *Traité scientifique du lapidaire*.

autre vase en versant de l'acide sulfurique en assez grande quantité pour les recouvrir. Le vase est alors recouvert avec un couvercle et placé sur des cendres chaudes, autour desquelles on dispose des charbons ardents. Quelques heures après, les pierres ont pris une belle coloration. Elles sont alors retirées de l'acide sulfurique, lavées dans l'eau, séchées et immergées pendant toute une journée dans l'huile, et leur éclat devient parfait. Enfin l'huile est enlevée en frottant avec de la sciure de bois.

Au moyen de ce procédé, les fonds des camées, qui étaient d'un gris extrêmement clair, apparaissent, suivant la porosité plus ou moins grande, gris foncé, brun, ou même tout à fait noir foncé; d'autres, qui étaient rougeâtres, prennent un grand éclat.

Il en est de même des cachets, pommes de canne et autres objets d'art en jaspe sanguin, décolorés par le temps. Une immersion de huit jours, dans un vase de porcelaine rempli d'eau et placé dans une cave, suffit pour rendre la vivacité à leur verdeur altérée.

Les pierres précieuses, montées pour la plupart en bijoux, se lavent à l'eau de savon avec une brosse fine. On termine en frottant la monture au rouge dit *rouge anglais*, lequel donne un nouvel éclat à l'or. Pour employer le rouge, on se sert de buffle, de drap, de peau de daim et même de gants de cette même peau.

Quant aux vases ou petits meubles en matières dures, telles que le cristal de roche, les agates, l'améthyste et autres pierres fines, on se contentera d'un simple lavage à l'eau de savon. Mais pour les pierres d'une moins grande ténacité, le lapis-lazuli et la malachite, par exemple, il est nécessaire, après le lavage, de les aviver à l'aide d'une peau avec de la potée d'étain, pour donner plus de brillant au poli.

ARGENTERIE. Tout le monde sait qu'une longue exposition à l'air, l'action des odeurs fortes, quelle que soit leur nature, celle des gaz acide hydrosulfurique et acide carbonique, le contact de certains sels, et bien d'autres causes, font perdre aux ouvrages d'argent le beau blanc qui caractérise ce métal.

Lorsque l'éclat et la blancheur des ouvrages d'argent sont peu altérés, une éponge fine, de l'eau chaude et du savon, sont des agents suffisants pour les ramener à leur état primitif; mais lorsque l'une des causes que nous avons signalées a produit des effets qui résistent à ce premier moyen de restauration, il faut recourir à l'emploi du cyanure de potassium, dont nous avons indiqué la recette à l'article *Bronze doré*. Quand l'argent a repris sa blancheur ordinaire, on délaye du blanc d'Espagne dans un peu d'eau, on frotte le métal à plusieurs reprises à l'aide d'un petit tampon de linge fin, et l'on passe à la peau. La pièce a repris son éclat.

ORFÈVRERIE D'ÉTAIN.

On commence par faire un mélange de potée d'émeri et de vinaigre, dont on frotte légèrement l'objet à nettoyer avec un tampon de laine; on lave ensuite à l'eau pure, on essuie avec un linge propre, et l'on termine en donnant le vrai brillant à l'aide d'une peau et de blanc d'Espagne.

Si, au contraire, on veut noircir de l'étain neuf, afin qu'il prenne la teinte de l'ancien, il faut l'enduire d'une solution d'alun pulvérisé, mêlé d'acide sulfurique.

BIJOUTERIE EN OR.

Pour rendre leur premier éclat aux bijoux salis et ternis par l'usage, on prend du tripoli délayé avec de l'huile d'olive qu'on étend sur un morceau de feutre, de drap ou de buffle appliqué sur une planchette, et l'on frotte les surfaces planes, les angles vifs, les biseaux et les facettes. Quand la configuration des objets soumis au nettoyage ne permet pas de faire usage de la planchette, on a recours à un écheveau de fil imprégné de tripoli à l'huile, que l'on passe dans tous les interstices du bijou. Après cette opération, on dégraisse les objets soit à l'aide d'eau chaude chargée d'un peu de savon, soit par le blanc d'Espagne en poudre, qui devra toujours être préféré pour certains ouvrages qui craignent le contact des liquides.

Dans l'une ou l'autre manière d'opérer, on pourra faire usage d'une petite brosse très douce, et l'on réglera la vivacité de son action d'après la délicatesse de l'objet qui lui sera soumis. Lorsque l'opération du poli est à ce point, toutes les parties polies sont parfaitement lisses, mais elles sont encore fort ternes; pour leur imprimer le brillant éclat qu'elles sont susceptibles d'acquérir, il faut renouveler le même procédé avec cette seule différence que, cette fois, les objets ne seront point imprégnés d'un corps gras, et que le tripoli sera remplacé par le rouge à polir ou rouge anglais délayé dans de l'esprit de vin étendu d'eau. Après ce travail, on savonne encore une fois pour enlever le rouge qui s'est introduit dans les parties creuses, et l'on fait sécher dans de la sciure de bois très propre [1].

---

1. Placide Boué, *Traité d'orfévrerie, bijouterie et joaillerie*, 1832.

IVOIRE   Quoique la teinte bistrée ne soit nullement la nuance primitive des anciens ivoires, dont la couleur véritable a été altérée soit par l'influence de l'air, de certains gaz, soit par les injures du temps, un séjour prolongé dans la terre, l'humidité, etc., nous croyons devoir engager les amateurs à ne pas détruire cette patine, œuvre des siècles, laquelle fait admirablement ressortir les reliefs et donne plus de moelleux aux contours.

Pour les objets d'un usage usuel, tels que couteaux à papier, éventails, boîtes, bonbonnières, etc., qui sont devenus jaunâtres, on les blanchit de la manière suivante : « Dans de l'eau de pluie, vous faites dissoudre de l'alun de roche jusqu'à ce que cette eau soit suffisamment blanche; ceci fait, c'est-à-dire quand votre eau en est assez saturée, vous mettez sur le feu cette dissolution; puis, quand elle est en ébullition, vous y plongez l'ivoire que vous désirez blanchir; un séjour d'une heure suffit (plus, serait nuisible). Pendant ce temps, vous frottez quelquefois l'objet ou les objets avec une brosse douce, dans le but de mettre toutes les parties en contact avec le liquide, vous faites ensuite sécher à loisir dans un linge mouillé; un fois sec, l'objet reprend sa première couleur[1] ».

On polit ensuite à sec avec du blanc d'Espagne étendu sur un morceau de drap.

Nous avons indiqué la manière de blanchir l'ivoire. Voici maintenant divers procédés pour le jaunir. Outre le jus de tabac ou nicotine et la fumée de foin mouillé, on vieillit l'ivoire neuf en le laissant tremper dans du marc de café.

ÉMAUX.   Il est impossible de remettre les émaux au feu; leur réparation ne peut donc se faire qu'à froid. Quand ils sont fracturés, les émaux laissent apercevoir le cuivre qui leur sert de fond; pour reboucher les parties manquantes, aucune pâte ne peut remplacer la gomme laque, celle-ci ayant seule une très forte prise sur le cuivre. On échauffe graduellement l'envers de l'émail à la lampe à esprit de vin, on pose ensuite la gomme laque, qui adhère de suite au cuivre s'il est suffisamment chauffé; on égalise alors la laque en passant dessus à plat la lame chauffée d'un couteau, et l'on enlève le surplus avec un grattoir.

Quand, par ce moyen, on a obtenu une couche bien uniforme, il ne s'agit plus que de raccorder le dessin et la peinture. A cet effet,

1. Voyez page 366, note.

on se munit des couleurs en poudre nécessaires, en ajoutant quelques gouttes de copal un peu épais, ou broie le tout avec soin, et une fois la couleur composée, on commence par faire le fond ; le fond terminé, on ajoute les détails le plus soigneusement possible.

Si la réparation exige de la dorure, on peint toutes les parties qui doivent être dorées d'une couche de mixtion (que l'on vend toute préparée chez les doreurs et les marchands de couleurs) et on laisse sécher pendant vingt-quatre heures. Ce temps écoulé, on tamponne légèrement de l'or en poudre, avec un petit morceau de drap, sur le décor peint à l'aide de la mixtion ; l'or y adhère fortement, et par léger frottement il acquiert de l'éclat et du brillant.

Si par hasard la pièce à réparer avait perdu non seulement l'émail proprement dit, mais encore une partie du cuivre, on ferait souder à l'étain un léger morceau de cuivre par un bijoutier ou un orfèvre, en recommandant que la soudure ne fasse pas saillie sur la jointure. Ce travail fait, on met une légère couche de gomme laque, sur laquelle on dessine le reste du sujet, comme nous l'avons indiqué tout à l'heure.

La réparation des émaux translucides sur fond d'or ou d'argent, c'est-à-dire sur paillons, se fait de la manière suivante : les paillons donnant un reflet très vif, on prend de l'or brillant en feuilles, semblable à celui dont se servent les fabricants d'éventails, et qui est plus fort que l'or en feuilles qu'on vend en livrets ; on applique les paillons au moyen de gomme adragante sur les parties à restaurer, puis, quand ils sont fixés, on procède à la peinture en ayant soin d'employer peu de couleur et beaucoup de vernis. Il faut faire en sorte que les couleurs soient très transparentes, afin de laisser apercevoir l'or ou l'argent en paillons[1].

Comme pour les autres objets d'art, la restauration des faïences et des porcelaines demande les plus grands soins de propreté. On commence par laver et savonner la pièce ; on gratte ensuite au couteau tous les corps étrangers qui pourraient y adhérer ; puis l'on frotte ensuite avec un chiffon imbibé d'essence ou d'esprit.

On ajuste alors les morceaux le mieux possible, après les avoir chauffés avec une pâte composée de blanc d'Espagne et de colle forte. Si les morceaux ne se rejoignent pas bien, on attend que ce premier collage soit sec, et le lendemain, après avoir gratté et lavé les bavures

FAÏENCES ET PORCELAINES.

---

1. Voyez page 366, note.

avec une éponge légèrement humide, on procède au rebouchage à l'aide d'une spatule et d'un mastic composé de blanc d'Espagne arrosé de quelques gouttes d'eau gommée (10 grammes de gomme arabique blanche pour 1 verre d'eau). Ce travail terminé, on laisse sécher, et il ne reste plus qu'à user les parties saillantes avec du papier de verre fin.

Si, par hasard, il manquait des morceaux, le plus simple serait de s'adresser à un réparateur d'objets d'art.

Quand la pièce est recollée et rebouchée, il s'agit de la repeindre. On prend alors les couleurs en poudre nécessaires, on les délaie avec du vernis copal sur une palette en verre, et, à l'aide de pinceaux de martre, on applique la couleur qui doit former le fond, c'est-à-dire l'émail. Si la pièce a un décor ou un semé de bouquets, une fois le fond terminé, on copie ceux qui sont restés intacts, en ayant soin d'en conserver le style et le ton. La peinture achevée, on laisse sécher entièrement la pièce en la plaçant près d'un feu doux. En continuant ce chauffage pendant deux ou trois jours, on obtient l'apparence d'une vitrification, et l'on peut toucher l'endroit réparé sans en ternir l'éclat. On ajoute alors une couche de bon vernis, en ayant soin de ne jamais revenir deux fois sur le même endroit; au bout d'une heure il séchera et la pièce sera terminée.

Lorsque la pièce à restaurer a des reliefs dorés, on emploie la mixtion dont se servent les doreurs sur bois pour fixer l'or en feuilles. Il est nécessaire de poser l'or avant que la mixtion soit sèche.

Les reflets métalliques s'obtiennent en posant le fond au moyen d'un pinceau en putois, qui donne des couches plus unies et plus régulières. Le lendemain, on prend de l'or en poudre et on en passe légèrement sur le fond avec un morceau de drap roulé en estompe et sans trop appuyer. La couleur prend alors une teinte dorée qui se rapproche du reflet métallique. Lorsque l'or est trop foncé, on y ajoute de l'argent.

Quant à la dorure sur porcelaine, celles de la Chine et du Japon sont un peu ternes : on se sert, pour les imiter, de bronze en poudre. Dans les porcelaines de Sèvres ou de Saxe, les dorures sont plus riches; on n'en obtient le ton brillant qu'avec de l'or en poudre et au moyen d'une mixtion [1].

BISCUIT. GRÈS.   Si le biscuit est sale, on le décrasse d'abord à l'eau de pluie et au

---

1. Voyez page 366, note.

savon noir, avec une brosse un peu rude, en soie de porc, jusqu'à ce qu'on obtienne de la mousse. Si cette friction ne suffit pas, on se sert d'eau de Javelle, après quoi on lave à grande eau et on laisse sécher.

Les morceaux à réparer se recollent au silicate de potasse ou à la colle forte, s'ils sont grands; s'ils sont petits et fragiles, la gomme laque pure suffit. Dans le premier cas, soit qu'il s'agisse de fixer une aile, un bras, une main, il est bon de percer des trous et d'ajuster des tenons pour donner plus de solidité. Cette opération terminée, on rebouche à la pâte (blanc d'Espagne et eau gommée) et on use au papier de verre. On finit en vernissant par les deux couches d'usage.

Quant aux grès de Flandre et de Cologne, ils se réparent comme les faïences et les porcelaines [1].

FER FORGÉ.
ACIER POLI.
ARMES.

Le nettoyage du fer et de l'acier attaqué par la rouille s'opère promptement en frottant le métal avec de l'émeri en poudre arrosé d'une composition de pétrole, de benzine, d'essence ou d'esprit de vin. Les armes finement damasquinées, polies, ciselées ou niellées, sur lesquelles le frottement de l'émeri serait nuisible à la délicatesse du travail, doivent être trempées durant un mois au moins dans un bain de benzine et frottées après avec des chiffons de laine. Toute pièce nettoyée ainsi doit être séchée au feu et légèrement humectée d'huile.

Pour éviter le nettoyage répété d'une arme ou autre objet en fer ou en acier, on étend dessus une légère couche de vernis copal incolore et délayé dans de l'essence, sous laquelle toutes les finesses du travail restent visibles.

Enfin, pour rouiller promptement les pièces refaites et pour produire sur ces parties une apparence de vétusté, on se sert d'acide muriatique étendu d'eau. Le fer, humecté par ce liquide corrosif, est ensuite exposé à l'air un ou plusieurs jours, et on renouvelle l'opération jusqu'à ce qu'il ait atteint le degré d'oxydation voulu; lavé après avec de l'eau, il faut le graisser pour arrêter l'oxydation. Les concavités sont ensuite obtenues en aspergeant le fer avec de l'encre lithographique; tous les endroits qu'elle couvre restent préservés de la rouille, tandis que l'acide creuse et ronge les parties laissées découvertes [2].

1. Voyez page 366, note. — 2. Auguste Demmin, *Encyclopédie des Arts plastiques*.

CUIVRE FONDU ET REPOUSSÉ.

Lorsqu'on veut nettoyer de vieilles dinanderies, on les trempe d'abord dans une solution composée de trois quarts d'eau et d'un quart de vitriol. On lave ensuite à l'eau pure et l'on passe au rouge. Si l'on veut oxyder le métal, c'est-à-dire obtenir des fonds noirs, on prépare un mélange d'huile grasse et de noir de fumée, et on noircit toute la pièce avec une brosse ronde; puis avec une brosse sèche on enlève ce qu'il y a de trop, jusqu'à ce que l'effet désiré soit obtenu [1].

CRISTAUX. VERRES DE VENISE ET DE BOHÈME.

La seule réparation susceptible d'être appliquée au verre consiste à recoller simplement les morceaux à l'aide de silicate de potasse employé pur, et à faire disparaître les cassures et fêlures sous une ornementation dorée telle que feuillages, grappes, fruits, fleurs, filets, insectes, etc. La dorure se fait à la mixtion comme pour la porcelaine. Si cela est possible, on exécute ce même dessin à l'intérieur, et la cassure se trouve complètement dissimulée. Cette réparation ne peut se faire que sur des objets dont on ne se sert pas.

Quand il s'agit d'un objet cassé à sa base, tel qu'un verre ou coupe, un vase, etc., on joint les deux bouts en y collant, au moyen de la gomme laque ordinaire ou du plâtre, une virole ou galerie ornementée en cuivre doré, ou en perçant un trou de chaque côté du pied cassé; on met un fer et on colle en chauffant légèrement à la colle ordinaire; mais il est nécessaire de chauffer les morceaux, autrement le cristal casserait. On rebouche ensuite les fentes qui resteraient, on pose la mixtion, et l'on applique l'or [2].

LAQUES DE CHINE ET DU JAPON.

La réparation des objets laqués demande beaucoup de soins.

On commence par recoller à la colle forte, puis on rebouche avec la pâte de gomme et de blanc d'Espagne. Cette opération préliminaire achevée, on use le rebouchage au papier de verre, mais le plus légèrement possible; autrement les parties restées intactes risqueraient d'être rayées.

L'endroit restauré est alors recouvert d'une peinture composée de blanc de Bougival et de terre d'ombre, le tout détrempé avec de la colle de peau rendue liquide à la chaleur. On polit ensuite avec de la prêle, de la pierre ponce et du tripoli, puis on ajoute quelques couches de vernis gras au copal mélangé de noir d'ivoire ou d'autre

---

1. Auguste Demmin, *Id*.
2. Voyez page 366, note.

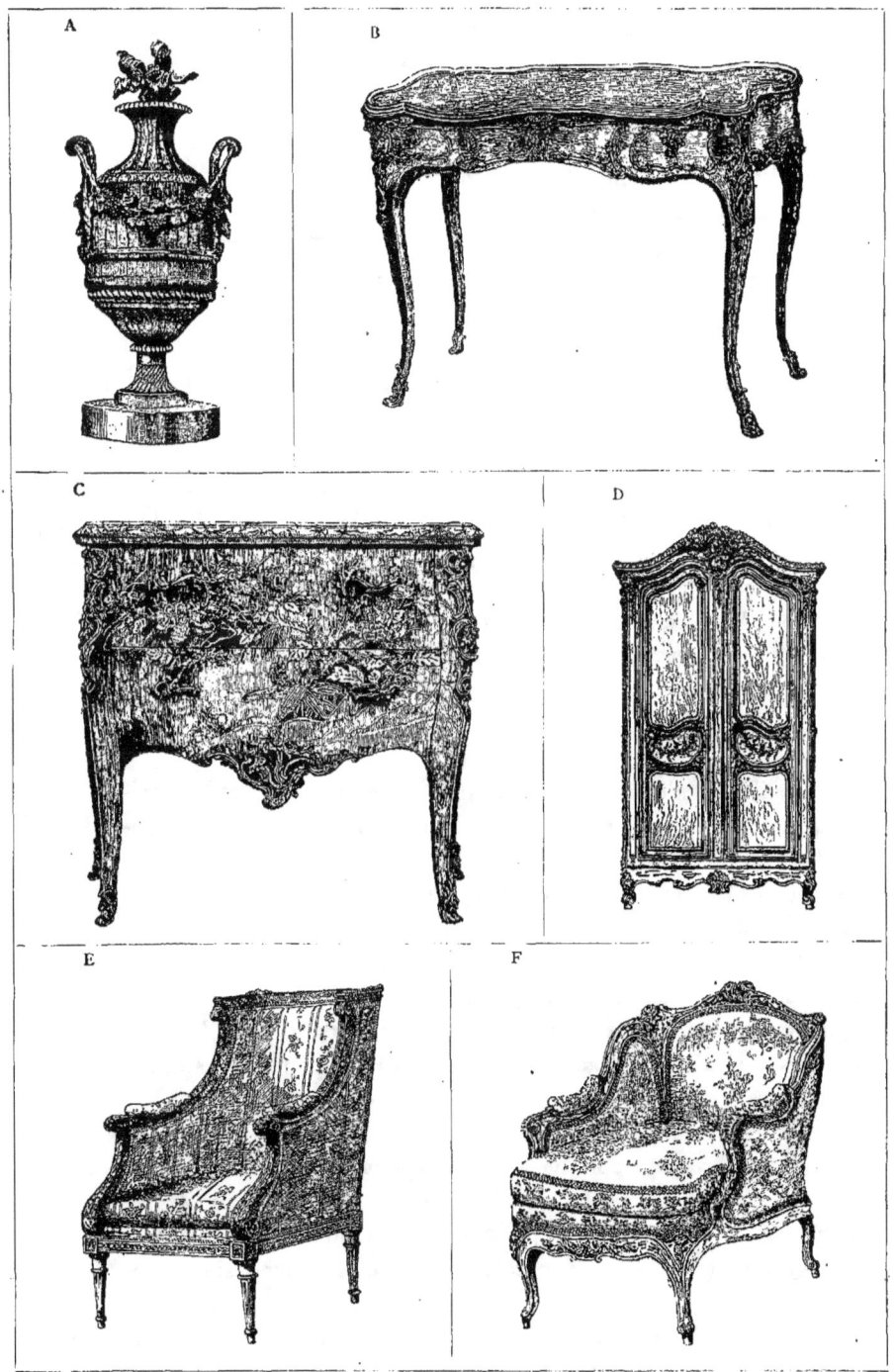

ÉTUDES SUR LES STYLES (XVIIIᵉ siècle).

couleur, suivant que le fond est noir, rouge ou marron. Après avoir fait sécher à l'étuve, on prêle de nouveau, on passe à la ponce, et l'on étend sur l'objet entier une dernière couche de vernis.

Pour la dorure et les épaisseurs, on procède comme avec la porcelaine et les émaux. Quand ces restaurations sont bien comprises, il est impossible de s'en apercevoir, et l'on peut, par des retouches habiles, sauver de riches objets autrement condamnés à périr.

Les anciennes tapisseries dont les fonds ont été ternis par le temps doivent être repeintes avec des eaux colorées qui rendent au tissu leur éclat primitif. TAPISSERIES ET ÉTOFFES.

On ravive les tons vifs des chairs et des draperies avec des pinceaux ou des plumes de roseau chargés de couleurs d'aquarelle. On fixe ensuite à la vapeur ce ravivage, qui ne saurait néanmoins tenir longtemps, car une couleur transformée ou disparue par l'action de l'air et de la lumière ne peut jamais revenir ce qu'elle était à l'origine. Le pastel est un agent également employé avec succès pour faire revivre les nuances éteintes; mais il faut avoir soin de préserver de l'humidité les tapisseries et les étoffes ainsi restaurées.

Les vieilles broderies en soie de couleur se nettoient et se ravivent de la même manière que les tapisseries. Mais pour les broderies d'or et d'argent, appelées autrefois *passements*, on fait reparaître leur fraîcheur en les frottant avec une brosse douce trempée dans l'esprit de vin un peu chaud. Ce liquide dégraisse et avive les parties métalliques, sans porter aucun préjudice à la soie, qui entre dans la composition de ce genre de broderies. BRODERIES ET DENTELLES.

Quant aux dentelles et aux guipures, l'immersion dans l'eau de Javelle, suivie d'un rinçage dans l'eau pure suffit pour faire renaître leur blancheur première.

Un simple lavage, appliqué avec une éponge, est nécessaire pour commencer. Quand le cuir est bien sec, on ravive par une légère couche de vernis les parties peintes et les repoussés d'or et d'argent, qui reprennent ainsi leur fraîcheur de deux ou trois siècles. CUIRS DORÉS.

Quoique M. Paul Eudel, dans son livre sur le *Truquage*, dise plaisamment que, ne pouvant contrefaire les vieilles reliures, « on les retape, on les raccommode comme les vieux souliers », ce n'est ce- RELIURES.

L'ART INTIME. 49

pendant pas faire acte de faussaire ou de vandalisme que de passer au carmin et à l'encaustique les plats des maroquins usés pour y effacer les traces blanches du temps. Les amateurs peuvent donc rajeunir, sans crainte, leurs vieilles reliques. Il n'y a guère d'ailleurs que les marchands, lorsqu'on leur propose un livre avec une vieille reliure de maroquin rouge, qui se permettent de frictionner légèrement le dessus avec le doigt, après l'avoir mouillé, et de regarder à son extrémité s'il ne s'est pas coloré au frottement. Les affaires sont les affaires !

Autrement, si la restauration des reliures, comme celle des autres objets d'art, devait être interdite pour mieux éviter la contrefaçon, à quoi servirait le talent si vanté des Monlien, des Bernard et des Lefebvre, ces grands artistes parmi les réparateurs connus ? Avec ce dernier, « il n'y a plus de maroquins à coiffes brisées, plus de cuirs écornés, plus de plats éraillés, plus de solutions de continuité dans les dorures ».

En résumé, les livres sont comme les tableaux : on peut les nettoyer, les teindre et les encaustiquer soi-même ; mais il faut être artiste pour les réparer.

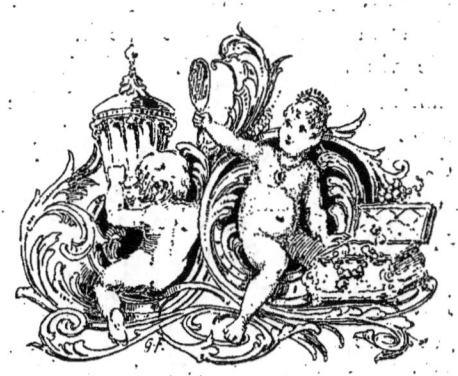

RÉSUMÉ. CONCLUSION. L'ART DANS L'INTIMITÉ.

AUJOURD'HUI la curiosité entre forcément dans cette part de l'éducation attrayante que chacun se complète en dehors des études classiques, et dont nul n'a moins que jamais le droit de se défendre. Depuis le simple millionnaire jusqu'à l'amateur fou d'amour, pour employer la pittoresque expression d'un écrivain contemporain, tout le monde veut jouir en paix du plaisir qu'excitent en nous les productions de l'Art intime, et le goût, le goût « français par excellence », porte non seulement les esprits à l'étude des objets d'art que Ménage, avec quelque raison, appelait des « bijoux savants », mais développe dans la société le sens artistique et la passion des belles choses.

Le goût de l'étude, a-t-on dit, est le commencement de la sagesse ; le goût de la collection, dirons-nous à notre tour, est le commencement de la philosophie. Aussi voit-on chaque jour se multiplier les amateurs éclairés, les délicats instinctivement épris des choses du passé, subissant de bonne heure l'attraction irrésistible de l'art, le recherchant dans toutes ses manifestations, dans tous ses caprices, et se plaisant à grouper autour d'eux une foule d'objets charmants, créés par un luxe bien entendu, dont le choix contribue à la distinction, à l'élégance, au bien-être et au charme de la vie.

Mais il y a des degrés dans le goût comme dans le savoir.

Si le goût du collectionneur, tout individuel, se restreint à une spécialité modeste, il n'en tire pas moins de satisfaction, puisqu'il parvient souvent à faire de rien, ou presque rien, une réunion choisie en définissant, en agençant dans des conditions auxquelles la méthode et l'art ne sont pas étrangers, des objets curieux et intéressants, que le vulgaire aurait laissé disparaître dans le chaos des choses, jadis belles et utiles, vouées par les variations de la mode à l'abandon et à l'oubli.

L'amateur apprend ainsi, avec Voltaire, qu' « il y a une géométrie cachée dans tous les arts de la main », et avec Charles Blanc, que « partout où l'homme met sa main, il est difficile qu'on ne reconnaisse pas la trace de son esprit ».

En conséquence, du jour où le collectionneur a conçu une idée, il a eu un but, il s'est donné une occupation attrayante, profitable à lui-même et à ceux qui l'entourent. L'adoucissement des mœurs de l'homme, quand il est devenu collectionneur, est un fait avéré. De là, l'intérêt tout particulier des relations qui s'établissent entre lui et ses confrères. Car le collectionneur ne vit que pour la collection qu'il a formée à grand frais, avec tant de persévérance et après de si constants efforts; il est fier de pouvoir en faire remarquer toutes les beautés aux personnes distinguées et intelligentes, capables de l'apprécier et de partager ses goûts et ses plaisirs.

D'un autre côté, il y a la *curieuse*,

> Comme une jeune abeille aux roses engagée,
> Revenant chaque jour de son butin chargée,

et qui, en général, met autant de discrétion et de mystère à composer sa collection, que le *curieux*, heureux de faire valoir ses richesses, dont il tire souvent vanité, est empressé et communicatif.

Cet amour de la curiosité, — le fait était à prévoir, — pousse l'amateur à se séparer difficilement de ses chers bibelots, même quand ils ont besoin d'être réparés. Excellent maître en même temps que bon médecin, il sait, en cas d'avaries, entreprendre *lui-même* ce qu'un praticien a appelé « le travail si délicat, si récréatif et si amusant de la restauration ».

La meilleure des conclusions à tirer c'est que, de toutes les distractions propres à faire oublier les côtés matériels de l'existence, celles que procure l'Art intime offrent les plus réels, les plus précieux avantages. L'Art intime, en effet, réconforte notre âme et nous attache au foyer domestique; il nous crée un milieu dans lequel la pensée travaille, où le rêve se développe, où les heures s'écoulent en paix.

Et puis, n'est-ce pas charmant de voir de temps à autre des chérubins à tête blonde pénétrer en folâtrant dans le cabinet paternel, pour demander, naïvement éblouis, quelques objets précieux et rares, qui ont le don d'éveiller leur curiosité enfantine ? On connaît les beaux vers que Victor Hugo, le grand collectionneur de la place Royale, adressait jadis *A des oiseaux envolés :*

> Enfants! oh! revenez! Tout à l'heure, imprudent,
> Je vous ai de ma chambre exilés en grondant,
> Rauque et tout hérissé de paroles moroses.
> Et qu'aviez-vous donc fait, bandits aux lèvres roses ?
> Quel crime ? quel exploit ? quel forfait insensé ?
> Quel vase du Japon en mille éclats brisé ?
> Non, rien de tout cela . . . .
> Et je suis resté seul, toute joie ayant fui,
> Seul avec ce pédant qu'on appelle l'Ennui.
>
> . . . .
> Que faire ? lire un livre ? oh non ! dicter des vers ?
> A quoi bon ? Emaux bleus ou blancs, céladons verts,
> Sphère qui fait tourner tout le ciel sur son axe,
> Les beaux insectes peints sur mes tasses de Saxe,
> Tout m'ennuie et je pense à vous.
>
> . . . .
> J'ai donc eu tort : c'est dit : Mais c'est assez punir,
> Mais il faut pardonner, mais il faut revenir.
> Voyons, faisons la paix, je vous prie à mains jointes.
> Tenez, crayons, papiers, mes vieux compas sans pointes,
> Mes laques et mes grès, qu'une vitre défend,
> Tous ces hochets de l'homme enviés par l'enfant,
> Mes gros Chinois ventrus faits comme des concombres,
> Mon vieux tableau trouvé sous d'antiques décombres,
> Je vous livrerai tout, vous toucherez à tout.

L'Art intime a encore ce mérite, pour l'homme vieillissant et naturellement paresseux, de le sortir des habitudes casanières qui éteindraient tout à fait, avant le temps, dans la solitude, des facultés déjà affaiblies par les années. A cet âge, où le loisir est un droit et l'étude un honneur, l'Art intime entretient tout à la fois le rouage des forces physiques et l'activité de la pensée. Il n'entraîne pas vers ces dérivatifs ruineux, ces instruments de dissipation sans but, dans l'habitude desquels se perd souvent la dignité de la vieillesse.

Ainsi entouré, dans ce paradis de ses yeux et de ses goûts, de tout ce qu'il comprend et de tout ce qu'il aime, le collectionneur vit heureux, ayant chaque jour une adorable vision de bonheur, mais de ce bonheur pratique que l'on a sous la main. Quel meilleur résultat, quand la vie active est finie, de goûter à la fois dans le calme, le bien-être et le doux prestige du foyer de famille, les fruits savoureux de la déférence, de la considération, du respect, si bons à recueillir quand l'honnête passé se couronne de cheveux blancs!

Tel est le crépuscule d'une vie modeste, active, studieuse, attachée au devoir, et qui, dans ses plaisirs même, n'a jamais rien voulu que de beau, de noble et d'intéressant pour l'esprit. On honore les hommes pour leurs vertus, mais on les juge par leurs plaisirs.

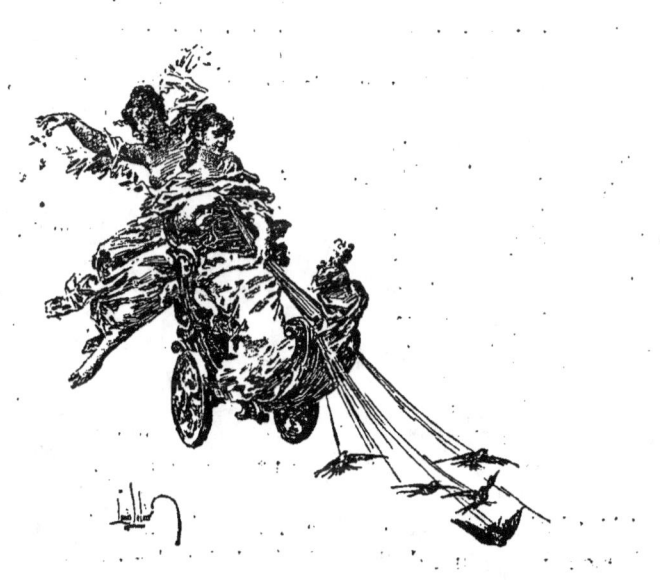

TABLE

DES

PLANCHES HORS TEXTE

Planches	Pages
I Frontispice.	
II Les marbres et les terres cuites.	16
(Statuettes en terre cuite par Clodion).	
III Bronze d'art et d'ameublement	32
A. — Persée, statue en bronze.	
B. — Neptune, statue en bronze par Le Bernin.	
IV Les cires.	48
A. — Charles-Quint, cire polychrome (xvɪe siècle).	
B. — Portrait de femme, cire polychrome (xvɪe siècle).	
C. — Ferdinand Ier, cire polychrome (xvɪe siècle).	
D. — François de La Rovère, cire polychrome (xvɪe siècle).	
E. — Portrait de Mme Sainte-Huberti (xvɪɪe siècle).	
F. — Portrait de femme, cire blanche (xvɪe siècle).	
V Les pastels, les éventails, les miniatures.	64
A. — Eventail peint sur velin, époque Louis XV.	
B. — Eventail peint sur velin, époque Louis XV	
VI Les estampes	80
A. — Premier état d'une gravure au burin.	
B. — Deuxième état.	
C. — Troisième état.	
D. — État définitif.	
VII Les pierres gravées	96
A. — Vénus (Agate-Barrée).	
B. — Vénus et l'Amour (Agate-Onyx).	
C. — Vénus (Agate-Onyx).	
D. — Revers de la pièce suivante.	
E. — Tête de Méduse (Agate-Onyx de trois couleurs).	

Planches	Pages
F. — Mars *Gradivus* (Cornaline).	
G. — Bacchante (Agate-Onyx).	
H. — Satyre faisant danser un enfant (Grenat).	
VIII Les vases en matière dure, Cristal de roche, etc.	104
A. — Coupe en cristal de Roche.	
B. — Coupe en cristal de Roche	
IX L'orfèvrerie d'art et de table	120
A à L. — Pièces d'un service de table en orfèvrerie, d'après les *Éléments d'orfèvrerie* de Pierre Germain.	
X L'orfèvrerie d'étain	128
Bassin et Aiguière, travail français du xvɪe siècle, exécuté par François Briot.	
XI Les bijoux et les joyaux	144
A. — Pomme de canne (Louis XVI).	
B. — Pendeloque, perles et rose (xvɪe siècle).	
C. — Pomme de canne (Louis XVI).	
D. — Boîte de montre (xvɪe siècle).	
E. — Chaîne de montre représentant un ruban noué en différents endroits, entrelacé de fleurs et de guirlandes, la boîte de la montre bordée de lierre (xvɪɪe siècle).	
F. — Cassolette (xvɪe siècle).	
G. — Cachet de montre (xvɪe siècle).	
H. — Cachet de montre (xvɪe siècle).	
J. — Aigrette ou sultane (xvɪɪɪe siècle).	
K. — Boîte de montre ou cassolette (xvɪe siècle).	
L. — Nécessaire représentant une corbeille remplie de fleurs, ornée de trophées pastorals (xvɪɪɪe siècle).	
M. — Boucle de souliers (Louis XV).	

Planches	Pages
N. — Cachet de montre (XVIIIe siècle).	
O. — Boucle de souliers (Louis XV).	
XII PIERRES PRÉCIEUSES	152

A. — 1, élévation, 2, plan de dessus et 3, plan du dessous. diamant du poids de 279, 3/16 de karats; il n'a d'autre défaut qu'une petite glace sur le tranchant d'en bas.

C. — 1, élévation, 2, plan du dessus et 3, plan du dessous de grandeur naturelle du diamant du grand Duc de Toscane, du poids de 139 karats et de la grosseur à peu près de celle d'un œuf de pigeon; il est net et de belle forme.

B. — 1, élévation, 2, plan du dessus et 3, plan du dessous de grandeur naturelle d'un brillant appelé le *Sancy*, du poids de 106 karats; il est d'une eau et d'une netteté parfaite.

D. — 1, élévation, 2, plan du dessus et 3, plan du dessous de grandeur naturelle d'un brillant appelé le *pitte*. du poids de 547 grains; il est parfait et passe pour le plus beau diamant du monde.

XIII LES ÉMAUX	200

A. — Gourde en émail.
B. — Châsse du XIIIe siècle, en émail de Limoges.
C. — Châsse de Sainte-Valère et de Saint-Martial.
D. — Aiguière en émail de Limoges, par Jean Courtois.

XIV LA CÉRAMIQUE	168

A. — Décor *Saint-Cloud*.
B. — Plat de Bernard-Palissy.
C. — Décor *Nevers*.
D. — Fontaine en faïence de Nevers.
E. — Fontaine en faïence de Rouen.
F. — Décor *Strasbourg*.
G. — Soupière en porcelaine de Sèvres.
H. — Décor *Lille*.

XIV A. — XIV B. — XIV C. — XIV D MARQUES ET MONOGRAMMES	176

1 ? — 2 Rouen. — 3 Paris. — 4 à 6 Saint-Verain. — 7 à 13 Oiron. — 14 à 26 Nevers. — 27 à 123 Rouen. — 124 Desvre. — 125 à 127 Rouen. — 128 à 140 Lille. — 141-142 Valenciennes. — 143 Valenciennes? — 144-145 Tour d'Aigues. — 146 à 150 Saint-Amand. — 151 Paris. — 152-153 Paris ? — 154 Moulins. — 155 à 158 Sceaux. — 159-160 Bourg-la-Reine. — 161-162 Vincennes. — 163 Saint-Cloud. — 164 Nevers. — 165 Meudon. — 166 Mennecy-Villeroy. — 167 à 175 Sinceny. — 176 Ognes. — 177 Nevers. — 178 Mathaut. — 179 à 185 Aprey. — 186-187 Moulins — 188 à 194 Niederviller ? — 195 à 198 Lunéville. — 199 Tours. — 200 Sarreguemines. — 201 à 209 Strasbourg. — 210 Haguenau ? — 211 Clermont-Ferrand. — 212 Limoges. — 213 Meillonas. — 214 à 267 Moutiers — 268 Varages — 269-270 Varages. ? — 271-272 Tavernes. — 273 Poupres. — 274 à 290 Marseille. — 291 Toulouse. — 292-293 Rouen. — 294 ? — 295 à 298 Saint-Cloud. — 299 Paris. — 300 ? — 301 Saint-Cloud ? — 302 à 305 Lille. — 306 à 308 Chantilly. — 309 Paris. — 310 Menecy. — 311 à 313 Vincennes. — 314 ? — 315 à 317 Sceaux. — 318 Orléans. — 319 Etiolles. — 320 Tour-d'Aigues. —. 321 Tour-d'Aigues ? — 322-323 Bourg-la-Reine. — 324 à 326 Marseille. — 327 à 333 Vincennes. — 334 à 357 Sèvres. — 358 à 360 — Baron Beyerle. — 362 à 367 Niederviller. — 368 Etiolles. — 369 Vaux. — 370-371 Bordeaux. — 372 à 386 Paris. — 387 à 389 Limoges. — 390-391 La Seinie. — 392 à 395 Paris. — 396 à 407 Clignancourt. — 408 à 410 Paris. — 411 Boisette. — 412 à 428 Paris. — 429 Sceaux. — 430 à 432 Paris. — 433 à 436 Lille. — 437 à 447 Paris. — 448 à 451 Valenciennes. — 452 Choisy-le-Roi. — 453-454 Paris.

XV OUVRAGES D'ART EN FER FORGÉ, REPOUSSÉ ET CISELÉ	208

A. — Anneau de clef en fer ciselé (XVIIe siècle).
B. — 1 et 2. Clefs en acier ciselé (XVIIe siècle).
C. — Anneau de clef en fer ciselé (XVIe siècle).
D. — Chandelier, fer forgé (XVIe siècle).
E. — Lanterne d'hôtel en fer forgé (Louis XVI).
F. — Chandelier, fer repoussé (XVIe siècle).
G. — Poignée de tiroir (XVIe siècle).
H. — Poignée de tiroir (XVIe siècle).
I. — Landier en fer forgé (XVIe siècle).
J. — Rampe de balcon, fer forgé (XVIIIe siècle).
K. — Landier en fer forgé (XVIe siècle).

XVI DAMASQUINERIE, ARMES.	224

A. — Arquebuse à rouet (XVIIe siècle).

| Planches | Pages | Planches | Pages |

B. — Armes de joute (xvie siècle).
C. — Bourguignotte (xvie siècle).
D. — Bourguignotte (xviie siècle).
E. — Arquebuse à rouet (xvie siècle).
F. — Bouclier italien en fer repoussé (xve siècle).
G. — Rapière espagnole (xviie siècle).
H. — Poudrière (xvie siècle).
J. — Rapière italienne (xviie siècle).

XVII Dinanderie 232
    Lustre en cuivre.

XVIII Verres et cristaux . . 256
    A. — Verre de Venise (xviie siècle).
    B — Verre émaillé (fin du xvie siècle).
    C. — Verre façon de Venise (xviie siècle).
    D. — Lampe de mosquée (xive siècle).
    E. — Lampe de mosquée (xive siècle).
    F. — Verre français (xvie siècle).
    G. — Verre gravé au diamant (xvie siècle).
    H. — Gobelet évasé, façon de Venise (xviie siècle).

XIX Les dentelles et les broderies 280
    A. — Point de Binche.
    B. — Point de Venise, travail français (xviie siècle).
    C. — Point d'Angleterre.
    D. — Point de mariage.
    E. — Point de Valenciennes.
    F. — Point de rose, travail français (xviie siècle).
    G. — Point d'Argentan (Epoque de la Régence).
    H. — Dentelle de Venise (xve siècle).
    J. — Dentelle de Venise (xve siècle).

XX Les tapisseries 296
    Tapisserie des Gobelins (xviiie siècle).

XXI Les reliures 320
    A. — Reliure de Diane de Poitiers.

B. — Reliure exécutée par Belz-Niédrée.
C. — Reliure de Henri IV.
D. — Reliure du xvie siècle, aux armes de la Ville de Paris, et au chiffre d'Etienne de Neuilly, prévôt des marchands (1582-1586).

XXII Etude sur les styles (xve siècle) 336
    A. — Crédence.
    B. — Bois de l'époque Renaissance.
    C. — Crédence Renaissance.

XXIII Etude sur les styles (xvie siècle) 352
    A. — Chenet en fer forgé.
    B. — Lit.
    C. — Chenet en fer forgé.
    D. — Armoires à deux corps (Henri II).
    E. — Armoires à deux corps.

XXIV Etude sur les styles (xviie siècle) 368
    A. — Panneau en bois sculpté.
    B. — Commode en marqueterie d'écaille et de cuivre.
    C. — Gaine en ébène, marqueterie d'écaille et d'étain.
    D. — Plaque de cheminée.
    E. — Console en bois sculpté et doré.

XXV Etude sur les styles (xviiie siècle) 384
    A. — Vase en bronze ciselé et doré.
    B — Table-bureau, en marqueterie de buis, garni de chutes et sabots en bronze.
    C. — Petite commode en vernis Martin, avec appliques de bronze.
    D. — Armoire en bois sculpté.
    E. — Bergère (époque Louis XVI).
    F. — Marquise (époque Louis XV).

TABLE DES MATIÈRES

	Pages.
AVERTISSEMENT DES ÉDITEURS.	1

I	Le gout appliqué a l'art intime	3
II	Les marbres et les terres cuites, bustes, statuettes et bas-reliefs.	13
III	Bronze d'art et d'ameublement.	25
IV	Les cires, portraits et médaillons	41
V	Les portraits, les paysages, les tableaux de genre.	53
VI	Les pastels, les aquarelles, les éventails, les miniatures.	69
VII	Les estampes, eaux-fortes, gravures en taille-douce, gravures sur bois.	81
VIII	Les pierres gravées, camées, intailles, la gravure sur diamant.	97
IX	Les vases en matière dure, cristal de roche, jade, agate, onyx, etc.	105
X	L'orfèvrerie d'or et d'argent.	113
XI	L'orfèvrerie d'étain.	129
XII	Les bijoux et les joyaux.	137
XIII	Les pierres précieuses	153
XIV	La céramique, faïence, porcelaine, biscuit	161
XV	La perle et la nacre, le corail, l'ambre, l'écaille.	185
XVI	Les émaux.	193
XVII	Ouvrages d'art en fer repoussé et ciselé, bijoux en acier.	209
XVIII	Damasquinerie, armes, coutellerie d'art.	217
XIX	Dinanderie, cuivres repoussés, plats, bassins, etc.	229

	Pages.
XX Les horloges, les pendules et les montres.	241
XXI Les verres et les cristaux, les vitraux peints.	253
XXII Les tapis et les tentures.	293
XXIII Les étoffes et les soieries.	269
XXIV Les dentelles et les broderies.	276
XXV Les cuirs dorés.	309
XXVI Les reliures.	317

GRAMMAIRE DE LA CURIOSITÉ

XXVII Style, marques et monogrammes	335
XXVIII Du choix, de l'ordre et de l'harmonie qui doivent présider à l'agencement raisonné des ouvrages d'art. . . . . . . , . .	349
XXIX Effet du gout sur les relations sociales.	357
XXX Nettoyage, restauration et conservation des objets d'art. — Marbre. — Albâtre. — Terre cuite. — Bronze doré. — Dorure sur bois. — Médailles et sujets en cire. — Peinture à l'huile. — Pastel, Aquarelle, Gouache. — Miniatures sur vélin, Feuilles d'éventails. — Estampes. — Pierres gravées et Pierres précieuses, Objets en matière dure. — Argenterie. — Ivoire. — Emaux. — Faïences et Porcelaine. — Biscuits, grès. — Fer forgé, Acier poli, Armes. — Cuivre fondu et repoussé. — Cristaux, Verres de Venise et de Bohème. — Laques de Chine et du Japon. Tapisseries et Étoffes. — Broderies et Dentelles. — Cuirs dorés. — Reliures	365
XXXI Résumé. Conclusion. L'art dans l'intimité	367

Achevé d'imprimer le 25 novembre 1884

Sur les Presses

de

CH. MARÉCHAL ET J. MONTORIER

Imprimeurs à Paris

pour

EDOUARD ROUVEYRE

Libraire-Éditeur,

à Paris

www.ingramcontent.com/pod-product-compliance
Lightning Source LLC
Chambersburg PA
CBHW052235220526
45471CB00001B/55